MARXISMUS UND GEWERKSCHAFTEN

Texte von Karl Marx, Rosa Luxemburg, Clara Zetkin, Wladimir I. Lenin, Leo Trotzki und weiteren.
Mit einer Einleitung von Angelika Teweleit.

manifest.
edition m.

In der **edition m.** veröffentlichen wir grundlegende Auseinandersetzungen zu verschiedenen Themen wie Umwelt, Religion, Geschlechterdiskriminierung, Krieg und Frieden und beziehen ausgehend von einem revolutionär-marxistischen Standpunkt Position dazu. Dabei handelt es sich um eine Bandbreite an Texten - von aktuell verfassten Aufsätzen internationaler Sozialist*innen bis hin zu kommentierten Ausgaben klassischer Artikel und Reden.

1. Auflage, 2023

Manifest Verlag (Arnsburg, Koschitzki und Sol e.V. GbR)

Dieffenbachstr. 17, 10967 Berlin

Telefon: (030) 24 72 38 02

Email: info@manifest-verlag.de

Internet: www.manifest-verlag.de

Korrektur: Gundula Hoffmann, Marc Hausdorf

Satz und Umschlaggestaltung: René Arnsburg

Umschlagfoto: Demonstrierende Post-Kolleg*innen in Berlin während der Tarifrunde Anfang 2023 vor dem ver.di Landesbezirk Berlin-Brandenburg.

Druck: Booksfactory

ISBN 978-3-96156-120-9

Inhaltsangabe

Vorwort von Angelika Teweleit

Wir sind in eine neue Phase des krisengeschüttelten weltweiten Kapitalismus eingetreten. Kriege, Umweltzerstörung, Verarmung, Arbeitsdruck, mangelnde Zukunftsperspektiven für die Jugend – all das sind die immer spürbareren Folgen, mit denen die Arbeiter*innenklasse weltweit in verschärfter Form konfrontiert wird. Gleichzeitig ist die Arbeiter*innenklasse diejenige Kraft in der Gesellschaft, die alle Werte schafft und das gesellschaftliche Leben am Laufen hält. Damit ist sie auch die Kraft für eine notwendige Veränderung.

Die Lebensverhältnisse verschlechtern sich dramatisch in den Ländern der neokolonialen Welt, aber auch zunehmend in den reicheren Staaten. Während die Reallöhne durchschnittlich sinken und eine bedeutende Schicht, die bereits in den vergangenen Jahren unter Niedriglöhnen und prekärer Beschäftigung litt – darunter viele Frauen und junge Menschen – in Armut gestürzt wird, vermehren sich die Anzeichen einer neuen weltweiten Wirtschaftskrise. Die weltweite Rezession von 2008-2009, die durch die Banken- und Immobilienkrise eingeleitet worden war, bedeutete drastischen Abbau von Produktionskapazitäten und Jobverluste vor allem in Zulieferbetrieben. In der Zwischenzeit wurde keines der systemimmanenten Probleme gelöst, stattdessen kamen neue hinzu. Eins ist sicher: Gerade jetzt braucht es starke Organisationen der Arbeiter*innenklasse, auch in Form von Gewerkschaften, um sich kollektiv zur Wehr setzen zu können. Und gerade jetzt ist es drängender denn je, über die bestehenden Verhältnisse hinauszublicken und grundlegende Alternativen zur kapitalistischen Misere aufzuzeigen.

Zustand von Gewerkschaften

Vor diesem Hintergrund gibt es – wie im Streikfrühling 2023 - eine Zunahme von Kampfbereitschaft, Streiktagen und Eintritten in die Gewerkschaften, vor allem ver.di. Wenn Gewerkschaften Streiks organisieren, und als kämpfende Organisation gesehen werden, dann steigen auch die Mitgliederzahlen – so zeigt die Erfahrung. Genauso haben die Gewerkschaften über Jahrzehnte Mitglieder verloren, weil sie wenige Kämpfe geführt haben. Aktivenstrukturen in den Betrieben sind über Jahrzehnte zusammen geschmolzen. Die Ursachen dafür werden von einigen auch auf der Linken vorwiegend in der neoliberalen Offensive des Kapitals gesehen, die international in den 1980iger Jahren durch Margaret Thatcher und Ronald Reagan eingeläutet wurde, und sich nach dem Zusammenbruch der stalinistischen Staaten verschärfte.

Aus unserer Sicht ist dies aber nur ein Teil der Wahrheit. Der Kapitalismus ist eine Klassengesellschaft und ein krisenhaftes System. Die herrschende Klasse verteidigt ihre Besitzstände, das Kapital will neue Profitmöglichkeiten erlangen und braucht bestmögliche Voraussetzungen für den globalen Konkurrenzkampf. Die neoliberalen Angriffe des Kapitals waren kein »Aussetzer« oder eine fehlgeleitete Politik und in der Zukunft werden wir weitere harte Angriffe auf alle Errungenschaften der Vergangenheit erleben. Das ist auch dann der Fall, wenn die Kapitalseite aus Angst vor sozialen Explosionen zwischenzeitlich einige Zugeständnisse macht. Das bedeutet, dass Angriffe der Kapitalist*innen in diesem System zur Normalität gehören und die Frage beantwortet werden muss, wie sie zurück geschlagen werden können.

Die Arbeiter*innenorganisationen müssen solchen Herausforderungen gerecht werden. Die Führungen der Gewerkschaften haben aber offenbar eine Politik betrieben, die nicht in der Lage war, die neoliberalen Angriffe zurückzuschlagen. Sie haben nicht einmal versucht, ernsthaft zu kämpfen. Deshalb liegt die Ausdünnung der Gewerkschaften und ihre Schwächung vor allem in der Verantwortung ihrer Führungen.

Die Gewerkschaftsführungen fanden keine Antworten auf die neoliberale Offensive, weil sie versuchten, mit Rezepten der Vergangenheit einen Prozess aufzuhalten, der eine völlig andere, kämpferischere und konfliktorientiertere Antwort gebraucht hätte – und der eine Antwort auf die systemischen Ursachen der Kapitaloffensive nötig gemacht hätte. Stattdessen klammerten sich die Führungen an eine »soziale« Marktwirtschaft, in der das Soziale von den Kapitalist*innen mehr und mehr zerstört wurde. Genauso trabten die Gewerkschaftsführungen der Politik der Restauration kapitalistischer Verhältnisse in den ehemaligen bürokratischen Planwirtschaften Osteuropas und der Sowjetunion hinterher und fanden keine Antworten auf die sich daraus zwangsläufig ergebenden Verschlechterungen für die Arbeiter*innenklasse.

Anfang der 2000er Jahre haben die Gewerkschaftsführungen es dann versäumt, Gegenwehr gegen die nächste Welle von Angriffen zu organisieren. In Deutschland übertraf die rot-grüne Schröder-Regierung, deren Wahl nach 16 Jahren Kanzlerschaft Helmut Kohl mit vielen Angriffen auf die Arbeiter*innenklasse viele noch mit Hoffnung erfüllt hatte, die Vorgängerregierung sogar noch: Mit der Einführung der Agenda 2010 und weiteren Maßnahmen konnte das Kapital in Deutschland einen großen Sieg davon tragen. Die neoliberale Offensive hatte schwere Folgen für die Arbeiter*innenklasse und die Gewerkschaften: der Einzug von Leiharbeitsverhältnissen, Befristungen, Niedriglohnjobs, Privatisierungen und Ausgründungen, Erosion von Flächentarifverträgen und vieles mehr! Allerdings haben die Gewerkschaftsführungen nicht mit konsequenter Gegenwehr reagiert, stattdessen saßen Gewerkschaftsvertreter*innen in der Hartz-Kommission. Gegenwehr entwickelte sich zuerst von unten. Damals hatte die Sol-Vorgängerorganisation SAV die Initiative für eine bundesweite Demonstration ergriffen, die von vielen Kräften aufgegriffen wurde und im November 2003 100.000 Menschen auf die Straße brachte. Das erhöhte den Druck in den Gewerkschaften und in den Folgemonaten kam es zu einer Reihe von Arbeitsniederlegungen und die DGB-Führung sah sich dann gezwungen, im Mai 2004 selbst zu Großdemonstrationen aufzurufen, an denen sich bis zu einer halben Million Beschäftigte beteiligten. Allerdings blieb es bei dieser einen Demonstration. Nötig gewesen wäre die Mobilisierung der gesamten Arbeiter*inennklasse aus den Betrieben heraus – bis hin zum politischen Streik. Selbst wenn es nicht vollständig gelungen wäre, all die neoliberalen Angriffe zurückzuschlagen, hätten mit der Organisierung von Gegenwehr wichtige Errungenschaften verteidigt werden können und wäre es gelungen, durch Mobilisierungen und Kämpfen die Gewerkschaften als starke Organisationen intakt zu halten. Die Schwächung der Gewerkschaften ist also das Resultat der ausgebliebenen Gegenwehr und die dadurch entstandenen schlechteren Verhältnisse – Untergrabung von Flächentarifverträgen, Ausweitung der Leiharbeit, Prekarisierung – haben dann zu wesentlich erschwerten Bedingungen für den Aufbau gewerkschaftlicher Strukturen geführt.

Doch auch das ist gemessen an der gesamten Geschichte des Kapitalismus keine völlig neue Situation. Viele trauern der Zeit des Nachkriegsaufschwungs nach, doch diese war eine Ausnahmesituation. Denn der relativ lang anhaltende Nachkriegsboom und die Systemkonkurrenz durch DDR und Sowjetunion bedeuteten, dass das Kapital in der BRD in dieser Zeit Sozialpartnerschaft betreiben und trotzdem gute Profite einfahren konnte. Dadurch konnte der Reformismus und die Idee einer sozialen Marktwirtschaft, wie sie von SPD und Gewerkschaftführungen vertreten wurde, gewisse materielle Erfolge erringen. Doch diese Zeiten werden nicht zurückkehren, denn der Kapitalismus befindet sich in einer lang anhaltenden Krise. In begrenzten Aufschwüngen innerhalb dieser Abwärtslinie erfäht die Arbeiter*innenklasse in ihrer Gesamtheit kein Wachstum im Lebensstandard mehr – wohl aber das obere ein Prozent der kapitalistischen Gesellschaft. Innerhalb dieses Systems gibt es keine Perspektive mehr für die Masse der arbeitenden Bevölkerung. Schon Karl Marx hat 1865 in der Schrift »Lohn, Preis, Profit« richtig festgestellt:

> *»Gewerkschaften tun gute Dienste als Sammelpunkte des Widerstands gegen die Gewalttaten des Kapitals. Sie verfehlen ihren Zweck gänzlich, sobald sie sich darauf beschränken, einen Kleinkrieg gegen die Wirkungen des bestehenden Systems zu führen, statt gleichzeitig zu versuchen, es zu ändern, statt ihre organisierten Kräfte zu gebrauchen als einen Hebel zur schließlichen Befreiung der Arbeiter*innenklasse, das heißt zur endgültigen Abschaffung des Lohnsystems.«*

Sozialpartnerschaft

Die Führungen der Gewerkschaften haben sich aber im Kapitalismus eingerichtet und sich dem Konzept der Sozialpartnerschaft verschrieben. Allerdings bedeutet das inzwischen nicht mehr, Reformen für die Arbeiter*innenklasse zu erreichen. Stattdessen wird gegenüber den Beschäftigten deutlich gemacht, dass die Zeiten schlecht sind und der Wohlstand gefährdet sei, wenn man keine Rücksicht auf die Lage der Unternehmen nehme und zu hohe Erwartungen hege.

So kritisierte die DGB-Vorsitzende und ehemalige SPD- Bundestagsabgeordnete Yasmin Fahimi die Ampel-Regierung sogar dafür, zu unternehmerfeindlich zu sein. Sie forderte die Aufhebung des Verbots von Dividendenzahlungen bei staatlicher Unterstützung durch die Energiepreisbremse ab einem bestimmten Betrag. Anstatt einen Ausweg aus der kapitalistischen Misere aufzuzeigen, konstatierte sie, dies seien nun einmal die *»Mechanismen der Marktwirtschaft«*, die *»einem nicht gefallen mögen.«* In Erwartung von stärker werdenden Debatten, die das Wesen der angeblich sozialen Marktwirtschaft in Frage stellen, fügte sie warnend hinzu, es sei nun wirklich *»nicht die Zeit für kapitalismuskritische Grundsatzdebatten, sondern für effektives Handeln in der Realität.«*

Für Gewerkschaftsbürokrat*innen wie Fahimi ist natürlich die Zeit für Kapitalismuskritik nie gekommen. Stattdessen werden gewerkschaftliche Ziele in der Logik der sozialpartnerschaftlichen Übereinkunft mit der Kapitalseite von vornherein darauf reduziert, Löhne und Arbeitsbedingungen der Beschäftigten innerhalb des »Machbaren« zu erhalten beziehungsweise vermehrt Verschlechterungen ein wenig abzumildern - wenn überhaupt. Offen vertreten die Führungen der Gewerkschaften - insbesondere in den exportorientierten Industriebereichen - die Politik einer Verteidigung des »Standorts Deutschland« gegen internationale Konkurrenz. Das bedeutet die Akzeptanz von Lohnverzicht zur Rettung von Arbeitsplätzen, wenn Unternehmen mit Verlagerung in Länder drohen, wo billiger produziert werden kann.

Immer wieder hat die Erfahrung aber gezeigt, dass diese Logik für die Arbeiter*innenklasse nicht aufgeht, und trotz Lohnverzichts Arbeitsplätze gestrichen werden. Stattdessen kommt es zu einer Abwärtsspirale von Löhnen und Arbeitsbedingungen. Das ist Folge der Akzeptanz der Konkurrenz der Arbeiter*innen in den jeweiligen Standorten - international und national. Stattdessen sollte standort- und länderübergreifende Gegenwehr organisiert werden. Angesichts der fehlenden organisierten Opposition in den Gewerkschaften hat sich diese Logik in vielen Köpfen von Beschäftigten jedoch festgesetzt. Doch in den kommenden Jahren werden viele Beschäftigte mit der Frage der Verteidigung ihrer Arbeitsplätze und Lebensgrundlagen mit aller Härte konfrontiert werden und dabei wird auch diese Logik in Frage gestellt werden, weil sie sich als unbrauchbar erweisen wird.

Öffentliche Daseinsvorsorge

Nicht nur in der Industrie, auch im öffentlichen Dienst gab es ein Credo des Maßhaltens, wenn auch die Gewerkschaften in diesen Bereichen (insbesondere ver.di) in einigen Fragen etwas kritischere Haltungen gegenüber Auswüchsen des Neoliberalismus eingenommen haben. Doch auch hier muss konstatiert werden, dass mit dem Einsetzen der Privatisierungswelle in den 1990er Jahren bis heute keine wirkliche Gegenwehr gegen Privatisierungen organisiert wurde. Anfangs wurde sogar die Annahme geteilt, dass marktwirtschaftliche Elemente nötig seien, um Dienstleistungen zu verbessern. In den 2000ern ließen sich die Gewerkschaften zudem mit der Reform der Flächentarife darauf ein, eine Aufsplittung der Beschäftigten in verschiedene Tarifverträge vorzunehmen. Im Gegensatz zu früher werden so die Tarifverträge für Beschäftigte von Bund und Kommunen nicht mehr zusammen mit denen der Länder verhandelt. Auch andere Gruppen von Beschäftigten haben eigene Tarifverträge. Ebenso haben Spitzenfunktionär*innen immer wieder auf die klammen öffentlichen Haushalte verwiesen, um moderate Lohnabschlüsse in den in öffentlicher Hand verbliebenen Bereichen zu begründen. Diese Ausrichtung hat nicht verhindert, dass die öffentliche Daseinsvorsorge Stück für Stück abgebaut und große Teile des öffentlichen Dienstes zerstückelt und privaten Konzernen zum Fraß vorgeworfen wurden. In diesen ist es umso schwieriger, Kolleg*innen zu organisieren. So konnte das Kapital mithilfe des Ausschlachtens von Teilen der öffentlichen Daseinsvorsorge Profite generieren, während aus den Beschäftigten immer mehr herausgepresst und die Versorgung für die Masse der arbeitenden Bevölkerung immer schlechter wurde. In den letzten Jahren erleben wir so beispielsweise den schreienden Widerspruch, dass trotz Pandemie und offenkundigem Personalmangel in den Krankenhäusern keine Kehrtwende eingeläutet wird, um massiv in ein bedarfsgerechtes Gesundheitswesen frei von Profitorientierung zu investieren und die Berufe finanziell aufzuwerten. Im viertreichsten Land der Erde sagte 2022 ein leitender Oberarzt an der medizinischen Hochschule Hannover in der Presse: »Kinder sterben, weil wir sie nicht mehr versorgen können«! Genauso wird Jahr für Jahr von neuem beklagt, dass Kitas, Klassenräume und Hörsäle überfüllt sind. Die Aufgabe wäre, breite gewerkschaftliche Kampagnen für massive Investitionen in das Gesundheitswesen, die Bildung, Soziales und einen Umstieg auf öffentlichen Verkehr zu führen und ein Ende von Profitlogik in all diesen Bereichen. Solche Kampagnen dürfen sich nicht auf Petitionen und Demonstrationen beschränken, sondern eine breite Mobilisierung der Öffentlichkeit sollte mit bundesweiten Streiks in den jeweiligen Bereichen verknüpft werden, wo sich Möglichkeiten dafür ergeben, bis hin zu politischen Streiks. Dies wäre eine dringende Aufgabe, die von den DGB-Gewerkschaften gemeinsam angegangen werden sollte.

Streikrecht verteidigen und ausbauen

Bei der Bahn, dem Vivantes Klinikum in Berlin, am Hamburger Hafen und anderen Betrieben versuchten die so genannten »Arbeitgeber« in den letzten Jahren per Gericht gegen die Streiks vorzugehen und waren damit in Hamburg und bei der Bahn auch teilweise erfolgreich. Vertreter*innen der Kapitalist*innenklasse in CDU und Arbeitgeber*innenverbänden fordern immer wieder eine Einschränkung des Streikrechts, insbesondere für die Beschäftigten der kritischen Infrastruktur. Hier sollen Streiks mit großen gesellschaftlichen Auswirkungen (übersetzt heißt das: negativen Folgen und Profiteinbrüchen für die Kapitalist*innen) als unverhältnismäßig erklärt werden und Mindestbesetzungen verpflichtend vorgeschrieben werden.

Das Streikrecht in der Bundesrepublik ist ohnehin kein umfassendes, sondern ein beschränktes Recht. Es basiert nicht auf klaren gesetzlichen Regeln, sondern auf dem Grundgesetzartikel 9, Absatz 3, von dem abgeleitet wird, dass das Streikrecht nur in Tarifauseinandersetzungen besteht. Durch Gerichtsentscheidungen ist so eine Rechtspraxis entstanden, die vorsieht, dass nur Gewerkschaften im Rahmen von Tarifverhandlungen zum Streik aufrufen dürfen. Viele Arbeitsrechtler*innen sehen darin jedoch einen Widerspruch zum Grundrecht auf Streik und zu internationalen Abkommen und der Rechtsprechung des Europäischen Gerichtshofs für Menschenrechte (EGMR). Deshalb sollten die Gewerkschaften zum Beispiel die Behauptung, politische Streiks seien verboten, zurückweisen und ein Recht auf politischen Streik (wie es bisher die Gewerkschaften ver.di, GEW und IG BAU auch tun) explizit einfordern.

Jeder Angriff darauf muss zurück gewiesen werden und gleichzeitig der Kampf für ein umfassendes Streikrecht, dass auch Streiks zum Beispiel gegen Betriebsschließungen und für politische Ziele explizit legalisiert, geführt werden (nebenbei bemerkt müsste dazu auch die Rücknahme des Tarifeinheitsgesetzes gehören, dem die EVG und andere Gewerkschaften leider zugestimmt haben). Dazu sollten alle Gewerkschaften eine Kampagne starten und auch die Partei DIE LINKE sollte dazu aktiv werden. Der Kampf ums Streikrecht muss aber auch beinhalten, sich dieses massenhaft zu nehmen. Die Vergangenheit hat in verschiedenen Fällen gezeigt, dass politische Streiks, Streiks gegen Betriebsschließungen und selbst Beamt*innenstreiks möglich waren und sich der Staat nicht getraut hat, dagegen juristisch vorzugehen, wenn diese stark waren und die gesellschaftlichen Kräfteverhältnisse auf Seiten der Beschäftigten waren. Das Recht auf Streik, so begrenzt es ist, wurde von unseren Vorfahren in der Arbeiter*innenbewegung dadurch erkämpft, dass sie streikten. Anders wird es auch in Zukunft nicht möglich sein. Das bedarf jedoch einer klaren Strategie der Gewerkschaften und den Aufbau breiter Unterstützung für solche Aktionen in der gesamten Arbeiter*innenklasse.

Tarifpolitik

Die Tarifbindung ging in den letzten Jahren massiv zurück. Es muss eine der wichtigsten Prioritäten für die Gewerkschaften sein, diese Entwicklung durch die Erkämpfung von Tarifverträgen in immer mehr Unternehmen wieder umzukehren. Dabei kann jedoch auch der politische Kampf für eine schnellere Erklärung der Allgemeinverbindlichkeit von Tarifverträgen eine wichtige Rolle spielen.

Immer mehr stehen Beschäftigte in prekären Beschäftigungsverhältnissen mit dem Rücken zur Wand, was zu einer Zunahme von Auseinandersetzungen um die Anerkennung von Tarifverträgen führt. Gleichzeitig hat auch in den tarifgebundenen Bereichen die Attraktivität der Gewerkschaften über die letzten

Jahrzehnte Schaden genommen. Jahrelanger Verzicht und Tarifrunden, die oft ritualisiert abliefen, haben dazu geführt, dass Interesse und Begeisterung für die Gewerkschaften erheblich gelitten haben. Nach einigen besonders enttäuschenden Tarifergebnissen kam es sogar zu Austrittswellen. Das aber bedeutet nicht, dass es immer so weiter geht.

Größte Interessenverbände der Arbeiter*innenklasse

Die DGB-Gewerkschaften haben in den letzten Jahrzehnten Mitglieder verloren. 1990 gab es rund acht Millionen Mitglieder des DGB in der BRD. Mit der kapitalistischen Wiedervereinigung wuchs die Zahl auf knapp zwölf Millionen Mitglieder, allerdings sank sie dann aufgrund der explodierenden Arbeitslosigkeit in Ostdeutschland relativ schnell wieder auf knapp acht Millionen 1999, und betrug 2021 nur noch 5,7 Millionen. Der Organisationsgrad betrug 1990 noch knapp dreißig Prozent und ist 2021 auf 14 Prozent gesunken. Dennoch bleiben die Gewerkschaften die größten Interessenverbände der Arbeiter*innenklasse. In Zeiten, wie wir sie gerade erleben, kann es aufgrund der objektiven Verhältnisse zu einem Mitgliederzuwachs kommen, wie es bereits in einigen Ländern zu beobachten ist. Das ist besonders dann der Fall, wenn sie als kämpfende Organisationen wahr genommen werden, wie die Eintritte von Zehntausenden in ver.di während der Warnstreikwelle 2023 zeigten. Der Druck von unten kann zunehmen und dazu führen, dass es zu größeren Kämpfen und Streikbewegungen, auch in den großen Tarifauseinandersetzungen, kommt. In einigen Bereichen hat es auch beispielhafte Kämpfe auf lokaler Ebene gegeben. Besonders sichtbar wurde dies in Streiks für Entlastung und bessere Personalausstattung in Krankenhäusern. Auch in Betrieben ohne Tarifvertrag nahmen Auseinandersetzungen zu und sind so neue prekäre Schichten der Arbeiter*innenklasse in gewerkschaftliche Auseinandersetzungen getreten. Hier ergeben sich aufgrund des massiv gesunkenen Organisationsgrades große Aufgaben und Herausforderungen für einen Wiederaufbau der Gewerkschaften.

Die sozialpartnerschaftliche Ausrichtung hat die letzten Jahrzehnte gewerkschaftlicher Politik wesentlich bestimmt. Das alles hatte Auswirkungen auf das Bewusstsein in großen Teilen der Arbeiter*innenklasse. Vorstellungen, dass Zugeständnisse nötig seien oder dass maximal die Hälfte von Tarifforderungen durchsetzbar seien, haben sich im Bewusstsein vieler Beschäftigter verfestigt. Doch die Krise des Systems verschärft die Lage der Lohnabhängigen und die alten sozialpartnerschaftlichen Rezepte funktionieren nicht mehr. Lohnerhöhungen werden immer schneller von der Inflation aufgefressen. Früher oder später werden auch in Deutschland größere Angriffe auf die gesamte Arbeiter*innenklasse kommen. Die Diskussionen um Verschlechterungen bei Krankenkassenleistungen, weiterer Erhöhung des Renteneinstiegsalters oder um Einschränkungen des Streikrechts sind Hinweise darauf. Auf solche Angriffe muss mit entschlossener und breiter Mobilisierung und politischem Streik geantwortet werden. Das werden die jetzigen Gewerkschaftsführungen nicht organisieren, es sei denn der Druck von der Basis wird so groß, dass sie nicht anders können.

Bürokratie

Die Politik der Sozialpartnerschaft wird durch große bürokratische Apparate durchgesetzt. Der hauptamtliche Apparat führt ein Eigenleben und hat Eigeninteressen, die wesentlich im Erhalt der materiellen Privilegien, der sozialen Stellung und der Karrierechancen, die der Apparat bietet, bestehen. Rosa Luxemburg beschrieb diesen Prozess in ihrem Text »Englische Brille« anschaulich:

> *»Aus einer Schule der Klassen-Solidarität und sozialistischer Sittlichkeit wird die Gewerkschaftsbewegung zum business, zum Geschäft, die Gewerkschaft wird zu einem äußerst komplizierten Kunstwerk, einem zu dauernder Existenz behaglich eingerichteten Wohnhaus, und in der ganzen Arbeiterwelt jener Epoche herrscht ›ein Geist, vorsichtiger, wenn auch etwas beschränkter Staatsmannschaft‹.«*[1]

Natürlich sind die Privilegien unterschiedlich ausgeprägt. Auch ist die Bürokratie kein homogener Block. Jedoch ist die Verschmelzung der Spitzen der Gewerkschaftsbürokratie, die Integration von Spitzenfunktionär*innen, aber auch Betriebsratsfürst*innen in das kapitalistische System heute sicher weiter fortgeschritten denn je. Viele Beispiele von direkter Korruption wie auch das Wechseln von Spitzenfunktionär*innen der Gewerkschaften in das Arbeitgeberlager oder zu Minister*innenposten (und umgekehrt, wie im Beispiel von Yasmin Fahimi) machen das deutlich. Politisch orientiert der konservative Teil der Gewerkschaftsbürokratie meist noch immer auf die inzwischen vollkommen verbürgerlichte SPD.

Andererseits gibt es Gewerkschaftsapparate nur, wenn es entsprechend zahlende Mitglieder gibt. Daher ist auch eine bürokratische Führung der Gewerkschaften gezwungen, die Erwartungen der Mitglieder zu berücksichtigen und kann nicht gänzlich darauf verzichten zu mobilisieren. Je größer die Erwar-

1 S. 57

tungshaltung und der Druck von unten, umso mehr ist die Gewerkschaftsführung gezwungen, Kampfmaßnahmen wie Streiks dennoch zu organisieren. Die Gewerkschaftsbürokratie steht also von Seiten der Regierung und des Kapitals unter Druck, Kompromisse einzugehen, aber auch von ihrer Basis, Kämpfe zu organisieren. Dieser Doppelcharakter der Gewerkschaften wird auch in vielen der Schriften in diesem Buch ausgeführt. Allerdings werden solche Kämpfe in der Regel dann doch nicht konsequent zu Ende geführt und stattdessen Aktionen zum Dampfablassen durchgeführt. Häufig wird ein zu geringer Organisationsgrad oder fehlende Kampfbereitschaft der Basis als Grund angeführt, warum konsequente Streiks nicht möglich seien.

Natürlich gibt es nicht das einfache Schema der streikwilligen Basis und der bremserischen Führung. Doch auch die Vorbereitung und Durchführung von Streiks hängt von der Entschlossenheit der Führung ab. Mängel bei der Vorbereitung, schwache Mobilisierung, Probleme des Durchhaltevermögens fallen letztlich immer auf auf Versäumnisse der Führung eines Arbeitskampfes zurück. So wird die Schwächung der Gewerkschaften zu einer sich selbst erfüllenden Prophezeiung, denn starke Gewerkschaften können nur durch Kämpfe aufgebaut werden. Außerdem haben die letzten Jahre gezeigt, dass in der Regel Angebote zum Kampf von den Beschäftigten angenommen wurden.

Leo Trotzki schrieb in der 1940 noch zugespitzteren Situation in seinem unvollendeten Manuskript über »Die Gewerkschaften in der Epoche des imperialistischen Niedergangs«:

> *»Die Gewerkschaften unserer Zeit können entweder als Hilfsinstrumente des imperialistischen Kapitalismus dienen, um die Arbeiter unterzuordnen, sie zu disziplinieren und die Revolution zu verhindern, oder sie können im Gegenteil die Instrumente der revolutionären Bewegung des Proletariats werden.«*[2]

In der jetzigen Epoche des krisenhaften Kapitalismus und der Zunahme kriegerischer Auseinandersetzungen bis hin zu direkten Konfrontationen unter imperialistischen Mächten stehen wir vor großen Herausforderungen. Heute wie damals muss deshalb, neben der bedeutenden Aufgabe des Wiederaufbaus von Gewerkschaften, auch der Kampf um eine Ausrichtung jenseits von Sozialpartnerschaft und Klassenkollaboration dringend und systematisch geführt werden. Diesen Kampf aufzugeben würde bedeuten, den Einfluss der reformistischen Führungen hinzunehmen, den sie mittels der Organisationen auf Millionen von Beschäftigten haben.

2 S. 333

Organizing

Aufgrund der Schwächung von gewerkschaftlichen Strukturen und Mitgliederschwund haben seit einigen Jahren die Gewerkschaftsführungen selbst Organizing-Projekte angestoßen. Auch in linken Zusammenhängen wird das Organizing als Schlüssel zum Wiederaufbau der Gewerkschaften diskutiert. Viele Projekte beschäftigen sich damit. Teilweise wird der Eindruck vermittelt, als könne man mit einfachen Handgriffen – losgelöst vom Inhalt und nur aufgrund von bestimmten Organisationsmethoden – zu gewerkschaftlichen Erfolgen kommen. Das ist ein Trugschluss. Es ist wichtig, dass Projekte und Methoden des Organizing nicht losgelöst von einer konsequenten und kämpferischen Ausrichtung und der Politik der Gewerkschaften gesehen werden. Erstens zeigen alle Erfahrungen, sowohl international als auch in Deutschland, dass die Mitgliederzahlen dann in die Höhe gehen, wenn die Gewerkschaften kämpferisch auftreten und wenn konkret Streiks geführt werden. Und natürlich steht und fällt jeder Erfolg bei der Mitgliedergewinnung auch mit dem eigentlichen Erfolg im Arbeitskampf. Sind die neu gewonnenen Mitglieder enttäuscht vom Ergebnis, wenden sie sich oftmals wieder von der Gewerkschaft ab. Deshalb geht – neben dem wichtigen (Wieder-)aufbau von gewerkschaftlichen Strukturen in Betrieben kein Weg daran vorbei, auch innerhalb der Gewerkschaften einen Kampf um die politische Ausrichtung zu führen. Auch die Organizing-Methoden an sich müssen kritisch analysiert werden.

Gerade die vieldiskutierten Vorschläge der US-amerikanischen Organizerin Jane McAlevy beinhalten viele hilfreiche und gute Methoden, beinhalten aber auch die Gefahr der Verabsolutierung mancher Methoden, die nicht auf jede Situation anwendbar sind, wie die Betonung auf die Notwendigkeit einer mehrheitlichen gewerkschaftlichen Organisierung in einem Betrieb, um streiken zu können, die Bedeutung so genannter »Strukturtests« oder das Konzept der »organischen Führungsperson«, das außer Acht lässt, wie schnell sich Aktivist*innen in Kämpfen Respekt und Autorität in einer Belegschaft aufbauen können. Vor allem aber lässt McAleveys Organizing-Konzeption den nötigen politischen Kampf gegen die in das kapitalistische System integrierte Gewerkschaftsbürokratie außen vor und wirft nicht systematisch die Notwendigkeit des Aufbaus klassenkämpferischer Oppositionsströmungen in den Gewerkschaften auf.

Organizing sollte auch das ureigenste Geschäft der Gewerkschaften sein und nicht von externen Firmen durchgeführt werden, wie es aktuell häufig der Fall ist. Starre Vorgaben zur Ansprache von Kolleg*innen stoßen nicht nur aktive Kolleg*innen oftmals ab. Für den Aufbau von nachhaltigen kämpferischen

Strukturen ist es nötig, dass Kolleg*innen sich inhaltlich einbringen können. Viele Verfechter*innen von Organizing-Ansätzen, auch wenn sie aus linken Zusammenhängen kommen, vertreten auch oft syndikalistische Ansätze, indem sie politische Fragen ausklammern.

Neuer Syndikalismus

Damit knüpfen sie häufig an einer verständlichen Skepsis von vielen Arbeiter*innen wie auch Jugendlichen gegenüber Parteien und »der Politik« an. Das basiert zum einen auf dem generellen Frust mit den politischen Entscheidungsträger*innen aus bürgerlichen Parteien. Diese machen Politik im Interesse des Kapitals und sind verantwortlich für Kürzungen in der öffentlichen Daseinsvorsorge, Privatisierungen, eine katastrophale Situation im Gesundheitswesen, in Kitas, an Schulen. Dazu kommt, dass in den letzten Jahrzehnten der Versuch, mit der LINKEN eine neue linke Massenpartei aufzubauen, die konsequent die Interessen der Arbeiter*innenklasse vertritt, nicht gelungen ist. Dennoch bleibt dies eine notwendige Aufgabe. Denn, und auch das wird in vielen Texten in diesem Buch deutlich, die Lage der Arbeiter*innenklasse lässt sich dauerhaft nur durch grundlegende gesellschaftliche Veränderungen verbessern. Um diese zu erreichen, reicht rein gewerkschaftlicher Kampf nicht aus.

Gewerkschaften sind ein wesentliches Instrument zur Organisierung von Arbeiter*innen. Sie sollten auch politische Themen aufgreifen und sich positionieren. So gehört zum Beispiel zum Kampf gegen das marode Gesundheitswesen ein Programm zur Rekommunalisierung von Krankenhäusern, der Abschaffung des Fallpauschalensystems, und für ein flächendeckendes, kostenloses, öffentliches Gesundheitswesen für alle, demokratisch kontrolliert und verwaltet durch die arbeitende Bevölkerung. Der Kampf gegen Einschränkungen politischer Rechte einschließlich des Streikrechts ist ebenso ein politischer Kampf: Ein harter Abwehrkampf bei Angriffen darauf kann nur mit einer breiten öffentlichkeitswirksamen Kampagne sowie der Anwendung des politischen Streiks gewonnen werden. Die Gewerkschaften müssten sich konsequent gegen Kriegspolitik und Aufrüstung positionieren. Denn eine Unterstützung kriegerischer Ziele des eigenen Kapitalismus bedeutet, die Interessen der Arbeiter*innenklasse im eigenen Land sowie international zu verraten. All das macht es nötig, in den Gewerkschaften auch für antikapitalistische und sozialistische Positionen einzutreten.

Für all das sollten sich Sozialist*innen in den Gewerkschaften einsetzen. Dennoch kann der politische Kampf der Arbeiter*innenklasse gegen die Interessen des Kapitals nicht erfolgreich sein ohne eine Massenpartei mit sozialistischem

Programm – einer Partei, die bereit ist, sich gegen die Interessen von Banken und Konzernen aufzulehnen und stattdessen eine Politik für die Mehrheit der arbeitenden Bevölkerung durchzusetzen. Eine solche Partei muss sich aus den fortgeschrittenen Teilen der Arbeiter*innenklasse und Jugend zusammensetzen – also auch zu einem großen Teil aus gewerkschaftlich Aktiven. Mit zunehmenden Klassenkämpfen werden Diskussionen und neue Ansätze dafür entstehen. Die Auseinandersetzung mit den Debatten über Syndikalismus und seine verschiedenen Ausformungen, wie sie in einigen Texten in dieser Sammlung zu finden sind, sind auch für heutige Debatten wichtig.

Kämpferische Strömung in den Gewerkschaften aufbauen

Um einen kämpferischen Kurs durchzusetzen, ist es nötig, Kolleg*innen und Aktive bewusst zu sammeln, zu vernetzen und zu organisieren. Die Sol setzt sich für den Aufbau einer organisierten innergewerkschaftlichen Opposition ein. Eine solche Organisierung sollte auf klaren programmatischen Grundlagen erfolgen, die sich zunächst auf die Elemente einer kämpferischen Gewerkschaftspolitik fokussieren: Nein zum Co-Management, Nein zur Standortsicherungs-Logik, für konsequenten Kampf um die Verteidigung der Interessen der Kolleg*innen; demokratische Gewerkschaften, in denen die Mitglieder zu jedem Zeitpunkt die Kontrolle haben, auch und gerade über Arbeitskämpfe und Verhandlungen. Daraus leiten sich verschiedene Forderungen ab. Ein wichtiger Zweck einer Opposition in den Gewerkschaften ist, für die aktuellen Tarifauseinandersetzungen, Abwehrkämpfe und sozialen Proteste Strategievorschläge zu erarbeiten, und diese überall da, wo es möglich ist, einzubringen. Damit einhergehend sollte auch ein Kampf um Mehrheiten in den leitenden Gremien der Gewerkschaften geführt werden. In Großbritannien ist es beispielsweise gelungen, auf Grundlage von innergewerkschaftlichen Zusammenschlüssen (»Broad Lefts« - breite Linke) in den einzelnen Gewerkschaften linke Mehrheiten auch in nationalen Vorständen zu erlangen.

Solche Zusammenschlüsse können auch ein Forum für Debatten über antikapitalistische und sozialistische Positionen sein und diese in die Gewerkschaften einbringen. Dass das erfolgreich sein kann, zeigt zum Beispiel die Arbeit der Linken und Sozialist*innen in der größten nordirischen Gewerkschaft NIPSA (Northern Irish Public Sector Association). Hier haben Mitglieder der Sol-Schwesterorganisation »Militant Left« gemeinsam mit anderen Linken beispielsweise ein wirtschaftspolitisches Programm durchgesetzt, dass sich gegen die kapitalistische Marktwirtschaft und für demokratische Planung ausspricht.

Innergewerkschaftliche Demokratie

Zur Frage der innergewerkschaftlichen Demokratie ist ein Programm unabdingbar, um das Ziel von kämpferischen Interessenverbänden der Arbeiter*innen zu erreichen. Dies muss sich einerseits gegen materielle Privilegien und eine abgehobene privilegierte Bürokratie innerhalb der Gewerkschaften (wie auch der Arbeiter*innenbewegung insgesamt) richten. Dieses beinhaltet unter anderem die jederzeitige Wähl- und Abwählbarkeit aller Funktionär*innen und ihre Rechenschaftspflicht (einschließlich der hauptamtlichen Funktionär*innen) wie auch die Begrenzung von Hauptamtlichen-Gehältern auf einen durchschnittlichen Facharbeiter*innen- bzw Tariflohn. Zudem sollten die Ressourcen der Gewerkschaften schwerpunktmäßig für den Aufbau von Strukturen sowie Arbeitskämpfe eingesetzt werden und nicht für teure Tagungen mit unnötigen Ausgaben.

Streikdemokratie

Weitere Fragen der innergewerkschaftlichen Demokratie ergeben sich insbesondere hinsichtlich der Organisierung und Leitung von Arbeitskämpfen und Streiks. Es sollten die Kolleg*innen selbst sein, die das Heft in der Hand halten. Dafür müssen sie zu jedem Zeitpunkt ermächtigt werden, über die nächsten Schritte kollektiv zu diskutieren und entscheiden zu können. Das sollte regelmäßige Streikversammlungen beinhalten, bei denen genau über den aktuellen Verhandlungsstand berichtet wird. Die Kolleg*innen müssen in die Lage versetzt werden, sich über die Details eines Angebots wie auch die Kräfteverhältnisse im Arbeitskampf klar zu werden und ausgehend davon Entscheidungen zu treffen, wie der Kampf weiter geführt werden kann oder ob ein Angebot angenommen werden sollte. In den Betrieben und auf örtlicher Ebene sollten Arbeitskampfleitungen demokratisch durch die Streikenden gewählt werden, die ebenso der Rechenschaftspflicht und Abwählbarkeit unterliegen. Zudem sollten auf allen Ebenen Streikdelegiertenkonferenzen durchgeführt werden, um einen Streik auf lokaler, Landes- oder Bundesebene zu leiten. Diese Streikdelegiertenkonferenzen sollten nicht nur beraten, sondern auch entscheiden können.

Diesbezüglich hat sich insbesondere in den Arbeitskämpfen in den Krankenhäusern und teilweise auch bei der Tarifrunde im öffentlichen Dienst 2023 einiges getan. Bei der Berliner Krankenhausbewegung wurden zum Beispiel Tarifverhandlungen durch die gesamte Tarifkommission und nicht nur eine kleinere Verhandlungskommission geführt. Gleichzeitig koppelte diese Tarifkommission den Verhandlungsstand unmittelbar mit den gewählten Teamdelegierten zurück und hatte sich verpflichtet, keine Entscheidung gegen das Votum der Teamdelegierten zu fällen. Das geht in die richtige Richtung und war ein großer Fortschritt im Vergleich zur Vergangenheit. Aber das kann noch weiter entwickelt werden: Tarifverhandlungen könnten wirklich »gläsern« und unter Beteiligung aller Kolleginnen und Kollegen geführt werden. Verhandlungsstände könnten auf Streikversammlungen diskutiert werden. Verhandlungsergebnisse sollten in jedem Fall auf Streikversammlungen zur Diskussion gestellt werden und dürfen nicht ohne Urabstimmung angenommen werden. Hierbei ist auch von Bedeutung, ob Streiks nach einem solchen Ergebnis in den Verhandlungen bzw. einem Votum der Tarifkommission abgebrochen oder bis zu einer finalen Entscheidung fortgesetzt werden. Dass das auch anders möglich ist, zeigte der dreimonatige Streik beim Charité Facility Management (CFM) 2011. Hier war es zu einem Verhandlungsergebnis einer gewerkschaftlichen Verhandlungskommission mit dem Arbeitgeber gekommen. Dieses wurde daraufhin auf mehreren Streikversammlungen diskutiert und der Streik so lange fortgesetzt, bis alle Streikenden die Gelegenheit hatten, sich zu beraten und abzustimmen.

Die Sol ergreift gemeinsam mit anderen Initiativen für Vernetzungen, um kämpferische Kolleg*innen zusammen zu bringen, Kampfvorschläge einzubringen, was auch als möglicher Hebel für den Aufbau von innergewerkschaftlicher Opposition dienen kann. Wir haben mit anderen gemeinsam die Vernetzung für kämpferische Gewerkschaften (VKG) und das Netzwerk für eine kämpferische und demokratische ver.di gegründet, was erste Ansätze für die Entwicklung handlungsfähiger, oppositioneller Strömungen sind.

Perspektiven

So sehr die jetzigen Gewerkschaftsführungen auf Stabilität aus sind und größere Streiks scheuen und so verkrustet auch die bürokratischen Gewerkschaftsapparate, so sehr bedeuten aber die objektiven Bedingungen, dass sich wieder mehr Beschäftigte den Gewerkschaften zuwenden werden. Dies ist kein Selbstläufer und bedarf bewusster Anstrengungen, um die Gewerkschaften zu stärken. Zugleich wächst der Erwartungsdruck der Gewerkschaftsmitglieder. Wenn bürokratische Apparate gänzlich eine Blockade für die Organisierung von Kämpfen darstellen, kann es auch sein, dass sich in Kämpfen unabhängige Strukturen entwickeln, oder auch Arbeitsniederlegungen spontan und ohne offizielle Aufrufe entstehen. Außerdem können sich Kolleg*innen Organisationen außerhalb des DGB suchen, um ihre Interessen durchzusetzen oder auch Ansätze für neue Gewerkschaften entstehen. Hier ist es nötig, sich jeden Fall genau anzuschauen und zu bewerten, ob dies ein Schritt ist, der erfolgversprechend und zu unterstützen ist. und auch zu schauen, wie trotzdem eine Einheit der Beschäftigten im Kampf hergestellt werden kann.

Mit der aufkommenden Krise werden sich große Kämpfe der Arbeiter*innenklasse entwickeln. Allerdings ist dies kein geradliniger Prozess und es wird gleichzeitig auch Rückschläge und Niederlagen geben, wie auch Phasen von erneuter Passivität, die dann aber wieder von neuen Anläufen gefolgt werden.

Rolle von Marxist*innen

Die Aufgabe von Marxist*innen liegt darin, eine aktive Rolle in sich entwickelnden Kämpfen zu spielen, die Organisationen der Arbeiter*innenklasse inklusive Gewerkschaften zu stärken und aufzubauen, gleichzeitig sowohl ein Aktionsprogramm als auch ein politisches Programm anzubieten und Ansätze für eine klassenkämpferische Vernetzung und Organisierung voranzutreiben. Mit Aktionsprogrammen und Vorschlägen für eine Kampfstrategie kann aufgezeigt werden, wie Kämpfe gegen Verschlechterungen oder für Verbesserungen zum Erfolg geführt werden können. Je nachdem, wie stark der Einfluss in einer betrieblichen Auseinandersetzung ist, kann das zur Anwendung kommen, oder dadurch zumindest als Alternative aufgezeigt werden. Gegebenenfalls dient diese Arbeit zunächst »nur« dazu, um Beispiele zu geben, Lehren zu ziehen und in kommenden Auseinandersetzungen Früchte zu tragen. Eine wichtige Aufgabe ist daher auch, das »Gedächtnis« der Arbeiter*innenklasse zu sein und Kämpfe mit allen Stärken und Schwächen, Niederlagen, Fehlern oder Erfolgen ehrlich auszuwerten und Lehren für zukünftige Kämpfe zu ziehen.

In allen konkreten Kämpfen ist es wichtig, die Notwendigkeit der Abschaffung des Kapitalismus und einer sozialistischen Perspektive im Blick zu behalten. Denn im Rahmen des Kapitalismus ist jeder Erfolg, jede Reform nicht von Dauer. Wir sind in ein Zeitalter eingetreten, in dem die Überwindung des Kapitalismus zur Schicksalsfrage für die gesamte Menschheit geworden ist. Eine grundlegende Veränderung der Wirtschaft und Gesellschaft, weg von der Ausrichtung auf Profite und der Herrschaft von Konzernen, Banken und einer kleinen Minderheit von Milliardär*innen hin zu einer demokratisch geplanten Wirtschaft im Interesse der Masse der arbeitenden Bevölkerung, auf Grundlage einer auf Räten basierenden Demokratie, in der sich alle mit ihrer Meinung, ihren Fähigkeiten einbringen können, ist nötig und möglich. Doch eine solche fällt weder vom Himmel, noch wird sie durch »Einsicht« oder ein »Umdenken« der herrschenden Klasse erfolgen. Die grundlegende Erkenntnis von Marx und Engels – dass die Geschichte der Menschheit die Geschichte von Klassenkämpfen ist – gilt weiterhin. Die Aufhebung der Klassengesellschaft, die Überwindung des Kapitalismus, die Errichtung einer sozialistischen Demokratie auf internationaler Ebene ist der positive Ausweg, der aufgezeigt werden sollte. Eine sozialistische Demokratie hat nichts mit den stalinistischen Staaten wie der DDR oder der Sowjetunion ab 1924 zu tun. Hier gab es zwar eine Planwirtschaft auf Grundlage von Gemeineigentum, aber keine Demokratie, die nötig ist, um eine solche Planwirtschaft und die gesamte Gesellschaft weiterzuentwickeln. Eine sozialistische Demokratie kann auch nur erreicht werden, wenn sich in bevorstehenden Kämpfen gegen die Auswirkungen des Kapitalismus auf das Leben der Masse der Bevölkerung ein entsprechendes Bewusstsein in der Arbeiter*innenklasse entwickelt. Eine revolutionäre Umgestaltung der Gesellschaft geschieht nur durch das bewusste kollektive Handeln der Arbeiter*innenklasse und nicht durch einen Putsch einer kleinen Minderheit. Dafür ist es nötig, entsprechende Organisationen und Führungen der Arbeiter*innenklasse aufzubauen.

Angelika Teweleit ist Mitglied der Bundesleitung der Sozialistischen Organisation Solidarität, Sprecherin des »Netzwerks für eine kämpferische und demokratische ver.di« und eine der drei Sprecherinnen der »Vernetzung für kämpferische Gewerkschaften - VKG«

Karl Marx: Streiks und Arbeiterkoalitionen[1]

> *»Jedes Steigen der Löhne kann keine andere Wirkung haben als ein Steigen der Preise des Getreides, des Weines etc., die Wirkung einer Teuerung. Denn was ist der Lohn? Er ist der Kostenpreis des Getreides etc.; er ist der volle Preis jeder Sache. Gehen wir noch weiter. Der Lohn ist die Proportionalität der Elemente, die den Reichtum bilden und die täglich von der Masse der Arbeiter reproduktiv verzehrt werden. Nun, den Lohn verdoppeln ... heißt also, jedem Produzenten einen größeren Anteil als sein Produkt zukommen lassen, was ein Widerspruch ist; und wenn die Steigerung nur auf eine kleine Zahl von Industrien sich erstreckt, so heißt es, eine allgemeine Störung im Austausch, mit einem Wort, eine* Teuerung *hervorrufen ... Es ist unmöglich, erkläre ich, dass Arbeitseinstellungen, die Lohnerhöhung zur Folge haben, nicht auf eine* allgemeine Preissteigerung *hinauslaufen: Das ist ebenso sicher, wie dass zwei mal zwei vier ist.« (Proudhon, Bd. I, S. 110 u. 111.)*

Wir bestreiten alle diese Behauptungen, ausgenommen die, dass zwei mal zwei vier ist.

Erstens gibt es keine *allgemeine Verteuerung*. Wenn der Preis aller Dinge gleichzeitig mit dem Lohne um das Doppelte steigt, so ist das keine Veränderung in den Preisen, sondern eine Veränderung in den Ausdrucken.

Ferner kann eine allgemeine Steigerung der Löhne niemals eine mehr oder minder allgemeine Verteuerung der Waren herbeiführen. In der Tat, wenn alle Industrien die gleiche Anzahl Arbeiter im Verhältnis zum fixen Kapital (zu den Werkzeugen, die sie verwenden) beschäftigten, so würde eine allgemeine Steigerung der Löhne ein allgemeines Sinken der Profite bewirken und der Marktpreis der Waren keine Veränderung erleiden.

Da indes das Verhältnis der Handarbeit zum fixen Kapital in den verschiedenen Industrien ungleich ist, werden alle Industriezweige, welche ein verhältnismäßig größeres fixes Kapital und weniger Arbeiter verwenden, früher oder später gezwungen sein, den Preis ihrer Waren herabzusetzen. Im entgegengesetzten Fall, wenn der Preis ihrer Ware nicht fällt, wird sich ihr Profit über den durch-

1 Das Elend der Philosophie (1847), Zweites Kapitel, § 5

schnittlichen Profitsatz erheben. Die Maschinen sind keine Lohnempfänger. Das allgemeine Steigen der Löhne wird somit die Industrien weniger treffen, welche im Verhältnis zu den anderen mehr Maschinen als Arbeiter verwenden. Da indes die Konkurrenz stets die Tendenz hat, die Profite auszugleichen, können Profite, die sich über den Durchschnittssatz erheben, nur vorübergehend sein. So wird, von einigen Schwankungen abgesehen, ein allgemeines Steigen der Löhne, anstatt nach Herrn Proudhon einer allgemeinen Verteuerung, vielmehr ein teilweises Sinken der Preise zur Folge haben, das heißt ein Sinken des Marktpreises der Waren, die vorzugsweise mit Hilfe von Maschinen hergestellt werden.

Das Steigen und Fallen des Profits und der Löhne drücken nur das Verhältnis aus, in welchem Kapitalisten und Arbeiter an dem Produkt eines Arbeitstages teilnehmen, ohne in den meisten Fällen den Preis des Produkts zu beeinflussen. Dass aber »*Arbeitseinstellungen, die Lohnerhöhung zur Folge haben, auf eine allgemeine Preissteigerung, sogar auf eine Teuerung, hinauslaufen*« [I, S. 111] - sind Ideen, die nur dem Hirn eines unverstandenen Poeten entspringen können.

In England sind die Streiks regelmäßig Veranlassung zur Erfindung und Anwendung neuer Maschinen gewesen. Die Maschinen waren, man darf es behaupten, die Waffe, welche die Kapitalisten anwendeten, um die Revolte der Geschick erfordernden Arbeit niederzuschlagen. Die *self-acting mule*, die größte Erfindung der modernen Industrie, schlug die rebellischen Spinner aus dem Felde. Hätten Gewerkschaften (*coalitions*) und Streiks keine andere Wirkung als die, mechanische Erfindungen gegen sich wachzurufen, schon dadurch hätten sie einen ungeheuren Einfluss auf die Entwicklung der Industrie ausgeübt.

> »*Ich finde*«, fährt Herr Proudhon fort, »*in einem von Herrn Léon Faucher ... im September 1845 veröffentlichten Artikel, dass die englischen Arbeiter seit einiger Zeit sich weniger mit* Koalitionen *abgeben - sicherlich ein Fortschritt, zu dem man ihnen nur Glück wünschen kann -, dass jedoch diese Besserung in der Moral der Arbeiter vorzugsweise ihrer wirtschaftlichen Bildung entstammt. Nicht von den Fabrikanten, rief auf einem Meeting in Bolton ein Spinnereiarbeiter aus, hängen die Löhne ab; in den Zeiten schlechten Geschäftsganges sind die Meister sozusagen nur die Peitsche, deren sich die Notwendigkeit bedient, und oh sie es wollen oder nicht, sie müssen zuschlagen. Das regulierende Prinzip ist das Verhältnis von Angebot und Nachfrage, und die Meister besitzen nicht die Macht ... ›A la bonne heure‹ [Alle Achtung]*«, ruft Herr Proudhon aus, »*das sind einmal wohlerzogene Arbeiter, Muster-*

arbeiter« etc. etc. etc. »*Dieses Elend fehlte England noch: Es wird den Kanal nicht überschreiten.«* (Proudhon, Bd. I, S. 261 u.262.)

Von allen Städten Englands ist Bolton diejenige, wo der Radikalismus am meisten entwickelt ist. Die Arbeiter von Bolton sind bekannt als so revolutionär, wie es nur irgend möglich. Während der großen Agitation gegen die Kornzölle glaubten die englischen Fabrikanten, den Grundbesitzern nur dadurch die Spitze bieten zu können, dass sie die Arbeiter ins Feld führten. Aber die Interessen der Arbeiter waren denen der Fabrikanten nicht minder entgegengesetzt als die Interessen der Fabrikanten denen der Grundbesitzer, und so mussten natürlich die Fabrikanten in den Arbeitermeetings stets unterliegen. Was taten sie daher? Um den Schein zu retten, organisierten sie Meetings, bestehend zum großen Teil aus Werkführern, aus der kleinen Anzahl der ihnen ergebenen Arbeiter und aus den eigentlichen *Freunden des Handels* selbst. Wenn dann die wirklichen Arbeiter daran teilzunehmen versuchten, wie in Bolton und Manchester, um gegen diese künstlichen Demonstrationen zu protestieren, verbot man ihnen den Eintritt mit der Erklärung, es sei ein *ticket-meeting*. Man versteht darunter Versammlungen, wo nur Personen zugelassen werden, die mit Einlasskarten versehen sind. Nichtsdestoweniger hatten die Maueranschläge öffentliche Meetings angekündigt. Jedes Mal, wenn ein solches Meeting stattgefunden, brachten die Fabrikantenblätter einen pomphaften, detaillierten Bericht über die auf demselben gehaltenen Reden. Selbstverständlich waren es die Werkführer, die diese Reden verübt. Die Londoner Zeitungen reproduzierten sie wörtlich. Herrn Proudhon passiert das Malheur, die Werkführer für gewöhnliche Arbeiter zu halten, und er verbietet ihnen ausdrücklich, den Kanal zu überschreiten.

Wenn in den Jahren 1844 und 1845 die Streiks weniger die Blicke auf sich lenkten als früher, so kommt das daher, dass dies die ersten Prosperitätsjahre für die englische Industrie seit 1837 waren. Nichtsdestoweniger hat sich keine einzige der *Gewerkschaften* aufgelöst.

Hören wir nunmehr die Werkführer von Bolton. Nach ihnen sind die Fabrikanten nicht Herren des Lohnes, weil sie nicht Herren des Preises der Produkte sind, und sie sind nicht Herren des Preises der Produkte, weil sie nicht Herren des Weltmarktes sind. Aus diesem Grunde, geben sie zu verstehen, soll man keine Koalitionen machen, die den Zweck haben, den Meistern (den Fabrikherren) eine Lohnerhöhung abzuzwingen. Herr Proudhon hingegen verbietet ihnen die Koalitionen aus Furcht, dass eine Koalition ein Steigen der Löhne zur Folge habe, das eine allgemeine Teuerung mit sich bringen würde. Wir brauchen nicht hervorzuheben, dass in einem Punkte die Werkführer und Herr Proudhon ein

Herz und eine Seele sind: darin, dass ein Steigen der Löhne dem Steigen der Produkte gleichkommt.

Aber ist die Furcht vor einer Teuerung die wirkliche Ursache des Hasses des Herrn Proudhon? Nein. Er ist auf die Werkführer von Bolton bloß deshalb ungehalten, weil sie den Wert durch *Angebot und Nachfrage* bestimmen und sich nicht um den *konstituierten Wert* kümmern, um den zu seiner Konstituierung gelangten Wert, um die Konstituierung des Wertes, die in sich begreift die *beständige Austauschbarkeit* und alle anderen *Proportionalitäten der Verhältnisse* und *Verhältnisse der Proportionalitäten*, mit der Vorsehung obendrein in den Kauf.

> *»Der Streik der Arbeiter ist illegal, und es ist nicht nur das Strafgesetzbuch, welches das verkündet, sondern auch das ökonomische System, die Notwendigkeit der bestehenden Ordnung ... Dass jeder einzelne Arbeiter freie Verfügung über seine Person und seinen Arm hat, kann geduldet werden; aber dass die Arbeiter mittelst Koalitionen dem Monopol Gewalt anzutun sich erfrechen, kann die Gesellschaft nicht zugeben.«* (Bd. I, S. 334 u. 335.)

Herr Proudhon will uns einen Artikel des Strafgesetzbuches als ein allgemeines und notwendiges Resultat der Verhältnisse der bürgerlichen Produktion auftischen.

In England sind die Koalitionen durch eine Parlamentsakte autorisiert, und es war das ökonomische System, welches das Parlament gezwungen hat, diese Autorisierung von Gesetzes wegen zu verkünden. Als im Jahre 1825 das Parlament unter dem Minister Huskisson die Gesetzgebung abändern musste, um sie mehr und mehr mit einem aus der freien Konkurrenz hervorgegangenen Zustand der Dinge in Einklang zu setzen, musste es notwendig alle Gesetze abschaffen, welche die Koalitionen der Arbeiter verboten. Je mehr die moderne Industrie und die Konkurrenz sich entwickeln, desto mehr Elemente treten auf, welche die Koalitionen hervorrufen und fördern; sobald die Koalitionen eine ökonomische Tatsache geworden sind, von Tag zu Tag an Bestand gewinnend, kann es nicht lange dauern, bis sie auch eine gesetzliche Tatsache werden.

Somit beweist der Artikel des Code pénal (Französisches Strafgesetzbuch) höchstens, dass die moderne Industrie und die Konkurrenz unter der Konstituante und dem Kaiserreich noch nicht genügend entwickelt waren.

Die Ökonomen und die Sozialisten[2] sind über einen einzigen Punkt einig: die *Koalitionen* zu verurteilen. Nur motivieren sie ihre Verurteilung verschieden.

---

2 Das heißt: die damaligen, die Fourieristen in Frankreich, die Owenisten in England. F. E.

Die Ökonomen sagen zu den Arbeitern: Koaliert euch nicht. Indem ihr euch koaliert, hemmt ihr den regelmäßigen Gang der Industrie, verhindert ihr die Fabrikanten, den Bestellungen nachzukommen, stört ihr den Handel und beschleunigt das Eindringen der Maschinen, die eure Arbeit zum Teil überflüssig machen und dadurch euch zwingen, einen noch niedrigeren Lohn zu akzeptieren. Übrigens ist euer Tun umsonst; euer Lohn wird stets durch das Verhältnis der gesuchten Hände zu den angebotenen Händen bestimmt werden. Und es ist ein ebenso lächerliches wie gefährliches Beginnen, euch gegen die ewigen Gesetze der politischen Ökonomie aufzulehnen.

Die Sozialisten sagen zu den Arbeitern: Koaliert euch nicht, denn was werdet ihr schließlich dabei gewinnen? Eine Lohnsteigerung? Die Ökonomen werden euch bis zur Evidenz beweisen, dass auf den Gewinn von wenigen Pfennigen, den ihr günstigenfalls dabei für eine kurze Zeit erzielen könnt, ein dauernder Rückschlag folgen wird. Geschickte Rechner werden euch beweisen, dass ihr Jahre braucht, um mittelst der Lohnerhöhung nur die Kosten herauszuschlagen, die ihr zur Organisation und Erhaltung der Koalitionen ausgeben musstet. Wir, in unserer Eigenschaft als Sozialisten, sagen euch, dass, abgesehen von dieser Geldfrage, ihr darum nicht minder die Arbeiter sein werdet, wie die Meister stets die Meister bleiben, nach wie vor. Darum keine Koalitionen, keine Politik; denn sich koalieren, heißt das nicht Politik treiben?

Die Ökonomen wollen, dass die Arbeiter in der Gesellschaft bleiben, wie dieselbe sich gestaltet hat und wie sie sie in ihren Handbüchern gezeichnet und besiegelt haben.

Die Sozialisten wollen, dass sie die alte Gesellschaft beiseitelassen, um desto besser in die neue Gesellschaft eintreten zu können, die sie ihnen mit so vieler Vorsorge ausgearbeitet haben.

Trotz beider, trotz Handbücher und Utopien, haben die Arbeiterkoalitionen keinen Augenblick aufgehört, mit der Entwicklung und der Zunahme der modernen Industrie sich zu entwickeln und zu wachsen. Das ist heute so sehr der Fall, dass der Entwicklungsgrad der Koalitionen in einem Lande genau den Rang bezeichnet, den dasselbe in der Hierarchie des Weltmarktes einnimmt. England, wo die Industrie am höchsten entwickelt ist, besitzt die umfangreichsten und bestorganisierten Koalitionen.

In England hat man sich nicht auf partielle Koalitionen beschränkt, die keinen anderen Zweck hatten als einen augenblicklichen Streik und mit demselben wieder verschwanden. Man hat dauernde Koalitionen geschaffen, *trades* unions (Gewerkschaften), die den Arbeitern in ihren Kämpfen mit den Unternehmern als Schutzwehr dienen. Und gegenwärtig finden alle diese lokalen *trades* unions einen Sammelpunkt in der *National Association of United* Trades, deren Zentralkomitee in London sitzt und die bereits 80 000 Mitglieder zählt. Diese Streiks, Koalitionen und trades unions traten ins Leben gleichzeitig mit den politischen Kämpfen der Arbeiter, die gegenwärtig unter dem Namen der *Chartisten* eine große politische Partei bilden.

Die ersten Versuche der Arbeiter, *sich* untereinander *zu assoziieren*, nehmen stets die Form von Koalitionen an.

Die Großindustrie bringt eine Menge einander unbekannter Leute an einem Ort zusammen. Die Konkurrenz spaltet sie in ihren Interessen; aber die Aufrechterhaltung des Lohnes, dieses gemeinsame Interesse gegenüber ihrem Meister, vereinigt sie in einem gemeinsamen Gedanken des Widerstandes - *Koalition*. So hat die Koalition stets einen doppelten Zweck, den, die Konkurrenz der Arbeiter unter sich aufzuheben, um dem Kapitalisten eine allgemeine Konkurrenz machen zu können. Wenn der erste Zweck des Widerstandes nur die Aufrechterhaltung der Löhne war, so formieren sich die anfangs isolierten Koalitionen in dem Maß, wie die Kapitalisten ihrerseits sich behufs der Repression vereinigen zu Gruppen, und gegenüber dem stets vereinigten Kapital wird die Aufrechterhaltung der Assoziationen notwendiger für sie als die des Lohnes. Das ist so wahr, dass die englischen Ökonomen ganz erstaunt sind zu sehen, wie die Arbeiter einen großen Teil ihres Lohnes zugunsten von Assoziationen opfern, die in den Augen der Ökonomen nur zugunsten des Lohnes errichtet wurden. In diesem Kampfe - ein veritabler Bürgerkrieg - vereinigen und entwickeln sich alle Elemente für eine kommende Schlacht. Einmal auf diesem Punkte angelangt, nimmt die Koalition einen politischen Charakter an.

Die ökonomischen Verhältnisse haben zuerst die Masse der Bevölkerung in Arbeiter verwandelt. Die Herrschaft des Kapitals hat für diese Masse eine gemeinsame Situation, gemeinsame Interessen geschaffen. So ist diese Masse bereits eine Klasse gegenüber dem Kapital, aber noch nicht für sich selbst. In dem Kampf, den wir nur in einigen Phasen gekennzeichnet haben, findet sich diese Masse zusammen, konstituiert sie sich als Klasse für sich selbst. Die Interessen, welche sie verteidigt, werden Klasseninteressen. Aber der Kampf von Klasse gegen Klasse ist ein politischer Kampf.

Mit Bezug auf dic Bourgeoisie hahen wir zwei Phasen zu unterscheiden: die, während derer sie sich unter der Herrschaft des Feudalismus und der absoluten Monarchie als Klasse konstituierte, und die, wo sie, bereits als Klasse konstituiert, die Feudalherrschaft und die Monarchie umstürzte, um die Gesellschaft zu einer Bourgeoisgesellschaft zu gestalten. Die erste dieser Phasen war die längere und erforderte die größeren Anstrengungen. Auch das Bürgertum hatte mit partiellen Koalitionen gegen die Feudalherrn begonnen.

Man hat viel Untersuchungen angestellt, um den verschiedenen historischen Phasen nachzuspüren, welche die Bourgeoisie von der Stadtgemeinde an bis zu ihrer Konstituierung als Klasse durchlaufen hat.

Aber wenn es sich darum handelt, sich genau Rechenschaft abzulegen über die Streiks, Koalitionen und die anderen Formen, unter welchen die Proletarier vor unseren Augen ihre Organisation als Klasse vollziehen, so werden die einen von einer wirklichen Furcht befallen, während die anderen eine *transzendentale* Geringschätzung an den Tag legen.

Eine unterdrückte Klasse ist die Lebensbedingung jeder auf den Klassengegensatz begründeten Gesellschaft. Die Befreiung der unterdrückten Klasse schließt also notwendigerweise die Schaffung einer neuen Gesellschaft ein. Soll die unterdrückte Klasse sich befreien können, so muss eine Stufe erreicht sein, auf der die bereits erworbenen Produktivkräfte und die geltenden gesellschaftlichen Einrichtungen nicht mehr nebeneinander bestehen können. Von allen Produktionsinstrumenten ist die größte Produktivkraft die revolutionäre Klasse selbst. Die Organisation der revolutionären Elemente als Klasse setzt die fertige Existenz aller Produktivkräfte voraus, die sich überhaupt im Schoß der alten Gesellschaft entfalten konnten.

Heißt dies, dass es nach dem Sturz der alten Gesellschaft eine neue Klassenherrschaft geben wird, die in einer neuen politischen Gewalt gipfelt? Nein.

Die Bedingung der Befreiung der arbeitenden Klasse ist die Abschaffung jeder Klasse, wie die Bedingung der Befreiung des dritten Standes, der bürgerlichen Ordnung, die Abschaffung aller Stände[3] war.

Die arbeitende Klasse wird im Laufe der Entwicklung an die Stelle der alten bürgerlichen Gesellschaft eine Assoziation setzen, welche die Klassen und ihren Gegensatz ausschließt, und es wird keine eigentliche politische Gewalt mehr geben, weil gerade die politische Gewalt der offizielle Ausdruck des Klassengegensatzes innerhalb der bürgerlichen Gesellschaft ist.

Inzwischen ist der Gegensatz zwischen Proletariat und Bourgeoisie ein Kampf von Klasse gegen Klasse, ein Kampf, der, auf seinen höchsten Ausdruck gebracht, eine totale Revolution bedeutet. Braucht man sich übrigens zu wun-

3 Stände hier im historischen Sinn der Stände des Feudalstaats, Stände mit bestimmten und begrenzten Vorrechten. Die Revolution der Bourgeoisie schaffte die Stände samt ihren Vorrechten ab. Die bürgerliche Gesellschaft kennt nur noch Klassen. Es war daher durchaus im Widerspruch mit der Geschichte, wenn das Proletariat als »vierter Stand« bezeichnet worden ist. F. E.

dern, dass eine auf den Klassengegensatz begründete Gesellschaft auf den brutalen *Widerspruch* hinausläuft, auf den Zusammenstoß Mann gegen Mann als letzte Lösung?

Man sage nicht, dass die gesellschaftliche Bewegung die politische ausschließt. Es gibt keine politische Bewegung, die nicht gleichzeitig auch eine gesellschaftliche wäre.

Nur bei einer Ordnung der Dinge, wo es keine Klassen und keinen Klassengegensatz gibt, werden die *gesellschaftlichen Evolutionen* aufhören, *politische Revolutionen* zu sein. Bis dahin wird am Vorabend jeder allgemeinen Neugestaltung der Gesellschaft das letzte Wort der sozialen Wissenschaft stets lauten:

»Kampf oder Tod; blutiger Krieg oder das Nichts. So ist die Frage unerbittlich gestellt.«

George Sand

Rosa Luxemburg: Der Gewerkschaftskongress in Belfast 1893[4]

In England fand am 9. September in Belfast (Irland) der sechsundzwanzigste Gewerkschaftskongress statt. Dieser Kongress spielt eine außerordentliche Rolle in der Geschichte des englischen Proletariats und des Proletariats überhaupt. Es versammelten sich 380 Delegierte der verschiedenen Gewerkschaften, die formell 900.000 organisierte Arbeiter repräsentierten[5]. Aus dem Bericht des sogenannten Parlamentsausschusses, dessen Zweck es ist, im englischen Parlament für die Arbeiter günstige Gesetze zu erwirken, ist ersichtlich, welche Macht die Arbeiter in England heute schon darstellen und welchen Einfluss sie auf die Gesetzgebung ausüben. Wir wollen hier nur einige Gesetze erwähnen, die im Laufe des letzten Jahres von den Arbeiterverbänden erlangt wurden:

4 Erschienen In der »Sprawa Robotnicza« (»Arbeitersache«), Paris, September-Oktober 1893. Nach Gesammelte Werke Band 4, 1928, S. 190-194

5 Wir führen die wichtigsten der vertretenen Verbände und die Zahl ihrer Mitglieder an nach den Berichten der Kongressteilnehmer. In Wirklichkeit sind die Verbände bedeutend größer.

Fach	Zahl der Mitglieder
Bergbau	200000
Eisen- und Stahlfabrikation	165000
Textilindustrie	125000
Maschinenfabrikation	115000
Bauarbeiter	106000
Transportarbeiter	90000
Konfektionsarbeiter	81000
Gas und Chemie	65000
Schiffbau	52300
Drucker und Buchbinder	35000
Tischler	13000

1. Das Gesetz über die Wählbarkeit der Arbeiter zu Friedensrichtern (es sind schon 70 gewählt) und zu Mitgliedern der staatlichen Armenfürsorge. 2. Vergrößerung der Fabrikinspektion und die Einführung von Arbeitern und Frauen in diese. 3. Verbesserungen im Arbeitsdepartement des Finanzministeriums. Dieses Departement besitzt gegenwärtig die Aufgabe, Nachrichten über die Arbeiter- und Arbeitsverhältnisse im ganzen Lande einzuziehen und diese den Gewerkschaften zu übermitteln. Zu diesem Zwecke gibt es eine besondere amtliche »Arbeitszeitung«, die unentgeltlich sämtlichen Gewerkschaften zugestellt wird. 4. Die Regelung des Arbeitstages für den Eisenbahndienst auf ungefähr zehn Stunden täglich, mit einer Strafbestimmung für die Eisenbahngesellschaften im Falle der Überschreitung dieser Vorschrift bis zu 1000 Rubel täglich.

Einen derartigen Einfluss haben die Arbeiterorganisationen auf die Regierung. Der gegenwärtige Kongress stellte jedoch die englischen Gewerkschaften endgültig auf ein neues Gleis, wodurch ihre Bedeutung verhundertfacht wird. Um die Beschlüsse dieses Kongresses zu begreifen und richtig einzuschätzen, müssen wir einiges über den bisherigen Charakter der Gewerkschaften überhaupt sagen.

Wir erwähnten schon mehrfach die Trade Unions, d. h. die Gewerkschaften in England. Es ist dies die größte Fachorganisation in der Welt. Sie besteht bereits seit ungefähr 70 Jahren, umfasst anderthalb Millionen Arbeiter, besitzt ungeheure Kapitalien in ihren Kassen und konzentriert in sich seit einem halben Jahrhundert fast das gesamte Leben des englischen Proletariats. Die englischen Gewerkschaften unterscheiden sich von den anderen, beispielsweise französischen Gewerkschaften dadurch, dass sie deren sozialistische Ansichten nicht teilen. Die ihnen angehörenden Arbeiter glaubten an die Unvergänglichkeit und Notwendigkeit der kapitalistischen Ordnung und andererseits an die Möglichkeit, in dieser Ordnung ihr Schicksal gründlich zu verbessern. Ferner glaubten sie, dass sie diese Besserung ihrer Lage ausschließlich durch den Kampf gegen die Kapitalisten, ohne jegliche Intervention der Regierung, erlangen werden. Endlich fühlten sie sich gegenüber den Massen der ärmeren Arbeiter in England, als auch gegenüber den Arbeitern aller anderen Länder als eine in sich abgeschlossene kleine Welt, die ohne jene vorzüglich auskommen könne und die nichts Gemeinsames mit jenen hat. Wie wir sehen, sind dies rein bürgerliche Begriffe, da auch die Bourgeoisie fest an die Unvergänglichkeit ihrer Vorherrschaft glaubt und sich der Intervention der Regierung in ihre Beziehungen zu den Arbeitern widersetzt und die internationale Klassenvereinigung des Proletariats wie das Feuer fürchtet. Infolge dieser Geistesverfassung standen die englischen Gewerkschaften in der Politik völlig unter dem Einflusse der Bourgeoisie und dienten einmal dieser, ein andermal jener bürgerlichen Partei. Da sie den Gegensatz der Arbeiter- und Kapitalisteninteressen nicht anerkannten, fanden sie es nicht für nötig, eine besondere Arbeiterpartei zu gründen und einen politischen Kampf gegen die Bourgeoisie zu führen.

Dies war lange Zeit hindurch ein großes Hindernis für die Entwicklung des Sozialismus. Während in Deutschland die Arbeiter zu Hunderttausenden schon unter sozialdemokratischer Fahne standen, während die Gewerkschaften in Frankreich zu Hunderten sozialistische Grundsätze anerkannten, blieb das englische Proletariat hartnäckig an seinen alten bürgerlichen Vorurteilen haften und wollte aus der engen Gasse der Gewerkschaft nicht hinaustreten. Das Leben überzeugt jedoch auch den Hartnäckigsten. In letzter Zeit verlor England, dank der industriellen Entwicklung anderer Länder, seine Vorherrschaft auf dem Weltmarkte. Die Geschäfte der englischen Kapitalisten begannen weniger glänzend zu gehen, und sie wurden viel geiziger mit ihren Zugeständnissen an die Arbeiterschaft. Die Aussicht, eine bedeutende Besserung der Lebenslage auf gewerkschaftlichem Wege zu erlangen, wurde für das englische Proletariat immer schwächer, und so bereitete sich der Boden für eine stärkere Revolutionierung der Arbeiter vor.

Vor allem mussten die Gewerkschaften schon seit langem ihren Widerwillen gegen die Einmischung der Regierung in ihre Angelegenheiten beiseitelegen, mussten sogar selbst mit aller Kraft die Einführung verschiedener Gesetze von der Regierung fordern, so Arbeiterversicherungsgesetze, Fabrikgesetzgebung usw., sie betraten damit den Weg des politischen Kampfes. Ferner mussten sie trotz ihres Widerwillens immer häufiger mit Dank die Unterstützung der Arbeiterschaft anderer Länder in Streikfällen annehmen, und oftmals fühlten sie, dass sie ohne diese Hilfe nichts erlangen würden. Das war praktischer Unterricht in internationaler Solidarität. Jedoch auch diese Solidarität wollten die Gewerkschaften bis vor kurzem auf ihre eigene – und nicht sozialistische – Weise verstehen. Gezwungen, sich unwillkürlich der Maimanifestation um den achtstündigen Arbeitstag anzuschließen, – einer Manifestation, die von den Sozialisten eingeführt und veranstaltet wurde, – feierten die englischen Arbeiter mit der ganzen Welt nicht den 1. Mai, sondern den ersten Maisonntag. Außerdem widersetzten sie sich hartnäckig jeder Einführung des achtstündigen Arbeitstages auf gesetzlichem und nicht privatem Wege, indem sie ihre Freiheit – ausgebeutet zu werden, zu bewahren suchten.

Da sie wussten, dass der Züricher Sozialistenkongress (1893) unter anderem auch den achtstündigen Arbeitstag und die Mittel zu seiner Erringung besprechen würde, – wollten die Gewerkschaften in demselben Jahre einen besonderen internationalen Kongress in dieser Angelegenheit nach England einberufen. Auf diese Weise wollten sie den Sozialisten die Führung der Agitation um den achtstündigen Arbeitstag entreißen und in ihre Hände nehmen. Hier aber bekamen die eitlen englischen Gewerkschafter zu fühlen, dass der internationale Sozialismus stärker ist als sie, und dass sie sich ihm unterwerfen müssen. Sämtliche sozialistischen Parteien protestierten gegen diesen englischen Kongress und luden die Engländer auf den sozialistischen Kongress nach Zürich ein, wodurch der Plan der Gewerkschafter zunichte gemacht wurde. Das waren die »alten Gewerkschaften« in England, die die am besten situierten und geistig rückständigsten Arbeiter umfassten. Im Jahre 1889 erscheinen unter dem Einflusse der sozialdemokratischen Agitation die »neuen Gewerkschaften«, organisiert aus der breitesten Massen der armen, einfachen Arbeiter, wie die Arbeiter der Gaswerke, die Hafenarbeiter, die Eisenbahner. Diese Gewerkschaften sind unvergleichlich fortschrittlicher, fordern von Anfang an die gesetzliche Einführung des Arbeitstages, setzen sich für den politischen Kampf gegen die Bourgeoisie ein, geben viele Beweise für ihre internationale Solidarität und bilden die Hauptmasse der sozialdemokratischen Anhänger. Diese »neuen Gewerkschaften« erlangen einen immer größeren Einfluss auf die alten und führen das englische Proletariat langsam in das sozialistische Lager. Auf dem Züricher Kongress waren schon 65 englische Delegierte anwesend, die in allem übereinstimmend mit den Sozialisten stimmten.

Und nun wurden jetzt am 9. September auf dem Gewerkschaftskongress Beschlüsse gefasst, die in ganz Europa die einstimmige Meinung erweckten, die englischen Fachverbände haben endgültig den Weg des Sozialismus betreten. Dieses sind unter anderem folgende Beschlüsse: 1. Die Fachverbände wählen von nun an besondere und eigene Arbeiterdelegierte ins Parlament (statt wie bisher die Vertreter einer der bürgerlichen Parteien zu wählen). Zu diesem Zweck wird eine besondere Kasse gebildet, aus welcher die Abgeordneten in der Zeit ihrer Parlamentsarbeiten ein Gehalt beziehen werden, damit gerade die ärmsten Arbeiter ihre Zeit darauf verwenden können; 2. Nur ein *Sozialist* kann Arbeiterabgeordneter werden und sein Gehalt aus dieser Kasse beziehen; 3. Die Gewerkschaften werden die Einführung des achtstündigen Arbeitstages auf gesetzlichem Wege und obligatorisch fordern; 4. Die Maidemonstration wird höchstwahrscheinlich am 1. Mai, gemeinsam mit der ganzen sozialistischen Arbeiterwelt, begangen werden.

Von den anderen weniger wichtigen Beschlüssen des Kongresses erwähnen wir noch die Anordnung, sämtliche Verbände ein und desselben Faches im ganzen Lande zu einer einheitlichen Organisation zu vereinen; ferner die Forderung der Regierungsunterstützung im Falle der Arbeitslosigkeit; ferner den Beschluss, dass gewerkschaftlich organisierte Arbeiter sich gemeinsamer Arbeit mit unorganisierten Arbeitern zu widersetzen haben, um die letzteren auf diese Weise zu veranlassen, in die Reihen der Gewerkschaften zu treten. Der Kongress brachte ebenfalls seine glühende Sympathie für die streikenden englischen Bergarbeiter zum Ausdruck und veranstaltete für diese eine Geldsammlung.

Somit ist – wie wir dies aus den wichtigsten Beschlüssen des Gewerkschaftskongresses ersehen –auch diese Festung erobert! Der gewaltigen sozialistischen Armee tritt eine neue starke Truppe bei: die englischen Arbeiter. Man darf nicht denken, dieser Umschwung sei plötzlich im letzten Jahre eingetreten. Schon seit drei Jahren zeigen die gewerkschaftlichen Kongresse eine stufenweise und ständige Entwicklung in der Richtung zum Sozialismus[6]. Ein großes Verdienst haben in dieser Hinsicht, wie gesagt, die »neuen Gewerkschaften« und die energische Agitation der englischen Sozialdemokraten. Der gegenwärtige Kongress formulierte nur und zeigte das, was schon seit langem in den inneren Verhältnissen der Arbeiterschaft in England vor sich ging.

So dringen die Strahlen des Sozialismus mit unwiderstehlicher Kraft in alle Winkel der Arbeiterwelt. Die prächtige Sonne der künftigen Erlösung steigt langsam, aber unaufhaltsam empor.

6 Hier die Zusammenstellung der Ergebnisse der Stimmenabgabe auf drei Kongressen über das Projekt der Einrichtung von Kassen für sozialistische Arbeiterabgeordnete zum Parlament:

Es stimmten	für	gegen
1890 In Liverpool	55	363
1892 in Glasgow	128	153
1893 in Belfast	137	97

Clara Zetkin: Frauenarbeit und gewerkschaftliche Organisation

(November 1893)[7]

Der Kölner Parteitag wird sich bekanntlich mit der Frage der Gewerkschaftsorganisation zu beschäftigen haben beziehungsweise mit dem Verhältnis zwischen politischer und gewerkschaftlicher Bewegung. Die Frage gelangt zur Erörterung auf besondere Anregung aus gewerkschaftlichen Kreisen heraus. In letzter Zeit war leider ein Rückgang der Gewerkschaften zu verzeichnen, und dafür machte man innerhalb der Gewerkschaftsbewegung unter anderen Umständen auch die Haltung verantwortlich, welche die politische Bewegung zur gewerkschaftlichen angeblich einnehme. Die politische Arbeiterpresse wies die betreffenden Vorwürfe unseres Erachtens mit Recht als unbegründet zurück und begrüßte es, dass der Kölner Parteitag durch eine abermalige Erörterung der Frage das auf gewerkschaftlicher Seite vorhandene Misstrauen zerstreuen werde.

Die Tatsache steht über allem Zweifel fest, dass in allen kapitalistisch produzierenden Ländern die Frauenarbeit in der Industrie eine immer größere Rolle spielt. Die Zahl der Industriezweige, in denen heutzutage Frauen von früh bis spät schuften und schanzen, nimmt mit jedem Jahre zu. Und die den Frauen bereits seit längerer Zeit erschlossenen Gewerbe beschäftigen immer mehr weibliche Arbeitskräfte. Nicht nur die Zahl der überhaupt gewerblich tätigen Frauen wächst stetig, sondern auch ihre Zahl im Verhältnis zu derjenigen der in Industrie und Handel usw. tätigen Männer. Einige Industriezweige — wir erinnern nur an die Textilbranche — werden geradezu von der Frauenarbeit beherrscht, welche stetig die Männerarbeit zurück- und verdrängt. Sogar und aus begreiflichen Gründen gerade in den Perioden wirtschaftlichen Rückgangs wie in der,

7 Die Gleichheit, Zeitschrift für die Interessen der Arbeiterinnen, Stuttgart, 1. November 1893. nach Ausgewählte Reden und Schriften, Bd. I, Berlin 1957, S. 31-42.

welche wir jetzt durchleben, hat die Zahl der Arbeiterinnen relativ und absolut dort zugenommen, wo die Zahl der beschäftigten männlichen Arbeitskräfte zurückgegangen ist. In Sachsen zum Beispiel nahm, wie wir bereits meldeten, 1892 die Zahl der Arbeiter über 6 Jahre um 1.633 ab, die der gleichaltrigen Arbeiterinnen dagegen um 2.466 zu. Nach dem Wiener Privatdozenten J. Singer waren in Deutschland in den letzten Jahren fünf Millionen Frauen erwerbsmäßig tätig. Die Gewerbezählung von 1882 stellte fest, dass es in Deutschland auf 7.340.789 gewerblich tätige Personen überhaupt 1.509.167 Frauen gab, also 20,6 Prozent, das heißt, auf je 100 gewerblich Tätige kamen fast 21 Frauen.[8]

Welchen Umfang die industrielle Frauenarbeit angenommen hat, das erhellt auch deutlich aus den letzten Jahresberichten der Fabrikinspektoren. In den dem gesetzlichen Schutz unterstellten Betrieben waren beschäftigt: in Sachsen 241.088 Arbeiter und 123.548 Arbeiterinnen, in Baden 84.806 Arbeiter und 41.491 Arbeiterinnen, in Hessen 41.778 Arbeiter und 12.210 Arbeiterinnen, in Sachsen-Altenburg 9.553 Arbeiter und 4.043 Arbeiterinnen usw. In Württemberg zählte man 27.719 erwachsene Arbeiterinnen, in Preußen deren über 250.000, die in der Hausindustrie und im Bergbau beschäftigten Frauen nicht eingerechnet, usw.

Diese Zahlen geben nur einen annähernden Begriff von der Ausdehnung, welche die Verwendung weiblicher Arbeitskraft erfahren hat. Denn es sind nicht mitgezählt all jene Tausende und aber Tausende von Frauen, welche in Betrieben arbeiten, die nicht gesetzlich »geschützt« sind, die mithin der Fabrikinspektion nicht unterstehen. Wie groß ist nicht allein die Zahl der in der Hausindustrie sich abplagenden Frauen.

8 1882 waren beschäftigt: Männer Frauen Proz. der insg. Beschäftigten

1882 waren beschäftigt:	Männer	Frauen	Proz. der insg. Beschäftigten
Spitzenfabrikation	5676	30204	84,1
Kleidung, Wäsche, Putz	279975	440870	61,2
Spinnerei	69272	100459	59,2
Posamentenfabrikation	13.52	617478	56,4
Bedienung und Erquickung	172841	141407	45
Tabakfabrikation	64477	48919	43,1
Stickerei und Wirkerei	42819	31010	42
Papierfabrikation	37685	20847	35,6
Weberei	336400	155396	31,6
Lohn- und Botendienst	9212	3265	25,2
Handelsgewerbe	536221	181296	25,3
Buchbinderei und Karton	31312	10409	24,9

Es ist an dieser Stelle wiederholt darauf hingewiesen worden, welches die Ursachen der steigenden Verwendung weiblicher Arbeitskräfte sind: ihre Billigkeit und die Vervollkommnung der mechanischen Produktionsmittel und der Produktionsmethoden. Die selbsttätige, oft nicht einmal mehr der Regelung bedürfende Maschine, welche mit der Kraft eines Riesen und märchenhafter Geschicklichkeit, Geschwindigkeit und Genauigkeit arbeitet, macht die muskelstarke und gelernte Arbeit überflüssig. Der kapitalistische Unternehmer kann weibliche Arbeiter nun dort einstellen, wo er früher männliche verwenden musste. Und er stellt sie mit Vorliebe ein, denn die Arbeitskraft der Frauen ist billig, billiger als die der Männer.

Obgleich die produktive Leistungsfähigkeit der Arbeiterin meist hinter jener der Arbeiter nicht zurücksteht, so ist doch der Unterschied zwischen Männer- und Frauenlöhnen ein sehr bedeutender. Vielfach betragen letztere nur die Hälfte, oft auch nur ein Drittel der ersteren.

Nach den Mitteilungen der Leipziger Handelskammer wurden Wochenlöhne gezahlt:

	Männer (Mark)	Frauen (Mark)
in der Spitzenfabrikation	20-35	01.07.15
in einer Fabrik für Papierlaternen	16-22	7,50-10
in der Wollkämmerei	15-27	7,20-10,20
in der Stoffhandschuhfabrik	01.12.30	01.06.15
in der Leder- u. Lederwarenfabrikation	01.12.28	01.07.18
in der Leinen- und Juteweberei	01.12.27	05.10.15
in einer Zuckerfabrik	10,50-31	7,50-10
in den Gummiwarenfabriken	01.09.27	01.06.17

Die Leipziger Ortskrankenkasse nahm 1892 eine statistische Erhebung über die Löhne vor und stellte fest, dass 60 Prozent der Arbeiterinnen einen Wochenverdienst haben unter und bis zu 9 Mark, 32 Prozent bis zu 12 Mark und nur 7 Prozent bis zu 15 beziehungsweise 19 und 21 Mark. Die Männer sind zwar im Punkte des Verdienens auch nicht glänzend gestellt, aber doch immerhin besser als die Arbeiterinnen. Von ihnen verdienen 37 Prozent bis zu 15 Mark, 30 Prozent bis zu 19 Mark und 33 Prozent bis zu 21 Mark.

Höchst ungünstig sind die Lohnverhältnisse der Arbeiterinnen, welche in Berlin in der chemischen Industrie tätig sind. 74 Prozent von ihnen haben nur einen Wochenverdienst bis zu 10 Mark 50 Pfennig. Von den übrigen 26 Prozent verdienen nur 2 Prozent wöchentlich bis zu 24 Mark.

In Hessen, Bayern, Sachsen, Thüringen, Württemberg, kurz, in allen deutschen Herrgottsvaterländchen, sind laut der Berichte der Fabrikinspektoren die

Löhne der Arbeiterinnen weit niedriger als die der Männer. Der badische Fabrikinspektor Wörrishoffer nahm eine sehr gründliche Untersuchung der sozialen Lage der Fabrikarbeiter vor. Auch aus ihr erhellt mit sinnenfälliger Deutlichkeit, wie ganz miserabel die Erwerbsverhältnisse der industriell tätigen Frauen sind. Wörrishoffer teilte nämlich Arbeiter und Arbeiterinnen ihrem Verdienst nach in drei Lohngruppen, eine niedere mit weniger als 15 Mark Wochenlohn, eine mittlere, wo der wöchentliche Verdienst 15 bis 24 Mark beträgt, und eine hohe mit einem Wochenlohn von über 24 Mark. Von den Mannheimer Arbeiterinnen gehören 99,2 Prozent der niederen, 0,7 Prozent der mittleren und 0,1 Prozent der hohen Lohngruppe an. Mit anderen Worten: Von 100 Arbeiterinnen in Mannheim verdienen mehr als 99 wöchentlich unter 15 Mark, davon haben 54 einen Wochenlohn von nur 3 bis 8 Mark, 27 einen solchen bis zu 10 Mark. Dass die Lebensverhältnisse der Arbeiterinnen den Lohnverhältnissen entsprechend kümmerliche, ja, höchst elende sind, versteht sich angesichts dieser Zahlen am Rande. Und die Tatsache ist mit Händen zu greifen, dass die für weibliche Arbeitskräfte üblichen Hungerlöhne Tausende von Frauen aus dem Proletariat in das Lumpenproletariat stoßen. Die Not zwingt sie, ganz, teilweise oder zeitweilig in der Prostitution einen Erwerb zu suchen, durch den Verkauf ihres Körpers das Stück Brot zu erwerben, das ihnen der Verkauf ihrer Arbeitskraft nicht zu sichern vermag.

Aber nicht nur die Arbeiterinnen selbst leiden unter der erbärmlichen Bezahlung ihrer Arbeitskraft. Auch die Arbeiter werden durch dieselbe in Mitleidenschaft gezogen. Infolge ihrer niederen Löhne werden die Frauen aus Konkurrentinnen zu Schmutzkonkurrentinnen, zu Lohndrückerinnen der Männer. Die billige Frauenarbeit schlägt die Arbeit der Männer aus dem Felde, und wollen diese in Lohn und Brot bleiben, so müssen auch sie sich niedrigen Verdienst gefallen lassen. So ist die weibliche Arbeitskraft nicht bloß eine billige Arbeitskraft, sondern eine die Männerarbeit verbilligende und in dieser ihrer Eigenschaft dem nach Mehrwert heißhungrigen Kapitalisten doppelt schätzbar. Eine ganze große Industrie ist ein Beweis dafür, welche Rolle die Frauenarbeit als Lohndrückerin spielt: die Textilindustrie. Der niedrige Verdienst der Textilarbeiterschaft entspricht zum Teil der ausgedehnten Verwendung weiblicher Arbeitskräfte. Die Woll- und Baumwollbarone haben mittels der billigen und verbilligenden Frauenarbeit die Erwerbs- und Lebensverhältnisse einer ganzen großen Kategorie des Proletariats auf eine kulturwidrig niedrige Stufe herabgedrückt.

Die Übertragung von Hunderttausenden weiblichen Arbeitskräften auf die vervollkommneten modernen Produktionsmittel, welche den Ertrag der Arbeit verzehnfachen, ja verhundertfachen, hätte dem Proletariat erhöhten Wohlstand bringen müssen und auch gebracht — in einer vernünftig organisierten Gesellschaft. In der kapitalistischen Gesellschaft verkehrt sich für das Proletariat der Segen in Fluch, der Reichtum in bittere Armut. Die wirtschaftlichen Vorteile der industriellen Tätigkeit der proletarischen Frauen kommen nur zugute der kleinen Minderheit der neunmalheiligen Gilde der Couponschneider und Mehrwertpresser.

Von den wirtschaftlichen Folgen der Frauenarbeit sowie von anderen mit ihr verbundenen Missständen erschreckt, erhob die organisierte Arbeiterschaft eine Zeitlang die Forderung auf Verbot der industriellen Frauenarbeit. Sie betrachtete diese lediglich unter dem engen Gesichtswinkel einer Lohnfrage. Dank der sozialistischen Propaganda hat das klassenbewusste Proletariat gelernt, die Frage von einem anderen Gesichtspunkt aus aufzufassen, von dem Gesichtspunkt ihrer geschichtlichen Bedeutung für die Befreiung der Frau und die Befreiung des Proletariats. Es versteht, wie unmöglich es ist, die industrielle Frauenarbeit zu beseitigen. So hat es die frühere Forderung fallengelassen und sucht die schlimmen wirtschaftlichen Folgen, welche mit der Frauenarbeit in der kapitalistischen Gesellschaft, und nur in ihr, verknüpft sind, durch zwei andere Mittel zu mildern: durch den gesetzlichen Schutz der Arbeiterinnen und durch deren Einbeziehung in die gewerkschaftlichen Organisationen. Wir haben bereits an dieser Stelle die Notwendigkeit und die vorteilhaften Wirkungen des gesetzlichen Arbeiterinnenschutzes erörtert. Die weiter oben angeführten Zahlen über den Umfang der industriellen Frauenarbeit und über die niedrigen Löhne der weiblichen Arbeitskräfte, die allgemein bekannte Tatsache von dem Lohn drückenden Einfluss der Frauenarbeit sprechen deutlich genug für die Notwendigkeit und Bedeutung der gewerkschaftlichen Organisation der Berufsarbeiterinnen.

Angesichts der vielen Tausenden von weiblichen Arbeitskräften, welche in der Industrie tätig sind, ist die Einbeziehung der Frau in die Gewerkschaftsbewegung für diese geradezu eine Lebensfrage. In einzelnen Industrien, wo die Frauenarbeit eine bedeutende Rolle spielt, ist jede Bewegung für bessere Löhne, kürzere Arbeitszeit usw. von vornherein unmöglich, weil sie an der Haltung der nichtorganisierten Arbeiterinnen scheitern würde. Aussichtsvoll begonnene Kämpfe verliefen schließlich doch erfolglos, weil die Unternehmer gegen die organisierten Arbeiter die nichtorganisierten Arbeiterinnen ausspielen konnten, welche zu jeden Bedingungen weiterarbeiteten beziehungsweise die Arbeit aufnahmen, aus Schmutzkonkurrentinnen zu Streikbrecherinnen wurden.

Aber nicht nur mit Rücksicht auf den erfolgreichen wirtschaftlichen Kampf der gewerkschaftlichen Organisationen ist es dringend nötig, dass die Frauen in sie einbezogen werden. Auch die Aufbesserung der Hungerlöhne der Arbeiterinnen, die Einschränkung der Schmutzkonkurrenz der weiblichen Arbeitskräfte erheischt gebieterisch deren Organisation.

Dass die Frauenarbeit so viel schlechter entlohnt wird als die Männerarbeit, hat ja vielfache Ursachen. Allein nicht wenig kommen die schlechten Frauenlöhne auf Rechnung des Umstandes, dass die Arbeiterinnen so gut wie nicht organisiert sind. Sie entbehren der Stärke, welche die Einigkeit verleiht, des Mutes, des Kraftgefühls, des Widerstandsgeistes und der Widerstandsfähigkeit, welche der Rückhalt an eine Organisation verleiht, das heißt an eine Macht, in der einer für alle und alle für einen eintreten. Sie ermangeln ferner der Aufklärung und Schulung, welche durch die Organisation geboten wird. Ohne Einsicht in das moderne Wirtschaftsleben, in dessen Getriebe sie eingeschraubt sind, verstehen sie weder durch bewusstes, berechnetes und einheitliches Handeln den flotten Geschäftsgang zur Erreichung von Vorteilen auszunützen noch in Zeiten geschäftlichen Niedergangs sich gegen Nachteile zu schützen. Raffen sie sich ja einmal unter dem Drucke unerträglicher Verhältnisse zum Kampf auf; so geschieht dies nicht selten zu unrechter Zeit und in planloser Weise.

Dieser Stand der Dinge ist von großem Einfluss darauf, dass die Erwerbsverhältnisse der Frauen gar so traurige sind und dann ihr Rückschlag in Gestalt von Schmutzkonkurrenz von den Arbeitern bitter empfunden wird. Im Interesse der Arbeiter und Arbeiterinnen ist deshalb die Einbeziehung letzterer in die Gewerkschaften dringend geboten. Je größer die Zahl der organisierten Arbeiterinnen ist, die Schulter an Schulter mit ihren Kameraden aus Fabrik und Werkstatt für bessere Arbeitsbedingungen kämpfen, umso eher und mehr werden sich die Frauenlöhne heben, umso eher kann der Grundsatz verwirklicht werden: gleicher Lohn für gleiche Arbeit ohne Unterschied des Geschlechts. Die organisierte und dem Arbeiter wirtschaftlich gleichgestellte Arbeiterin hört auf, dessen Schmutzkonkurrentin zu sein.

Mehr und mehr drängt sich den organisierten Arbeitern die Erkenntnis auf, von welch tief einschneidender Bedeutung es ist, dass die Arbeiterinnen in Reih und Glied der Organisationen geführt werden. In den letzten Jahren hat man es innerhalb der Gewerkschaften auch nicht an diesbezüglichen Bestrebungen fehlen lassen. Aber doch, wie wenig ist in dieser Hinsicht noch geschehen, und wie unendlich viel bleibt noch zu tun.

Nach dem Bericht der Generalkommission der Gewerkschaften Deutschlands haben von 52 Organisationen nur 14 eine aus Arbeitern und Arbeiterinnen bestehende Mitgliedschaft. Dazu kommen noch 2 Organisationen, welche nur Frauen umschließen: die Gewerkschaft der Plätterinnen und der Zentralverein für Frauen und Mädchen Deutschlands. Was will das bedeuten angesichts der großen und stetig steigenden Zahl der Industrien, in denen Frauen tätig sind?

Aber auch in den Gewerben, wo die gewerkschaftliche Organisation der Frauen bereits begonnen hat, ist sie noch nicht über die ersten und schüchternen Anfänge hinausgekommen.[9]

Die Organisation der Tabakarbeiter nimmt hinsichtlich der Zahl ihrer weiblichen Mitgliedschaft die erste Stelle ein, und doch macht dieselbe noch nicht einmal ein Viertel der gesamten Mitgliedschaft aus. Und 1882 waren von den in der Tabakindustrie beschäftigten Arbeitskräften überhaupt 43,1 Prozent Frauen. In den vier folgenden Gewerkschaften, welche verhältnismäßig noch die größte Zahl weiblicher Mitglieder haben, steigt diese bei keiner bis auf volle 10 Prozent. Die Organisation der Gold- und Silberarbeiter zählt noch nicht einmal 5 Prozent weiblicher Mitglieder, und dies trotz der großen Zahl weiblicher

9 Organisation Zahl der Mitglieder überhaupt Zahl der weiblichen Mitglieder Prozent der weiblichen Mitglieder

Organisation	Zahl der Mitglieder überhaupt	Zahl der weiblichen Mitglieder	Prozent der weiblichen Mitglieder
Tabakarbeiter	11079	2560	23,1
Textilarbeiter	2560	620	9,5
Buchbinder	2752	210	7,6
Bürstenmacher	858	59	6,9
Zigarrensortierer	480	30	6,2
Holzarbeiter	608	28	4,6
Gold- und Silberarbeiter	1934	83	4,3
Konditoren	395	14	3,5
Vergolder	555	16	2,9
Schneider	6272	131	2,1
Schuhmacher	10150	150	1,5
Metallarbeiter	26121	152	0,6
Drechsler	2288	1	-
Sattler	1102	1	-
Plätterinnen	100	100	100
Zentralverein für Frauen und Mädchen	200	200	100

Die eventuell in Lokalvereinen organisierten Arbeiterinnen sind hier nicht mitgerechnet. Angaben über deren Zahl lagen nicht vor, jedenfalls ist sie nicht bedeutend.

Arbeitskräfte, welche in der Gold- und Silberindustrie beschäftigt sind. In der Spinnerei waren 1882 60 Prozent Frauen tätig, in der Weberei 30 Prozent, die Zahl der organisierten Textilarbeiterinnen beträgt dagegen nur rund 9½ Prozent. Diese Zahlen, in Verbindung mit den Jammerlöhnen, welche gerade in der Textilindustrie die Regel sind, reden ganze Bände über die Notwendigkeit, die Arbeiterinnen zu organisieren.

An den Gewerkschaften liegt es, in richtiger Würdigung dieser Notwendigkeit mit aller Energie an der Einreihung der Frauen in die Organisationen zu arbeiten.

Gewiss, wir verkennen nicht die Schwierigkeiten, welche sich seitens der Arbeiterinnen der Lösung dieser Aufgabe entgegenstellen. Stumpfsinnige Ergebung, Mangel an Solidaritätsgefühl, Schüchternheit, Vorurteile aller Art, die Furcht vor dem Fabriktyrann halten viele Frauen von den Organisationen fern. Und mehr als alle die genannten Hindernisse stemmt sich der Mangel an Zeit seitens der Arbeiterinnen deren Massenorganisierung entgegen, denn die Frau ist Fabrik- und Haussklavin, sie muss eine doppelte Arbeitslast tragen. Allein die wirtschaftliche Entwicklung, die schärfere Zuspitzung des Klassenkampfes erziehen Arbeiter und Arbeiterinnen und zwingen sie, mit den angedeuteten Schwierigkeiten fertig zu werden.

Gewiss, wir anerkennen, dass in den letzten Jahren innerhalb der Gewerkschaften ernste Bestrebungen gemacht worden sind, die Arbeiterinnen den Organisationen ihrer Berufsgenossen zuzuführen. Aber was in der Beziehung geleistet und erstrebt worden ist, steht keineswegs im Verhältnis zur Dringlichkeit und Bedeutung der zu vollbringenden Arbeit. In der Theorie geben die meisten Gewerkschaftsmitglieder zu, dass die gemeinsame Organisation von Arbeitern und Arbeiterinnen des nämlichen Berufs eine unabweisbare Notwendigkeit geworden ist. In der Praxis dagegen tun bei weitem nicht alle, was sie tun könnten. Es sind mehr einzelne Gewerkschaften und innerhalb dieser bestimmte einzelne Persönlichkeiten, welche mit Energie und Ausdauer für die Organisation der Arbeiterinnen wirken. Die Masse der Gewerkschaftsmitglieder unterstützt sie dabei nur wenig. Diese hält sich, als ob die diesbezüglichen Bestrebungen eine Liebhaberei wären, die man wohl dulden könne, der man aber keinen Vorschub zu leisten habe, »solange es noch so viele nichtorganisierte, indifferente Arbeiter gibt.« Dieser Standpunkt ist grundfalsch.

Die Organisation der Arbeiterinnen wird erst dann bedeutende Fortschritte machen, wenn sie nicht mehr von einigen wenigen gefördert wird, sondern wenn sich jedes einzelne Mitglied der Gewerkschaften angelegen sein lässt, diesen die Kolleginnen aus Fabrik und Werkstatt zuzuführen. Um diese Aufgabe erfolgreich zu lösen, ist allerdings zweierlei notwendig. Die Arbeiter müssen aufhören, in der Arbeiterin in erster Linie eine Frau zu sehen, der man, je nachdem sie jung, hübsch, sympathisch, heiter oder es nicht ist, den Hof macht und der gegenüber man sich eventuell je nach dem Grade der eigenen Bildung oder Unbildung Rohheiten und Zudringlichkeiten erlaubt. Die Arbeiter müssen sich vielmehr gewöhnen, die Arbeiterin in erster Linie als Proletarierin zu behandeln, als Genossin der Arbeit und der Klassensklaverei und als gleichwertige, unentbehrliche Mitstreiterin im Klassenkampf. Anstatt dass man gewerkschaftlicherseits eine Haupt- und Staatsaktion daraus macht, alle Mitglieder und Anhänger der politischen Partei zu Mitgliedern der wirtschaftlichen Organisationen zu haben, sollte man, wie uns scheint, mehr Nachdruck darauf legen, die breite, indifferente Masse der Gewerkschaftsbewegung zuzuführen. Hier, in deren Aufklärung, Disziplinierung, Schulung für den Klassenkampf, liegt unseres Erachtens der Schwerpunkt der Aufgaben, welche die Gewerkschaften zu erfüllen haben. Und angesichts der zunehmenden Verwendung weiblicher Arbeitskräfte und ihrer wirtschaftlichen Folgen begeht die Gewerkschaftsbewegung geradezu einen Selbstmord, wenn ihre Bestrebungen, die indifferente Masse des Proletariats zu gewinnen, die Arbeiterinnen nicht ebenso viel berücksichtigen wie die Arbeiter.

Rosa Luxemburg: Der Gewerkschaftskongress in Norwich 1894[10]

Der diesjährige Kongress der englischen Gewerkschaften fand in Norwich vom 3. bis zum 18. September statt. Es waren 378 Delegierte von 179 verschiedenen Fachverbänden, die zusammen 1.100.000 Mitglieder zählen, anwesend. Sowohl durch die Anzahl ihrer Mitglieder, wie auch in Bezug auf die organisatorische Macht, finden die englischen Fachverbände nicht ihresgleichen in der Welt. Nirgends gelang es den Fachverbänden, eine derartige Besserung des Daseins zu erlangen, wie in England, und nirgends stellen sie eine derartige, von allen anerkannte Kraft dar. Kein Fabrikant und kein Unternehmerverband wagt es in England, den Arbeiter zum Austritt aus dem Verbande zu zwingen, wie dies in Deutschland, in Frankreich usw. geschieht. Im Gegenteil, in sämtlichen Fällen von Streitigkeiten mit den Arbeitern hat es der Fabrikant mit dem Verbande, nicht aber mit dem einzelnen Arbeiter zu tun. Nicht nur die Fabrikanten, sondern auch die Regierung betrachtet die Fachverbände als eine Macht, die man fürchten muss. Die Regierung hört die Forderungen der Fachverbände aufmerksam an und muss sie, gern oder ungern, erfüllen. Die Beschlüsse und die Forderungen der Verbandstage werden mit der Zeit fast zu Staatsgesetzen. Man kann sagen, dass der Verbandstag ein Arbeiterparlament darstellt, welches dem bürgerlichen Regierungsparlament Gesetze zugunsten der Arbeiterschaft diktiert.

Die englischen Gewerkschaften besitzen ein besonderes Komitee, dessen Pflicht es ist, die Annahme der Forderungen des Verbandstages im Parlament durchzuführen. Es wird das parlamentarische Komitee genannt, alljährlich auf dem Verbandstage aus der Zahl der anwesenden Delegierten gewählt und besteht zum Teil auch aus den Arbeiterabgeordneten des Parlaments. Alljährlich erstattet es vor dem Kongress Bericht über seine Tätigkeit, über die Tätigkeit des Parlaments und der Regierung zugunsten der Arbeiter, über die Fortschritte

10 Erschienen in der »Sprawa Robotnicza« (»Die Arbeitersache«), Paris, September-Oktober 1894. Nach Gesammelte Werke Band 4, 1928, S. 203-208

der Entwicklung der Gewerkschaft usw. Nach dem Bericht auf dem Kongress in Norwich erlangten die Arbeiter im verflossenen Jahr folgende Zugeständnisse von der Regierung: die Zahl der Fabrikinspektoren wurde abermals um 10 vergrößert, von denen 8 Arbeiter und 2 Frauen sind, zur Aufsicht in denjenigen Industriezweigen, wo viele Frauen arbeiten. Die Ernennung von Arbeitern zu Fabrikinspektoren ist ein sehr wichtiges Zugeständnis, das die Regierung den Gewerkschaften gewähren musste. Heutzutage gibt es nur in England Arbeiter im Amte von Fabrikinspektoren[11]. Auf die Forderung der Arbeiterverbände hin zwingt ferner die Regierung die Unternehmer, von denen öffentliche Arbeiten übernommen werden, den Arbeitern Löhne zu zahlen, die vom Arbeiterverbande des gegebenen Faches festgelegt werden. Endlich haben im Laufe des vorigen Jahres 90.000 Arbeiter den *achtstündigen Arbeitstag* erkämpft, darunter sämtliche Arbeiter der Staatsunternehmen, wobei die Regierung gleichzeitig den Lohn um den Gesamtbetrag von 300.000 Rubel jährlich erhöht hat.

Die Arbeiterverbände begnügen sich nicht mit der Einführung des achtstündigen Arbeitstages auf dem Wege des Kampfes gegen die Unternehmer. Seit langem fordern sie die Einführung des achtstündigen Arbeitstages für alle Arbeiter auf dem Wege des obligatorischen Gesetzes. Der Kongress in Norwich bestätigte noch einmal diese Forderung. Der achtstündige Arbeitstag ist vor allem für die Bergarbeiter von größter Wichtigkeit. Am Anfang des laufenden Jahres legten die Vertreter der Fachverbände im Parlament ein Gesetz vor, das den achtstündigen Arbeitstag für die Bergarbeiter festsetzte. Die Vorlage wurde angenommen, jedoch fügten die bürgerlichen Abgeordneten des Parlaments, die dort in der Mehrheit sind, die Bedingung hinzu, dass das Gesetz nur in denjenigen Gegenden in Kraft treten solle, wo die Mehrheit der Bergleute sich dafür entscheidet; wenn dagegen die Mehrheit gegen das Gesetz stimmt, bleibt alles beim Alten. Auf diese Weise suchten die bürgerlichen Abgeordneten die wichtigste Bestimmung dieses Gesetzes – die obligatorische Einführung des achtstündigen Arbeitstages für den Bergbau – zunichtezumachen. Die Unternehmer könnten in der einen oder der anderen Weise die nichtorganisierten Bergleute zur Stimmenabgabe gegen das Gesetz zwingen. Daher zogen es die Vertreter der Fachverbände vor, die Gesetzvorlage zurückzuziehen. Gegenwärtig wurde auf dem Kongress in Norwich beschlossen, das parlamentarische Komitee solle das Gesetz abermals im Parlament einbringen und seine Annahme ohne jegliche Änderung erwirken.

11 In Frankreich sind erst unlängst aus der Mitte der Arbeiterschaft Inspektionsgehilfen gewählt worden, und auch dies nur im Bergbau; ihre Tätigkeit beschränkt sich jedoch nur auf die Aufsicht über die sanitären Verhältnisse in den Gruben.

Der wichtigste Beschluss der Norwich-Konferenz war eine *Resolution zugunsten des Sozialismus.* Bis vor kurzem wollte der weitaus größere Teil der englischen Arbeiterverbände nichts vom Sozialismus hören. Dank den Erleichterungen, die sie im Kampfe gegen die Ausbeuter erlangten, nahmen sie an, die Arbeiter können auch unter der Herrschaft der Kapitalisten bequem leben. Sollen die Kapitalisten ruhig das Land, die Fabriken, die Gruben besitzen, wenn nur die Arbeiter dabei gut verdienen und einen kurzen Arbeitstag haben. So dachte die Mehrzahl der englischen Arbeiter. Im Laufe der Zeit bemerkten sie jedoch, dass die Zahl der Arbeitslosen selbst unter den organisierten Arbeitern, selbst unter den Mitgliedern der Gewerkschaften, ständig zunahm, gar nicht zu reden von der Arbeitslosigkeit unter den übrigen, gewerkschaftlich nicht organisierten Arbeitern. Auf Gnade und Ungnade den Ausbeutern ausgeliefert, den Schutz der Gewerkschaften nicht genießend, erduldeten die unorganisierten Arbeiter eine immer größere Ausbeutung während der Arbeit und immer größeren Hunger und wachsendes Elend während der Arbeitslosigkeit. Die Zunahme der beschäftigungslosen Arbeiter und die langen Perioden der Arbeitslosigkeit sind eine Folge der bestehenden sozialen Verhältnisse. In sämtlichen Ländern, wo es eine Großindustrie gibt, nimmt die Zahl der unbeschäftigten Arbeiter aus folgenden Gründen immer mehr zu: Erstens ruinieren die großen Industrieunternehmen durch die Konkurrenz die selbständigen Handwerker, und die Großgrundbesitzer ruinieren den Kleinbesitzer und den Bauern. Die bankrotten Handwerker und Bauern sind gezwungen, Lohnarbeit zu suchen. Die Zahl der Arbeiter nimmt außerdem zu, weil Frauen, Minderjährige und sogar Kinder in die Fabrik zur Arbeit gehen. Zweitens benötigen die Kapitalisten relativ immer weniger Arbeiter, da sie, um möglichst hohen Profit zu ziehen, Maschinen einführen, durch die sofort Zehn- und Hunderttausende von Arbeitern arbeitslos werden. Dasselbe geht in sämtlichen kapitalistischen Ländern vor sich. Drittens nimmt die Menge der abzusetzenden Waren dank den Maschinen ständig zu, gekauft wird aber relativ immer weniger, da die Bevölkerung verarmt und keine genügende Kaufkraft besitzt. Es zeigt sich also, dass die Zahl der Arbeiter immer mehr zunimmt, während die Kapitalisten immer weniger Arbeiter brauchen. Auf diese Weise gibt es in sämtlichen kapitalistischen Ländern ständige Reservearmeen aus unbeschäftigten Arbeitern, die bereit sind, für ein trockenes Stückchen Brot Arbeit zu leisten, um dem Hungertode zu entgehen. Dieser Umstand hat auch sehr üble Folgen für diejenigen, die Beschäftigung haben. Die Kapitalisten suchen den Arbeitslohn herabzusetzen, da sie wissen, dass sie immer Hungernde finden, die bereit sind, für jeden Lohn zu arbeiten.

Vor 15 bis 20 Jahren war jedoch die Lage der englischen Arbeiter bedeutend besser als die der Arbeiter anderer Länder. England war damals der erste und der wichtigste Industriestaat der Welt. Die englischen Fabrikanten verkauften ihre Erzeugnisse in allen Weltteilen, ohne zu wissen, was Konkurrenz ist. Infolgedessen konnten sie ihre Fabriken ständig erweitern und ununterbrochen produzieren. Die Arbeiter verdienten ständig, und die Mitglieder der Gewerkschaften hatten sogar sehr hohe Löhne. So war es, aber so ist es nicht mehr. Im Laufe der Zeit entwickelte sich die Großindustrie auch in anderen Ländern, in Deutschland, in Frankreich, in Amerika. Nicht nur, dass diese Länder aufhörten, englische Erzeugnisse zu kaufen, sie begannen ihre eigenen Erzeugnisse nach dem Ausland zu bringen. Der Absatz der englischen Produkte wurde dadurch stark eingeschränkt, und die englischen Arbeiter bekamen sämtliche Plagen der kapitalistischen Wirtschaft zu fühlen: Verminderung der Löhne, periodische Arbeitslosigkeit und Hungersnot. Dieses Schicksal verschonte selbst die Gewerkschaften nicht. Auch in ihnen wurde die Zahl der Arbeitslosen immer größer. Es wurde ihnen schwer, jene Vorteile zu sichern, die sie früher erlangt hatten. Es ist eine bekannte Tatsache, dass, wenn die Einkünfte des Kapitalisten um einen Pfennig kleiner werden, er danach trachtet, den Arbeitern eine Mark abzupressen, und so sahen sich manchmal auch die Arbeiterverbände gezwungen, einige ihrer Vorteile preiszugeben und einer Herabsetzung der Löhne zuzustimmen. Da begannen die englischen Arbeiter, sich die Sache zu überlegen. Sie hatten sich überzeugt, dass die Gewerkschaften allein nicht genügen. Sie sahen, dass ihre Lage genau dieselbe ist, wie die aller Arbeiter in den anderen Ländern, und dass sie infolgedessen genau so handeln müssen, wie die organisierten Arbeiter anderswo handeln. Die Gewerkschaftsverbände allein genügen nicht: Es ist ein selbständiger politischer Kampf gegen die Kapitalisten um die Macht im Lande nötig, um Gesetze zugunsten der Arbeiterschaft zu erlangen, hauptsächlich aber, um, wenn die Zeit reif ist, die gesamte heutige Ordnung zu zertrümmern, sämtliche Einrichtungen zugunsten der Arbeiterschaft umzustellen und die Arbeiterschaft vollkommen von der Ausbeutung durch die Bourgeoisie zu befreien. Dies lässt sich nur durch den Sozialismus erlangen, d. h. durch die Übernahme sämtlicher Produktionsmittel des Landes: der Fabriken, der Bergwerke, der Eisenbahnen usw. in den gemeinsamen Besitz aller Werktätigen. Der Sozialismus stellt das endgültige Ziel aller Arbeiter in allen Ländern dar. Der Sozialismus ist auch das Ziel der englischen Arbeiter geworden. Der Kongress in Norwich nahm den Beschluss an, er erachte es für notwendig, dass sämtliche Produktionsmittel und Geräte, Land, Bergwerke, Fabriken usw.

in den gemeinsamen Besitz der gesamten Gesellschaft übergingen. Für diesen Beschluss stimmten 219 Delegierte und nur 61 dagegen.

Ein ähnlicher Beschluss zugunsten des Sozialismus wurde zum ersten Mal vom Kongress der Gewerkschaften im vergangenen Jahr angenommen. Damals stimmten jedoch nur 137 Delegierte dafür und 97 dagegen. Im Laufe von einem Jahr gewann der Sozialismus unter den englischen Arbeitern derart an Ausdehnung, dass die Zahl der Stimmen zu seinen Gunsten sich fast verdoppelt hat. Der Kongress in Norwich zeigt, dass die englischen Verbände entschlossen den Weg des Sozialismus betreten haben, dass sie in die Reihen der internationalen proletarischen Armee getreten sind, die für die völlige Befreiung der Arbeiterklasse, für den Sozialismus kämpft. Die Gewerkschaften stellen die Elite der gesamten englischen Arbeiterklasse dar, sind deren bester und stärkster Sturmtrupp. Ihrem Beispiel werden auch die übrigen englischen Arbeiter folgen und sich im klassenbewussten Kampfe um das sozialistische Banner scharen.

Wir wollen noch einige wichtige Beschlüsse dieses Kongresses anführen. Der Kongress beauftragte das parlamentarische Komitee, im Parlament eine Gesetzesvorlage einzubringen für die Zahlung von Diäten an die Mitglieder des englischen Parlaments. Dies liegt im Interesse der Arbeiter, da es ihnen ermöglicht, ihre eigenen Genossen, die keine Mittel zum Leben haben, und daher auf Fabrikarbeit angewiesen sind, ins Parlament zu schicken. Ferner forderte der Kongress, dass sämtliche Arbeiter zur Erfüllung ihrer Bürgerpflichten als Geschworene in den Gerichten herangezogen werden und dafür eine Entschädigung in der Höhe von Pfund Sterling täglich erhalten.

Einen wichtigen Beschluss fasste dieser Kongress auch in Sachen der Arbeitsgesetzgebung. Wir sprachen schon von der Forderung des achtstündigen Arbeitstags. Außerdem forderte der Kongress, dass von der Regierung das bereits einmal verworfene Gesetz der Verantwortlichkeit der Kapitalisten für Unglücksfälle in den Betrieben abermals auf die Tagesordnung gesetzt werde. Dieses Gesetz wurde dahin ergänzt, dass die Verantwortlichkeit der Kapitalisten nicht nur eine pekuniäre, sondern auch eine strafgesetzliche sein müsse. Ferner fasste der Kongress eine Reihe von Beschlüssen, die die Einschränkung der Ausbeutung von Heimarbeitern, die Besserung der sanitären Verhältnisse in Bäckereien, in Kleinbetrieben, die Aufhebung jeglicher Art von Strafen und Lohnabzügen in Gestalt von Beleuchtungskosten, Abnutzung von Maschinen und Geräten usw. bezwecken. Außerdem wurden Beschlüsse gefasst über die Ausdehnung sämtlicher neuer Fabrikgesetze auch auf Wäschereien, auf Seeleute und Hafenarbeiter, auf Lager und Magazine. Endlich forderte der Kongress die Einstellung einer größeren Zahl von Fabrikinspektoren aus der Arbeiterschaft.

Der Kongress dachte auch an die Landarbeiter. Es gibt in England keine Kleingrundbesitzer. Das Land gehört einer geringen Zahl von Großgrundbesitzern; es wird von armen Landarbeitern, die keinen eigenen Grund und Boden besitzen, bearbeitet. Die Landarbeiter beginnen, sich schon in Gewerkschaften zusammenzuschließen, um gegen die Großgrundbesitzer zu kämpfen; das gelingt ihnen jedoch viel schwerer als den Fabrikarbeitern. Sie wohnen auf dem Grund und Boden des Besitzers, in dessen Hause, und kaum beginnen sie den Kampf gegen die Ausbeuter, so wirft der Besitzer oder der Pächter den Arbeiter mit Frau und Kindern buchstäblich auf die Straße. Daher beauftragte der Kongress das parlamentarische Komitee, ein Gesetz einzubringen, das verbieten soll, die Landarbeiter des Obdaches zu berauben.

Alle diese Beschlüsse und Forderungen des Kongresses sind kein leeres Geschwätz. Die Regierung und das Parlament werden sich gezwungen sehen, alle diese Gesetze zu erlassen, so, wie dies mit früheren Beschlüssen der gewerkschaftlichen Kongresse der Fall war.

Nur einer Forderung wird das Parlament niemals genügen – es wird niemals den Sozialismus einführen; diese Forderung wird erst die Arbeiterklasse selber verwirklichen, wenn die ganze Macht, wenn die gesamte Gesetzgebung sich in den Händen der Arbeiterschaft befinden wird.

Rosa Luxemburg: Die englische Brille[12]

I.

Bevor wir einen allgemeinen Rückblick auf die Diskussion über das Bernsteinsche Buch[13] in der Parteipresse werfen, wollen wir noch einige Detailfragen, die dabei besonders hervorgehoben wurden, im Einzelnen behandeln. Diesmal wenden wir uns der *englischen Gewerkschaftsbewegung* zu. Bei den Anhängern Bernsteins spielt das Schlagwort von der *»wirtschaftlichen Macht«*, der *»wirtschaftlichen Organisation«* der Arbeiterklasse eine große Rolle. *»Es ist die Aufgabe der Arbeiterklasse, sich wirtschaftliche Macht zu schaffen«*, schreibt Dr. *Woltmann* in der Elberfelder »Freien Presse« Nr. 93. Desgleichen schließt E. *David* seine Artikelreihe über das Bernsteinsche Buch mit der Losung: *»Emanzipation durch wirtschaftliche Organisation!«* (Mainzer »Volkszeitung« Nr. 99.) Die gewerkschaftliche Bewegung verbunden mit Konsumvereinen soll nach dieser Auffassung – der Bernsteinschen Theorie gemäß – die kapitalistische Produktionsweise allmählich in die sozialistische verwandeln. Wir haben bereits darauf hingewiesen (s. Sozialreform oder Revolution?), dass eine solche Vorstellung auf gänzlicher Verkennung der wirtschaftlichen Natur und der wirtschaftlichen Funktionen ebenso der Gewerkschaften wie der Genossenschaften beruht. Dies lässt sich aber auch in weniger abstrakter Form – an einem handgreiflichen Beispiel nachweisen.

Wo immer von der großen Rolle gesprochen wird, die den Gewerkschaften in der Zukunft der Arbeiterbewegung vorbehalten bleibt, da müssen selbstverständlich auch sofort die englischen Gewerkschaften aufmarschieren, sowohl als Beweis für die »wirtschaftliche Macht«, die man erringen kann, wie als leuchtendes Beispiel, dem die deutsche Arbeiterschaft nachstreben muss. Wenn es aber in der Geschichte der Arbeiterbewegung einen Abschnitt gibt, der geeignet wäre, den Glauben an die sozialisierende Wirkung und den allgemeinen

12 »Leipziger Volkszeitung« vom 9. Mai 1899. Nach Gesammelte Werke Band 3, 1925, S. 104-114

13 »Voraussetzungen des Sozialismus.« – Ein solcher Rückblick von der Verfasserin ist nicht erschienen

Aufschwung der Gewerkschaften in der Zukunft gründlich zu zerstören, so ist es die Geschichte des englischen Trade-Unionismus.

Bernstein hat seine Theorie auf englische Verhältnisse aufgebaut, er sieht die Welt durch die »englische Brille«, dies ist in der Partei bereits zum Schlagwort geworden. Will man damit nur so viel ausdrücken, dass Bernsteins theoretische Wandlung auf sein Leben im Exil und seine persönlichen Eindrücke in England zurückzuführen ist, so mag diese persönlich-psychologische Erklärung sehr richtig sein, sie ist aber für die Partei und für die Diskussion von geringem Interesse. Will man aber mit der »englischen Brille« sagen, dass die Bernsteinsche Theorie für England passe, für England ihre Richtigkeit habe, so ist das falsch und widerspricht sowohl der vergangenen Geschichte wie dem heutigen Stande der Arbeiterbewegung in England.

Worin bestehen denn die so oft hervorgehobenen Besonderheiten des englischen sozialen Lebens, und wodurch lassen sie sich erklären? Gewöhnlich wird gesagt, Englands Besonderheit liege darin, dass es ein kapitalistischer Staat ohne Militarismus, ohne Bürokratie, ohne Bauernstand sei, dabei sein Kapital zum größten Teil zur Ausbeutung in anderen Ländern beschäftige, dies alles ermögliche ebenso die politische Freiheit, in der sich die Arbeiterbewegung entfaltet habe, wie auch die ihr günstige Richtung der öffentlichen Meinung.

Wäre dies richtig, so müsste sich die Arbeiterbewegung Englands seit ihrem Entstehen, also seit Beginn des Jahrhunderts, derselben politischen Freiheit und der Gunst der öffentlichen Meinung erfreuen wie heute, denn alle erwähnten Besonderheiten des englischen gesellschaftlichen Lebens datieren schon seit mehr als einem Jahrhundert. Allein die Geschichte des Trade-Unionismus zeigt uns das direkte Gegenteil.

Die ganze erste Periode dieser Bewegung, von Anfang des Jahrhunderts bis in die vierziger Jahre, stellt nämlich einen ebenso erbitterten Kampf der Arbeiterkoalitionen um das Existenzrecht dar, wie ihn das Proletariat des Festlandes geführt hat und zum Teil noch führt. Das »Land der sozialen Reform« verweigerte den Arbeitern jahrzehntelang das geringste Gesetz zu ihren Gunsten. Im »Lande des sozialen Friedens« nahmen die Arbeiter in ihrem Existenzkampfe zu den äußersten Gewaltmitteln, Demonstrationen, tumultuarischen Streiks, Mordtaten, Zuflucht, worauf die Regierung mit all den probaten Mitteln antwortete, die bis heute auf dem Festlande im Gebrauch sind. Verhaftungen, Prozesse mit drakonischen Urteilssprüchen, Deportationen, massenhaftes Aufgebot von Spionen, Polizei und Militär bei Arbeiterdemonstrationen, Klassenjustiz, polizeiliche Willkür, mit einem Worte, alle Formen der brutalen Niederknüppelung der aufstrebenden Arbeiterklasse und ihrer bescheidensten Forderungen nach Sozialreformen bietet uns das erste halbe Jahrhundert der englischen Arbeiterbewegung.[14] Derselbe Staat, der schon damals, wie heute, keinen Militarismus, keine Bürokratie, keinen Bauernstand hatte, fand doch vollauf Mittel, der Arbeiterbewegung mit gewaltsamer Unterdrückung zu begegnen. Wenn wir also seit Mitte des Jahrhunderts andere Methoden der Behandlung der Arbeiterklasse in England sehen, so hängt dies nicht mit jenen Eigentümlichkeiten seines politischen Lebens, sondern mit anderen Umständen zusammen, die erst im Laufe der Zeit aufgetreten waren.

In den Verhältnissen Englands hatten tatsächlich um die fünfziger Jahre wichtige Veränderungen Platz gegriffen, und zwar nach zwei Seiten hin. Vor allem gelangte um diese Zeit die englische Industrie zur ungeteilten Herrschaft auf dem Weltmarkt. Bis zu Ende der vierziger Jahre hatte die englische Produktion sehr häufige und heftige Stockungen durchzumachen, seit den fünfziger Jahren beginnt ein steter und starker Aufschwung. Dieser versetzte die ganze englische Unternehmerklasse in die Lage, in der sich ein einzelner Unternehmer bei flottem Geschäftsgang befindet: Streitigkeiten mit der Arbeiterschaft, der permanente industrielle Krieg, wie er ehedem dauerte, wurden ihr höchst ungelegen und das Interesse an geordneten Verhältnissen, an Stabilität und »sozialem Frieden« ein dringendes.

Dementsprechend sehen wir auf Seiten des Unternehmertums sogleich einen Umschwung in den Methoden der Kriegführung: aus Machtfragen werden die Streitigkeiten mit der Arbeiterschaft zu Gegenständen der Verhandlungen, der Einigung, der Konzessionen. Die goldene Ära der Industrie macht die Zugeständnisse an die Arbeiter ebenso notwendig im Interesse des ungestörten Geschäftsganges, wie auch materiell unfühlbar. Wenn in der ersten Epoche die brutalsten Scharfmacher à la Stumm die englische Bourgeoisie vertraten, ist ihr richtiger Wortführer in dieser Epoche jener Unternehmer, der im Jahre 1860 sagt: *»In den Streiks sehe ich sowohl das Aktionsmittel wie das unvermeidliche Resultat der kommerziellen Verhandlungen über den Ankauf von Arbeit.«*[15]

Auf der anderen Seite und zweifellos im engsten Zusammenhange mit obigem greift auch in der Arbeiterbewegung selbst ein wichtiger Umschwung Platz. In den zwanziger, dreißiger Jahren und Anfang der vierziger Jahre sehen wir sie für politische und soziale Reformen, für umfassende Pläne, für sozialistische Ideen sich begeistern. *»Im Rat sind sie (die Arbeiter) Idealisten, die von einem*

14 S. Webb, Geschichte der englischen Gewerkvereine. S. 50-130.

15 S. und B. Webb, Theorie und Praxis der englischen Gewerkvereine. I. S. 196.

neuen Himmel und einer neuen Erde träumen, Humanitäre, Erziehungsfreunde, Sozialisten, Moralisten.«[16] Unter dem Einfluss von Owens Lehren, schreibt Francis Place, kamen die Trade-Unionisten zu dem Glauben, dass es möglich sei, durch einen allgemeinen nichtpolitischen Bund aller Lohnarbeiter die Löhne zu heben und die Arbeitszeit zu verkürzen *»in einem solchen Grade, dass ihnen in nicht zu ferner Zeit die Erzeugnisse ihrer ganzen Arbeit gehören würden.«*[17] Einen greifbaren Ausdruck fand die damalige Klassenbewegung in England in der Organisation des *allgemeinen Arbeiterbundes* (Grand National Consolidated Trades Union), der sich im gewerkschaftlichen Kampfe als eine recht ungelenke Organisation erwies und auch bald in die Brüche ging, aber die Idee der Klasse und ihrer allgemeinen Zusammenfassung zum gemeinsamen Ziel deutlich zum Ausdruck brachte. In der *Chartistenbewegung* sehen wir gleichfalls das englische Proletariat – hier durch politische Aktion – zu sozialistischen Zielen streben.

Dies ändert sich alles mit dem Anfang der fünfziger Jahre. Nach dem Scheitern des Chartismus und der owenistischen Bewegung wendet sich die Arbeiterschaft von den sozialistischen Zielen ab und den ausschließlichen alltäglichen Forderungen zu. Die in der »Großen Trades Union« Owens, wenn auch sehr unvollkommen zusammengefasste Klasse zerbröckelt vollständig in einzelne Gewerkvereine, die jeder auf eigene Faust die Aktion führen. Anstelle der Emanzipation der Arbeiterklasse tritt als Leitstern die möglichst günstige Gestaltung des »Mietvertragsgeschäfts«, an Stelle des Kampfes mit der bestehenden Ordnung das Bestreben, sich auf dem Boden dieser Ordnung behaglich einzurichten, mit einem Worte: an Stelle des sozialistischen Klassenkampfes bürgerlicher Kampf um bürgerliche Existenz.

Die Trade Unions haben ihre Erfolge auf zwei Wegen erreicht: durch unmittelbaren Kampf mit dem Unternehmertum und durch den Druck auf die Gesetzgebung. In beiden Fällen aber verdanken sie die Erfolge gerade dem *bürgerlichen Boden*, auf den sie sich gestellt hatten. Was den Kampf mit dem Unternehmertum betrifft, so ward schon 1845 von der allgemeinen Konferenz der Gewerkschaften *»eine neue Methode gewerkschaftlicher Tätigkeit – die Politik der* Schlichtungen *und* Schiedssprüche« proklamiert.«[18] Aber Schlichtungen und Schiedssprüche sind nur möglich, wenn ein gemeinsamer Boden im Voraus gegeben ist. Und ein solcher fand bald einen greifbaren Ausdruck in dem sehr verbreiteten System der gleitenden Lohnlisten, das seinerseits wirtschaftlich auf der Interessenharmonie zwischen dem Unternehmer und dem Arbeiter fußt.

16 S. und B. Webb, Die Geschichte des britischen Trade Unionismus. S. 121.
17 S. und B. Webb, Geschichte des britischen Trade Unionismus, S. 125.
18 a. a. O., S. 151.

Nur weil das Unternehmertum wie die Arbeiterschaft auf diesem gemeinsamen Boden standen, war die große Verbreitung der kollektiven Vertragsschließung, der Einigungsämter, der Schiedsgerichte, wie wir sie bis in die achtziger Jahre sehen, möglich. Damit verwandelten sich aber die Zusammenstöße und Reibungen zwischen Arbeit und Kapital aus einem Klassenkampf in Auseinandersetzungen zwischen *Käufer* und Verkäufer, wie sie bei jeder Ware stattfinden. War das Unternehmertum auf der einen Seite zu der Einsicht gelangt, dass die Streiks *»unvermeidlich bei kommerziellen Verhandlungen über den Ankauf der Arbeit«* seien, so beschied sich auf der anderen Seite die Arbeit dazu, sich als bloßen Gegenstand *»kommerzieller Verhandlungen«* zu betrachten.

Als Grundlage des ganzen gewerkschaftlichen Kampfes akzeptierten die Trade Unions die Lehre der bürgerlichen Nationalökonomie vom Angebot und der Nachfrage als einzigem Regulator der Löhne, und *»es schien eine selbstverständliche Folgerung, dass das einzige in ihrer Macht liegende Mittel, ihre Verhältnisse sicherzustellen oder zu verbessern, das war,* das Angebot zu verringern.«[19]

Demgemäß sehen wir als Kampfmittel des gewerkschaftlichen Kampfes zu jener Zeit die Abschaffung der Überstunden, die Beschränkung der Lehrlingszahl und die Auswanderung (in einzelnen Branchen bis in die 80er Jahre), das heißt, ausgenommen den ersten Punkt, rein zünftlerische Methoden.

Den gleichen Charakter nahm die politische Seite der gewerkschaftlichen Bewegung an. Hierfür sind namentlich zwei Standpunkte bezeichnend. Vor allem die eigene politische Stellungnahme der englischen Trade-Unionisten: Bis Mitte der 80er Jahre waren sie – und sind heute noch zum größten Teil – durchweg reine Bourgeois, liberale oder konservative. Ferner aber die Methoden und Mittel, die sie in ihrem Kampfe um die Arbeiterschutzgesetze anwandten. Es war dies nicht etwa Volksagitation, wie in Deutschland und anderen Ländern des Kontinents, sondern ein eigentümlich kompliziertes System der Bearbeitung und Beeinflussung bürgerlicher Parlamentarier, ohne Unterschied der Parteistellung, Kuhhandel, Wandelgang- und Hintertreppenpolitik, ohne jeden prinzipiellen und Klassen-Charakter, wie sie besonders bei den Baumwollspinnern und -webern zur vollen Ausbildung gelangte.[20] Gerade diesen Mitteln verdanken die Gewerkschaften ihre größten gesetzgeberischen Erfolge. Wie sehr umgekehrt ein mehr klassenbewusstes Verhalten für die praktischen Erfolge hinderlich war, zeigen die Schwierigkeiten, mit denen die Bergarbeiter-Föderation zu kämpfen hatte.[21]

19 Webb, Geschichte des britischen Trade Unionismus. Seite 160.
20 Webb, Theorie und Praxis der englischen Gewerkvereine. I. S. 230 ff.
21 a. a. O., S. 234.

Im Zusammenhang mit der so gerichteten Tätigkeit sehen wir den Aufbau und den ganzen Charakter der englischen Gewerkschaften in der zweiten Hälfte dieses Jahrhunderts sich ändern. Von den *»nichtverantwortlichen Enthusiasten und Agitatoren«* geht die Führerschaft der Bewegung auf *»eine Klasse ständig bezahlten Beamten«* über, die zuweilen sogar auf Grund einer regelrechten Schulprüfung angestellt werden.[22] Aus einer Schule der Klassen-Solidarität und sozialistischer Sittlichkeit wird die Gewerkschaftsbewegung zum Business, zum Geschäft, die Gewerkschaft wird zu einem äußerst komplizierten Kunstwerk, einem zu dauernder Existenz behaglich eingerichteten Wohnhaus, und in der ganzen Arbeiterwelt jener Epoche herrscht *»ein Geist, vorsichtiger,* wenn auch etwas *beschränkter Staatsmannschaft.«*

II.

Ökonomisch und politisch und auch moralisch standen, wie im ersten Artikel gesehen, in England die Arbeiter und die Bourgeoisie auf gleichem Boden. »*Sie (die Führer der Trade Unions) nahmen in völlig gutem Glauben den ökonomischen Individualismus ihrer bürgerlichen Gegner hin und beanspruchten nur jene Freiheit, sich zu verbinden, die die aufgeklärten Mitglieder jener Klasse ihnen zu gewähren bereit waren… Ihr Verständnis für die Denkweise des Bürgertums und ihre Würdigung der tatsächlichen Schwierigkeiten der Lage schützten sie davor, bloße Demagogen zu sein… Der Besitz guter Manieren war, obwohl es als triviale Kleinigkeit erscheinen mag, nicht der geringste ihrer Vorzüge. Mit vollendeter Selbstachtung und Integrität (Makellosigkeit) verbanden sie Korrektheit des Ausdrucks, durchaus vorwurfsfreies Verhalten im Privatleben und eine bemerkenswerte Abwesenheit von allem, was an das Schankzimmer erinnert.*«[23]

Es ist nur eine logische Folge dieser staatsmännischen individualistischen Politik, dass ebenso wie der rein ökonomische auch der Kampf der Trade Unions um die Arbeiterschutzgesetze nicht einheitlich durch die Gesamtheit der Gewerkschaften und zugunsten der gesamten Arbeiterklasse, wie in Deutschland, in Frankreich und überall, sondern in zersplitterten Gruppen, von jeder Gewerkschaft auf eigene Faust, manchmal in unmittelbarem Gegensatz zueinander, geführt wurde (vergleiche das Vorgehen der Durhamer und Northumberlander Vertreter im Parlament gegen die Bestrebungen der Bergarbeiterföderation).[24] Das Fehlen des gemeinsamen ökonomischen und politischen Bodens,

22 Webb, a. a. O., S. 194.

23 Webb, Geschichte des britischen Trade Unionismus. S. 163.

24 Webb, Theorie und Praxis der englischen Gewerkvereine. I. S. 234.

des *Klassenstandpunkts*, die Gegensätze zwischen großen und kleinen, qualifizierten und unqualifizierten, alten und neuen Gewerkschaften haben auch ihre gemeinsame Aktion, ihre allgemeinen Kongresse und ihren parlamentarischen Ausschuss zur Fruchtlosigkeit verurteilt und zum Verfall gebracht.[25] »*Der Kongress, auf dem* viele auseinandergehende und sogar widerstrebende Interessen *vertreten sind, kann niemals mehr als ein loser Bund sein...*«[26]

Zu den beiden bezeichneten Momenten: dem stetigen Aufschwung der Industrie und dem bürgerlichen Boden der Arbeiterbewegung, tritt in logischem Zusammenhang die dritte Eigentümlichkeit der englischen Verhältnisse hinzu: die Arbeiterfreundlichkeit der öffentlichen Meinung. Nicht »*das dem Menschen angeborene Mitleid*« und nicht die Beschäftigung der größeren Portion des englischen Kapitals im Auslande, wie es oft behauptet wird, sind es, die das Wohlwollen und die tatkräftige Unterstützung der öffentlichen Meinung der Gewerkschaftsbewegung in England haben zuteilwerden lassen.

Die dieser Meinung sind, sehen nur die eine Seite der Einwirkung der öffentlichen Meinung auf die Arbeiterschaft: die von ihr gewährte materielle *Unterstützung*. Sie übersehen aber die andere Seite: den von ihr auf die Arbeiter ausgeübten moralischen *Druck*. Die englische öffentliche Meinung ist nicht der Arbeiterbewegung schlechthin, sondern der bestimmten, gegebenen Arbeiterbewegung huldvoll, die sich in England ausgebildet hat: der ebenso ökonomisch wie politisch auf dem Boden der bürgerlichen Gesellschaft stehenden Bewegung. Sie unterstützt nicht etwa den Klassenkampf; umgekehrt, sie beugt ihm vor. Während der Ausstände, der Lohnkämpfe drängt die öffentliche Meinung bekanntlich gebieterisch zu Schiedsgerichten, zum Einigungsverfahren, sie lässt den Kampf nicht zu einer Kraftprobe werden, auch wenn es für die Arbeiterschaft gerade von Vorteil wäre, und wehe den Arbeitern, wenn sie sich der Stimme der Öffentlichkeit nicht fügen wollten. Der englische Arbeiter, der im Kampfe mit seinem Unternehmer von der englischen bürgerlichen Gesellschaft unterstützt wird, wird es in seiner Eigenschaft als Mitglied der bürgerlichen Gesellschaft, als bürgerlicher Politiker, bürgerlicher *Wähler*, und die Unterstützung macht ihn seinerseits auch ferner zum treuen Mitgliede dieser Gesellschaft.

Der verständige Unternehmer und der ebenso verständige Gewerkschaftler, der korrekte Kapitalist und der korrekte Arbeiter, der weitherzige, arbeiter-

25 Ein Beweis aus neuester Zeit Ist der auf dem Cardiffer Gewerkschaftskongress eingeführte Abstimmungsmodus, der »*ganz offenbar darauf hinausläuft, die gesamte Macht in die Hände der Beamten*« und zwar der Beamten der wenigen alten und großen Gewerkschaften zu legen. Webb, Theorie und Praxis. I. S 248.

26 a. a. O.

freundliche Bourgeois und der engherzige, bürgerlich-beschränkte Proletarier bedingen einander, sind nur Korrelate (einander ergänzende Erscheinungen) eines und desselben Verhältnisses, dessen gemeinsamen Boden die wirtschaftliche Einstellung Englands seit der Mitte des Jahrhunderts bildete: die *Stabilität* und die ungeteilte Herrschaft der englischen Industrie auf dem Weltmarkt

Die vorher gezeichneten Verhältnisse dauerten in England bis in die achtziger Jahre hinein. Seitdem setzt sich aber in allen Beziehungen ein weitgehender Umschwung durch, und zwar vor allem in der Grundlage der bisherigen gewerkschaftlichen Entwicklung. Die Stellung Englands auf dem Weltmarkte wurde durch die kapitalistische Entwicklung Russlands, Deutschlands und der Vereinigten Staaten gründlich erschüttert. Der schnelle Rückgang Englands äußert sich nicht nur in dem Verlust eines Absatzmarktes nach dem anderen, sondern auch in einem für die kapitalistische Entwicklung jeweilig sehr bezeichnenden und wichtigen Symptom: in dem Verfall seiner *Produktions-* und *Handelsmethoden.* Letztere namentlich zeigen den Aufschwung oder Niedergang einer kapitalistischen Industrie stets früher und sicherer an als die Aus- und Einfuhrstatistik selbst. Wie die Kapitalistenklasse eines aufstrebenden Landes sich vor allem durch Gewandtheit und Biegsamkeit der Produktions- und Handelstechnik auszeichnet (siehe England bis in die sechziger und siebziger Jahre und gegenwärtig Deutschland), so stellten sich in einem industriell zurückgehenden Lande als erstes untrügliches Zeichen die Rückständigkeit und Plumpheit der Methoden in der Produktion und im Handel ein. Letzteres ist jetzt in England der Fall, und seit einigen Jahren bilden in den britischen Konsularberichten die Klagen über die Apathie und Steifheit der englischen Kaufmannschaft eine stehende Rubrik. Was die Produktionsmethoden betrifft, so wird England gegenwärtig – eine vor kurzem noch unerhörte Tatsache – durch fremde Konkurrenz und zum Schutze des eigenen einheimischen Marktes zur Einführung moderner Produktionstechnik gezwungen. Siehe z. B. die gegenwärtige Umwälzung in der englischen Weißblechindustrie unter dem Druck der nordamerikanischen Konkurrenz.[27]

Der schwankende Boden, die Unstetigkeit der kommerziellen Lage und der oft schlechte Geschäftsgang führen ihrerseits im Verhalten der englischen Bourgeois wie der englischen Arbeiter einen Frontwechsel herbei. Die allgemeine Depression in der englischen Industrie wird vorläufig noch aufgewogen und gedeckt durch die von dem Militarismus und Handel geschaffene Nachfrage für den Schiffsbau, der seinerseits eine Reihe wichtiger Zweige, wie die Metallindustrie, unterstützt. Allein auch hierin droht England bald die Konkurrenz Deutschlands.

27 »Deutsche Industrie-Zeitung«, Mitte Dezember 1898

Wenn in den Zeiten der Prosperität die Zugeständnisse an die Arbeiter für das Kapital unfühlbar waren, so wird es gegenwärtig immer empfindlicher und reizbarer. Das Einigungsverfahren wird ihm unbequem, und es benutzt die Schiedssprüche der Einigungskammern dazu, *»um höhere Forderungen der Arbeiter abzuweisen«*, dagegen zu anderen Zeiten macht es *»von der strategischen Stellung Gebrauch, um die Arbeiter zur Annahme von ungünstigeren Bedingungen zu zwingen, als ihnen nach den Schiedssprüchen der Einigungskammern zukamen.«*[28] Andererseits bringt für die Arbeiter das System der gleitenden Lohnskalen, das ihnen früher den Anteil an dem industriellen Hochgang sicherte, nunmehr, mit dem Niedergang der Geschäfte, immer öfters nur Nackenschläge ein. Die Gewerkschaften wenden sich entschieden von diesem Lohnsystem ab. Mit dem Aufgeben des gleitenden Lohnsystems seitens der Arbeiter und der systematischen Durchbrechung der Schiedssprüche seitens des Unternehmertums schwindet aber der Boden für das ganze Einigungs- und Schlichtungsverfahren, das die Blütezeit des englischen Trade Unionismus begleitete, und mit ihm – der »soziale Frieden.« Diese Wandlung wurde vor einigen Jahren offiziell anerkannt durch die Aufhebung der Gesetze von 1867 und 1872, wonach alle Konflikte zwischen Kapital und Arbeit obligatorisch durch Einigungsverfahren beigelegt werden sollten. Zugleich ist mit dem stetig guten Geschäftsgang und der Stabilität in der Lage des Arbeiters auch die Möglichkeit verschwunden, die Gewerkschaften so kunstvoll aufzubauen und ihren verwickelten Mechanismus so glatt funktionieren zu lassen wie ehedem. Dieser kunstvolle Mechanismus und spezialisierte Bürokratismus der Gewerkschaften werden mit dem Wegfall der gleitenden Lohnlisten und des ständigen Einigungsverfahrens auch zum größten Teil ganz zwecklos. Alle in den letzten anderthalb Jahrzehnten gegründeten Gewerkschaften zeichnen sich vor den älteren durch eine große Einfachheit ihrer Organisation und Funktion aus, sie nähern sich darin den Gewerkschaften des Kontinents. Indem aber das gütige Schlichtungsverfahren immer unwirksamer wird, werden die Konflikte zwischen Kapital und Arbeit immer mehr zu *Machtfragen*, wie wir sie in dem Maschinenbauerausstande und in dem walesschen Kohlenarbeiterstreik sahen. Der »soziale Frieden« weicht auch in England dem sozialen Krieg – dem *Klassenkampf*, die Gewerkschaften werden nach und nach aus Organisationen zur Sicherung des industriellen Friedens zu Kampforganisationen nach dem Vorbild der deutschen, französischen, österreichischen Gewerkschaften.

28 Webb, Theorie und Praxis. I. S. 182.

Zwei wichtige Symptome aus der allerletzten Zeit zeigen, dass man sich ebenso bei der englischen Bourgeoisie wie bei dem englischen Proletariat der Wandlung bewusst ist und zum ernsten Klassenkampf rüstet. Es ist dies bei dem Unternehmertum der *Bund zur Bekämpfung der parlamentarischen* Aktion der *Gewerkschaften*, bei der Arbeiterschaft das Wiederauftauchen der Idee eines *allgemeinen* Arbeiterbundes, die den Kapitalisten und den Gewerkschaftlern alter Schule, den Anhängern des »sozialen Friedens«, gleich verhasst ist, bei der Masse des englischen Proletariats aber das Bedürfnis nach einer Zusammenfassung, das Erwachen des *Klassenbewusstseins*, im wirklichen Sinne dieses Wortes, deutlich verrät.

Aus der von uns in allgemeinen Zügen umrissenen Geschichte des englischen Trade-Unionismus lassen sich für die Auseinandersetzung mit Bernstein und seinen Anhängern dreierlei Schlussfolgerungen ziehen.

Vor allem erscheint der Gedanke von der unmittelbaren *Bedeutung der Gewerkschaften für den Sozialismus* als vollkommen falsch. Gerade die englische Gewerkschaftsbewegung, auf die man sich dabei beruft, verdankt zum großen Teil ihre in der Vergangenheit errungenen Erfolge ihrem rein bürgerlichen Charakter, ihrer Gegnerschaft gegen den sozialistischen »Utopismus.« Die Geschichtsschreiber des Trade-Unionismus, S. und B. Webb, stellen es wiederholt und ausdrücklich selber fest, dass die gewerkschaftliche Bewegung in England in dem Maße jedes Mal scheiterte, als sie mit sozialistischen Ideen durchtränkt war, und umgekehrt in dem Maße Erfolge verzeichnete, als sie sich verengte, verflachte, vom Sozialismus freimachte.[29]

Gerade der englische Trade-Unionismus, als dessen klassischer Vertreter der satte, korrekte, engherzige, beschränkte, bürgerlich denkende und empfindende Arbeiter-Gentleman erscheint, beweist also, dass die gewerkschaftliche Bewegung an und für sich noch gar nichts Sozialistisches ist, ja, dass sie unter Umständen ein direktes Hindernis für die Verbreitung des sozialistischen Bewusstseins sein kann, sowie auch umgekehrt das sozialistische Bewusstsein unter Umständen ein Hindernis für rein gewerkschaftliche Erfolge sein kann.

In Deutschland wie auf dem ganzen Festland sind die Gewerkschaften von vornherein auf dem Boden des Klassenkampfes entstanden, vielfach unmittelbar als eine Schöpfung, als ein Kind der Sozialdemokratie (siehe Belgien und Österreich). Sie sind hier im Voraus der sozialistischen Bewegung untergeordnet und können auf Erfolge – ganz im Gegenteil zu England – nur in dem Maße rechnen, als sie sich auf den sozialistischen Klassenkampf stützen und von ihm

29 Webb, Geschichte, S. 121. 142. Theorie und Praxis. I. S. 213 u. a.

geschirmt werden (siehe die jetzige sozialdemokratische Aktion in Deutschland zum Schutze des Koalitionsrechts). Die Gewerkschaften Deutschlands (wie des Festlandes überhaupt) sind von diesem Standpunkte, vom Standpunkte der Emanzipationsbestrebungen des Proletariats, trotz ihrer Schwäche und zum Teil im Zusammenhang mit dieser Schwäche, *fortschrittlicher* als die englischen. Das Verweisen auf das englische Beispiel gleicht dem Rat an die deutschen Gewerkschaften, den Boden des sozialistischen Klassenkampfes zu verlassen und sich auf bürgerlichen Boden zu stellen. Um der Sache des Sozialismus zu dienen, müssen aber nicht die deutschen Gewerkschaften in die Fußstapfen der englischen, sondern umgekehrt die englischen in die Fußstapfen der deutschen treten. Die »englische Brille« passt also nicht für Deutschland, nicht deshalb, weil die englischen Verhältnisse *fortschrittlicher*, sondern weil sie – vom Standpunkt des Klassenkampfes – rückschrittlicher als die deutschen sind.

Ferner, wenn wir uns von der subjektiven Bedeutung der Gewerkschaften für den Sozialismus, von ihrer Einwirkung auf das *Klassenbewusstsein*, zu ihrer objektiven Bedeutung, zu der »wirtschaftlichen Macht« wenden, die sie nach der opportunistischen Theorie der Arbeiterschaft in die Hände geben und womit sie die Macht des Kapitals brechen soll, so erweist sich auch diese als ein Märchen, und zwar »ein Märchen aus alten Zeiten.« In England selbst gehört die unerschütterliche wirtschaftliche Macht der Gewerkschaften, ganz abgesehen von allem, womit sie erkauft wurde, zum großen Teil der Vergangenheit an. Sie hängt, wie wir gesehen, mit einer ganz bestimmten und zwar ausnahmsweisen Periode des englischen Kapitalismus – mit seiner ungeteilten Herrschaft auf dem Weltmarkt – zusammen. Diese Periode, die einzig durch ihre Stabilität und Prosperität den Boden des Trade-Unionismus in seiner eigentlichen Blütezeit bildete, wird sich aber weder in England noch in irgendeinem anderen Lande wiederholen.

Könnte und wollte die deutsche Arbeiterbewegung sogar, den opportunistischen Ratschlägen folgend, um der »wirtschaftlichen Macht« willen die »Fresslegende«, d. h. ihren sozialistischen Charakter fallen lassen und in die Fußstapfen des englischen Trade-Unionismus treten, sie würde nimmermehr seine ehemalige wirtschaftliche Macht erringen können. Aus einem einfachen Grunde: weil sich der wirtschaftliche Boden des alten Trade-Unionismus durch keinen Opportunismus künstlich hervorzaubern lässt.

Als was erweist sich also die »englische Brille« Bernsteins, alles zusammengenommen? Als ein Hohlspiegel seiner Auffassungsweise, worin alle Erscheinungen auf dem Kopfe stehen. Was er für das kräftigste Mittel des sozialistischen

Kampfes hinnimmt, war in Wahrheit geradezu ein Hindernis für den Sozialismus, und was er für die Zukunft der deutschen Sozialdemokratie hält, ist die Immer mehr schwindende Vergangenheit der englischen Bewegung in ihrem Entwicklungsgang zur Sozialdemokratie.

Rosa Luxemburg: Ein Problem der Taktik[30]

Die von dem internationalen Textilarbeiterkongress in Zürich in den letzten Tagen erörterte Frage der Zulassung oder Nichtzulassung der Hirsch-Dunckerschen sowie der christlichen Gewerkvereine zur Teilnahme an seinen Verhandlungen scheint uns von weittragender allgemeiner Bedeutung zu sein. Wenn es sich auch hierbei nur um je einen einzelnen Delegierten handelte, so ist doch klar, dass wir es nicht etwa mit einem vereinzelten Ausnahmefall zu tun haben. Einerseits wird die positive Entscheidung des Textilarbeiterkongresses sicher auf die Arbeiterorganisationen freisinniger und konfessioneller Färbung ermunternd wirken und sie zu ferneren Versuchen anspornen, an den Beratungen der freien Gewerkschaften teilzunehmen. Andererseits hat ein deutscher Delegierter auf dem internationalen Bergarbeiterkongress in Dortmund gleichfalls an den Schluss der Kongressverhandlungen den Wunsch und die Hoffnung geknüpft, künftig die christlichen Bergarbeitervereine an den internationalen Kongressen teilnehmen zu sehen.

Es liegt also zweifellos eine bestimmte *Tendenz* auch innerhalb unserer Gewerkschaftswelt vor, die außerhalb ihr stehenden Arbeiterorganisationen zu ihren Kongressen heranzuziehen, und diese Tendenz hat sich bereits deutlich genug geäußert, um einer gründlichen Prüfung unterzogen zu werden. Der Frage verleiht noch ein besonderes Interesse ihr augenscheinlicher Zusammenhang mit der Tendenz zur sogenannten »Neutralität der Gewerkschaften.« Wenn sich in den Reihen unserer Gewerkschafter Stimmen für die Zulassung der anderen wirtschaftlichen Arbeiterorganisationen zu ihren Kongressen erheben, so ist dabei jedes Mal ohne Zweifel die vielbesprochene *gewerkschaftliche »Sammlungspolitik«* der wahre Beweggrund, und es scheint uns geboten, gerade an der Hand der vorliegenden konkreten Probe auch die Unhaltbarkeit der ganzen Politik klar zu demonstrieren.

Was vor allem gegen die Zulassung freisinniger und konfessioneller Organisationen zur Teilnahme an unseren Gewerkschaftskongressen spricht, ist die einfache, rein formale und allgemein anerkannte Tatsache, dass an den Beratun-

30 Erschienen in der »Leipziger Volkszeitung« am 6. Juni 1902. Nach Gesammelte Werke Band 4, 1928, S. 222-224

gen und Beschlüssen irgendeiner Körperschaft nur Mitglieder dieser Körperschaft aktiven Anteil nehmen können. Schon der gesunde Menschenverstand sagt uns, dass auf das Zustandekommen von Beschlüssen irgendeines Kollegiums nur diejenigen Einfluss nehmen können, für die diese Beschlüsse auch maßgebend sein sollen, die sich selbst diesen Beschlüssen fügen müssen. Nun ist es aber klar, dass weder die Hirsch-Dunckerschen noch die christlichen Vereine an die Beschlüsse der internationalen Gewerkschaftskongresse tatsächlich gebunden werden können. Da sie außerhalb der nationalen Zentralverbände stehen, so besitzen die Gewerkschaften gar kein Mittel, sie zur Einhaltung der internationalen Beschlüsse zu zwingen. Das Resultat wäre also nur ein einseitiges Verhältnis zum Nachteil der freien Gewerkschaften; die fremden Arbeiterorganisationen würden auf ihr Tun und Lassen Einfluss nehmen, ohne sich in ihrer eigenen Handlungsweise beeinflussen zu lassen.

Zu dieser allgemeinen Betrachtung kommt aber noch hinzu, was Baudert in Zürich mit vollem Recht hervorgehoben hat: dass die Hirsch-Dunckerschen wie die christlichen Gewerkschaften eigentlich *gegnerische* Organisationen sind. Wenn wir auch von den unmittelbaren, rein politischen Fragen, von der Stellung den politischen Parteien gegenüber absehen, so steht doch, wie alle Welt weiß, auch die gesamte *wirtschaftliche* Politik in jenen Vereinen auf einer ganz anderen Basis als in den gewerkschaftlichen Zentralverbänden. Es ist förmlich unmöglich, irgendeine wichtigere Frage des Gewerkschaftslebens, ob Lohnfragen oder die der Arbeitszeit, Unfallversicherung oder die Frage der Frauen- und Kinderarbeit, herauszugreifen, ohne auf schroffe Gegensätze in der Auffassung zu stoßen.

Angesichts dieser unbestreitbaren Tatsachen können die idyllischen Hoffnungen auf eine Verständigung aller Arbeiterorganisationen auf gemeinsamem Boden lediglich auf dem Wege sachlicher *Kompromisse*, also sachlicher *Konzessionen* seitens unserer Gewerkschaften verwirklicht werden. Nur insofern die Zentralverbände von ihrer ausgesprochenen Klassenkampfstellung in dieser oder jener Frage abgehen, vermag eine Verständigung mit den freisinnigen oder christlichen Vereinen erzielt zu werden.

Sieht man davon ab, weist man Konzessionen und Kompromisse von vornherein zurück, dann müssen sich Beratungen mit den gegnerischen Arbeiterorganisationen in plan-, zweck- und endlose Auseinandersetzungen verwandeln, die ebenso unfruchtbar und demoralisierend wirken würden, wie die internationalen Beratungen der Sozialisten mit Anarchisten. Wie hier in der Politik, trotz des in allgemeiner Form ganz gleichlautenden Endziels jede Verständigung ausgeschlossen ist, so ist auch die gemeinsame gewerkschaftliche Aktion aller Arbeiterorganisationen ohne Unterschied des Charakters und der Basis eine Utopie.

Freilich handelt es sich für die Anhänger der »Sammlungs-Politik« darum, die unklaren, unbewussten Arbeitermassen, die in den gegnerischen Organisationen irregeführt werden, über den wirtschaftlichen Klassenkampf aufzuklären und sie zu uns heranzuziehen. Allein gerade von diesem Standpunkte hieße es unseres Erachtens die Sache von einem ganz falschen Ende anfassen, wollte man die verdummten Arbeiter durch aktive Teilnahme an den internationalen Kongressen erziehen.

Die internationalen Gewerkschaftskongresse zeigen, wie jeder einzelne davon ein Beweis ist, selbst noch in so hohem Maße die Konfusion in wichtigsten Fragen, die internationale gewerkschaftliche Aktion ist noch so wenig in sich gefestigt, dass sie als sozusagen erste Erziehungsschule für irregeführte und konfuse Arbeiter nur noch mehr verwirrend wirken kann. Und umgekehrt. – Gerade hier, wo die deutschen Zentralverbände mit aller Kraft die klare und scharfe Politik der modernen Arbeiterbewegung in die Gewerkschaften aller Länder erst einzuführen berufen sind, ist die Mitarbeiterschaft freisinnig oder pfäffisch abgerichteter Organisationen höchst verkehrt. Sowohl die Rückwirkung der internationalen Kongresse auf die gegnerischen Vereine, wie diese auf jene, muss den eigenen Absichten der »Sammlungspolitiker« direkt zuwiderlaufen.

Und endlich noch eine unabweisbare Konsequenz: lässt man die Hirsch-Dunckerschen und die Christlichen an *internationalen* Gewerkschaftskongressen teilnehmen, dann haben sie vollen Anspruch darauf, auch auf den *nationalen* Verbandstagen unserer Gewerkschaften mit Sitz und Stimme vertreten zu sein. Wenn der Deutsche Textilarbeiterverband in Zürich mit dem freisinnigen Gewerkverein gemeinsam beraten kann, so kann er es ebenso gut in Berlin und in Stuttgart. Es genügt aber diese Eventualität bloß zu formulieren, um ihre Undenkbarkeit einzusehen und alle Apostel der »Sammlungspolitik« abzuschrecken.

Es scheint uns geboten, dass angesichts all dieser Gesichtspunkte die deutschen Gewerkschaften mit aller Entschiedenheit die aktive Teilnahme bürgerlicher Arbeiterorganisationen an den internationalen Kongressen zurückweisen. Wollen sie von uns lernen – als Zuschauer und Gäste haben sie dazu Gelegenheit in Hülle und Fülle. Wollen sie dagegen mitraten und mittaten, dann müssen sie sich erst auf unseren Boden, in Reih und Glied mit uns stellen.

Rosa Luxemburg: Arbeiterbewegung und Sozialdemokratie[31]

Mitte dieses Monats wird der deutsche Gewerkschaftskongress in Stuttgart zusammentreten. Die diesjährige Tagung fällt so ziemlich mit einem äußerlichen Ruhepunkt in der Geschichte der Gewerkschaftsbewegung zusammen; die Krise, die seit Jahresfrist eingetreten ist, hat der Periode des wirtschaftlichen Aufschwungs in Deutschland ein vorläufiges Ende gemacht und damit auch die natürlichen Bedingungen der rapiden Aufwärtsbewegung der Gewerkschaften in den sieben fetten Jahren der industriellen Prosperität verschlechtert. In der gewaltigen Kraftanstrengung der Ausbreitung des gewerkschaftlichen Gedankens und der vielfachen Neubildungen innerhalb der Gewerkschaften ist eine natürliche Ruhepause eingetreten, die zum Rückblick auf die vollbrachte Arbeit, »die größte Leistung der deutschen Arbeiterschaft im vergangenen Jahrzehnt«, wie überhaupt zu Betrachtungen allgemeiner Art über das Verhältnis und die Zusammenhänge von Gewerkschaftsbewegung, Sozialdemokratie und Arbeiterbewegung wohl reizen mag. Während nun die notwendige zahlenmäßige Unterlage zu solchen Räsonnements von der Generalkommission der Gewerkschaften mit anerkennenswertem Fleiß und umfassendem Überblick geliefert wird, gefallen sich gewisse Betrachtungen allgemeiner Natur darin, unter souveräner Missachtung des gebotenen Materials, die Begriffe Gewerkschaftsbewegung, Sozialdemokratie und Arbeiterbewegung in Beziehungen zu setzen, die den ganzen Traditionen und der positiven Geschichte der Bewegung schnurstracks zuwiderlaufen. Es handelt sich ja dabei meist um Spielereien mit abstrakten Begriffen, denen jeder –, nach uraltem deutschen Gelehrtenbrauch –, willkürlich einen eigenen Inhalt gibt; allein für die *Praxis* der Bewegung ist solch einseitiges Philosophieren nicht selten eine bemerkenswerte Fehlerquelle und kann eine nicht unbedenkliche Verwirrung über die Ziele und den Geist der gewerkschaftlichen Bewegung zum tatsächlichen Ergebnis haben.

---

31 Erschienen in der »Leipziger Volkszeitung« am 4. Juni 1902. Nach Gesammelte Werke Band 4, 1928, S. 218-221, dort war irrtümlich der 4. Juli angegeben)

Die Diskussion über die Zusammenhänge zwischen Arbeiterbewegung und Sozialdemokratie ist ausgegangen von einem Aufsatz des bürgerlichen Sozialpolitikers Dr. Freund in der »Sozialen Praxis«, der sofort von der Gewerkschaftspresse aufgegriffen und in Zusammenhang mit dem älteren »Neutralitätsproblem« der Gewerkschaffen erörtert wurde. Wir können nicht bekennen, dass wir von dem Verlauf der Diskussion besonders befriedigt gewesen wären, und sind es auch nicht von dem Artikel des Genossen Heine im neuesten Heft der »Sozialistischen Monatshefte«, wo diese Frage gewissermaßen im Einigungsverfahren friedlich geschlichtet und zu einem Vergleichsabschluss gebracht werden soll. Wir vermissen in der ganzen Diskussion vor allem eine präzise Abgrenzung der *Sozialdemokratie* gegen die Gewerkschaftsbewegung und eine scharf herausgearbeitete Darstellung des Grundcharakters dieser Partei.

Dass die Arbeiterbewegung nicht notwendig sozialistisch verläuft, lehrt schon ein summarischer Rundblick auf die Bewegung in anderen Ländern. In England sind Sozialismus und Arbeiterbewegung bis zum heutigen Tage nicht recht zusammengekommen; der englische Sozialismus hat seine Stätte vorwiegend in den Kreisen bürgerlicher Ideologen, und die Gewerkschaftsbewegung in England ist nun einmal nicht sozialistisch. In Frankreich ist der Gegensatz von Sozialismus und Arbeiterbewegung in die Arbeiterschaft selbst hinein gedrungen, und das ist die geschichtliche Quelle der tiefen Zerklüftungen innerhalb der französischen Arbeiterbewegung geworden. Das klassische Land der Zusammenschweißung von Arbeiterbewegung und Sozialismus ist Deutschland, wo der Sozialismus in der Sozialdemokratie seine Verkörperung, seine Wirklichkeit erlebt hat.

Darum ist aber die Sozialdemokratie noch lange nicht ohne weiteres eine einseitige Arbeiterpartei. Wo man die Sozialdemokratie in ihren positiven Lebensäußerungen, in ihrer Erscheinung betrachtet, deckt sie sich keineswegs ohne weiteres mit dem Begriffe einer bloßen Arbeiterpartei. Die sozialdemokratische Wählermasse von 2¼ Millionen Stimmen umfasst noch nicht mal das gesamte wahlfähige Industrieproletariat, das, knapp berechnet, immerhin drei Millionen Wähler zur Wahlurne stellt, und enthält zweifellos einen ganz erheblichen Bruchteil von kleinbürgerlichen und kleinbäuerlichen Elementen. Nicht einmal auf ihren Parteitagen, der reinsten Form ihrer Lebensäußerung, tritt die Partei als einseitige Vertreterin der industriellen Lohnarbeiterschaft auf; nicht weniger als zwei Parteitage haben sich mit saurem Schweiß um die Festsetzung eines Agrarprogramms bemüht[32], und auf ebenfalls zwei Parteitagen ist ein gewisser

32 Frankfurt 1894 und Breslau 1895. Vergleiche Gesammelte Werke, Band III, Seite 12.

Gegensatz zwischen der Sozialdemokratie und der Gewerkschaftsbewegung[33], die doch die gegebene Form einer ausschließlichen Arbeiterbewegung sein müsste, zur Sprache und zum Austrag gekommen. Auch die sozialdemokratische Reichstagsfraktion und die Landtagsfraktionen treiben nicht einseitige Arbeiterpolitik, sie stehen der bürgerlichen Sozialreform mit äußerstem Misstrauen gegenüber; sie haben der ganzen Arbeiterschutzgesetzgebung zu Anfang der 90er Jahre ihre Zustimmung verweigert, und sie haben auf der anderen Seite gegen Bestrebungen allgemein politischer Natur, an der die Industriearbeiterschaft zunächst nur unmittelbares Interesse hat – so bei der lex Heinze[34] – die äußersten parlamentarischen Mittel zur Anwendung gebracht. Eine bloße Arbeiterpartei könnte sich begnügen, die sozialen Funktionen des Staates zu vermehren und die übermäßige Belastung der arbeitenden Klasse durch direkte und indirekte Steuern abzuwehren, wie dies beispielsweise die Arbeitervertreter im britischen Parlament – freilich auch nicht immer – tun.

Es ist überhaupt im letzten Jahrzehnt, nicht ohne die Einwirkung der aufsteigenden Gewerkschaftsbewegung, eine Art von Missbrauch geworden, immer einseitig den Industriearbeiter herauszukehren, von der »Hebung der Arbeiterschaft« zu sprechen und darüber das alte Kampfwort von der »Befreiung der Arbeiterklasse« ganz zu vergessen. Unsere geistigen Vorkämpfer haben nicht so viel von der »Arbeiterschaft« geredet, umso mehr vom *Proletariat*. Zum Proletariat gehört wohl in erster Linie die Lohnarbeiterschaft als die ausgebeutete und unterdrückte Klasse sans phrase; dazu gehören aber auch Bevölkerungsschichten mit ökonomisch zwieschlächtigem Charakter, wie Kleinbürger und Kleinbauern, die, insoweit sie proletarische Interessen gegen ihre Ausbeuter und gegen die Klassenherrschaft des Staates haben, sehr wohl in die Agitation der Sozialdemokratie mit inbegriffen und in der gesetzgeberischen Tätigkeit der Partei vertreten werden können. Der Begriff des Proletariats gibt zugleich in diesem einen Wort die ganze Gesellschaftsanschauung des Sozialismus wieder, der die Sozialdemokratie in den Parlamenten nicht schlechthin »Arbeiterpolitik«, sondern nur solche Arbeiterpolitik machen lässt, die sich in der Richtung des Klassenkampfcharakters der Partei bewegt. Von diesem Gesichtspunkt aus finden die verschiedenen Antinomien (Gegensätze) zwischen Sozialdemokratie und Arbeiterpolitik ihre ganz selbstverständliche Lösung.

Wie steht es aber mit der Gewerkschaftsbewegung? Diese ist in Deutschland in geschichtlichem Zusammenhang und geistiger Einheit mit der Sozialdemo-

---

33 Köln 1893 und Gotha 1896.

34 Vergleiche Gesammelte Werke, Band III, Seite 478ff.

kratie groß geworden, und die Bestrebungen, sich von der Partei zu emanzipieren, sind verhältnismäßig jüngeren Datums. Sie steht im Großen und Ganzen, soweit sie in den großen Verbänden organisiert ist, auf dem Boden des Klassenkampfes, und der deutsche Polizeistaat sorgt unermüdlich durch gesetzgeberische Attentate, wie das preußische Vereinsgesetz und die Zuchthausvorlage, durch Löbtauer Urteile und sinnige Auslegung des Erpressungsparagraphen dafür, der Gewerkschaftsbewegung diesen Klassenkampfcharakter einzupauken. Immerhin hat das riesige Anwachsen der gewerkschaftlichen Bewegung – in den Jahren des Aufschwungs haben die Gewerkschaften ihre Mitgliederzahl verdreifacht, ihre Einnahmen fast verzehnfacht und ihre Ausgaben verfünffacht – den Bestrebungen der »Neutralität« täglich Nahrung gegeben, und die andere Strömung, die auf Emanzipation vom sozialdemokratischen Denken hinzielende Bewegung, ist bereits unverkennbar geworden. Weniger der überspannte Machtdusel der Überökonomisten vom Schlage der Kampffmeyer ist den Gewerkschaften zu Kopf gestiegen, als der Gedanke, durch einheitliche Zusammenfassung aller gewerkschaftlichen Bestrebungen die rein wirtschaftlichen Ziele der Bewegung in ungeahnter Weise ihrem Ziele näherzubringen. Zugleich hat sich mit der Füllung der Kassenschränke eine Erscheinung geltend gemacht, für die der Pfarrer Naumann sofort einen feinen Fühler hatte. Er machte die Bemerkung, dass durch die Aufhäufung von großen, aus Arbeitergroschen mühsam zusammengebrachten Geldmitteln das Verantwortlichkeitsgefühl der leitenden Personen in den Gewerkschaften wachse und die Streiklust sogar bei den Organisationen selbst in dem Maße abnehme, je größere Mittel sie bei einem Kampf zu riskieren haben. Naumann empfahl daher die Gewerkschaften dem Schutze einer staatserhaltenden, staatsmännischen Gesetzgebung, um ihre organische Verfettung zu fördern und die also zu Staatstreue gezähmten Organisationen für seine nationalsozialen Zukunftsprojekte verwerten zu können. Das Schlagwort von der »positiven Arbeit« fand auch bei den Gewerkschaftlern zahlreiche Anhänger, und die deutsche Gewerkschaftsbewegung des letzten Jahrzehnts hat in der einseitigen Macht- und Erfolgspolitik viel erheblichere Erscheinungen aufzuweisen als die deutsche Sozialdemokratie, trotzdem der Parlamentarismus bekanntlich die Hochschule der Kompromisse ist und die Politik der Erfolge der natürlichen Lebhaftigkeit der politischen Partei eigentlich näherliegen sollte als der nüchternen Gewerkschaftsbewegung.

Der bevorstehende Gewerkschaftskongress wird zeigen, wie die »ideelle Rückspiegelung« der Krise in der Gewerkschaftsbewegung aussieht. Wir glauben die deutsche Gewerkschaftsbewegung zutreffend zu beurteilen, wenn wir erwarten, dass die schweren, entscheidungsvollen Zeiten, denen die gesamte Arbeiterbewegung in Deutschland entgegengeht, auch dieser Bewegung die vorbehaltlose Rückkehr zu den guten alten Traditionen nahelegen werden.

Franz Mehring: Die deutschen Gewerkschaften vor dem Sozialistengesetze

26. Juni 1902[35]

Über den deutschen Gewerkschaftskongress, der während der vorigen Woche in Stuttgart getagt hat, haben wir unseren Lesern ausführlich berichtet. Es wäre nunmehr an der Zeit, ein kritisches Resümee über seine Verhandlungen zu geben; doch fruchtbarer, als in einer Reihe anerkennender Sätze zusammenzufassen, was jeder intelligente Arbeiter selbst schon aus dem Berichte herausgelesen hat, will uns ein historischer Rückblick auf die Entwicklung der deutschen Gewerkschaften erscheinen bis zu dem Höhepunkte, den diese Entwicklung in dem Stuttgarter Kongresse erreicht hat.

Wie die politische, so nahm auch die gewerkschaftliche Arbeiterbewegung ihren Ursprung in Leipzig.[36] Gerade zwei Jahre, nachdem sich die Leipziger Arbeiter um Beistand und Rat an Ferdinand Lassalle gewandt hatten, im Frühjahr 1865, brach ein Setzerstreik in Leipzig aus. Es war allerdings nicht der erste Streik in Deutschland überhaupt, aber doch der erste Streik, der die Aufmerksamkeit von ganz Deutschland auf sich lenkte. Während sonst noch überall in Deutschland Koalitionsverbote bestanden, hatte die sächsische Gewerbeordnung vom Jahre 1861 sie beseitigt. Jedoch der Versuch der Leipziger Setzer, die neue Waffe zu gebrauchen, glückte erst halb; sie errangen nur einen Teil der Lohnerhöhung, um die sie kämpften, da es den Buchdruckereibesitzern gelang, Streikbrecher in genügender Zahl nach Leipzig zu ziehen.

Gleichzeitig nahmen die Berliner Arbeiter den Kampf um die Koalitionsfreiheit auf. Sie hatten noch eben erst der Fortschrittspartei willige Heerfolge gegen

35 ungezeichnet, Leipziger Volkszeitung Nr. 144, 26. Juni 1902. Nach Gesammelte Schriften, Band 4, S. 401-404

36 Leipzig spielte zwar in der Geschichte der deutschen Gewerkschaftsbewegung stets eine große Rolle, doch lassen sich Ursprung und Anfänge der Gewerkschaftsbewegung nicht auf eine Stadt zurückführen.

Lassalle geleistet, und es war gerade der gehässige Widerstand der berühmten »Volksmänner« gegen die Koalitionsfreiheit, der den Berliner Arbeitern zuerst die Augen über ihre Klasseninteressen öffnete. Obgleich die Koalitionsfreiheit die einfache Konsequenz der liberalen Wirtschaftsordnung ist, so wollten die Fortschrittsmänner sie doch nur bewilligen mit besonderen Strafbestimmungen gegen ihren »Missbrauch«, worauf sich die Berliner Arbeiter natürlich nicht einließen. In großen Volksversammlungen drückten sie so energisch auf die »edlen Volksfreunde«, die ihnen ein X für ein U machen wollten, so dass es Mitte Februar im preußischen Abgeordnetenhause zu der dreitägigen Koalitionsdebatte kam, in der die fortschrittliche Mehrheit einen ebenso krassen Mangel an dem einfachsten sozialpolitischen Verständnis bewies wie die reaktionäre Minderheit.

Dagegen hatten die Leipziger wie die Berliner Arbeiter in diesen Kämpfen *einen* treuen Verbündeten, nämlich das einzige sozialdemokratische Blatt, das damals in Deutschland erschien, den »Sozialdemokraten«, den der Allgemeine Deutsche Arbeiterverein, die von Lassalle gestiftete Arbeiterorganisation, dreimal wöchentlich herausgab. Sowohl den Leipziger Setzern in ihrem Streik als auch den Berliner Arbeitern in ihrem Kampfe um das Koalitionsrecht stand die selbst noch sehr junge und schwache Sozialdemokratie unerschütterlich zur Seite, nicht mit demagogischer Über-, aber auch nicht mit demagogischer Unterschätzung des Koalitionsrechtes. Um das Gerede der bürgerlichen »Arbeiterfreunde« von heute zu widerlegen, als sei die Sozialdemokratie je eine Gegnerin der gewerkschaftlichen Arbeiterbewegung gewesen, braucht man nur das sozialdemokratische Organ aus dem Jahre 1865 mit der damaligen bürgerlichen Presse zu vergleichen, nicht etwa mit der »Kreuz-Zeitung« oder sonstigen konservativen Blättern, sondern mit den feinsten Blüten der damaligen bürgerlichen Demokratie, mit der Berliner »Volks-Zeitung«, die nach einer kriminellen Bestrafung des von Arbeitern begangenen Kontraktbruchs schrie, oder mit der »Frankfurter Zeitung«, die das Streikbrechen als eine höchst verdienstliche Tat pries. Wenn diese und ähnliche Blätter heute einiges Verständnis der gewerkschaftlichen Arbeiterbewegung bekunden und es nun gleich verwenden, um die gewerkschaftliche Organisation der Arbeiterklasse gegen ihre politische Organisation aufzuhetzen, so vergesse man nicht, dass ihnen dies Verständnis erst in jahre- und jahrzehntelanger mühsamer Arbeit von der sozialdemokratischen Presse eingepaukt worden ist.

Hieraus ergibt sich denn auch sofort, weshalb die gewerkschaftliche Entwicklung der deutschen Arbeiterbewegung in deren ersten fünfzehn Jahren weit hinter ihrer politischen Entwicklung zurückblieb. Die deutsche Bourgeoisie verweigert den deutschen Arbeitern hartnäckig die Rechte, die sie ihnen nach ihren eigenen Bourgeoisprinzipien hätte erkämpfen müssen; sie verweigerte ihnen Presse-, Vereins-, Versammlungs- und Koalitionsfreiheit; wollten die deutschen Arbeiter sich überhaupt als Klasse gewerkschaftlich und politisch organisieren, so mussten sie sich erst die Rechte erkämpfen, die in anderen fortgeschritteneren Ländern von der Bourgeoisie zunächst in deren eigenem Interesse, aber dann auch für die Arbeiter mit erkämpft worden waren. Was hätte es für einen Sinn gehabt, gewerkschaftliche Organisationen in Masse zu gründen, solange der Federzug irgendeines beliebigen Polizeipaschas genügte, sie wieder massenhaft zu zertrümmern! Selbst wenn die gewerkschaftliche Organisation das einzige Ziel der modernen Arbeiterklasse wäre, wie sie es freilich nicht ist, so hätten die deutschen Arbeiter in den sechziger und siebziger Jahren den politischen Kampf führen müssen, den sie tatsächlich geführt haben, eben um die unerlässlichen Vorbedingungen einer Gewerkschaftsbewegung zu schaffen.

Unter diesen Umständen war es nicht ein kümmerlicher, sondern ein sehr bedeutender Erfolg, dass im Jahre 1878 immerhin schon 50.000 deutsche Arbeiter gewerkschaftlich organisiert waren. Trotz aller Ungunst der Verhältnisse gegenüber einem raffinierten System polizeilicher Unterdrückung, das die Arbeiter immer wieder gewaltsam aufs politische Gebiet zurückwarf, wenn sie sich auf gewerkschaftlichem Gebiet anzusiedeln gedachten, hatten sich die deutschen Gewerkschaften doch ein nicht geringes Terrain erobert. Manche der Männer, die sich damals durch die zäheste Energie und Kraft um die gewerkschaftliche Bewegung verdient gemacht haben, leben heute ja noch unter uns, so Motteler, der vor gerade dreißig Jahren die unglaublichen Schikanen, unter denen die gewerkschaftliche Bewegung zu leiden hatte, einmal mit den Worten schilderte: *»Bald nennt man uns eine Verbindung von Vereinen, die das Gesetz verbiete, bald stempelt man uns zu politischen Vereinen, um uns unter gewisse Gesetzesparagraphen bringen zu können. Bald stehen wir im Geruche, mit der Internationale zu gehen, und bald bedrohen wir die Ordnung dadurch, dass wir uns mit öffentlichen Angelegenheiten befassen.«* An ein Aufhören dieser bis zur kleinlichsten und peinlichsten Quälerei durchgeführten Drangsale war nicht zu denken, ehe die politische Arbeiterbewegung nicht zu einer wirklichen Macht im deutschen Leben geworden war. Aber als die herrschenden Klassen sich nicht mehr der Erkenntnis verschließen konnten, dass sie daran sei, eine wirkliche Macht zu werden, griffen sie zu einem brutalen Gewaltmittel und versuchten die Arbeiterbewegung mit dem polizeilichen Knüppel des Sozialistengesetzes totzuschlagen.

Wie bekannt, sollte dieses Gesetz nur die »revolutionären Bestrebungen« der Arbeiterklasse treffen, aber ihre »friedlichen und gesetzlichen Bestrebungen« schonen. Aus dem Bourgeois-Jargon in verständliches Deutsch übersetzt hieß das: Die Ausnahmemaßregel soll die politischen Organisationen der Arbeiterklasse treffen, aber ihren gewerkschaftlichen Organisationen soll sie kein Haar krümmen. So las man vor Tische, nach Tische kam es bekanntlich anders. Die gewerkschaftlichen Organisationen wurden wegrasiert wie die politischen, und es ist nicht bekannt geworden, dass damals einer der bürgerlichen Denker, die heute ihr glühendes Herz für das Gewerkschaftswesen so preislich vor sich hertragen, dem Gewaltmenschen Bismarck zugerufen hätte: Du tust unrecht und brichst dein eigenes Wort.

Die Zeiten der bittersten Not lehrten die gewerkschaftlichen Organisationen der Arbeiterklasse, dass sie keinen Freund auf der Welt haben als ihre politischen Organisationen und umgekehrt.

Franz Mehring: Die deutschen Gewerkschaften unter dem Sozialistengesetze

27. Juni 1902[37]

So gründlich das Sozialistengesetz mit den deutschen Gewerkschaften aufgeräumt hatte, so dauerte es doch nicht lange, bis neues Leben aus den Ruinen spross. Der Trieb zur gewerkschaftlichen Organisation wurzelt eben unausrottbar in der modernen Arbeiterklasse. Den ersten größeren Lohnkampf unter dem Gesetze führten die Berliner Tischler im Jahre 1880; seit dem Ende dieses Jahres waren auch einzelne Fachvereine entstanden, und noch früher, fast unmittelbar nach dem Verbote der alten Gewerkschaftsblätter, einzelne Fachblätter. So der »Wecker«, den Bock in Gotha für die Schuhmacher gründete, so die »Neue Tischlerzeitung« und der »Schiffbauerbote« in Hamburg, der »Gewerkschafter« für die Tabakarbeiter in Leipzig und andere.

Dann kam die Zeit der »milden Praxis«, die den Gewerkschaften etwas größeren Spielraum ließ. Die Regierung hatte es aufgegeben, die Opposition der Arbeiterklasse mit der Peitsche zu brechen; sie versuchte es nun mit dem Zuckerbrot, und sie fand damals schon bürgerliche »Arbeiterfreunde« genug, die den eben aufblühenden Fachvereinen allerlei Sirenenlieder sangen, die ihnen goldene Berge versprachen, wenn sie nur allen »revolutionären« Gedanken entsagen wollten. Aber die Arbeiter hatten dafür taube Ohren, wenn sie auch vorsichtig lavieren mussten.

Aus den Berliner Fachvereinen entstand im März 1882 das Generalkomitee der Berliner Gewerkschaften, das eine lebhafte Agitation für den gesetzlichen Arbeiterschutz entfachte und u. a. eine Petition beriet, die der Regierung die

37 ungezeichnet, Leipziger Volkszeitung Nr. 145, 27. Juni 1902. Nach Gesammelte Schriften, Band 4, S. 405-408

Beschwerden und Wünsche der Arbeiter vorlegen sollte. Darauf setzten die Stoecker und Konsorten große Hoffnungen und schalten sogar auf die Polizei, die mit der Auflösung von Arbeiterversammlungen gar so schnell bei der Hand sei. Aber die Arbeiter beschlossen, die Petition nicht direkt an die Regierung, sondern an den Reichstag zu senden; auch ohne Bismarck werde sie an den parlamentarischen Vertretern der Arbeiterklasse kräftige Fürsprecher finden. Darauf wurde dem Generalkomitee der Gewerkschaften sofort eine Anklage angehängt, weil die Fachvereine als politische Vereine durch ihre Verbindung untereinander das Vereinsgesetz übertreten haben sollten. Jedoch aufgelöst wurden die Vereine nicht; man beließ es bei den leichten Geldstrafen, zu denen ein Teil der Angeklagten verurteilt, während der andere Teil freigesprochen wurde.

Dies eine Beispiel mag genügen, um die »milde Praxis« des Sozialistengesetzes gegenüber den Gewerkschaften zu kennzeichnen. Man gab ihnen eine gewisse Freiheit, sich zu entwickeln; aber man ließ deshalb doch das Damoklesschwert über ihnen hängen, man schikanierte sie fortwährend, löste sie auch wohl auf, erdrückte sie aber nicht vollständig, immer in der Hoffnung, dass die Arbeiter doch noch genasführt werden könnten. Allein, diese Hoffnung wurde immer wieder zu Wasser. Vielmehr übernahmen die Fachvereine, da politische Vereine nicht aufkommen konnten, einen guten Teil der Agitation, die sonst der Parteiorganisation zugefallen wäre. Sie leisteten ganz Außerordentliches für die Wiederaufrichtung der politischen Partei, zum Verdruss ihrer bürgerlichen Gönner und in gewissem Sinn auch zum Schaden ihrer gewerkschaftlichen Zwecke, aber in der vollkommen richtigen Auffassung, dass die Erhaltung und Sicherung der politischen Arbeiterbewegung ihr eigenstes Interesse sei. Namentlich der langwierige Streit über Lokal- oder Zentralorganisation, der später die gewerkschaftliche Bewegung behindert hat, wurzelte in diesen Zuständen, das will sagen, in der Notwendigkeit, dass die Fachvereine unter dem Sozialistengesetze auch politische Arbeiteragitation leisten mussten. Die Fachvereine standen eben vor der Alternative: entweder beschäftigten sie sich mit »öffentlichen Angelegenheiten«, und dann war ihnen jede unmittelbare Zentralisation versagt, oder sie ließen – der Not gehorchend, nicht dem eigenen Triebe – die politischen Bestrebungen fallen und waren dann in dem Zusammenschluss ihrer örtlich zerstreuten Vereine weniger behindert oder auch ganz ungehindert, je nach dem Stande der Vereinsgesetzgebung und der behördlichen Praxis in den Einzelstaaten.

In erster Reihe an dieser konsequenten Haltung der deutschen Gewerkschaften, die über ihre augenblicklichen praktischen Interessen heraus die Lebensbedingungen der gesamten Arbeiterbewegung klar zu erkennen vermochten, scheiterte die »milde Praxis« des Sozialistengesetzes, und es war charakteristisch, dass die dritte Periode des Gesetzes, die noch einmal mit blinden Gewaltstößen die Arbeiterklasse niederzuwerfen versuchte, mit dem Puttkamerschen Streikerlass vom 11. April 1886 begann. Dieser Erlass suspendierte die Koalitionsfreiheit und gab das Signal dazu, nach der zeitweiligen Schonung der Fachvereine wieder ihre rücksichtslose Ausrottung zu betreiben, wie in der ersten Zeit nach Erlass des Sozialistengesetzes. Aber da man in dieser Zeit die Erfahrung gemacht hatte, dass den Gewerkschaften mit dem Sozialistengesetz allein nicht ins Herz getroffen werden konnte, so wurde versucht, sie mit den verschiedensten gerichtlichen Methoden zu erdrosseln.

Zunächst wurde der Kautschukparagraph, den die Gewerbeordnung gegen Ausschreitungen bei Streiks enthielt, bis zur Menschenmöglichkeit ausgereckt; der Verurteilungen aufgrund dieses Paragraphen gab es im Jahre 1886 nicht weniger als 179, gegen fünf im Jahre 1882. Wo aber dieser Paragraph nicht weiter zu recken war, da wurde er durch die Paragraphen des Strafgesetzbuches über groben Unfug, über Nötigung, über Erpressung ergänzt; fast die Krone dieser Leistungen war ein Erkenntnis des Reichsgerichts, wonach die Aufforderung zur Einstellung der Arbeit ohne Innehaltung der Kündigungsfrist unter § 110 des Strafgesetzbuchs fiel, der die, auch erfolglose, Aufforderung »zum Ungehorsam gegen Gesetze oder rechtsgültige Verordnungen« mit dem Höchstmaß von zweijährigem Gefängnis bedroht, während § 111 auf die erfolglose Aufforderung zu einer strafbaren Handlung nur ein Höchstmaß von einjährigem Gefängnis setzt. Nach der Feststellung des Obersten Gerichtshofs konnten Arbeiter, die zum Kontraktbruche gegen die Unternehmer aufreizten, mit zwei Jahren Gefängnis bestraft werden, während Verbrecher, die zu Mord und Raub aufreizten, höchstens ein Jahr Gefängnis erhalten durften.

Man müsste ganze Spalten füllen, wenn man alle die scheußlichen Brutalitäten aufzählen wollte, mit denen die Gewerkschaften in den letzten Jahren des Sozialistengesetzes verfolgt worden sind. Die Seele dieser Verfolgungen war der Minister v. Puttkamer, jener bornierte Junker, der bekanntlich hinter jedem Streik die Hydra der Revolution lauern sah, aber es darf abermals nicht vergessen werden, dass keiner der »bürgerlichen« Arbeiterfreunde, die sich heute vor Zärtlichkeit für die Gewerkschaften nicht zu lassen wissen, damals den Mund aufzutun wagte, selbst nicht einmal von der sicheren Tribüne des Reichstags aus, wo die Ultramontanen Puttkamers Streikerlass ganz in der Ordnung fanden, während die Liberalen sich auf die schüchterne und natürlich rein lächerliche

»Hoffnung« beschränkten, der Erlass werde die Koalitionsfreiheit nicht beeinträchtigen.

Unter dem Sozialistengesetze waren die beiden Zweige der Arbeiterbewegung so ausschließlich wie je aufeinander angewiesen, und es gereicht den deutschen Gewerkschaften zu dauerndem Ruhme, dass sie sich, soweit es im gemeinsamen Interesse des proletarischen Klassenkampfs notwendig war, für die politische Arbeiterpartei zu opfern verstanden haben. Zwar gingen auch sie glorreich genug aus dem gewaltigen zwölfjährigen Ringen hervor, mit 120.000 Mitgliedern und 41 Organen, während sie mit 50.000 Mitgliedern und 14 Organen in den Streit getreten waren. Aber freilich standen sie weit hinter der Sozialdemokratischen Partei zurück, die den mit der entscheidenden Hilfe der Gewerkschaften erfochtenen Sieg nunmehr auch in deren Interesse zu verwerten verpflichtet war.

Diese Verpflichtung ist denn auch im letzten Jahrzehnt des 19. Jahrhunderts reichlich eingelöst worden.

Clara Zetkin: Der Kampf im Ruhrgebiet

(Januar 1905)[38]

Was sich seit Wochen ankündigte, hat sich erfüllt. Am 17. des Monats haben die Vertreter der Bergarbeiterorganisationen jeder Richtung den Generalausstand beschlossen, beschließen müssen, sicherlich nicht leichten Herzens, vielmehr in vollem Bewusstsein der Härte, Erbitterung und Gefahren des Riesenkampfes und der ernsten Verantwortung, die er den Organisationen und den Organisierten auferlegt. Nachdem zuerst die Belegschaft der Zeche »Bruchstraße« in den Streik getreten war, um die angesonnene Verlängerung der Schichtdauer abzuschlagen, griff die Ausstandsbewegung mit elementarer Gewalt um sich. Binnen weniger Tagen hatte sie gegen 50.000 Kohlengräber erfasst. Der Generalstreik wird 200.000 Bergarbeiter mit verschränkten Armen auf das Blachfeld des Klassenkampfes führen, ein wirtschaftliches Streiterheer, wie es Deutschland noch nie gesehen. Bei der Rolle der Kohle im modernen Wirtschaftsleben muss das gesamte ökonomische Getriebe erschüttert werden, wenn der starke Arm des Grubenproletariats die Zechen stilllegt. Ein eindringlicher Beweis für die Gemeinschädlichkeit des Privatbesitzes, dessen Raffgier den Kampf heraufbeschworen hat.

Das Grubenkapital, verkörpert in den Herren Stinnes, Thyssen, Kirdorf und einer Handvoll weiterer Millionäre, hat es so gewollt. Mit ausgesuchter Brutalität und Protzigkeit, dem starren »Nein« seiner Antwort auf die erhobenen Forderungen die Verhöhnung und Herausforderung hinzufügend, hat es jedes Entgegenkommen, jede Verhandlung abgelehnt. Es pocht auf die ungeheuren Machtmittel, über die es im Wirtschaftsleben und im Staat verfügt, Machtmittel, groß genug, um die Staatsgewalt zum Kuschen zu bringen – wie die Hibernia-Affäre zeigt – sofern sie sich nicht von vornherein als dienstwilliger Büttel der Zechenmagnaten erweist, was in den Kämpfen zwischen diesen und den Arbeitern bisher noch stets der Fall gewesen ist.

38 »Die Gleichheit, Zeitschrift für die Interessen der Arbeiterinnen«, Stuttgart, Nr. 2, 25. Januar 1905. Nach Ausgewählte Reden und Schriften, Band I, S. 286-293

Das Grubenkapital will den Krieg. Er soll seine Interessen fördern, indem er das Verschlucken der kleinen Zechen durch die großen beschleunigt; ein Feigenblatt vor das profitwütige Stilllegen der minder ertragreichen Gruben hängt; der Erweiterung und Vertrustung der Betriebe Vorschub leistet; den Kampf der gemischten gegen die reinen Werke in der Eisenindustrie begünstigt und damit die angestrebte Allianz von Eisen und Kohle in schnelleren Fluss bringt. Mit anderen Worten: Das im Kohlenbau ausbeutende und herrschende Kapital will eine größere Konzentration des Wirtschaftslebens. Dies aber nicht etwa aus Rücksicht auf die fortschrittlichen Tendenzen, die einer solchen eignet, sondern lediglich zu Nutz und Frommen seines Profits. Sie ermöglicht ihm ja die rücksichtsloseste Schröpfung der Konsumenten wie die stärkste Ausbeutung und Knebelung der Produzenten, der Arbeiter.

Die Arbeiter niederzuwerfen, wehrlos zu machen, das ist das innig gewünschte Ziel, das für die Werkbesitzer im Brennpunkte des Kampfes steht. Er gilt vor allem der Zertrümmerung der gewerkschaftlichen Organisation der Arbeiter. Der grimme Hass gegen sie züngelt aus der Antwort des »Vereins für bergbauliche Interessen«, der Unternehmervertretung. Nicht mit den Vertretern der gesamten Belegschaften, nicht mit einer fest zusammengeschlossenen Gemeinschaft wollen die Herren unterhandeln, nur mit »ihren« einzelnen Arbeitern. Natürlich! Sie wissen, dass sie von der wirtschaftlichen Schwäche der einzelnen Arbeiter alles zu hoffen, von der Macht der Organisation alles zu fürchten haben. Um die Organisation der Bergarbeiter wird der Kampf am heißesten entbrennen, wenn auch andere Momente sein Ausgangspunkt gewesen sind. Auf Seiten der Lohnsklaven des Grubenkapitals hat bekanntlich die Verlängerung der Seilfahrt den Anstoß zur Streikbewegung gegeben. Die Verlängerung der Seilfahrt läuft auf eine Ausdehnung der Schichtdauer hinaus, sie bedingt einen längeren Aufenthalt unter Tag. Ein längeres Atmen und Arbeiten in einer Atmosphäre und unter Bedingungen, welche an und für sich schon der Gesundheit schädlich genug sind! Verlängerung der Schichtdauer besagt für den Kohlengräber in dürren Worten: Verkürzung des Lebens in Luft und Licht, Verkürzung der Lebenskraft, ja, der Lebensdauer selbst! Davon zu schweigen, dass der längere Aufenthalt in der Grube die Zeit und Kraft mindert, welche der Bergmann seiner Familie, seiner Erholung und Bildung zu widmen vermag. Die Achtstundenschicht ist ein geschichtlich geheiligtes und verbrieftes Recht der Bergarbeiter. In einem opferschweren, blutgetränkten Kampfe haben sie es 1889 gegen die vereinigte Macht von Kapital und Staat behauptet. Und was damals betreffs der Dauer der Schicht und der Seilfahrt in dem »Friedensprotokoll« festgelegt worden ist – Achtstundenschicht, Seilfahrt von zusammen höchstens einer Stunde – das wollen sie sich heute nicht durch eine vertragsbrüchige Ausbeuterclique entreißen lassen.

Die ihnen zugemutete heimtückische Ausdehnung der Schichtdauer ist jedoch nur der letzte Tropfen gewesen, welcher den Eimer der Empörung zum Überlaufen brachte. Welche Last wachsender Übel drückt nicht die Hörigen der Grubenaristokratie! Die Löhne sind trotz gestiegener Produktivität der Arbeiter und ungeachtet einer starken Verteuerung der Lebensbedürfnisse gesunken. Familienväter haben in den letzten Zeiten Monatslöhne von sechzig Mark heimgebracht. Das verhasste Wagennullen, das nach Gunst und Gabe oder nach Laune erfolgt und sich zu skrupelloser Betrügerei zuspitzt, kürzt im Verein mit leicht verhängten Strafen den Verdienst. Die Wurmkrankheit hat furchtbares Unheil über Zehntausende Familien gebracht. Die Einstellung der Förderung auf kleinen Zechen raubte vielen mit dem Brot die Heimat, an welcher sie mit westfälischer Zähigkeit hingen. Scharen von Ausländern, Polen, Italiener, Kroaten, wurden als Lohndrücker von den waschecht patriotischen Kapitalisten ins Land gerufen. Auf manchen Werken spotten die sanitären Einrichtungen jedem Bedürfnis, die Vorkehrungen gegen Unglücksgefahr sind äußerst mangelhaft. Auf anderen wieder zeigt sich eine schamlose Günstlingswirtschaft, die einzelnen Strebern gutes Gedinge zuschanzt, Bergarbeiter mit steifem Rückgrat und Kameradschaftsgefühl dagegen benachteiligt und schikaniert. Der immer mehr grassierende Reserveleutnants- und Unteroffizierston verletzt. Wer in der Gewerkschaftsorganisation rührig tätig ist, wem ein Vertrauensposten übertragen wird, der muss erwarten, unter dem ersten besten Vorwand die Abkehr zu erhalten. Die bescheidenen Forderungen der Bergleute nach Anstellung selbstgewählter Grubendelegierter und Wagenkontrolleure finden kein Gehör. Die Deputatkohle, die sie für den Hausbrand zu halbem Verkaufspreise erhalten, wurde in letzter Zeit unpünktlich geliefert oder auch wohl verweigert.

Kurz, eine Fülle von schreienden Missständen hat reichlich Grund zu gärender Unzufriedenheit geschaffen. Von ihrer Gesamtheit wuchtet übermächtig die Empfindung auf die Bergleute nieder, dass der viel besungene »freie Arbeiter« in Wirklichkeit ein Unfreier, ein Sklave ist, der brutalen Willkür und nimmersatten Habsucht einer rohen und gewissenlosen Unternehmerkaste preisgegeben. Zur Abwehr der und jener Verschlechterung, zur Erringung der und jener Verbesserung ihrer Lage sind die Kohlengräber in den Ausstand getreten oder richtiger von ihren Ausbeutern in den Ausstand gehetzt worden. Aber der tiefe, bei allen einzelnen Forderungen mitschwingende Grundton ihres Kampfes ist das mit urwüchsiger Gewalt hervorbrechende Bewusstsein des unüberbrückbaren Gegensatzes zwischen Kapital und Arbeit. Die Ausgebeuteten lehnen sich gegen das System der Ausbeutung selbst auf; ihr proletarisches Klassenempfinden revoltiert gegen die Klassenherrschaft des Grubenkapitals, ihr Rechtsgefühl gegen dessen Geldsackgewalt. Daher die leidenschaftliche Empörung, welche das Grubenproletariat des Ruhrreviers durchzittert, mag es für die Sozialdemokratie stimmen oder sich noch vom Zentrum nasführen lassen, mag es Deutsch oder fremdsprachig klagen und fordern. Daher die unwiderstehliche Gewalt, mit welcher die Ausstandsbewegung, einem nicht zu bändigenden Naturereignis gleich, die Bevölkerung mit fortreißt. Nicht zwischen den einzelnen Belegschaften und Grubenverwaltungen ist der Kampf entfacht, Klasse steht gegen Klasse.

Das aber nicht bloß in der Kohlenindustrie, sondern im ganzen Deutschen Reich. Hinter den steifnackigen Grubenbaronen stehen ihre kapitalistischen Brüder in der Auswucherung der proletarischen Arbeitskraft auf anderen Gebieten; hinter ihnen stehen aber auch die bürgerlichen Parlamente und Regierungen. Oder glaubt etwa jemand, diese Distelsträucher unseres öffentlichen Lebens würden etwas anderes als Stacheln für die Arbeiter geben? Eine Regierung, in welcher der »lange Möller« betriebsam die einträglichen Geschäfte des Kapitals besorgt; ein Reichstag, dessen Zierden die Bäumer und Kardorff sind; ein Abgeordnetenhaus, das nach jeder Richtung hin unfruchtbarer und volksfeindlicher ist als das Reichsparlament.

Sei's drum! Die Grubensklaven haben's gewagt. Sie haben ihnen den frech ins Antlitz geschleuderten Fehdehandschuh aufgehoben. Nun gilt es, dem überstarken Feind nicht zu unterliegen. Seinen Machtmitteln müssen die Ausständigen die feste Geschlossenheit ihrer Reihen entgegenstellen, die feste Einheitlichkeit und eiserne Disziplin, mit der sie kämpfen. Das Proletariat der ganzen Welt, vor allem aber das deutsche Proletariat, wird ihnen als nicht versagender Bundesgenosse mit treuer Solidarität zur Seite stehen.

Nicht die Männer allein, auch die Frauen der werktätigen Massen ruft der tobende Riesenkampf zur Pflichterfüllung. In erster Linie aber die Proletarierinnen des Streikgebietes. Treffen die Fuchtelhiebe, welche das ausbeutende Kapital auf ihre Brüder niedersausen lässt, nicht auch sie, ja, oft gerade sie am schmerzhaftesten? Bedeutet nicht jede abgeschlagene Verschlechterung, jede ertrotzte Verbesserung der Arbeitsbedingungen des Mannes auf der Zeche eine Erleichterung der Sorgenlast der Frau im Heim? Wohlan denn, so tue auch sie das ihrige dazu, auf dass Arbeiterrecht gegen Geldsackgewalt siege! Sie zermürbe nicht durch Wehklagen oder Schelten den Kampfmut, die Kampffreudigkeit des Mannes. Sie steigere vielmehr seine Widerstandskraft durch die Einsicht, Begeisterung und Opferfreudigkeit, mit der sie die drückenden Lasten trägt, welche der Kampf in Gestalt manch bitterer Sorgen bringen wird. Mit klugem Sinn und fleißiger Hand schalte und walte sie am häuslichen Herd, um die Stunde möglichst hinauszuschieben, wo die Not seine Flamme verlöscht. Sie gedenke, wie oft sie sparen und entbehren musste, nicht etwa, weil der Mann ein leichteres Los für sich und die Seinigen erstreiten wollte, nein, weil die Herren Zechenritter fetteren Profit einzusäckeln wünschten!

Sie gestalte das Familienleben so geordnet, behaglich und traulich wie nur möglich, damit der Mann den Aufenthalt im Heim dem im Wirtshaus vorziehe. Wie kurz bemessen sind nicht die Tage, die Stunden, die der Bergarbeiter den Seinen schenken kann, in denen er, befreit von der fieberhaften Hatz der Erwerbsfron, in Ruhe und Frische mit seinem Weibe sich auszusprechen, mit seinen Kindern zu plaudern und zu spielen vermag! Der harte Beruf, der keine Rücksicht auf Morgen und Abend kennt, der den Kohlengräber zu jeder Tageszeit in düstere Nacht bannt, wirkt zerrüttend auf das Familienleben zurück und knickt viele der bescheidenen Blüten, die hier den anderen Proletariern sprießen. Nun nütze die Frau, die Mutter die Sklavenrast, welche der Kampf dem Manne bringt, um die Bande des Gemüts- und Geisteslebens zwischen den Familiengliedern zu festigen. Gewiss: Die Not, welcher der Streik die Haustür öffnet, wird der Bergarbeiterfrau die Erfüllung ihrer häuslichen und mütterlichen Aufgaben erschweren, wird ihr manche bittere, heimliche Träne abpressen. Nichtsdestoweniger muss sie ihre ganze Kraft aufbieten, damit das Heim eine Stätte der Erquickung und Stärkung für den kämpfenden Mann sei, eine feste Burg, aus der er gerüstet in ruhiger Kraft in den Streit zieht. So wirke sie allem entgegen, was ihn zum Feigling und Verräter machen könnte; allem, was geeignet wäre, ihn aus einem besonnenen Kämpfer in einen zuchtlosen Tumultuanten zu verwandeln. Der gewaltige Kampf, in dem Riesenmassen gegen Riesenmittel stehen, heischt zwingend, dass Mann und Frau gemeinsam alle Kräfte und alle Tugenden ihres Wesens in ihm einsetzen. Er kann nur mit der Frau, nicht ohne sie, geschweige denn gegen sie für das Proletariat siegreich durchgefochten werden.

In den Kämpfen des französischen, belgischen und amerikanischen Grubenproletariats haben sich die Frauen durch ihre Festigkeit und Begeisterung ausgezeichnet. Ihre deutschen Schwestern müssen sich ihnen ebenbürtig erweisen. Die Genossinnen im ganzen Reich werden ihrerseits ihre Pflicht nicht versäumen, mit Energie und Opferwilligkeit für die kämpfenden Schwestern und Brüder einzutreten und die Proletarierinnen in Stadt und Land zu ihrer moralischen und materiellen Unterstützung aufzurufen. Im Ruhrgebiet muss das protzige Grubenkapital besiegt auf der Walstatt bleiben. Der gesamten deutschen Kapitalistenklasse und ihrem Staate zum Trutz, allen Frondenden und Ausgebeuteten zu Nutz und Frommen. Glück auf!

Wladimir I. Lenin: Brief an S. I. Gussew[39]

13. X. 05

Lieber Freund! Die Resolution des Odessaer Komitees über den gewerkschaftlichen Kampf (»Beschlüsse« Nr. 6 oder 5, das ist nicht klar[40]; im Brief Nr. 24, datiert vom September 1905) scheint mir in hohem Grade fehlerhaft. Mei-

39 Geschickt von Genf nach Odessa. Zuerst veröffentlicht 1926. Nach Werke Band 36, Berlin 1962, S. 343-347

40 *Die Resolution des Odessaer Komitees über den gewerkschaftlichen Kampf* war den Akten des früheren Archivs des Polizeidepartements über die Odessaer Organisation beigelegt. Diese Resolution trägt die Überschrift »Beschluss des Odessaer Komitees, Nr. 5.« Datiert ist sie vom September 1905. Unter der Resolution steht die Unterschrift: »Odessaer Komitee der SDAPR.« Wir bringen ihren vollen Wortlaut:

»In Erwägung, dass die Sozialdemokratie in allen Erscheinungsformen des Klassenkampfes des Proletariats die Führung übernimmt und darum auch den gewerkschaftlichen Kampf der Arbeiterklasse führen muss, ohne je diese Aufgabe zu vergessen;

dass anderseits die politische Lage, wie sie sich heute in Russland gestaltet hat, der Partei in erster Linie die Aufgabe stellt, den bewaffneten Aufstand zur Niederwerfung des zaristischen Absolutismus und zur Eroberung der demokratischen Republik zu organisieren;

dass infolgedessen die Aufgaben der Führung des gewerkschaftlichen Kampfes des Proletariats unvermeidlich an die zweite Stelle gerückt wird; –

erachtet das Odessaer Komitee in der Frage der Gewerkschaften für notwendig:

I. In unserer Propaganda und Agitation alle Illusionen zu zerstören, die sich an die Gewerkschaften knüpfen, und ihre Beschränktheit im Verhältnis zu den Endzielen der Arbeiterbewegung unablässig zu unterstreichen;

II. Dem Proletariat klar zu machen, dass eine breite und fest gegründete Entwicklung der Gewerkschaftsbewegung unter dem absolutistischen Regime undenkbar und dass zu einer solchen Entwicklung vor allem der Sturz des zaristischen Absolutismus erforderlich ist;

III. In der Propaganda und Agitation unablässig zu unterstreichen, dass die vornehmste und dringendste Aufgabe des kämpfenden Proletariats die sofortige Vorbereitung des bewaffneten Aufstandes zur Niederwerfung des zaristischen Absolutismus und die Eroberung der demokratischen Republik ist;

IV. Einen energischen ideologischen Kampf gegen die sogenannten »Menschewiki" zu führen, die in der Gewerkschaftsfrage zu dem beschränkten, unrichtigen Gesichtspunkt des »Ökonomismus" zurückkehren, der die Aufgaben der Sozialdemokratie einschränkt und die Entfaltung der proletarischen Bewegung aufhält;

V. Alle Maßnahmen zu treffen, um der Sozialdemokratie in allen neu entstehenden und bereits bestehenden legalen und illegalen Gewerkschaften den Einfluss und womöglich die Führung zu sichern…«

Diese Resolution war von S. I. Gussew geschrieben und vom Komitee genehmigt. Die von Lenin angeführte »Entschließung Nr. 6« war eine Resolution über die Unterstützung der Bauernbewegung.

ner Ansicht nach erklärt sich das auf natürliche Weise durch den leidenschaftlichen Kampf gegen die Menschewiki, aber man darf nicht ins entgegengesetzte Extrem verfallen. Und die Resolution verfällt gerade ins entgegengesetzte Extrem. Ich erlaube mir deshalb, die Resolution des Odessaer Komitees kritisch zu untersuchen, und bitte die Genossen, meine Bemerkungen, die keineswegs von dem Wunsch getragen sind, an ihr herumzudeuteln, zur Debatte zu stellen.

Die Resolution enthält drei (nicht nummerierte) Teile zur Motivierung und fünf (nummerierte) Teile als eigentlichen beschließenden Teil. Der erste Teil (der Ausgangspunkt der Motivierung) ist völlig in Ordnung. »*Die Leitung* aller *Formen des Klassenkampfes des Proletariats*« übernehmen und »*niemals die Aufgabe vergessen*«, den gewerkschaftlichen Kampf anzuleiten. Ausgezeichnet. Weiter, der zweite Punkt: »*In den Vordergrund*« stellt man die Aufgabe, den bewaffneten Aufstand vorzubereiten, und (Punkt 3 oder Schluss der Motivierung) »*infolgedessen tritt die Aufgabe, den gewerkschaftlichen Kampf des Proletariats anzuleiten, unvermeidlich an die zweite Stelle.*« Das ist meiner Ansicht nach theoretisch unrichtig und taktisch falsch.

Theoretisch unrichtig ist es, die *zwei Aufgaben* nebeneinanderzustellen, als wären sie gleichwertig, als lägen sie auf der gleichen Ebene: »*die Aufgabe, den bewaffneten Aufstand vorzubereiten*« und »*die Aufgabe, den gewerkschaftlichen Kampf anzuleiten.*« Die eine Aufgabe, so heißt es, steht im Vordergrund, die andere an zweiter Stelle. Wenn man das so ausdrückt, dann heißt das, Dinge verschiedener Ordnung zu vergleichen und nebeneinanderzustellen. Der bewaffnete Aufstand ist ein Mittel des politischen Kampfes im gegebenen Zeitpunkt. Der gewerkschaftliche Kampf ist eine der ständigen, im Kapitalismus stets notwendigen, zu allen Zeiten unerlässlichen Erscheinungsformen der gesamten Arbeiterbewegung. Engels unterscheidet an einer von mir in »Was tun?« zitierten Stelle drei Grundformen des proletarischen Kampfes: den ökonomischen, politischen und theoretischen – das heißt den gewerkschaftlichen, den politischen und den theoretischen (wissenschaftlichen, ideologischen, philosophischen) Kampf. Wie kann man denn eine dieser Grundformen des Kampfes (den gewerkschaftlichen Kampf) und die *Methode* einer anderen Grundform des Kampfes im gegebenen Zeitpunkt nebeneinanderstellen? Wie kann man denn den gesamten gewerkschaftlichen Kampf als »Aufgabe« und ein gegenwärtiges Mittel des politischen Kampfes, das *bei weitem nicht das einzige ist*, nebeneinanderstellen? Das ist geradezu widersinnig, so, als wollte man einen Zehntelbruch mit einem Hundertstelbruch addieren, ohne beide vorher auf einen gemeinsamen Nenner gebracht zu haben. Nach meiner Ansicht müssen diese beiden Punkte (der zweite und der dritte) der Motivierung gestrichen werden. Neben die »*Aufgabe, den gewerkschaftlichen Kampf anzuleiten*«, kann man nur die Aufgabe stellen, den gesamten politischen Kampf schlechthin zu leiten, die Aufgabe, den gesamten ideologischen Kampf schlechthin, als Ganzes, zu leiten, keineswegs aber diese oder jene von der Situation diktierten Teil- und Gegenwartsaufgaben des politischen oder ideologischen Kampfes. Diese beiden Punkte sollten durch den Hinweis ersetzt werden, dass man keinen Augenblick lang den politischen Kampf und die Aufklärung der Arbeiterklasse über die Gesamtheit der sozialdemokratischen Ideen vergessen darf und dass man, um eine geschlossene, wahrhaft sozialdemokratische Bewegung zu schaffen, stets bestrebt sein muss, eine enge, unlösbare Verbindung zwischen allen Erscheinungsformen der Arbeiterbewegung herzustellen. Dieser Hinweis könnte den zweiten Punkt der Motivierung bilden. Der dritte könnte in der Feststellung bestehen, dass es notwendig ist, vor einer engstirnigen Auffassung und einer Einengung des gewerkschaftlichen Kampfes, wie dies von der Bourgeoisie angelegentlich propagiert wird, zu warnen. Ich schlage natürlich keinen Resolutionsentwurf vor und gehe nicht auf die Frage ein, ob es zweckmäßig ist, darüber besonders zu sprechen – ich untersuche zunächst nur, wie Euer Gedanke theoretisch richtig ausgedrückt werden müsste.

Taktisch formuliert die Resolution in ihrer gegenwärtigen Form die Aufgaben des bewaffneten Aufstands sehr ungeschickt. Der bewaffnete Aufstand ist die höchste Form des *politischen* Kampfes. Um seinen Erfolg vom Standpunkt des Proletariats, das heißt den Erfolg des proletarischen, von der Sozialdemokratie geführten Aufstands und keines anderen zu sichern, ist es notwendig, alle Seiten der Arbeiterbewegung in breitem Maße zu entwickeln. Der Gedanke, die Aufgabe des Aufstands und die Aufgabe der Leitung des gewerkschaftlichen Kampfes einander gegenüberzustellen, ist daher völlig falsch. Dadurch wird die Aufgabe des Aufstands herabgesetzt und simplifiziert. Statt die Aufgabe des Aufstands als Fazit und Krönung der *gesamten* Arbeiterbewegung als Ganzes zu betrachten, wird sie in gewisser Weise losgelöst betrachtet. Es werden gleichsam zwei Dinge durcheinandergebracht: die Resolution über den gewerkschaftlichen Kampf schlechthin (das ist der Gegenstand der Resolution des Odessaer Komitees) und eine Resolution über die Verteilung der Kräfte bei der gegenwärtigen Arbeit des Odessaer Komitees (dahin verirrt sich Eure Resolution, aber das ist etwas ganz, ganz anderes).

Ich gehe zu den nummerierten Punkten des eigentlichen beschließenden Teils über.

Ad I. Die *»Illusionen zu zerstören«, »die sich an die Gewerkschaften knüpfen...«* das geht noch an, obwohl man es besser weglassen sollte. Erstens gehört das zu den Motivierungen, wo man auf die unlösbare Verbindung aller Seiten der Bewegung hinweisen muss. Zweitens wird nicht erwähnt, um welche Illusionen es sich handelt. Wenn man das schon sagt, so müsste man hinzufügen: die bürgerlichen Illusionen, dass es möglich sei, die wirtschaftlichen und sonstigen Bedürfnisse der Arbeiterklasse in der kapitalistischen Gesellschaft zu befriedigen.

»... wobei ihre« (der Gewerkschaften?) *»Begrenztheit im Verhältnis zu den Endzielen der Arbeiterbewegung besonders betont werden muss.«* Demnach wären alle Gewerkschaften »begrenzt.« Und die *sozialdemokratischen* Gewerkschaften, die mit der politischen Organisation des Proletariats verbunden sind? Der Schwerpunkt liegt nicht darin, dass die Gewerkschaften *»begrenzt«* sind, sondern darin, dass man diese eine Seite der Bewegung (und sie ist insofern begrenzt, als sie nur eine Seite der Bewegung ist) mit den anderen verbindet. Also sollte man dies entweder weglassen oder außerdem sagen, dass es notwendig ist, die *Verbindung* dieser *einen* Seite mit allen anderen herzustellen und zu festigen, die Gewerkschaften mit *sozialdemokratischem* Inhalt, mit *sozialdemokratischer* Propaganda zu durchdringen, sie in die *gesamte* sozialdemokratische Arbeit einzubeziehen usw.

Ad II. Geht an.

Ad III. Aus den genannten Gründen ist es unrichtig, die Aufgaben der Gewerkschaften und die *»brennendste und vordringlichste Aufgabe«* des bewaffneten Aufstands nebeneinanderzustellen. Über den bewaffneten Aufstand braucht man in der Resolution zum gewerkschaftlichen Kampf nicht zu sprechen, denn er ist ein Mittel zum *»Sturz der zaristischen Selbstherrschaft«*, von dem in Punkt II die Rede ist. Die Gewerkschaften könnten die Basis erweitern, aus der wir die Kraft für den Aufstand schöpfen werden, so dass es, ich sage es noch einmal, unrichtig ist, das eine dem andern gegenüberzustellen.

Ad IV. *»Einen energischen ideologischen Kampf gegen die sogenannte Minderheit zu führen«*, die *»in der Frage der Gewerkschaften«* zum *»Ökonomismus«* zurückkehrt. Ist das für eine Resolution des Odessaer Komitees nicht zu absolut? Sieht das nicht nach Übertreibung aus? In der Presse ist doch keine einzige Resolution aller Menschewiki über die »Gewerkschaften« einer Kritik unterzogen worden. Es wurde lediglich darauf hingewiesen, dass sie von den Liberalen gelobt werden, weil sie dazu neigen, diese Frage mit mehr Eifer als Verstand zu behandeln. Aber hieraus kann man nur den Schluss ziehen, dass wir »mit Verstand« Eifer an den Tag legen müssen, aber Eifer müssen wir unbedingt auch an den Tag legen. Nach meiner Ansicht muss man entweder diesen Punkt ganz weglassen und sich darauf beschränken, vor Begrenztheit zu warnen und darauf hinzuweisen, dass die Tendenzen der Bourgeoisie und der Liberalen, die Aufgaben der Gewerkschaften zu entstellen, bekämpft werden müssen – oder man muss diesen Punkt speziell im Zusammenhang mit irgendeiner bestimmten Resolution der Menschewiki formulieren (mir sind solche Resolutionen gegenwärtig nicht bekannt; es sei denn, bei Euch im Süden sind irgendwelche Akimowschen Resolutionen aufgetaucht).

Ad V. Ist sehr anständig. Die Worte *»und, wenn es möglich ist, die Führung«* würde ich durch *»und die Führung«* ersetzen. Wir tun alles, *»wenn es möglich ist.«* Die Einfügung dieser Worte hier und an keiner anderen Stelle könnte fälschlicherweise so ausgelegt werden, als strebten wir nicht so sehr nach der Führung usw.

Nach meiner Ansicht muss man sich ganz allgemein davor hüten, den Kampf gegen die Menschewiki in dieser Frage zu übertreiben. Gerade jetzt werden wahrscheinlich bald die Gewerkschaftsverbände zu entstehen beginnen. Man darf nicht beiseite stehen, man darf vor allem nicht zu der Auffassung Anlass geben, dass man abseitsstehen muss, man muss vielmehr bestrebt sein, sich zu beteiligen, Einfluss zu nehmen usw. Es gibt doch eine besondere Schicht von Arbeitern, die älteren, verheirateten, die jetzt im politischen Kampf schrecklich wenig, im gewerkschaftlichen Kampf aber sehr viel leisten werden. Man muss diese Schicht ausnutzen und nur ihre Schritte auf diesem Gebiet lenken. Für die russische Sozialdemokratie ist es wichtig, in der Gewerkschaftsfrage gleich von Anfang an den richtigen Ton zu finden und auf diesem Gebiet sofort eine Tradition sozialdemokratischer Initiative, sozialdemokratischer Beteiligung, sozialdemokratischer Führung zu schaffen. Es kann natürlich sein, dass die Kräfte in der Praxis nicht ausreichen, aber das ist bereits eine ganz andere Frage. Und außerdem ist es doch so: Wenn man es versteht, all die verschiedenartigen Kräfte auszunutzen, so werden sich auch für die Gewerkschaften immer welche finden. Es haben sich doch Kräfte gefunden, eine Resolution über die Gewerkschaften zu schreiben, das heißt Kräfte, die ideologisch leiten können, und darauf kommt es doch an!

Ich drücke Ihnen die Hand und bitte Sie, den Empfang dieses Briefes zu bestätigen und mir Ihre Gedanken dazu mitzuteilen.

Ihr N. *Lenin*

Rosa Luxemburg: Die Hetzer an der Arbeit[41]

Wir haben bereits gestern auf Grund einer Mitteilung des »*Tabakarbeiters*« darauf hingewiesen, dass die Gewerkschaftspresse hinter den Kulissen von der *Generalkommission* eindringlich dahin bearbeitet wurde, sich in die sogenannte »Vorwärts«-Affäre einzumischen und gegen die Redaktion des Zentralorgans der Sozialdemokratie Front zu machen. Die »*Bergarbeiter-Zeitung*« arbeitet für ihren Teil an dieser planmäßigen Aufhetzung der Gewerkschaftskreise mit heiligem Eifer. Dabei bedient sie sich – um in der Gewerkschaftssprache zu reden – des löblichen Systems der »*schwarzen Listen*«, indem sie die neuen Redakteure des Zentralorgans der Partei nach der Reihe als »*Wühler*«, »*Kritiker*« und ähnliche arge Sünder den deutschen Gewerkschaften denunziert.

> »*Einer der Neuen, Herr Weber*«, heißt es z. B. in dem Huéschen Artikel, »*ist bekannt als heftiger Kritiker der Haltung des Buchdrucker-Verbandes bzw. seines Organs. Weitere ›Verdienste‹ des Herrn sind unbekannt geblieben. Als Redakteur des ›Vorwärts‹ ist auch berufen – Herr* Düwell. *Man braucht nur den Namen dieses Herrn zu nennen, um den Bergleuten ein Licht darüber aufzustecken, wohin der Weg geht.*
>
> .....Unter diesen Umständen müssen wir die Berufung des Herrn Düwell an den ›Vorwärts‹ empfinden als einen Schlag gegen die Leitung des Bergarbeiterverbandes. *Wir wissen nunmehr ganz genau, wie man in dem ›Zentralorgan der sozialdemokratischen Partei‹ zum Verbande der Bergarbeiter steht. Der Name des Herrn Düwell ist in dieser Hinsicht ein unzweideutiges Programm.*«[42]

Dann heißt es weiter:

> »*Außerdem ist als bevorzugte Leitartiklerin bestellt – Frau* Rosa Luxemburg!!! *Diese Dame hat sich seit Jahren bemerkbar gemacht durch* Misskreditierung *der* Gewerkschaftsarbeit *und der* Gewerkschaftsführer. *Sie war*

41 Erschienen im »Vorwärts« am 12. November 1905. Nach Gesammelte Werke Band 4, 1928, S. 247-250

42 Düwell hatte sich den Neutralitätsbestrebungen des Bergarbeiterverbandes während des großen Streiks aufs schärfste widersetzt.

es, die von der Gewerkschaftsarbeit als »Sisyphusarbeit« (nutzlose Arbeit) schrieb; sie überschüttete den Kölner Gewerkschaftskongress und vornehmlich den Kollegen Bömelburg mit gehässigen Urteilen und persönlichen Beleidigungen. Gerade diese Dame ist in Gewerkschaftskreisen bekannt als eine treibende Kraft bei der seit längerer Zeit üblich gewordenen Hetze gegen die selbständige Haltung der Gewerkschaften. *Wo Frau Rosa Luxemburg Einfluss hat, darf die Gewerkschaftsbewegung auf keine sachliche Beurteilung rechnen.* Das soll hiermit frühzeitig genug festgestellt werden, *damit nicht etwa später die freien Gewerkschaften mitverantwortlich gemacht werden für die nunmehr an ›leitende Stelle‹ gerückten ›gewerkschaftlichen‹ Liebhabereien im neuen ›Vorwärts‹.* Die Gewerkschaften sind durch Neubesetzung der ›Vorwärts‹-Redaktion vor den Kopf gestoßen worden.«

Wir wollen nur nebenbei bemerken, dass die obige aufdringliche Stimmungsmache sich ganz ungeniert über den einfachen Umstand hinwegsetzt, dass weder »Herr« Weber noch »Herr« Düwell sich in der Redaktion des »Vorwärts« mit Gewerkschaftsangelegenheiten befassen: der erstere ist verantwortlicher Redakteur, der letztere behandelt die Parteinachrichten und die Frauenbewegung. Doch in der Sache selbst: worauf laufen die Steckbriefe hinaus, die den neuen Redakteuren und Mitarbeitern des »Vorwärts« mitgegeben werden? Darauf, dass sie alle bei dieser oder jener aktuellen Frage an der jeweiligen Taktik der Gewerkschaftsleitungen *Kritik geübt haben*! Weber hatte das Rexhäusersche Blatt nicht für eine Sonne ohne Flecke zu halten gewagt, Düwell hatte sich erfrecht, an der Haltung des Bergarbeiter-Verbandes etwas auszusetzen! Nun mögen die Hetzkundgebungen einzelner Gewerkschaftsführer gegen die Partei an sich so plump sein, wie sie wollen, – ihr Ziel der Entzweiung der Sozialdemokratie und der Gewerkschaften werden sie bei dem gesunden Sinn der großen Masse der organisierten Arbeiter doch nicht erreichen. Aber im Interesse der Gewerkschaften selbst sind solche Offenbarungen der leitenden Geister im höchsten Maße beunruhigend. Kurz ausgedrückt, laufen sie nämlich auf die folgende Lehre hinaus: Jede Kritik an der gegebenen Taktik der leitenden Gewerkschaftsorgane ist verboten, der Zuwiderhandelnde wird auf ewige Zeiten als »Volksfeind« gebrandmarkt. Nun weiß heute nachgerade jeder einigermaßen klassenbewusste Proletarier, dass die freie und offene Kritik, der lebhafte Meinungsaustausch, das rege geistige Leben geradezu die Existenzbedingungen, die Lebensluft für die moderne Arbeiterbewegung sind, sowohl für ihren ökonomischen wie für ihren politischen Teil. Es ist ja gerade der Stolz und die Kulturmission der Sozialdemokratie, diesen Geist der unumschränkten Kritik zum Regulativ und die ständige *Entwicklung* der Kampfweise zur Grundlage des modernen proletarischen Klassenkampfes gemacht zu haben. Das umgekehrte Verfahren, die Verpönung jeder Kritik an der Handlungsweise der »löblichen Behörden« und der »Vorgesetzten« ist der Grundsatz nicht bloß des Scharfmachertums gegenüber den Arbeitern, sondern überhaupt der bürgerlichen Gesellschaft in ihrem Verfall, ein sicheres Symptom der geistigen Dekadenz und der geistigen Barbarei!

Eine prachtvolle Blüte dieser gefährlichen Geistesrichtung enthält auch die obige Attacke der »Bergarbeiter-Zeitung« selbst, und wir wollen sie, ihrer symptomatischen Bedeutung wegen, näher betrachten. Die Genossin Luxemburg wird den Gewerkschaftskreisen als eine gefährliche »Hetzerin« gegen die Gewerkschaften denunziert – aufgrund eines von ihr einmal gebrauchten Ausdruckes von der gewerkschaftlichen »Sisyphusarbeit«, was die »Bergarbeiterzeitung« ungeniert als »nutzlose Arbeit« übersetzt. In welchem Sinne war aber dieser Ausdruck gebraucht? Genossin Luxemburg untersuchte in ihrer Broschüre »Sozialreform oder Revolution« in einer Polemik gegen Bernstein die Funktion der Gewerkschaften im Rahmen der kapitalistischen Wirtschaft und wies nach, dass die objektiv herabdrückende Tendenz dieses Wirtschaftsmechanismus mit der Kraft eines Naturgesetzes das wirtschaftliche Aufstreben der Arbeiterklasse unaufhörlich durchkreuzt. Während der absolute Lohn durch die gewerkschaftliche Aktion gehoben wird, wird der *relative* Lohn, das heißt der Anteil des Arbeiters an dem gesellschaftlichen Reichtum, infolge der wachsenden Produktivität der Arbeit immer geringer. Im Anschluss daran heißt es: *»In den wirtschaftlichen Hauptfunktionen verwandelt sich also der gewerkschaftliche Kampf kraft objektiver Vorgänge in der kapitalistischen Gesellschaft in eine Art Sisyphusarbeit.* Diese Sisyphusarbeit ist allerdings unentbehrlich, soll der Arbeiter überhaupt zu der ihm nach der jeweiligen Marktlage zufallenden Lohnrate kommen, *soll das kapitalistische Lohngesetz verwirklicht und die herabdrückende Tendenz der wirtschaftlichen Entwicklung in ihrer Wirkung paralysiert oder genauer abgeschwächt werden.«* Gedenkt man aber die Gewerkschaften in ein Mittel zur stufenweisen Verkürzung des Profits zugunsten des Arbeitslohnes, d. h. zur allmählichen Aufhebung des kapitalistischen Lohnverhältnisses, zu verwandeln, so sei dies eine Utopie im Sinne der bürgerlichen Vulgärökonomie.

Dies war der Sinn der »Sisyphusarbeit.« Mit anderen Worten: Genossin Luxemburg hat rein objektiv wissenschaftlich ausgeführt, dass die Gewerkschaften nicht imstande seien, den Kapitalismus abzuschaffen. Und diese elementare Feststellung, die die Grundlage geradezu der sozialdemokratischen wie der klassenbewussten gewerkschaftlichen Auffassung bildet, ist in den Augen der »Bergarbeiter-Zeitung« eine Majestätsbeleidigung gegen die Gewerkschaften!

Daraus kann nur zweierlei gefolgert werden:

Entweder ist der »Bergarbeiter-Zeitung« die elementarste Einsicht in das kapitalistische Lohngesetz und die Grundlagen des Lohnsystems unbekannt, – das ist aber schwer anzunehmen, da der Redakteur des Bergarbeiterverbandes doch als Vertreter der *Sozialdemokratie* zu der Reichstagsfraktion zählt.

Oder aber die »Bergarbeiter-Zeitung« hält für nötig, vor den kämpfenden organisierten Arbeitern die wirklichen objektiven Grenzen des Gewerkschaftskampfes einfach zu verheimlichen, sie mit falschen Schmeicheleien in grundlose Illusionen zu wiegen. Dann fragt sich aber, welcher Unterschied noch besteht zwischen dieser Taktik einer Gewerkschaftsleitung, die der Arbeiterschaft im Klassenkampfe vorangehen soll, und dem lobhudelnden Demagogentum bürgerlicher sozialreformerischer Professoren à la Sombart, die die Arbeiterschaft zu nasführen und vom Klassenkampfe abzubringen trachten?

In beiden Fällen wird es aber klar: das ist die Geistesverfassung, aus der heraus jede *Kritik* als ein Verbrechen verpönt wird und die sich ihrerseits in der hermetischen Abschließung von jeder Kritik herausbildet!

Einer solchen gefährlichen Versimpelung der Gewerkschaftskreise wird die Redaktion des »Vorwärts« allerdings nicht Vorschub leisten und sie wird auch fernerhin nicht Lobhudelei, sondern Kritik als ihres Amtes betrachten, unbekümmert um die Hetze dieses oder jenes gekränkten Gewerkschaftsführers.

Nur noch eins möchten wir zum Schluss bemerken: Es ist geradezu rührend, zu sehen, mit welchem Fleiß und Eifer aus verschiedensten Winkeln jetzt Holzscheite zum Scheiterhaufen für die Redakteure des »Vorwärts« von allerlei geschäftigen Weibern herbeigeschleppt werden. Persönlich betrachten wir sie bei diesen edlen Bemühungen mit unerschütterlicher Heiterkeit und nehmen von ihnen Abschied mit einer Goetheschen »zahmen« Xenie:

Wir haben dir Klatsch und Geklatsche gemacht,
Wie schief!
Wir haben dich recht in die Patsche gebracht,
Wie tief!
Wir lachen dich aus!
Nun mach‹ dich heraus!
Ade.
– Und red' ich dawider, so wird das den Klatsch
Nur verschlimmern.

Soll mein liebliches Leben im nichtigen Patsch
Verkümmern?
Schon bin ich heraus:
Ich mach' mir nichts draus!
Ade.

Rosa Luxemburg: Die zwei Methoden der Gewerkschaftspolitik[43]

Die neue *Tarifvereinbarung des Buchdruckerverbandes* scheint äußerlich in gar keinem Zusammenhang mit den Verhandlungen des Mannheimer Parteitages zu stehen, ist ihm aber als ein denkbar drastischer Kommentar auf dem Fuße gefolgt. Die Gewerkschaft der Buchdrucker gilt ja seit langer Zeit in Deutschland als ein Musterbeispiel der Macht und der Erfolge auf wirtschaftlichem Gebiet, die eine proletarische Organisation erreichen könne, wenn sie nur auf dem »positiven Boden« der ausschließlichen Gegenwartsinteressen der Arbeiter stehe und allen »revolutionsromantischen« Lockungen sorgfältig das Gehör verschließe. Der deutsche Buchdruckerverband ist auch in seiner ganzen Geschichte – von der Anerkennung jener bewussten Klausel, die ihm unter dem Sozialistengesetz von der Reaktion aufoktroyiert ward, bis zu der jüngsten Tarifabmachung – die klassische Verkörperung jener Methode der Gewerkschaftspolitik, die Ruhe dem Kampf, Abmachung mit dem Kapital dem Konflikt, politische Neutralität einer offenen Bekennung zur sozialdemokratischen Partei vorzieht und voller Verachtung für revolutionäre »Schwärmerei« ihr Ideal in dem englischen Typus der Trade Unions erblickt. Es währte lange, bis sich die Früchte einer solchen Politik auch für das blödeste Auge sinnenfällig gezeigt haben. Jahrzehntelang schienen der glänzende Kassenstand, die gesicherten Existenzbedingungen, die verhältnismäßig günstigen Arbeitsbedingungen sowie die langdauernde Ruhe im Gewerbe der Methode der Buchdrucker das beste Zeugnis zu geben. Heute erscheint, in der neuen Tarifvereinbarung, mit einem Male die ganze Herrlichkeit zertrümmert. Statt außerordentliche wirtschaftliche Erfolge zu erreichen, haben sich die Buchdrucker bei all ihrer Zähigkeit, Ausdauer, Besonnenheit, Mäßigung, bei all dem glänzenden Stande der Organisation und der Kassen schließlich so unwürdige Bedingungen vom Kapital diktieren lassen, dass ein allgemeiner Entrüstungssturm durch die Reihen der

43 Erschienen in der »Neuen Zeit« am 27. Oktober 1906. Nach Gesammelte Werke Band 4, 1928, S. 253-257

sonst so kaltblütigen Gesellenschaft geht. Will man aber das Fiasko der, sagen wir, *englischen Methode der Gewerkschaftspolitik* in seiner wirklichen Tragweite richtig einschätzen, so muss man die neueste Tarifvereinbarung der deutschen Buchdrucker mit den jüngsten Errungenschaften der *russischen Buchdrucker* vergleichen, die Früchte der jahrzehntelangen friedlichen Organisationsarbeit mit den Ergebnissen eines einzigen Jahres des Revolutionssturmes.

Die Gewerkschaft der Buchdrucker in Russland ist ebenso jungen Datums wie die meisten russischen Gewerkschaften. Die denkwürdige Erhebung des Petersburger Proletariats am 22. Januar 1905 und die darauffolgende Serie gewaltiger Massenstreiks, die sämtliche Industriestädte und in jeder Stadt sämtliche Gewerbe ergriffen hatten, gab den Anstoß zu einem fieberhaften gewerkschaftlichen Kampfe auf allen Gebieten und im Zusammenhang damit auch zum gewerkschaftlichen Zusammenschluss, zur Gründung und zum Ausbau der Gewerkschaften. Mitten im politischen Kampfe, mitten unter Straßenschlachten, unter einem unaufhörlichen Platzregen von Verhaftungen, Gefängnisstrafen, Prozessen, Maßregelungen, mitten unter einer furchtbaren Arbeitslosigkeit und bei häufigen Schlächtereien seitens der Soldateska ging und geht der Ausbau der Gewerkschaften vor sich. In St. Petersburg trat die Gewerkschaft der Buchdrucker am 2. Juli 1905, in Moskau am 31. Oktober, in anderen Städten meistens im Sommer und im Herbst des gleichen Jahres ins Leben. Die Gewerkschaft trug, wie alle anderen in Russland, den Stempel ihrer revolutionären Herkunft deutlich an der Stirne. In ihrem ganzen Wesen und in ihrer Tätigkeit blieb sie ihrer engen geistigen Verwandtschaft mit der Revolution und ihren politischen Aufgaben, der Sozialdemokratie und dem allgemeinen proletarischen Klassencharakter treu. In Moskau war der Generalstreik der Buchdrucker im Oktober 1905 der Ausgangspunkt jenes allgemeinen gewaltigen Massenstreiks, der von Moskau aus über das ganze Zarenreich ging, die Bulyginsche Dumakomödie weggeschwemmt und das Zarenmanifest vom 30. Oktober erzwungen hat. In Petersburg war es die Buchdruckergewerkschaft alsdann, die auf ihren Schultern die eigentlichen Kosten der Durchführung der Pressfreiheit trug, als es nach dem Oktober-Manifest galt, die auf dem Papier zugesagten Verfassungsfreiheiten gewaltsam, auf revolutionärem Wege ins Leben durchzusetzen. Es war eigentlich der Buchdruckerverband, der im Zarenreich die Zensur aus eigener Machtvollkommenheit in der Praxis abgeschafft und sich damit ein unsterbliches Blatt in der Geschichte der Revolution erworben hat. Auch abgesehen davon war und ist die Buchdruckergewerkschaft auf Schritt und Tritt der allgemeinen Aufgaben und Interessen der Revolution und des Proletariats als Klasse eingedenk und stellt sie stets den engeren Interessen ihres Gewerbes voran. So haben die Buchdrucker durch den Boykott reaktionärer Blätter, unter Gefährdung der eigenen materiellen Lage, mehrmals in wirkungsvoller Weise in die politischen Kämpfe eingegriffen. Und jede allgemeine politische Erhebung des Proletariats, jeder revolutionäre und demonstrative Massenstreik wurde von den Buchdruckern in entschlossener Weise durch allgemeine und lokale Generalstreiks unterstützt. Die Buchdrucker in Russland wurden auch gleich anderen tätigen Proletariern und noch mehr gemaßregelt, eingesperrt, manche fielen als Opfer des Straßenkampfes.

Die gewerkschaftliche Politik der russischen Buchdrucker stellt also so ziemlich das direkte Gegenteil derjenigen des deutschen Verbandes dar. Jene ist genauso ein klassisches Stück der verwegensten »Revolutionsromantik«, wie diese ein Typus der englischen sozialen Friedensschwärmerei ist. Wie steht es nun um die wirtschaftlichen Interessen, um die rein gewerkschaftlichen Errungenschaften der revolutionsromantischen russischen Buchdrucker? Bereits im Sommer und im Herbste des Jahres 1905, nach einem halben Jahre stürmischer gewerkschaftlicher Kämpfe, errangen die Buchdrucker einen allgemeinen neunstündigen Arbeitstag – an Stelle des früher üblichen zwölf-, ja 13-stündigen Arbeitstages. Allein damit nicht zufrieden, setzten sie den Kampf unter der sozialdemokratischen Programmparole fort und kämpften um den *Achtstundentag*. Bereits in mehreren Fällen ist ihnen voller Sieg geworden. Und zwar nicht bloß ohne materielle Verluste an Lohnbedingungen, sondern umgekehrt, unter gleichzeitigen starken Lohnerhöhungen. Greifen wir nur einige Beispiele heraus. In der Stadt *Samara* haben die Buchdrucker in sämtlichen Privatdruckereien den Achtstundentag durchgesetzt, zugleich damit die Abschaffung der Geldstrafen, eine bedeutende Erhöhung der Stücklöhne, Verbesserung der Arbeitsräume, regelmäßige Lohnauszahlung, Zusicherung der Hälfte des üblichen Lohnes im Krankheitsfall bis zur Dauer von vier Monaten, endlich volle Lohnauszahlung für die Streiktage, die zu dieser Abmachung geführt hatten. In der Stadt *Orel* errangen die Buchdrucker den Achtstundentag, einen Lohnzuschlag von 20 Prozent, Erhöhung der Akkordlöhne um 100 Prozent und die Schaffung eines paritätischen Einigungsamtes. In *Odessa* im Mai-Juni 1906 setzten die Buchdrucker nach einem Generalstreik den Achtstundentag durch, daneben Lohnerhöhungen von 10 bis 40 Prozent und Abschaffung der Überstunden. In *Jekaterinoslaw* beschloss die Gewerkschaft der Buchdrucker außer dem Achtstundentag als die nächste Aufgabe der Lohnkämpfe die völlige Neuorganisierung der ärztlichen Hilfe für die Gesellen, und zwar so, dass die Verwaltung der Krankenkassen ausschließlich den Arbeitern zugesichert, die Kosten aber ausschließlich dem Unternehmertum auferlegt werden. Im Sommer des laufenden

Jahres war in den meisten Städten des Zarenreiches von dem Buchdruckerverband ein neuer kräftiger Vorstoß gemacht worden, um auf dem Wege der Generalstreiks den Achtstundentag und daneben speziell die Sonntagsruhe auch in den Zeitungsdruckereien durchzusetzen. Die meisten dieser Generalstreiks verliefen ganz oder teilweise siegreich, so dass heute die Sonntagsruhe im Gewerbe so ziemlich vorherrschend und der Achtstundentag zweifellos auf seinem Triumphzug begriffen ist.

Nicht genug damit. Eines der Hauptziele der gewerkschaftlichen Kämpfe im Buchdruckergewerbe wie auf allen anderen Gebieten in Russland ist die Anerkennung der Arbeitervertretung in jeder Werkstatt, der Fabrikausschüsse, durch die der Hausherrnstandpunkt des Unternehmertums gebrochen wird. Die hartnäckigsten und opferreichsten Kämpfe sind – außer um den Achtstundentag – um die Anerkennung dieser Arbeiterdelegierten geführt worden. Und auch darin sind die russischen Buchdrucker in den meisten Fällen siegreich geblieben. Um nur eine Probe anzuführen, wollen wir einige Auszüge aus der Tarifvereinbarung der Moskauer Buchdrucker mit dem Unternehmertum zitieren:

»1. Die Frage darüber, wie die Fabrik zur Wahl der Arbeitervertreter eingeteilt werden soll, wird in der allgemeinen Fabrikversammlung der Arbeiter entschieden. Die allgemeine Versammlung zu diesem Zweck wird auf Wunsch eines Zehntels der beschäftigten Arbeiter einberufen und in Abwesenheit der Fabrikleitung unter einem frei gewählten Vorsitzenden abgehalten.

3. Jede Fabrikabteilung wählt ihre Vertreter, einen für 50 Arbeiter (oder einen Bruchteil davon).

4. Zur aktiven und passiven Teilnahme an den Delegiertenwahlen sind berechtigt alle Arbeiter ohne Unterschied des Geschlechts und der Beschäftigungsdauer vom achtzehnten Lebensjahr an.

8. Die Fabrikleitung hat kein Recht, die gewählten Arbeitervertreter vor dem Ablauf ihrer Amtsdauer (ein Jahr) zu entlassen. Im Falle die Fabrikleitung die Absicht hat, einen Delegierten gleich nach Ablauf seiner Amtsdauer zu entlassen, ist sie verpflichtet, darüber einen Monat vorher der Gesamtheit der Arbeiter Mitteilung zu machen.

9. Die Arbeitervertreter müssen gegen Lohn beschäftigt werden; es steht ihnen frei, von der allgemeinen Arbeitsordnung abzugehen, falls ihre Amtstätigkeit dies erforderlich macht, wofür die Fabrikleitung keine Lohnabzüge machen darf.

10. Die Arbeitervertreter besorgen alle Beziehungen zwischen den Arbeitern und der Fabrikleitung außer in denjenigen Fällen, wo die Vertreter es der Fabrikleitung gestatten, direkt mit der Arbeiterschaft zu verkehren.

11. Die Arbeitervertreter in ihrer Gesamtheit entscheiden die Frage über die Anstellung and Entlassung jedes Arbeiters, nachdem die Fabrikleitung ihnen den Sachverhalt vorgelegt hat. Wenn die Unternehmer mit dem Entscheid der Vertreterkommission unzufrieden sind, können sie an die Generalversammlung der Fabrikarbeiter appellieren.

12. Die Arbeitervertreter bestimmen die Höchstzahl der zulässigen Lehrlinge für jede Abteilung und für die ganze Fabrik.

13. Die Arbeitervertreter überwachen die strikte beiderseitige Einhaltung der letzten Vereinbarung zwischen Arbeitern und der Fabrikleitung.

16. Die Arbeiter sind verpflichtet, ihre Vertreter mit aller Macht zu unterstützen. Im Falle einer Maßregelung müssen sie für dieselben durch Geldunterstützung, Streik, Boykott usw. eintreten.

19. Die Arbeiterdelegierten funktionieren als Vertreter der Fabrik in Beziehung zu anderen Arbeiterorganisationen, sind verpflichtet, mit diesen in engster Fühlung zu bleiben und die Gesamtheit der Arbeiter ihrer Fabrik über den Stand des Arbeiterkampfes in den übrigen Unternehmungen zu informieren.«

Dieses Dokument trägt die Unterschrift der »Moskauer Gewerkschaft der Buchdrucker.« Und nachdem man einen Blick auf dieses Dokument geworfen hat und dann die früher erwähnten Errungenschaften der russischen Buchdrucker in Betracht zieht, ist vielleicht die Frage erlaubt: Wer hat eine größere »wirtschaftliche Macht« erreicht: die Sturmkolonne der russischen »Revolutionsromantiker« oder der deutsche Heerbann der Rexhäuserschen Fahne des sozialen Friedens?

Revolutionen und Revolutionskämpfe lassen sich freilich nicht durch »guten Willen« künstlich in ein Land verpflanzen. Aber die Beispiele und Lehren eines revolutionären Nachbarlandes können doch wenigstens den Glauben an die alleinseligmachende Methode der Leisetreterei erschüttern. Und das sollen sie!

Wladimir I. Lenin: Vorwort zur Broschüre Woinows

Über das Verhältnis der Partei zu den Gewerkschaften[44]

Die Arbeit des Gen. Woinow über die Frage des Verhältnisses der sozialistischen Partei des Proletariats zu den Gewerkschaften kann zu vielen schiefen Deutungen Anlass geben. Das rührt von zwei Ursachen her: Erstens drückt sich der Verfasser im Eifer des Kampfes gegen eine enge und falsche Auffassung des Marxismus, gegen diejenigen, die die neuen Erfordernisse der Arbeiterbewegung nicht berücksichtigen und den Gegenstand nicht unter einem breiteren Gesichtswinkel und gründlicher betrachten wollen, häufig viel zu allgemein aus. Er greift die Orthodoxie – allerdings die Orthodoxie in Anführungszeichen, d. h. die Pseudoorthodoxie – bzw. die deutsche Sozialdemokratie überhaupt dort an, wo sich seine Angriffe im Grunde genommen nur auf die Vulgarisierer der Orthodoxie, nur auf den opportunistischen Flügel der Sozialdemokratie beziehen. Zweitens berücksichtigt der Verfasser, der für den russischen Leser schreibt, viel zu wenig die verschiedenen Nuancen, die sich bei der Behandlung der von ihm untersuchten Fragen auf russischem Boden ergeben. Der Standpunkt des Gen. Woinow ist unendlich weit entfernt von den Auffassungen der russischen Syndikalisten, Menschewiki und Sozialrevolutionäre. Aber der unaufmerksame oder nicht gewissenhafte Leser kann sich leicht einzelne Sätze oder Gedanken Woinows in seinem Sinne zunutze machen, zumal der Verfasser hauptsächlich Franzosen und Italiener unmittelbar vor Augen hatte und sich nicht die Aufgabe stellte, sich von allen und jeglichen russischen Wirrköpfen abzugrenzen.

44 geschrieben im November 1907. Zuerst veröffentlicht 1933 im Lenin-Sammelband XXV. Nach Werke Band 13, Berlin 1963, S. 157-163
Das Vorwort zur Broschüre Woinows (A. W. Lunatscharskis) über das Verhältnis der Partei zu den Gewerkschaften schrieb Lenin im November 1907. Die Broschüre Lunatscharskis ist nicht erschienen. Lenin hatte sich mit ihrem Inhalt anhand des Manuskripts bekannt gemacht:
Das Dokument trägt keine Überschrift Sie stammt vom Institut für Marxismus-Leninismus beim ZK der KPdSU.

Ein Beispiel für solche Wirrköpfe sind die Sozialrevolutionäre. In Nr. 5 des »Snamja Truda« erklären sie mit der üblichen Unverfrorenheit: *»Die sozialistische Internationale hat in Bezug auf die Gewerkschaftsbewegung den Standpunkt gebilligt, den wir (!) stets (!) vertreten haben.«* Betrachten wir den »Sammelband« Nr. 1 (1907), Verlag »Nascha Mysl.« Herr Wiktor Tschernow zieht dort über Kautsky her, *schweigt* aber sowohl über die Mannheimer Resolution als auch über Kautskys Kampf gegen die opportunistischen Verfechter der Neutralität! Kautskys Artikel, über den der Sozialrevolutionäre Streiter herzieht, wurde unmittelbar vor Mannheim45 geschrieben. In Mannheim kämpfte Kautsky gegen die Verfechter der Neutralität. Die Mannheimer Resolution *»reißt in die gewerkschaftliche Neutralität ein bedenkliches Loch«* (Ausspruch Kautskys in einem Artikel über den Mannheimer Parteitag in der »Neuen Zeit«[46] vom 6. Oktober 1906). Und da tritt im *Jahre* 1907 ein Kritiker auf den Plan, der sich als Revolutionär aufspielt, dabei aber Kautsky den *»großen Dogmatiker und Inquisitor des Marxismus«* nennt und ihn – völlig im Einklang mit den opportunistischen Verfechtern der Neutralität! – beschuldigt, er setze die Rolle der Gewerkschaften tendenziös herab, sei bestrebt, sie der Partei »unterzuordnen« usw. Wenn wir dem hinzufügen, dass die Sozialrevolutionäre stets für die Parteilosigkeit der Gewerkschaften eingetreten sind, dass wir noch in Nr. 2 des »Snamja Truda« (vom 12. Juli 1907) im Leitartikel lesen: *»Die Parteipropaganda hat ihren Platz* außerhalb *der Gewerkschaft«*, dann rundet sich für uns das Bild des Revolutionismus der Sozialrevolutionäre ab.

---

45 Gemeint ist der Mannheimer Parteitag der Sozialdemokratischen Partei Deutschlands, der vom 23. bis 29. September 1906 stattfand. Hauptpunkt der Tagesordnung war der politische Massenstreik. Auf dem Parteitag in Jena 1905 war er als wichtigstes Mittel des politischen Kampfes anerkannt worden. In Mannheim wurde dieser Beschluss faktisch wieder aufgehoben, da der Parteitag gegen die opportunistischen Kräfte in den Gewerkschaften nicht entschieden genug auftrat, die zuvor auf dem Kölner Gewerkschaftskongress eine Resolution durchgesetzt hatten, in der selbst die Propagierung des politischen Massenstreiks abgelehnt und die Diskussion über den politischen Massenstreik für verwerflich erklärt wurde. Der Mannheimer Parteitag verurteilte die Haltung der Opportunisten in den Gewerkschaftsleitungen nicht direkt. Er empfahl allen Parteimitgliedern, in die Gewerkschaftsorganisationen, und den Gewerkschaftsmitgliedern, in die Partei einzutreten, damit »die gewerkschaftliche Bewegung von dem Geiste der Sozialdemokratie erfüllt werde.«

46 »Die Neue Zeit« - theoretische Zeitschrift der Sozialdemokratischen Partei Deutschlands, die von 1893 bis 1923 in Stuttgart erschien und bis 1917 von Karl Kautsky redigiert wurde. In der »Neuen Zeit« wurden erstmalig einige Arbeiten von Marx und Engels veröffentlicht. Engels half der Redaktion der Zeitschrift ständig und übte oft Kritik daran, dass sie Abweichungen vom Marxismus in der Zeitschrift zuließ. An der »Neuen Zeit« arbeiteten hervorragende Führer der deutschen und internationalen Arbeiterbewegung mit: August Bebel, Wilhelm Liebknecht, Rosa Luxemburg, Franz Mehring, Clara Zetkin, G. W. Plechanow, Paul Lafargue u. a. Bis Anfang des 20. Jahrhunderts eine marxistische Zeitschrift, ging »Die Neue Zeit« mehr und mehr auf zentristische Positionen über. Während des imperialistischen Weltkriegs 1914-1918 bezog sie einen sozialpazifistischen Standpunkt und unterstützte faktisch die Sozialchauvinisten.

Als Kautsky den Kampf gegen den opportunistischen Neutralismus führte und die Theorie des Marxismus weiterentwickelte, sie vertiefte, dabei die Gewerkschaften nach links drängte, da ließen diese Herrschaften kein gutes Haar an ihm, sie plapperten die Worte der Opportunisten nach und fuhren insgeheim fort, die Parteilosigkeit der Gewerkschaften zu verteidigen. Als *der gleiche Kautsky* die Gewerkschaften noch weiter nach links drängte, als er in Stuttgart die Resolution Beers korrigierte und in dieser Resolution die sozialistischen Aufgaben der Trade-Unions unterstrich, da riefen die Herren Sozialrevolutionäre: Die sozialistische Internationale hat unseren Standpunkt gebilligt!

Es fragt sich, sind solche Methoden der Mitglieder der sozialistischen Internationale würdig? Zeugt eine solche Kritik nicht von Prinzipienlosigkeit und Unverfrorenheit?

Unter den Sozialdemokraten ist der von den Liberalen hochgeschätzte ehemalige Revolutionär Plechanow ein Muster von Unverfrorenheit. Im Vorwort zu der Broschüre »Wir und sie« erklärt er mit beispielloser, unvergleichlicher Selbstzufriedenheit: Die Stuttgarter Resolution (über die Gewerkschaften) mit *meiner Korrektur* nimmt der Londoner Resolution (des Londoner Parteitags der SDAPR) die Bedeutung. Sicherlich werden viele Leser, wenn sie diese Erklärung unseres prächtigen Narziss lesen, glauben, der Kampf in Stuttgart sei eben um diese Korrektur Plechanows geführt worden und überhaupt habe diese Korrektur ernsthafte Bedeutung gehabt.

In Wirklichkeit hatte diese Korrektur (*»man muss immer die Einheitlichkeit des wirtschaftlichen Kampfes im Auge behalten«*) keinerlei ernsthafte Bedeutung, ja, sie berührte in keiner Weise das Wesen der Streitfragen in Stuttgart, das Wesen der Meinungsverschiedenheiten im internationalen Sozialismus.

In Wirklichkeit hat Plechanows Begeisterung für »seine« Korrektur eine sehr vulgäre Bedeutung: die Aufmerksamkeit der Leser von den *wirklich* strittigen Fragen der Gewerkschaftsbewegung abzulenken, sie *irrezuführen*, die Niederlage der Idee des Neutralismus in Stuttgart zu *vertuschen*.

Der Stockholmer Parteitag der SDAPR (1906), auf dem die Menschewiki den Sieg davontrugen, stand auf dem Standpunkt der Neutralität der Gewerkschaften. Der Londoner Parteitag der SDAPR bezog eine andere Position, indem er die Notwendigkeit verkündete, eine enge Annäherung der Gewerkschaften an die Partei anzustreben. Der Stuttgarter Internationale Kongress nahm eine Resolution an, die *»der Neutralität für immer ein Ende macht«*, wie K. Kautsky mit Recht bemerkte[47]. Plechanow ging in die Kommission des Stuttgarter Kon-

47 »Vorwärts«, 1907, Nr. 209, Beilage. Bericht Kautskys vor den Leipziger Arbeitern über den Stutt-

gresses, um die Neutralität zu verteidigen, worüber Woinow ausführlich berichtet. Und Clara Zetkin schreibt im Organ der proletarischen Frauenbewegung Deutschlands »Die Gleichheit«: »*Plechanow* ... suchte mit ziemlich verunglückten Argumenten ... *gegen dieses Prinzip einschränkende Rücksichtsmomente ins Feld zu führen*«[48] (das heißt gegen das Prinzip der größten Annäherung der Gewerkschaften an die Partei).

Somit hat das von Plechanow verteidigte Prinzip der Neutralität Fiasko erlitten. Die deutschen revolutionären Sozialdemokraten bezeichneten seine Argumente als »verunglückt.« Er aber erklärt selbstgefällig: man hat »meine« Korrektur angenommen, die Londoner Resolution verliert ihre Bedeutung...

Ja, ja, dafür aber verliert die Nosdrjowsche[49] Unverfrorenheit des von den Liberalen hochgeschätzten Sozialisten offenbar keineswegs ihre Bedeutung.

Gen. Woinow hat meiner Meinung nach unrecht, wenn er sagt, dass die deutschen Orthodoxen die Idee des Sturms für schädlich halten, dass die Orthodoxie *»mehr oder weniger den Geist des neuen Ökonomismus angenommen hat.«* Von Kautsky kann man das nicht sagen, und Gen. Woinow selbst erkennt die Richtigkeit der Anschauungen Kautskys an. Gen. Woinow, der den Deutschen vorwirft, sie hätten *»zu wenig über die Rolle der Gewerkschaften als Organisatoren der sozialistischen Produktion gesprochen«*, erinnert selbst an anderer Stelle an die Auffassung Liebknechts (des *Vaters*), der diese Rolle mit den prägnantesten Worten anerkannt hat. Gen. Woinow hatte auch keine Veranlassung, Plechanow Glauben zu schenken, wenn dieser behauptete, Bebel habe in seiner Begrüßungsrede *absichtlich* über die russische Revolution geschwiegen, Bebel *wolle nicht* über Russland sprechen. Diese Worte Plechanows waren einfach eine plumpe Narretei des von den Liberalen hochgeschätzten Sozialisten, man hätte sie nicht für einen Augenblick ernst nehmen dürfen, man hätte selbst die Möglichkeit verwerfen müssen, dass diese Worte auch nur ein Körnchen Wahrheit enthalten. Ich meinerseits kann bezeugen, dass während der Rede Bebels van Kol, ein Vertreter des rechten Flügels der Sozialisten, der neben mir im Büro saß, speziell darauf achtete, ob Bebel Russland erwähnen würde. Und kaum hatte Bebel geendet, als sich van Kol an mich wandte und seine Verwunderung ausdrückte, – er zweifelte nicht daran (wie auch kein einziger ernst zu nehmender

garter Kongress Siehe »Kalender für alle für das Jahr 1908«, Verlag »Serno«, S. 173, in meinem Artikel über den Internationalen Sozialistenkongress in Stuttgart.

48 Siehe den gleichen »Kalender für alle«, S. 173, sowie den Sammelband »Wetterleuchten« (St. Petersburg 1907), in dem eine vollständige Übersetzung dieses Artikels aus der »Gleichheit« veröffentlicht wurde.

49 Nosdrjow - Gestalt aus dem Roman »Die toten Seelen« von N. W. Gogol. Der Übers.

Teilnehmer des Kongresses daran zweifelte), dass Bebel Russland *zufällig* vergessen hatte. Fehler können den besten und erfahrensten Rednern unterlaufen. Wenn Gen. Woinow die Vergesslichkeit des alten Bebel als »charakteristisch« bezeichnet, so ist das meiner Meinung nach im höchsten Grade ungerecht. Ebenso ist es völlig ungerecht, allgemein von dem *»heutigen« opportunistischen* Bebel zu sprechen. Für eine solche Verallgemeinerung liegt kein Grund vor.

Um aber keine Missverständnisse aufkommen zu lassen, sage ich gleich, dass, wenn irgendjemand versuchen sollte, diese Äußerung des Gen. Woinow gegen die revolutionären deutschen Sozialdemokraten auszunutzen, dies ein unlauteres Herausgreifen einzelner Worte wäre. Gen. Woinow hat durch seine *ganze* Broschüre hinreichend bewiesen, dass er auf der Seite der deutschen revolutionären Marxisten (wie Kautsky) steht, dass er *gemeinsam mit ihnen* an der Liquidierung alter Vorurteile, opportunistischer Schablonen und kurzsichtiger Selbstzufriedenheit arbeitet. Deshalb war ich auch in Stuttgart in allem Wesentlichen mit Gen. Woinow einverstanden und bin auch jetzt, was den ganzen Charakter seiner revolutionären Kritik anbetrifft, mit ihm einverstanden. Er hat tausendmal recht, wenn er sagt, dass wir jetzt nicht nur bei den Deutschen, sondern auch *am Beispiel* der Deutschen lernen müssen. Nur Ignoranten, die noch nichts bei den Deutschen gelernt haben und deshalb die Anfangsgründe nicht kennen, können hieraus »Differenzen« unter den revolutionären Sozialdemokraten herleiten. Die Fehler der deutschen Führer müssen wir furchtlos und offen kritisieren, wenn wir dem Geist von Marx treu bleiben und den russischen Sozialisten helfen wollen, den gegenwärtigen Aufgaben der Arbeiterbewegung gerecht zu werden. Zweifellos beging Bebel auch in Essen einen Fehler, als er Noske verteidigte, als er auf der Unterscheidung zwischen Verteidigungs- und Angriffskrieg bestand, als er sich gegen die *Methode* des Kampfes der »Radikalen« gegen van Kol wandte, als er (gemeinsam mit Singer) die Erfolglosigkeit und die Unrichtigkeit der Taktik der deutschen Delegation in Stuttgart bestritt. Wir dürfen diese Fehler nicht verbergen, sondern müssen an ihrem Beispiel zeigen, dass die russischen Sozialdemokraten lernen müssen, sie zu vermeiden, dass sie den höheren Anforderungen des revolutionären Marxismus gerecht werden müssen. Die russischen Anarchisten und Syndikalisten, die Liberalen und Sozialrevolutionäre aber mögen sich die Schadenfreude über unsere Kritik an Bebel sparen. Wir werden diesen Herren sagen:

Wohl traf's sich, dass des Adlers Flug
ihn niedriger, als Hühner fliegen, trug,
doch fliegen Hühner nie auf Adlershöh'n!

Vor etwas mehr als zwei Jahren schrieb Herr Struve, der damals für die Revolution eintrat, der damals über die Notwendigkeit offener revolutionärer Aktionen schrieb, der damals versicherte, dass die Revolution zur Macht gelangen müsse – dieser Herr Struve schrieb in Nr. 71 des im Ausland erscheinenden »Oswoboschdenije«[50]: *»Im Vergleich mit dem Revolutionarismus der Herren Lenin und Genossen erscheint der Revolutionierens der westeuropäischen Sozialdemokratie Bebels und sogar Kautskys als Opportunismus.«* Ich antwortete Herrn Struve damals: *»Wo und wann habe ich versucht, in der internationalen Sozialdemokratie eine besondere Richtung ins Leben zu rufen, die mit der Richtung Bebels und Kautskys nicht identisch wäre?«* (»Zwei Taktiken«, S. 50 der russischen Ausgabe.)[51]

Im Sommer 1907 hatte ich Gelegenheit, in der Broschüre zur Frage des Boykotts der dritten Duma darauf hinzuweisen, dass es von Grund auf falsch wäre, Bolschewismus und Boykottismus oder Gewaltanbetung gleichzusetzen.

Jetzt, bei der Behandlung der Gewerkschaftsfrage, gilt es, ebenso entschieden zu betonen, dass der Bolschewismus die Taktik der revolutionären Sozialdemokratie auf allen Gebieten des Kampfes, in allen Tätigkeitsbereichen anwendet. Nicht dadurch unterscheidet sich der Bolschewismus vom Menschewismus, dass er die Arbeit in den Gewerkschaften oder Genossenschaften u. dgl. »verneint«, sondern dadurch, dass er *eine andere Linie* in der Propagandaarbeit, in der Agitation und bei der Organisierung der Arbeiterklasse verfolgt. Die Arbeit in den Gewerkschaften gewinnt jetzt unzweifelhaft größte Bedeutung. Im Gegensatz zum Neutralismus der Menschewiki müssen wir diese Tätigkeit im Sinne der Annäherung der Gewerkschaften an die Partei, im Sinne der Entwicklung des sozialistischen Bewusstseins und des Verständnisses für die revolutionären Aufgaben des Proletariats entfalten. In Westeuropa war der revolutionäre Syndikalismus in vielen Ländern das direkte und unvermeidliche Resultat des Opportunismus, des Reformismus, des parlamentarischen Kretinismus. Bei uns verstärkten die ersten Schritte der »Dumatätigkeit« ebenfalls in gewaltigem Maße den Opportunismus, es kam dahin, dass die Menschewiki vor den Kadetten auf dem Bauche krochen. Plechanow zum Beispiel *vereinigte sich*

50 »Oswoboschdenije« (Die Befreiung) - Halbmonatsschrift, die unter der Redaktion von P. B. Struve vom 18. Juni (1. Juli) 1902 bis 5. (18.) Oktober 1905 in Stuttgart und Paris erschien. Die Zeitschrift war das Organ der russischen liberalen Bourgeoisie und vertrat die Ideen eines gemäßigten monarchistischen Liberalismus. 1903 entstand um die Zeitschrift der »Bund der Befreiung«, der sich im Januar 1904 konstituierte und bis Oktober 1905 existierte. Neben den Semstwo-Konstitutionalisten bildeten die »Oswoboshdenzen« den Kern der konstitutionell-demokratischen Partei (Kadetten), die im Oktober 1905 gegründet wurde.

51 Siehe Werke, Bd. 9, S. 54. Die Red.

in seiner tagtäglichen politischen Arbeit faktisch mit diesen Herrschaften, den Prokopowitsch und Kuskowa. Im Jahre 1900 wetterte er gegen sie wegen ihres Bernsteinianertums, deswegen, weil sie nur das »Hinterteil« des russischen Proletariats betrachten (»Vademecum[52] für die Redaktion des ›Rabotscheje Delo‹«, Genf 1900). In den Jahren 1906/1907 ließen die ersten Stimmzettel Plechanow in den Armen dieser Herrschaften landen, die heute das »Hinterteil« des Liberalismus Russlands betrachten. Der Syndikalismus muss sich, als Reaktion auf das schändliche Treiben »hervorragender« Sozialdemokraten, zwangsläufig auf russischem Boden entwickeln.

Gen. Woinow verfolgt deshalb vollkommen richtig seine Linie, wenn er die russischen Sozialdemokraten aufruft, *am* Beispiel des Opportunismus und *am* Beispiel des Syndikalismus zu lernen. Die revolutionäre Arbeit in den Gewerkschaften, die Verlegung des Schwerpunktes von parlamentarischen Kunststücken auf die Erziehung des Proletariats, auf die Festigung von reinen Klassenorganisationen, auf den außerparlamentarischen Kampf, die Fähigkeit, den Generalstreik wie auch die »Kampfformen des Dezember« in der russischen Revolution anzuwenden (und die Vorbereitung der Massen auf ihre erfolgreiche Anwendung) – alles das tritt gebieterisch in den Vordergrund als Aufgabe der bolschewistischen Richtung. Die Erfahrungen der russischen Revolution erleichtern uns diese Aufgabe gewaltig, geben uns eine Vielzahl wertvollster praktischer Hinweise und liefern eine Menge historischen Materials, das uns ermöglicht, die neuen Methoden des Kampfes, den Massenstreik und die unmittelbare Gewaltanwendung, ganz konkret einzuschätzen. »Neu« sind diese Methoden des Kampfes am wenigsten für die russischen Bolschewiki, für das russische Proletariat. »Neu« sind sie für die Opportunisten, die mit aller Macht bemüht sind, aus dem Gedächtnis der Arbeiter die Erinnerung im Westen an die Kommune, in Russland an den Dezember 1905 zu tilgen. Diese Erinnerungen zu festigen, diese großen Erfahrungen wissenschaftlich zu studieren[53], ihre Lehren und das Bewusstsein der Unvermeidlichkeit der Wiederholung dieser Erfahrungen in neuem Maßstab in den Massen zu verbreiten – diese Aufgabe der revolutionären Sozialdemokraten in Russland eröffnet uns unermesslich in-

52 Wegweiser. Die Red.

53 Es ist natürlich, dass die Kadetten jetzt eifrig die Geschichte der beiden Dumas studieren. Es ist natürlich, dass sie in den Plattheiten und den Verrätereien des Roditschew-Kutlerschen Liberalismus die Perle der Schöpfung sehen. Es ist natürlich, dass sie die Geschichte fälschen, indem sie ihre Verhandlungen mit der Reaktion verschweigen usw. Unnatürlich hingegen ist, dass die Sozialdemokraten nicht eifrig die Zeit von Oktober bis Dezember 1905 studieren, obwohl jeder Tag dieser Periode hundertmal mehr Bedeutung für das Schicksal aller Völker Russlands und der Arbeiterklasse im Besonderen hatte als die Roditschewschen »loyalen« Phrasen in der Duma.

haltsreichere Perspektiven als der einseitige »Anti-Opportunismus« und »Antiparlamentarismus« der Syndikalisten.

Gegen den Syndikalismus als besondere Strömung erhebt Gen. Woinow vier Beschuldigungen (S. 19 und folgende seiner Broschüre), die mit aller Deutlichkeit dessen Unsinnigkeit veranschaulichen: 1. die »anarchistische Zersplitterung der Organisation«; 2. Nervenaufpeitschung der Arbeiter an Stelle der Schaffung einer starken »Festung der Klassenorganisation« 3. die kleinbürgerlich-individualistischen Züge des Ideals und der Proudhonschen Theorie; 4. die absurde »Abneigung gegen Politik.«

Hier besteht eine nicht geringe Ähnlichkeit mit dem alten »Ökonomismus« unter den russischen Sozialdemokraten. Ich bin deshalb, was die »Versöhnung« der Ökonomisten, die zum Syndikalismus übergegangen sind, mit der revolutionären Sozialdemokratie anbelangt, nicht so optimistisch wie Gen. Woinow. Ich bin ferner der Meinung, dass die Projekte des Gen. Woinow betreffs eines »Generalrats der Arbeiter« in der Rolle eines Oberschiedsrichters, eines Rates, an dem auch die Sozialrevolutionäre beteiligt wären, keinerlei praktischen Sinn haben. Das hieße »Zukunftsmusik« und Organisationsformen der Gegenwart durcheinanderbringen. Aber ich fürchte nicht im geringsten die Perspektive des Gen. Woinow: *»Unterordnung der politischen Organisationen unter die soziale Klassenorganisation« ... »erst dann* (ich zitiere weiter Gen. Woinow und unterstreiche die wesentlichen Worte*), wenn... alle Gewerkschafter Sozialisten geworden sind.«* Der Klasseninstinkt der proletarischen Masse hat in Russland schon jetzt begonnen, sich mit voller Kraft zu offenbaren. Schon jetzt ist dieser Instinkt der Klasse eine mächtige Garantie sowohl gegen die kleinbürgerliche Verschwommenheit der Sozialrevolutionäre als auch gegen die Kriecherei der Menschewiki vor den Kadetten. Schon jetzt können wir mit voller Überzeugung sagen, dass die *proletarische* Massenorganisation in Russland (wenn sie sich herausbildet – und insofern sie sich für kurze Zeit zum Beispiel bei Wahlen, Streiks, Demonstrationen usw. herausbildet – *ganz sicher* dem Bolschewismus, der revolutionären Sozialdemokratie am nächsten stehen wird.

In dem Abenteuer des »Arbeiterkongresses« sieht Gen. Woinow mit Recht ein »unseriöses« Unterfangen. Wir werden verstärkt in den Gewerkschaften arbeiten, wir werden auf *allen* Gebieten arbeiten, um die revolutionäre Theorie des Marxismus im Proletariat zu verbreiten und die »Festung« der Klassenorganisation zu schaffen. Alles übrige wird sich ergeben.

Wladimir I. Lenin: Neutralität der Gewerkschaften[54]

In der vorigen Nummer des »Proletari« veröffentlichten wir die Resolution des ZK unserer Partei über die Gewerkschaften[55]. »Nasch Wek«[56] schloss an die Mitteilung über diese Resolution die Bemerkung an, sie sei vom ZK einstimmig angenommen worden, da die Menschewiki mit Rücksicht auf die Zugeständnisse, die sie im Vergleich mit dem ursprünglichen bolschewistischen Entwurf aufweist, für sie gestimmt hätten. Ist diese Mitteilung richtig (die verblichene Zeitung »Nasch Wek« war meist über alles, was den Menschewismus betrifft, ausgezeichnet unterrichtet), so bleibt uns nur übrig, diesen großen Schritt zur Vereinigung der sozialdemokratischen Arbeit auf einem so wichtigen Gebiet, wie es die Gewerkschaften sind, von ganzem Herzen zu begrüßen. Die Zugeständnisse, von denen »Nasch Wek« sprach, sind ganz unbedeutend und ändern nichts an den grundlegenden Prinzipien des bolschewistischen Entwurfs (der übrigens in Nr. 17 des »Proletari« vom 20. Oktober 1907 zusammen mit einem umfangreichen, ihn näher begründenden Aufsatz »Die Gewerkschaften und die Sozialdemokratische Partei« abgedruckt ist).

Unsere ganze Partei hat also nunmehr anerkannt, dass die Arbeit in den Gewerkschaften nicht im Geiste der Neutralität der Gewerkschaften, sondern im Geiste ihrer größtmöglichen Annäherung an die Sozialdemokratische Partei zu

---

54 »Proletari« Nr. 22, 19. Februar (3. März) 1908. Nach Werke Band 13, Berlin 1963, S. 50-52
Lenins Artikel »Neutralität der Gewerkschaften« wurde, geringfügig gekürzt, mit der Unterschrift Wl. Iljin in dem Sammelband »Die Zeichen der Zeit« (St. Petersburg 1908, Verlag »Twortschestwo« [Das Schaffen]) veröffentlicht.

55 Die Resolution des ZK der SDAPR über die Gewerkschaften wurde in Nr. 21 des »Proletari« vom 13. (26.) Februar 1908 veröffentlicht.
Den Parteimitgliedern wurde empfohlen, innerhalb der Gewerkschaftsorganisationen Parteigruppen zu bilden und in ihnen unter der Leitung der lokalen Parteizentren zu arbeiten. In Fällen, wo die Verfolgungen durch die Polizei es unmöglich machten, eine Gewerkschaftsorganisation zu gründen oder wiederaufzubauen, empfahl das ZK, illegal Gewerkschaftszellen und Gewerkschaften zu schaffen.

56 »Nasch Wek« (Unser Jahrhundert) – Zeitung; populäre Ausgabe des Organs der linken Kadetten »Towarischtsch«; erschien von 1905 bis 1908 in Petersburg.

leisten ist. Ebenso wurde auch anerkannt, dass die Parteilichkeit der Gewerkschaften ausschließlich durch die Arbeit der Sozialdemokraten innerhalb der Gewerkschaften erreicht werden muss, dass die Sozialdemokraten festgefügte Zellen in den Gewerkschaften bilden sollen und dass illegale Gewerkschaften zu gründen sind, wenn legale unmöglich sind.

Es steht außer Zweifel, dass auf diese Annäherung beider Fraktionen unserer Partei in der Frage des Charakters der Arbeit in den Gewerkschaften Stuttgart den stärksten Einfluss ausgeübt hat. Die Resolution des Stuttgarter Kongresses macht, wie Kautsky in seinem Bericht vor den Leipziger Arbeitern feststellte, der prinzipiellen Anerkennung der Neutralität ein Ende. Der hohe Grad der Entwicklung der Klassengegensätze, ihre in letzter Zeit in allen Ländern eingetretene Verschärfung, die langjährigen Erfahrungen Deutschlands – wo die Neutralitätspolitik ein Erstarken des Opportunismus in den Gewerkschaften zur Folge gehabt, die Entstehung besonderer christlicher und liberaler Gewerkschaftsverbände aber in keiner Weise verhindert hat –, die Erweiterung jenes besonderen Gebiets des proletarischen Kampfes, das ein gemeinsames und einmütiges Vorgehen von Gewerkschaften und politischer Partei verlangt (Massenstreik und bewaffneter Aufstand in der russischen Revolution als Vorbild der wahrscheinlichen Formen der proletarischen Revolution im Westen) – dies alles hat der Neutralitätstheorie endgültig den Boden entzogen.

Unter den proletarischen Parteien dürfte die Neutralitätsfrage nunmehr keine besonders heftigen Diskussionen hervorrufen. Anders steht es mit den nichtproletarischen quasisozialistischen Parteien vom Schlage unserer Sozialrevolutionäre, die in Wirklichkeit nichts anderes sind als der äußerste linke Flügel einer revolutionär-bürgerlichen Partei von Intellektuellen und fortgeschrittenen Bauern.

Es ist äußerst charakteristisch, dass bei uns nach dem Stuttgarter Kongress nur die Sozialrevolutionäre und Plechanow als Verfechter der *Idee* der Neutralität aufgetreten sind. Und sie taten es ohne jeden Erfolg.

In der letzten Nummer des Zentralorgans der Partei der Sozialrevolutionäre »Snamja Truda« (Nr. 8, Dezember 1907) finden wir zwei Aufsätze, die sich mit der Gewerkschaftsbewegung befassen. Dort versuchen die Sozialrevolutionäre zunächst, sich über die Erklärung der sozialdemokratischen Zeitung »Wperjod«[57] lustig zu machen, die Stuttgarter Resolution habe die Frage der Beziehung

57 »Wperjod« (Vorwärts) – bolschewistische Massenzeitung der Arbeiter, die - von Lenin geleitet wurde. Sie wurde vom 10. (23.) September 1906 bis 19. Januar (1. Februar) 1908 von der Redaktion des »Proletari« illegal in Wiborg herausgegeben. Es erschienen 20 Nummern. Von Nr. 2 an erschien der »Wperjod« als Organ lokaler Komitees der SDAPR: Nr.2 als Organ des Moskauer und

zwischen Partei und Gewerkschaften, wie es auch die Londoner Resolution andeutete, im Geiste des Bolschewismus gelöst. Wir erwidern darauf, dass die Sozialrevolutionäre selber in der gleichen Nummer des »Snamja Truda« Tatsachen anführen, die die Richtigkeit gerade einer solchen Einschätzung unwiderleglich beweisen.

> »*In derselben Zeit*«, schreibt »Snamja Truda« über den Herbst 1905 – und das ist eine charakteristische Tatsache, »*treten die drei russischen sozialistischen Fraktionen – die menschewistischen Sozialdemokraten, die bolschewistischen Sozialdemokraten und die Sozialrevolutionäre – zum ersten Mal einander offen mit der Darlegung ihrer Ansichten über die Gewerkschaftsbewegung gegenüber. Das Moskauer Büro, das beauftragt war, aus seiner Mitte auch ein Zentralbüro für die Einberufung des Kongresses (der Gewerkschaften) einzusetzen, organisierte eine große Versammlung gewerkschaftlich organisierter Arbeiter im Theater Olympia‹.*[58] *Die Menschewiki vertraten den Standpunkt einer klassisch-marxistischen, streng orthodoxen Scheidung der Ziele von Partei und Gewerkschaften. ›Aufgabe der Sozialdemokratischen Partei ist die Errichtung der sozialistischen Ordnung und Beseitigung der kapitalistischen Verhältnisse; Aufgabe der Gewerkschaften ist die Verbesserung der Arbeitsbedingungen innerhalb der kapitalistischen Ordnung, um im Interesse der Arbeiter vorteilhafte Bedingungen für den Verkauf ihrer Arbeitskraft zu erreichen‹; hieraus wurde die Forderung der Parteilosigkeit der Gewerkschaften und der Erfassung ›aller Arbeiter des betreffenden Berufs‹ durch die Gewerkschaften abgeleitet.*[59]
>
> *Die Bolschewiki wiesen nach, es könne heute keine strenge Scheidung von Politik und Beruf durchgeführt werden, und folgerten daraus, dass ‚zwischen der Sozialdemokratischen Partei und den Gewerkschaften, die sie anzuleiten hat, größte Einmütigkeit bestehen muss‘. Die Sozialrevolutionäre schließlich*

des Petersburger Komitees sowie des Moskauer Bezirkskomitees, – die Nummern 3-7 als Organ des Moskauer und des Petersburger Komitees, des Moskauer Bezirkskomitees sowie der Komitees von Perm und Kursk; die Nummern 8-19 außerdem als Organ des Kasaner Komitees. In der letzten Nummer (Nr. 20) des »Wperjod« wurde statt der Komitees von Perm und Kasan das Gebietskomitee des Urals genannt.

58 Die Versammlung war von etwa 1500 Personen besucht. Bericht siehe im »Bulletin des Museums zur Förderung der Arbeit« Nr. 2 vom 26. November 1905. (Zitat »Snamja Truda.«)

59 Man muss jedoch feststellen, dass diese »Parteilosigkeit« von den Herren Menschewiki recht eigenartig aufgefasst wurde; so illustrierte zum Beispiel ihr Referent seine Thesen folgendermaßen: »*Eine richtige Lösung der Frage der Parteilichkeit der Gewerkschaften wurde im Moskauer Buchdruckerverband gefunden; dieser schlug den Genossen vor, einzeln der Sozialdemokratischen Partei beizutreten.*« (Anmerkung des »Snamja Truda.«)

verlangten strenge Parteilosigkeit der Gewerkschaften, um eine Spaltung des Proletariats zu vermeiden, lehnten jedoch jede Beschränkung der Aufgaben und der Tätigkeit der Gewerkschaften auf ein enges Gebiet ab und formulierten diese Aufgabe als Kampf gegen das Kapital in seinem ganzen Umfang, d. h. sowohl als wirtschaftlichen wie auch als politischen Kampf.«

So schildert »Snamja Truda« selber die Tatsachen! Nur ein blinder oder total denkunfähiger Mensch kann in Abrede stellen, dass gerade derjenige dieser drei Standpunkte, der die größte Einmütigkeit zwischen Sozialdemokratischer Partei und Gewerkschaften verlangt, *»von der Stuttgarter Resolution bestätigt wird, die innige Beziehungen zwischen Partei und Gewerkschaften empfiehlt.«*[60]

Um diese überaus klare Frage zu verwirren, haben die Sozialrevolutionäre in lächerlicher Weise Selbständigkeit der Gewerkschaften im wirtschaftlichen Kampf mit Parteilosigkeit der Gewerkschaften verwechselt. *»Der Stuttgarter Kongress«*, so schreiben sie, *»sprach sich mit aller Bestimmtheit auch für die Selbständigkeit (Parteilosigkeit) der Gewerkschaften aus, das heißt, er lehnte sowohl den Standpunkt der Bolschewiki als auch den der Menschewiki ab.«* Dies wird aus folgenden Worten der Stuttgarter Resolution gefolgert: *»Jede der beiden Organisationen (Partei und Gewerkschaft) hat ein durch ihre Natur bestimmtes eigentümliches Gebiet, auf dem sie ihre Aktion vollständig selbständig zu bestimmen hat. Daneben aber gibt es ein stets wachsendes Gebiet«* – usw., wie oben angeführt. Da haben sich also wahre Käuze gefunden, die diese Forderung nach *»Selbständigkeit«* der Gewerkschaften auf dem *»durch ihre Natur bestimmten eigentümlichen Gebiet«* mit der Frage: Parteilosigkeit der Gewerkschaften oder größtmögliche Annäherung an die Partei auf dem Gebiete der Politik und der Aufgaben der sozialistischen Revolution *verwechselt haben*!

Auf diese Weise haben unsere Sozialrevolutionäre die grundlegende prinzipielle Frage gänzlich vertuscht, wie nämlich die Theorie der »Neutralität«, die in Wirklichkeit der Festigung des bürgerlichen Einflusses auf das Proletariat dient, zu beurteilen ist. Statt von dieser prinzipiellen Frage auszugehen, zogen sie es vor, nur von den spezifischen Verhältnissen in Russland, wo es mehrere sozialistische Parteien gibt, zu reden und dabei die Vorgänge in Stuttgart in ein *falsches* Licht zu rücken. *»Man kann sich hier nicht auf die Unklarheit der Stuttgarter Resolution berufen«*, schreibt »Snamja Truda«, *»denn jede etwaige Unklarheit und jeder Zweifel ist von Herrn Plechanow beseitigt worden, der auf dem Internationalen Kongress als offizieller Vertreter der Partei sprach; und vorläufig liegt noch keine Erklärung des*

60 Die Menschewiki vertraten im November 1905 nicht orthodoxe, sondern *vulgäre* Auffassungen der Neutralität – mögen die Herren Sozialrevolutionäre daran denken!

sozialdemokratischen Zentralkomitees darüber vor, dass ›ein solches Auftreten des Genossen Plechanow die Reihen der einheitlichen Partei desorganisiert‹...«

Ihr Herren Sozialrevolutionäre! Natürlich steht euch das Recht zu, darüber zu witzeln, dass unser ZK Plechanow zur Ordnung gerufen hat. Ihr habt das Recht zu glauben, man könne zum Beispiel eine Partei achten, die die Kadettenliebe des Herrn Gerschuni offiziell *nicht verurteilt*. Aber wozu direkte Unwahrheiten sagen? Plechanow war auf dem Stuttgarter Kongress nicht der Vertreter der sozialdemokratischen Partei, sondern nur einer ihrer 33 Delegierten. Und er vertrat nicht die Auffassungen der sozialdemokratischen Partei, sondern die der heutigen menschewistischen Opposition gegen die sozialdemokratische Partei und ihre Londoner Beschlüsse. Die Sozialrevolutionäre müssen das wissen und sagen also *vorsätzlich* die Unwahrheit.

> *»In der Kommission, die die Frage der Beziehungen zwischen Gewerkschaften und politischer Partei erörterte, sagte er (Plechanow) wörtlich folgendes: ›In Russland gibt es 11 revolutionäre Organisationen – mit welcher sollen die Gewerkschaften in Verbindung treten? ... Das Hineintragen von politischen Differenzen in die Gewerkschaften würde in Russland nicht förderlich sein.‹ Darauf erklärten* alle *Kommissionsmitglieder* einstimmig, *dass die Kongressresolution nicht in diesem Sinne aufzufassen sei und dass ›damit nicht die Verpflichtung der gewerkschaftlich organisierten Arbeiter ausgesprochen sein solle, der Sozialdemokratie anzugehören‹, das heißt, sie verlangten, wie es auch in der Resolution heißt, ›volle Selbständigkeit‹ der Gewerkschaften.«* (Hervorhebungen vom »Snamja Truda.«)

Nein, so war es nicht, ihr Herren vom »Snamja Truda«! In der Kommission fragte ein *belgischer* Genosse, ob man Gewerkschaftsmitglieder zum Eintritt in die sozialdemokratische Partei verpflichten könne, und *alle* antworteten ihm, dass man das nicht dürfe. Anderseits aber stellte Plechanow einen Abänderungsantrag zur Resolution: »*Dabei ist die Einheitlichkeit der Gewerkschaftsorganisation im Auge zu behalten.*« Dieser Antrag wurde angenommen, aber nicht einstimmig (Gen. Woinow, der die Auffassungen der SDAPR vertrat, stimmte für diesen Antrag – und das war unserer Meinung nach richtig). So lagen die Dinge in Wirklichkeit.

Die Sozialdemokraten dürfen die Einheitlichkeit der Gewerkschaftsorganisation niemals aus dem Auge lassen. Das ist durchaus richtig. Dies gilt aber auch für die Sozialrevolutionäre, und wir fordern sie auf, über diese »Einheitlichkeit der Gewerkschaftsorganisation« nachzudenken, wenn diese ihre enge Verbindung mit der Sozialdemokratie proklamieren wird! Niemand hat je daran gedacht, die Gewerkschaftsmitglieder zum Eintritt in die sozialdemokratische Partei zu »verpflichten«: das haben die Sozialrevolutionäre vor lauter Angst geträumt. Es ist aber ein Märchen, wenn es heißt, der Stuttgarter Kongress habe den Gewerkschaften verboten, ihre enge Verbindung mit der sozialdemokratischen Partei zu verkünden und eine solche Verbindung zu verwirklichen.

»Die russischen Sozialdemokraten«, schreibt »Snamja Truda«, *»entfalten eine überaus energische und unermüdliche Kampagne für die Eroberung der Gewerkschaften, für die Unterordnung der Gewerkschaften unter ihre Führung als Partei. Die Bolschewiki tun es offen und unverhohlen…, die Menschewiki mehr auf Umwegen…«* Sehr richtig, ihr Herren Sozialrevolutionäre! Um des Ansehens der Arbeiterinternationale willen seid ihr berechtigt, von uns zu verlangen, dass wir diese Kampagne taktvoll und klug durchführen und dabei »die Einheitlichkeit der Gewerkschaftsorganisation im Auge behalten.« Das wollen wir gern anerkennen und verlangen von euch die gleiche Anerkennung, doch auf die Kampagne verzichten wir nicht!

Aber Plechanow hat doch gesagt, es wäre schädlich, politische Differenzen in die Gewerkschaften hineinzutragen… Jawohl, Plechanow hat diese Dummheit gesagt, und natürlich mussten sich die Herren Sozialrevolutionäre an sie klammern, wie sie sich stets an alles klammern, was am wenigsten Nachahmung verdient. Maßgebend sind aber nicht die Worte Plechanows, sondern ist die Kongressresolution, deren Anwendung ohne »Hineintragen politischer Differenzen« *unmöglich* ist. Hier ein kleines Beispiel. Die Kongressresolution besagt, die Gewerkschaften dürfen sich nicht von der »Theorie der Interessenharmonie zwischen Arbeit und Kapital« leiten lassen. Wir Sozialdemokraten behaupten, dass ein Agrarprogramm, das in der bürgerlichen Gesellschaft eine ausgleichende Bodenverteilung verlangt, auf der Theorie der Interessenharmonie zwischen Arbeit und Kapital fußt.61 Wir werden stets dagegen sein, wegen einer solchen Differenz (oder selbst wegen der Differenzen mit monarchistisch gesinnten Arbeitern) die Geschlossenheit eines Streiks usw. zu verletzen, doch wir werden diese Differenzen stets in die Reihen der Arbeiterschaft überhaupt und in *alle* Arbeitergewerkschaften insbesondere »hineintragen.«

---

61 Selbst einige Sozialrevolutionäre haben dies nunmehr begriffen und somit einen entscheidenden Schritt zum Marxismus getan. Siehe das sehr interessante neue Buch der Herren Firsow und Jakobi, über das wir uns nächstens mit den Lesern des »Proletari« eingehend unterhalten werden. [Das Buch D. Firsows (D. Rosenblums) und M, Jakobis (M. Gendelmans) »Zur Revision des Agrarprogramms und zu seiner Begründung« erschien im Verlag »Ära«, Moskau 1908. Das Buch wurde beschlagnahmt. Die von Lenin angekündigte Besprechung des Buches im »Proletari« erschien nicht.]

Ebenso unklug ist die Berufung Plechanows auf die 11 Parteien. Erstens gibt es nicht nur in Russland verschiedene sozialistische Parteien. Zweitens kommen in Russland nur zwei sozialistische Parteien – Sozialdemokraten und Sozialrevolutionäre – als einigermaßen ernstliche Konkurrenten in Betracht, denn die nationalen Parteien mit ihnen in einen Topf zu werfen, ist ganz widersinnig. Drittens ist die Vereinigung wahrhaft sozialistischer Parteien ganz und gar eine Frage für sich; dadurch, dass er sie heranzieht, verwirrt Plechanow nur die Sache. Wir müssen immer und überall die Annäherung der Gewerkschaften an die sozialistische Partei der Arbeiterklasse verfechten; welche Partei aber in dem einen oder anderen Lande, bei der einen oder anderen Nation eine wirklich sozialistische Partei und eine wirkliche Partei der Arbeiterklasse ist – das ist eine Frage für sich, die nicht durch Resolutionen internationaler Kongresse, sondern durch den Verlauf des Kampfes zwischen den nationalen Parteien entschieden wird.

Wie falsch die Argumentation des Gen. Plechanow in dieser Frage ist, zeigt besonders sinnfällig sein Aufsatz in Heft 12 des »Sowremenny Mir«[62], Jahrgang 1907. Auf S. 55 zitiert Plechanow den Hinweis Lunatscharskis, dass die deutschen Revisionisten die Neutralität der Gewerkschaften verfechten. Plechanow erwidert darauf: *»Die Revisionisten sagen: die Gewerkschaften müssen neutral sein, meinen aber damit: die Gewerkschaften müssen zum Kampf gegen den orthodoxen Marxismus ausgenutzt werden.«* Und er schließt: *»Die Beseitigung der Neutralität der Gewerkschaften wird hier nichts nützen. Selbst wenn wir die Gewerkschaften in enge formelle Abhängigkeit von der Partei bringen, in der Partei aber die ›Ideologie‹ der Revisionisten triumphiert, so wird die Beseitigung der Neutralität der Gewerkschaften nur ein neuer Sieg der ›Marxkritiker‹ sein.«*

Diese Argumentation ist ein Musterbeispiel des bei Plechanow so beliebten Verfahrens, der Frage auszuweichen und den Kern des Streites zu vertuschen. Triumphiert in der Partei tatsächlich die Ideologie der Revisionisten, so ist sie keine sozialistische Partei der Arbeiterklasse mehr. Es handelt sich gar nicht darum, wie diese Partei entsteht, zu welchen Kämpfen und Spaltungen es dabei kommt. Es handelt sich darum, dass es in jedem kapitalistischen Land eine sozialistische Partei und Gewerkschaften gibt, und unsere Aufgabe ist es, die grundlegenden Beziehungen zwischen ihnen zu bestimmen. Die Klasseninteressen

62 »Sowremenny Mir« (Die Welt der Gegenwart) - Monatsschrift für Literatur, Wissenschaft und Politik, die von Oktober 1906 bis 1908 in Petersburg erschien. Die engsten Mitarbeiter der Zeitschrift waren Menschewiki. In der Periode des Blocks der Bolschewiki mit den parteitreuen Menschewiki arbeiteten am »Sowremenny Mir« auch Bolschewiki mit. Ab 1914 wurde die Zeitschrift zum Sprachrohr der Sozialchauvinisten.

der Bourgeoisie führen unvermeidlich zu dem Bestreben, die Gewerkschaften auf eine eng begrenzte Kleinarbeit auf dem Boden der bestehenden Ordnung zu beschränken, sie von jeder Verbindung mit dem Sozialismus fernzuhalten, und die Neutralitätstheorie ist das ideologische Gewand dieser bürgerlichen Bestrebungen. Die Revisionisten innerhalb der sozialdemokratischen Parteien werden es immer verstehen, sich in der kapitalistischen Gesellschaft auf irgendeine Art einen Weg zu bahnen.

Gewiss, zu Beginn der politischen und der gewerkschaftlichen Arbeiterbewegung in Europa konnte man für die Neutralität der Gewerkschaften eintreten und darin ein Mittel zur Erweiterung der ursprünglichen Basis des proletarischen Kampfes in einer Zeit sehen, da er verhältnismäßig noch wenig entwickelt und eine systematische Einwirkung der Bourgeoisie auf die Gewerkschaften noch nicht vorhanden war. Heute aber ist es vom Standpunkt der internationalen Sozialdemokratie ganz und gar unangebracht, die Neutralität der Gewerkschaften zu verfechten. Man kann nur lächeln, wenn man die Beteuerungen Plechanows liest, dass *»Marx auch heute in Deutschland für die Neutralität der Gewerkschaften eintreten würde«*, besonders wenn ein solches Argument auf der einseitigen Auslegung eines einzelnen Marx-»Zitates« beruht und dabei die Gesamtheit der Erklärungen von Marx und der ganze Geist seiner Lehre ignoriert werden.

»Ich bin für die Neutralität im Bebelschen, nicht im revisionistischen Sinne«, schreibt Plechanow. So reden, heißt auf Bebel schwören und doch zugleich in den Sumpf hinein waten. Zweifellos ist Bebel eine so bedeutende Autorität in der internationalen proletarischen Bewegung, ein so erfahrener praktischer Führer, ein Sozialist von so feinem Gefühl für die Erfordernisse des revolutionären Kampfes, dass er in 99 von 100 Fällen sich selber aus dem Sumpf zu helfen vermochte, wenn er hie und da einen falschen Schritt getan hatte, dass er diejenigen herauszog, die ihm folgten. Bebel beging Fehler sowohl in Breslau (1895), wo er zusammen mit Vollmar das Agrarprogramm der Revisionisten verteidigte, als auch seinerzeit (in Essen), da er auf der prinzipiellen Unterscheidung zwischen Verteidigungs- und Angriffskrieg bestand, wie auch dann, als er bereit war, die »Neutralität« der Gewerkschaften zum Prinzip zu erheben. Wir glauben gern, wenn Plechanow nur in Bebels Gesellschaft in den Sumpf geraten sollte, so wird dies nicht oft und nicht für lange geschehen. Doch meinen wir, man sollte Bebel nicht gerade dann nacheifern, wenn er Fehler begeht.

Man sagt – und Plechanow betont es ganz besonders – Neutralität sei notwendig, um alle Arbeiter zusammenzuschließen, die zu der Einsicht gelangen, dass es erforderlich ist, ihre materielle Lage zu verbessern. Die so reden, vergessen jedoch, dass die gegenwärtige Entwicklungsstufe der Klassengegensätze selbst in die Frage, wie diese Verbesserung im Rahmen der heutigen Gesellschaft angestrebt werden soll, unvermeidlich und unabwendbar »politische Differenzen« hineinträgt. Eine unausbleibliche Folge der Neutralitätstheorie, zum Unterschied von der Theorie der Notwendigkeit einer engen Verbindung zwischen Gewerkschaften und revolutionärer Sozialdemokratie, ist, dass man zu dieser Verbesserung solche Mittel bevorzugt, die eine Abschwächung des Klassenkampfes des Proletariats bedeuten. Ein anschauliches Beispiel dafür (verbunden übrigens mit der Einschätzung einer der interessantesten Episoden der Arbeiterbewegung aus jüngster Zeit) gibt *dasselbe* Heft des »Sowremenny Mir«, in dem Plechanow die Neutralität verficht. Neben Plechanow sehen wir hier Herrn E. P., wie er den bekannten Führer der englischen Eisenbahner Richard Bell preist, der den Konflikt zwischen den Arbeitern und den Direktoren der Eisenbahngesellschaften mit einem Kompromiss beendet hat. Bell wird zur *»Seele der ganzen Eisenbahnerbewegung«* erklärt. *»Es steht außer jedem Zweifel«*, schreibt Herr E. P., *»dass Bell dank seiner ruhigen, wohlüberlegten und konsequenten Taktik das unbedingte Vertrauen des Eisenbahnerverbandes erworben hat, dessen Mitglieder ohne Zögern bereit sind, ihm überallhin zu folgen.«* (»Sowremenny Mir« Nr. 12, S. 75.) Dieser Standpunkt ist kein Zufall, sondern hängt im Wesen der Sache mit dem Neutralismus zusammen, der den Zusammenschluss der Arbeiter zur Verbesserung ihrer Lage in den Vordergrund stellt und nicht den Zusammenschluss zu einem Kampf, der der Befreiung des Proletariats dienlich wäre.

Doch dieser Standpunkt entspricht in keiner Weise den Auffassungen der englischen Sozialisten, die sicherlich sehr erstaunt wären, wenn sie erführen, dass die Lobsänger Beils, ohne auf Widerspruch zu stoßen, für die gleiche Zeitschrift schreiben wie prominente Menschewiki vom Schlage Plechanows, Jordanskis und Co.

Die englische sozialdemokratische Zeitung »Justice« schrieb am 16. November in ihrem Leitartikel über das Abkommen Bells mit den Eisenbahngesellschaften: *»Mit der fast allgemeinen trade-unionistischen Verurteilung dieses sogenannten Friedensvertrages sind wir vollständig einverstanden... Er zerstört ganz und gar den eigentlichen Sinn der Existenz der Gewerkschaft... Dieses absurde Abkommen... kann die Arbeiter nicht binden, und sie werden gut daran tun, es abzulehnen.«* In der nächsten Nummer, vom 23. November, schrieb Burnett über dieses Abkommen in einem Artikel mit der Überschrift »Wieder verraten!«:

»Vor drei Wochen war der Vereinigte Eisenbahnerverband eine der mächtigsten Gewerkschaften Englands; jetzt aber ist er auf das Niveau eines Unterstützungsvereins hinab gedrückt [...] Und diese Veränderung wurde nicht etwa dadurch herbeigeführt, dass die Eisenbahner gekämpft und eine Niederlage erlitten hätten, sondern dadurch, dass ihre Führer sie, vorsätzlich oder aus Beschränktheit, an die Kapitalisten verkauft haben, noch ehe der Kampf begonnen hatte.« Und die Redaktion der Zeitung fügt hinzu, sie habe von einem *»Lohnarbeiter der Eisenbahngesellschaft Midland«* einen Brief analogen Inhalts erhalten.

Aber vielleicht ist dies eine »Übertreibung« »allzu revolutionärer« Sozialdemokraten? Nein. Der »Labour Leader«, das Organ einer gemäßigten Partei, der »Unabhängigen Arbeiterpartei« (ILP), die sich nicht einmal als sozialistisch bezeichnen will, veröffentlichte am 15. November den Brief eines gewerkschaftlich organisierten Eisenbahners, der gegenüber dem von der gesamten kapitalistischen Presse (vom radikalen »Reynolds Newspaper« bis zu den konservativen »Times«) Bell freigebig gespendeten Lob erklärt, das von ihm herbeigeführte Abkommen sei das *»verächtlichste, das die ganze Geschichte des Trade-Unionismus kennt.«*

Er nennt Richard Bell den *»Marschall Bazaine der trade-unionistischen Bewegung.«* Ein anderer Eisenbahner verlangt, man solle Bell für dieses unglückselige Abkommen, *»das die Arbeiter zu siebenjähriger Zwangsarbeit verurteilt [...] zur Verantwortung ziehen.«* Und die Redaktion des gemäßigten Organs bezeichnet im Leitartikel der gleichen Nummer das Abkommen als *»Sedan der britischen trade-unionistischen Bewegung.«* *»Noch niemals hat es eine so günstige Gelegenheit gegeben, die Macht der organisierten Arbeit im nationalen Maßstab zu demonstrieren«* – in der Arbeiterschaft herrschte *»nie dagewesene Begeisterung«* und Kampfeslust. Der Artikel schließt mit einer beißenden Gegenüberstellung: hier Arbeiternot, dort Triumph und *»Bankettvorbereitungen der Herren Lloyd George (der Minister, der als Lakai der Kapitalisten fungierte) und Bell.«*

Nur die extremsten Opportunisten, die Fabier, eine reine Intellektuellenorganisation, *billigten* dieses Abkommen und trieben dadurch selbst den mit den Fabiern sympathisierenden Leuten von der Zeitschrift »The New Age« die Schamröte ins Gesicht: diese waren genötigt zuzugeben, dass, wenn auch die bürgerlich-konservativen »Times« die diesbezügliche Erklärung des Zentralkomitees der Fabier im Wortlaut veröffentlicht haben, außer diesen Herrschaften sich *»keine einzige sozialistische Organisation, keine einzige Gewerkschaft, kein einziger prominenter Arbeiterführer«* für das Abkommen ausgesprochen hat. (Nummer vom 7. Dezember, S. 101.)

Da habt ihr ein Beispiel für die Anwendung der Neutralität durch einen Kollegen Plechanows, den Herrn E. P. Es handelte sich nicht um »politische Differenzen«, sondern um die Verbesserung der Lage der Arbeiter in der Gesellschaft. Für die »Verbesserung« um den Preis des Kampfverzichts, um den Preis der Kapitulation vor dem Kapital auf Gnade und Ungnade sprach sich die ganze Bourgeoisie Englands, sprachen sich die Fabier und Herr E. P. aus, für den kollektiven Kampf der Arbeiter alle Sozialisten und gewerkschaftlich organisierten Arbeiter. Wird Plechanow noch weiter »Neutralität« predigen, nicht aber größtmögliche Annäherung der Gewerkschaften an die sozialistische Partei?

Wladimir I. Lenin: Die Volkstümler und die Liquidatoren in der Gewerkschaftsbewegung

(Wertvolle Eingeständnisse)[63]

In den letzten Nummern der Zeitung der linken Volkstümler finden wir neben Klagen über unser (der Prawdisten) »Fraktionswesen« wertvolle Eingeständnisse einiger Volkstümler darüber, dass ihre Ansichten über die wichtige Frage der Gewerkschaftsbewegung mit den Ansichten der Liquidatoren übereinstimmen. Wir haben das immer behauptet. Doch ist es besonders angenehm, das Eingeständnis aus dem Munde der Gegner zu hören:

> *»Mit den Bolschewiki gehen wir in dieser Frage sehr stark auseinander, denn sie betrachten die Gewerkschaft als ihre Domäne (!) ... Dagegen ist die Ansicht der ›Menschewiki‹«* (die Volkstümler sagen aus irgendeinem Grunde »Menschewiki« statt »Liquidatoren«) *»über die Gewerkschaft als eine außerhalb der Fraktionen stehende Organisation mit der unsrigen (derjenigen der Volkstümler) [...] identisch. Dadurch erklären sich vielleicht auch unsere guten Beziehungen zu den Menschewiki in der früheren Arbeit.«* So schrieb die »Wernaja Mysl« in Nr. 6.

> *»Die Handlungsweise der Vorstände derjenigen Gewerkschaften, die während der ganzen Zeit in den Händen der linken Volkstümler waren, unterschied sich in nichts von der Handlungsweise der sogenannten liquidatorischen Gewerkschaften«*, fügte die nämliche Zeitung der linken Volkstümler hinzu.

63 »Put Prawdy« Nr. 30, 7. (20.) März 1914. Nach dem Text des »Put Prawdy.« Nach Werke Band 20, Berlin 1961, S. 130-134

Das sind selten offene und wertvolle Eingeständnisse! Unsere »schrecklich linken« Volkstümler zeigen also nach ihrem eigenen Eingeständnis genau dasselbe Verhalten in der Gewerkschaftsbewegung wie die Liquidatoren.

Daher auch jene Blocks (Bündnisse, Abkommen) der Liquidatoren und Volkstümler gegen die Marxisten, auf die unsere Presse schon wiederholt hingewiesen hat.

Die Zeitung der Volkstümler »Stoikaja Mysl« [Standhafter Gedanke] verteidigt sogar offen diese Blocks der linken Volkstümler mit den Liquidatoren gegen die Marxisten.

> *»Jetzt, zur Zeit des Überwiegens der Prawdisten in den gewerkschaftlichen Organisationen... sind zeitweilige Vereinbarungen der Volkstümler mit den Anhängern des ›Lutsch‹ weder etwas Schlimmes noch etwas Sonderbares«*, schreibt die »Stoikaja Mysl« in Nr. 2.[64]

Die Liquidatoren sind nicht so offenherzig. Sie wissen, dass man »das« wohl tut, aber nicht »davon« spricht. Sich als Sozialdemokraten zu bezeichnen und gleichzeitig mit einer fremden Partei ein Bündnis gegen die Sozialdemokratie einzugehen – eine solche »Taktik« lässt sich nur im Stillen verfolgen.

Aber die Sache ändert sich dadurch nicht. Das Bündnis der Liquidatoren mit den Volkstümlern in der Gewerkschaftsbewegung (und in den Bildungsvereinen) ist eine *Tatsache*. Und bei der heutigen Lage der Dinge ist dies unvermeidlich. Liquidatoren und Volkstümler vereinigt auf allen Arbeitsgebieten die feindselige Stellung zum konsequenten Marxismus. In der Gewerkschaftsarbeit aber vereinigt sie der Umstand, dass sowohl die einen als auch die anderen Vertreter des »Neutralismus der *Schwäche*«, des *»unfreiwilligen* Neutralismus« sind. Weder die Liquidatoren noch die Volkstümler besitzen in der Gewerkschaftsbewegung einen ernsthaften Einfluss. Als schwache Minderheit erstreben sie die »Gleichstellung« mit den Marxisten. »Theoretisch« kann diese Forderung nur vom Standpunkt des Neutralismus verteidigt werden. Hieraus entspringt eben der »Neutralismus« aller Gruppen, die in der Arbeiterbewegung wenig Einfluss haben.

Die Volkstümler erklären, dass sie sich mit den Liquidatoren *»ausschließlich auf dem Boden der Verteidigung der fraktionellen Ungebundenheit der Arbei-*

---

64 Der Verfasser des Artikels, Herr Boris Woronow, erzählt mit größtem Erstaunen von einem unglaublichen »Fraktionswesen«, das darin bestehe, dass in den Sitzungen des Vorstands einer der Gewerkschaften »Fragen der Unterstützung der Presse der Prawdisten und technische Redaktionsfragen (wie die Korrespondentenabteilung besser einzurichten sei usw.) behandelt werden.« O Schrecken! Welch ein Verbrechen, eine Zeitung, die neun Zehntel der fortgeschrittenen Arbeiter vereinigt, mit Korrespondenzen u. a. zu unterstützen! Wie sollen sich da die Volkstümler angesichts dessen nicht den Liquidatoren in die Arme werfen …

terorganisationen gegen die maßlosen Ansprüche der Prawdisten« vereinigen. (»Stoikaja Mysl« Nr. 2 und Nr. 4.)

Worin bestehen denn diese »Ansprüche« der Prawdisten? Haben sie die Türen irgendeiner Gewerkschaft oder irgendeiner Vereinigung vor den Arbeitern, die andere politische Ansichten hegen, verschlossen? Haben sie irgendeiner der Gewerkschaften ein »Etikett« aufgeklebt? Haben sie irgendeine Organisation gespalten? Nichts dergleichen! Unsere Gegner haben keine einzige *Tatsache* angeführt und können keine anführen. Als »maßlose Ansprüche« der Prawdisten bezeichnen sie den Umstand, dass die Prawdisten sich der kleinbürgerlichen Politik der Volkstümler und Liquidatoren nicht anschließen wollen, sondern *innerhalb der einheitlichen Gewerkschaft*, sich der Mehrheit der Arbeiter loyal fügend, für den Einfluss ihrer marxistischen Ideen kämpfen.

Jene Sünden, die uns zugeschrieben werden, haben wir niemals begangen. Begangen haben sie gerade die Volkstümler und Liquidatoren. Hier die Tatsachen. Vor einigen Jahren erhielten die Volkstümler im Eisenbahnerverband das Übergewicht, und zwar deshalb, weil sie sich nicht auf die Arbeiter, sondern auf die Eisenbahnangestellten stützten, sowie aus einigen anderen zufälligen Gründen. Was machten nun die Volkstümler? Sie haben dieser Gewerkschaft sogleich ein »Etikett aufgeklebt«, haben sie gezwungen, ihre besondere »Plattform« anzunehmen, haben die Sozialdemokraten und Parteilosen hinausgedrängt und diese gezwungen, eine eigene Parallelgewerkschaft zu gründen.

Das waren tatsächlich »maßlose Ansprüche.« Sie beeilten sich, den ersten zufälligen Sieg durch das Aufkleben eines Etiketts zu festigen. Wenn die Volkstümler das in den anderen Gewerkschaften nicht tun, so nicht deswegen, weil sie sehr tugendhaft sind, sondern deswegen, weil ihr Einfluss unter den Arbeitern überall *äußerst schwach* ist.

Dasselbe gilt auch für die Liquidatoren. Als der Metallarbeiterverband in ihren Händen war, verwandelten sie ihn in eine Filiale der Liquidatoren. Im Organ des Verbandes veröffentlichten sie herausfordernde Artikel gegen die Illegalität (siehe »Nasch Put« Nr. 20, Seite 2, »Metallist« Nr. 3 u. a.48), obwohl keine einzige allgemeine Mitgliederversammlung die Linie der Liquidatoren gebilligt hatte.

Das sind die wirklichen Tatsachen. Als »maßlose Ansprüche« der Prawdisten wird ihre Forderung bezeichnet, dass die Angelegenheiten von den Arbeitern selbst mit Stimmenmehrheit entschieden werden sollen. Wenn sich in der allgemeinen Versammlung der Metallarbeiter für die Prawdisten 3000 Personen, für die Liquidatoren und Volkstümler zusammen dagegen 100 bis 200 aussprechen, so sollen wir im Namen der angeblichen »fraktionellen Ungebundenheit« der Gewerkschaften die Gleichheit der 3000 mit den 200 anerkennen! Das ist der Sinn der »fraktionellen Ungebundenheit« bei den Liquidatoren und Volkstümlern.

Wir sind nicht für den Neutralismus, wir sind Gegner des Neutralismus. Aber wir handeln auch nicht so, wie die Volkstümler und Liquidatoren gehandelt haben, wenn sie in irgendeiner Gewerkschaft zufällig die Mehrheit erhielten. Nur schwache, prinzipienlose Gruppen verlieren beim ersten »Sieg« den Kopf und beeilen sich, ihren Sieg mit einer Mehrheit von irgendeinem Dutzend Stimmen zu »festigen.« »In Erregung und Eile«, um die glückliche Gelegenheit nicht zu verpassen, revidieren sie schnell ihre »Prinzipien«, vergessen ihren Neutralismus und kleben ein Etikett auf. So handeln die Marxisten nicht. Sie sind keine gelegentlichen Gäste in der Arbeiterbewegung. Sie wissen, dass früher oder später alle Gewerkschaften auf marxistischem Boden stehen werden. Sie sind überzeugt, dass die Zukunft ihren Ideen gehört, und sie forcieren die Ereignisse nicht, treiben die Gewerkschaften nicht an, kleben keine Etiketts auf, spalten die Gewerkschaften nicht.

Ruhig und unbeirrt betreiben sie ihre marxistische Propaganda. Geduldig, anhand der Lehren des Lebens, lehren sie die Arbeiter den Marxismus. Und keine Abmachungen der prinzipienlosen Gruppen untereinander werden sie veranlassen, von diesem Wege abzuweichen.

Es gab eine Zeit, wo die heutigen Liquidatoren die Parteigebundenheit der Gewerkschaften und ihre organisatorische Vertretung in der Partei verlangten. Es gab eine Zeit, wo die Volkstümler den Eisenbahnerverband zwangen, offiziell auf ihr Programm zu schwören. Jetzt sind sowohl die einen als auch die anderen auf die andere Seite hinüber geschwenkt und verfechten den Neutralismus. Dazu hat sie ihre politisch schwache Position gezwungen.

Wir gehen unseren alten Weg, wie er von der marxistischen Gesamtheit seit langem verkündet und verfochten wird. Die Liquidatoren haben das volle Recht, ein Bündnis mit den Volkstümlern einzugehen. Aber dieses Bündnis ist ein Bündnis der Prinzipienlosigkeit und der Schwäche. Der Weg, den der Block der Liquidatoren und Volkstümler den Gewerkschaften vorschlägt, ist nicht der Weg der fortgeschrittenen Arbeiter.

Wladimir I. Lenin: Sollen Revolutionäre in den reaktionären Gewerkschaften arbeiten?

VI. Kapitel aus Der »Linke Radikalismus«, die Kinderkrankheit im Kommunismus

Die deutschen »Linken« betrachten es für sich als entschieden, daß diese Frage unbedingt verneinend zu beantworten ist. Ihrer Meinung nach genügen Deklamationen und zornige Ausrufe gegen die »reaktionären« und »konterrevolutionären« Gewerkschaften (besonders »solid« und besonders dumm macht das K. Horner), um »zu beweisen«, daß Revolutionäre, daß Kommunisten in den gelben, sozialchauvinistischen, paktiererischen, Legienschen, konterrevolutionären Gewerkschaften nicht zu arbeiten brauchen, ja sogar nicht arbeiten dürfen.

Wie sehr die deutschen »Linken« aber auch überzeugt sein mögen, daß diese Taktik revolutionär sei, in Wirklichkeit ist sie grundfalsch und enthält nichts als hohle Phrasen.

Um das klarzumachen, will ich mit der von uns gemachten Erfahrung beginnen – entsprechend dem allgemeinen Plan der vorliegenden Schrift, die den Zweck hat, auf Westeuropa das anzuwenden, was in der Geschichte und der heutigen Taktik des Bolschewismus allgemein anwendbar, von allgemeiner Bedeutung und allgemeiner Gültigkeit ist.

Das Verhältnis zwischen Führer, Partei, Klasse und Masse und damit zugleich das Verhältnis der Diktatur des Proletariats und seiner Partei zu den Gewerkschaften hat bei uns jetzt konkret folgende Form angenommen: Die Diktatur wird durch das in den Sowjets organisierte Proletariat verwirklicht, dessen Führer die Kommunistische Partei der Bolschewiki ist, die nach den Angaben des letzten Parteitags (April 1920) 611.000 Mitglieder zählt. Die Zahl der Mitglieder schwankte sowohl vor als auch nach der Oktoberrevolution sehr stark und war früher, sogar in den Jahren 1918 und 1919, viel geringer[65]. Wir fürchten eine übermäßige Ausdehnung der Partei, denn in eine Regierungspartei versuchen sich unvermeidlich Karrieristen und Gauner einzuschleichen, die nur verdienen, erschossen zu werden. Das letztemal haben wir - nur für Arbeiter und Bauern - die Tore der Partei weit geöffnet, als (im Winter 1919) Judenitsch wenige Werst vor Petrograd und Denikin in Oriol (etwa 350 Werst von Moskau) stand, d.h. als der Sowjetrepublik höchste, tödliche Gefahr drohte und als Abenteurer, Karrieristen, Gauner und überhaupt unsichere Elemente keineswegs auf eine gute Karriere (eher auf Galgen und Folter) rechnen konnten, wenn sie sich den Kommunisten anschlossen. Die Partei, die alljährlich ihre Parteitage abhält (bei dem letzten entfiel auf 1.000 Mitglieder 1 Delegierter), wird vom Zentralkomitee geleitet, das aus 19 Personen besteht und auf dem Parteitag gewählt wird; die laufende Arbeit in Moskau wird von noch engeren Kollegien geleistet, dem sogenannten »Orgbüro« (Organisationsbüro) und dem sogenannten »Politbüro« (Politischen Büro), die aus je fünf Mitgliedern des Zentralkomitees bestehen und in Plenarsitzungen des Zentralkomitees gewählt werden. Hier haben wir also eine regelrechte »Oligarchie.« Keine einzige wichtige politische oder organisatorische Frage wird in unserer Republik von irgendeiner staatlichen Institution ohne Direktiven des Zentralkomitees unserer Partei entschieden.

Die Partei stützt sich bei ihrer Arbeit unmittelbar auf die Gewerkschaften, die nach den Angaben des letzten Kongresses (April 1920) gegenwärtig über 4 Millionen Mitglieder zählen und der Form nach parteilos sind. Faktisch bestehen alle leitenden Körperschaften der weitaus meisten Verbände und in erster Linie natürlich der Zentrale oder des Büros aller Gewerkschaften ganz Rußlands (WZSPS - Gesamtrussischer Zentralrat der Gewerkschaften) aus Kommunisten und führen alle Direktiven der Partei durch. Im großen und ganzen haben wir also einen der Form nach nicht kommunistischen, elastischen und verhältnismäßig umfassenden, überaus mächtigen proletarischen Apparat, durch den die Partei mit der Klasse und der Masse eng verbunden ist und durch den, unter Führung der Partei, die Diktatur der Klasse verwirklicht wird. Ohne die engste Verbindung mit den Gewerkschaften, ohne ihre tatkräftige Unterstüt-

65 Nach der Februarrevolution von 1917 veränderte sich die Mitgliederzahl bis 1919 folgendermaßen: Zur Zeit der VII. Gesamtrussischen Konferenz (Aprilkonferenz) der SDAPR(B) im Jahre 1917 zählte die Partei 80.000, zur Zeit des VI. Parteitags der SDAPR(B) im Juli-August 1917 rund 240.000, zur Zeit des VII. Parteitags der KPR(B) im März 1918 mindestens 300.000 und zur Zeit des VIII. Parteitags der KPR(B) im März 1919 313.766 Mitglieder.

zung, ohne ihre selbstlose Arbeit beim Aufbau nicht nur der Wirtschaft, sondern auch der Armee, hätten wir das Land selbstverständlich keine 2½ Monate, geschweige denn 2½ Jahre regieren und die Diktatur ausüben können. Diese überaus enge Verbindung bedeutet natürlich in der Praxis eine sehr komplizierte und mannigfaltige Arbeit der Propaganda, der Agitation, der rechtzeitigen und häufigen Beratungen nicht nur mit den leitenden, sondern überhaupt mit den einflußreichen Gewerkschaftlern und einen entschiedenen Kampf gegen die Menschewiki, die bis jetzt über eine gewisse, wenn auch ganz geringe Zahl von Anhängern verfügen, die sie zu allen möglichen konterrevolutionären Machenschaften anleiten – von der ideologischen Verteidigung der (bürgerlichen) Demokratie, dem Predigen der »Unabhängigkeit« der Gewerkschaften (Unabhängigkeit – von der proletarischen Staatsmacht!) bis zur Sabotage der proletarischen Disziplin usw. usf.

Die Verbindung mit den »Massen« vermittels der Gewerkschaften halten wir für ungenügend. Die Praxis hat bei uns, im Laufe der Revolution, eine solche Institution hervorgebracht wie die Konferenzen parteiloser Arbeiter und Bauern, die wir auf jede Art und Weise zu unterstützen, zu entwickeln und zu erweitern bemüht sind, um die Stimmung der Massen zu verfolgen, um an die Massen näher heranzukommen und ihren Anforderungen zu entsprechen, um aus ihrer Mitte die besten Kräfte auf Staatsposten aufrücken zu lassen usw. In einem der letzten Dekrete über die Umwandlung des Volkskommissariats für Staatliche Kontrolle in die »Arbeiter- und Bauerninspektion« wird diesen Konferenzen von Parteilosen das Recht eingeräumt, Mitglieder der Staatlichen Kontrolle für Revisionen verschiedener Art zu wählen uswFerner erfolgt selbstverständlich die ganze Arbeit der Partei vermittels der Sowjets, die die werktätigen Massen ohne Unterschied des Berufs vereinigen. Die Kreistagungen der Sowjets sind eine solche demokratische Einrichtung, wie sie die besten demokratischen Republiken der bürgerlichen Welt noch nicht gekannt haben. Durch diese Tagungen (welche die Partei so aufmerksam wie nur möglich zu verfolgen bemüht ist) wie auch durch ständige Abkommandierung klassenbewußter Arbeiter auf verschiedene Posten im Dorf wird die führende Rolle des Proletariats gegenüber der Bauernschaft verwirklicht, wird die Diktatur des städtischen Proletariats verwirklicht, wird der systematische Kampf gegen die reiche, bourgeoise, ausbeutende und spekulierende Bauernschaft geführt usw.

So sieht der allgemeine Mechanismus der proletarischen Staatsmacht aus, wenn man ihn »von oben«, vom Standpunkt der praktischen Verwirklichung der Diktatur betrachtet. Der Leser wird hoffentlich verstehen, warum dem russischen Bolschewik, der mit diesem Mechanismus vertraut ist und der beobachtet hat, wie sich dieser Mechanismus im Laufe von 25 Jahren aus kleinen, illegalen, unterirdischen Zirkeln entwickelte, das ganze Gerede, ob »von oben« oder »von unten«, ob Diktatur der Führer oder Diktatur der Massen usw., als lächerlicher, kindischer Unsinn erscheinen muß, als eine Art Streit darüber, ob dem Menschen der linke Fuß oder die rechte Hand nützlicher ist.

Als ein ebenso lächerlicher, kindischer Unsinn muß uns auch das wichtigtuerische, überaus gelehrte und furchtbar revolutionäre Gerede der deutschen Linken über das Thema erscheinen, daß die Kommunisten in den reaktionären Gewerkschaften nicht arbeiten können und nicht arbeiten dürfen, daß es statthaft sei, diese Arbeit abzulehnen, daß man aus den Gewerkschaften austreten und unbedingt eine nagelneue, blitzsaubere, von sehr netten (und meistens wohl sehr jungen) Kommunisten ausgeheckte »Arbeiter-Union« schaffen müsse usw. usf.

Der Kapitalismus hinterläßt dem Sozialismus unvermeidlich einerseits die alten, in Jahrhunderten herausgebildeten beruflichen und gewerblichen Unterschiede zwischen den Arbeitern und anderseits die Gewerkschaften. Diese können und werden sich nur sehr langsam, im Laufe vieler Jahre zu breiteren, weniger zünftlerischen Produktionsverbänden (die ganze Produktionszweige und nicht nur einzelne Branchen, Gewerbe und Berufe umfassen) entwickeln und erst dann dazu übergehen, vermittels dieser Produktionsverbände die Arbeitsteilung unter den Menschen aufzuheben und allseitig entwickelte und allseitig geschulte Menschen, die alles machen können, zu erziehen, zu unterweisen und heranzubilden. Dahin steuert der Kommunismus, dahin muß und wird er gelangen, aber erst nach einer langen Reihe von Jahren. Der Versuch, heute dieses künftige Ergebnis des vollkommen entwickelten, vollkommen gefestigten und herausgebildeten, vollkommen entfalteten und reifen Kommunismus praktisch vorwegzunehmen, wäre gleichbedeutend damit, einem vierjährigen Kind höhere Mathematik beibringen zu wollen.

Wir können (und müssen) beginnen, den Sozialismus aufzubauen, und zwar nicht aus einem phantastischen und nicht aus einem von uns speziell geschaffenen Menschenmaterial, sondern aus dem Material, das uns der Kapitalismus als Erbteil hinterlassen hat. Das ist sehr »schwer«, wer will es leugnen, aber jedes andere Herangehen an diese Aufgabe ist so wenig ernst, daß es gar nicht lohnt, davon zu reden.

Zu Beginn der Entwicklung des Kapitalismus bedeuteten die Gewerkschaften als Übergang von der Zersplitterung und Hilflosigkeit der Arbeiter zu den

Anfängen einer Klassenvereinigung einen riesigen Fortschritt der Arbeiterklasse. Als die höchste Form der Klassenvereinigung der Proletarier, die revolutionäre Partei des Proletariats (die ihren Namen nicht verdient, solange sie es nicht gelernt hat, die Führer mit der Klasse und mit den Massen zu einem Ganzen, zu etwas Untrennbarem zu verbinden), sich herauszubilden anfing, da begannen die Gewerkschaften unvermeidlich gewisse reaktionäre Züge zu offenbaren, eine gewisse zünftlerische Beschränktheit, eine gewisse Neigung zur politischen Indifferenz, eine gewisse Stagnation usw. Aber anders als vermittels der Gewerkschaften, anders als durch ihr Zusammenwirken mit der Partei der Arbeiterklasse ging die Entwicklung des Proletariats nirgendwo in der Welt vor sich und konnte auch nicht vor sich gehen. Die Eroberung der politischen Macht durch das Proletariat bedeutet für das Proletariat als Klasse einen riesigen Schritt vorwärts, und die Partei muß noch mehr und auf neue, nicht nur auf alte Art die Gewerkschaften erziehen und leiten, darf aber gleichzeitig nicht vergessen, daß sie eine unentbehrliche »Schule des Kommunismus« sind und noch lange bleiben werden, eine Vorbereitungsschule für die Proletarier zur Verwirklichung ihrer Diktatur, eine unentbehrliche Vereinigung der Arbeiter für den allmählichen Übergang der Verwaltung der gesamten Wirtschaft des Landes in die Hände der Arbeiterklasse (aber nicht einzelner Berufszweige) und sodann aller Werktätigen.

Im erwähnten Sinne sind gewisse »reaktionäre Züge« der Gewerkschaften unter der Diktatur des Proletariats unvermeidlich. Wer das nicht begreift, versteht absolut nichts von den grundlegenden Bedingungen des Übergangs vom Kapitalismus zum Sozialismus. Fürchtet man diese »reaktionären Züge«, sucht man sie zu ignorieren, sie zu überspringen, so ist das die größte Dummheit, denn das bedeutet, vor der Rolle der proletarischen Avantgarde zurückzuschrecken, die darin besteht, daß sie die rückständigsten Schichten und Massen der Arbeiterklasse und der Bauernschaft schult, aufklärt, erzieht und dem neuen Leben zuführt. Anderseits wäre es ein noch größerer Fehler, die Verwirklichung der Diktatur des Proletariats so lange aufzuschieben, bis es keinen einzigen Arbeiter mehr gibt, der beruflich beschränkt ist, der zünftlerische und trade-unionistische Vorurteile hat. Die Kunst des Politikers (und das richtige Verständnis des Kommunisten für seine Aufgaben) besteht eben darin, die Bedingungen und den Zeitpunkt richtig einzuschätzen, wo die Avantgarde des Proletariats die Macht mit Erfolg ergreifen kann, damit sie während und nach der Machtergreifung auf eine ausreichende Unterstützung genügend breiter Schichten der Arbeiterklasse und der nichtproletarischen werktätigen Massen rechnen kann, wo sie nach der Machtergreifung ihre Herrschaft dadurch behaupten, festigen und erweitern kann, daß sie immer breitere Massen der Werktätigen erzieht, schult und mitreißt.

Weiter. In Ländern, die fortgeschrittener sind als Rußland, hat sich, und das mußte so sein, ein gewisser reaktionärer Geist in den Gewerkschaften zweifellos viel stärker geltend gemacht als bei uns. Gerade wegen der zünftlerischen Beschränktheit, des beruflichen Egoismus und des Opportunismus hatten die Menschewiki bei uns eine Stütze in den Gewerkschaften (und haben sie zum Teil in ganz wenigen Gewerkschaften auch heute noch). Im Westen haben sich die dortigen Menschewiki in den Gewerkschaften viel mehr »festgesetzt«, dort hat sich eine viel stärkere Schicht einer beruflich beschränkten, bornierten, selbstsüchtigen, verknöcherten, eigennützigen, spießbürgerlichen, imperialistisch gesinnten und vom Imperialismus bestochenen, vom Imperialismus demoralisierten Arbeiteraristokratie herausgebildet als bei uns. Das ist unbestreitbar. Der Kampf mit den Gompers, den Herren Jouhaux, Henderson, Merrheim, Legien und Co. in Westeuropa ist weit schwieriger als der Kampf mit unseren Menschewiki, die sozial und politisch einen völlig gleichartigen Typus darstellen. Dieser Kampf muß rücksichtslos und, so wie wir es getan haben, unbedingt bis zu Ende geführt werden, bis zur völligen Diskreditierung aller unverbesserlichen Führer des Opportunismus und Sozialchauvinismus und ihrer Vertreibung aus den Gewerkschaften. Man kann die politische Macht nicht erobern (und soll nicht versuchen, die politische Macht zu ergreifen), solange dieser Kampf nicht eine gewisse Stufe erreicht hat, wobei diese »gewisse Stufe« in den verschiedenen Ländern und unter den verschiedenen Verhältnissen nicht die gleiche ist; und sie richtig abschätzen können nur kluge, erfahrene und sachkundige politische Führer des Proletariats jedes einzelnen Landes. (Bei uns waren ein Maßstab für den Erfolg in diesem Kampf unter anderem die Wahlen zur Konstituierenden Versammlung, die im November 1917, wenige Tage nach der proletarischen Umwälzung vom 25.10.1917, stattfanden. Bei diesen Wahlen wurden die Menschewiki aufs Haupt geschlagen. Sie erhielten 0,7 Millionen Stimmen – zusammen mit Transkaukasien 1,4 Millionen gegenüber 9 Millionen Stimmen, die für die Bolschewiki abgegeben wurden: Siehe meinen Artikel: *Die Wahlen zur Konstituierenden Versammlung und die Diktatur des Proletariats*[66] in Nr.7/8 der Kommunistischen Internationale.)

Doch den Kampf gegen die »Arbeiteraristokratie« führen wir im Namen der Arbeitermassen und um sie für uns zu gewinnen; den Kampf gegen die op-

66 Siehe W.I. Lenin, Werke, Bd.30, S.242-265.

portunistischen und sozialchauvinistischen Führer führen wir, um die Arbeiterklasse für uns zu gewinnen. Diese höchst elementare und ganz augenfällige Wahrheit zu vergessen wäre eine Dummheit. Und gerade diese Dummheit begehen die »linken« deutschen Kommunisten, die aus der Tatsache, daß die Spitzen der Gewerkschaften reaktionär und konterrevolutionär sind, den, Schluß ziehen, daß man ... aus den Gewerkschaften austreten!!, die Arbeit in den Gewerkschaften ablehnen!! und neue, ausgeklügelte Formen von Arbeiterorganisationen schaffen müsse!! Das ist eine so unverzeihliche Dummheit, daß sie dem größten Dienst gleichkommt, den Kommunisten der Bourgeoisie erweisen können. Denn unsere Menschewiki sind wie alle opportunistischen, sozialchauvinistischen und kautskyanischen Führer der Gewerkschaften nichts anderes als »Agenten der Bourgeoisie in der Arbeiterbewegung« (was wir immer von den Menschewiki gesagt haben) oder, nach dem ausgezeichneten und zutiefst wahren Ausdruck der Anhänger Daniel de Leons in Amerika, »Arbeiterkommis der Kapitalistenklasse« (Labor lieutenants of the capitalist class). *»Nicht in den reaktionären Gewerkschaften arbeiten heißt die ungenügend entwickelten oder rückständigen Arbeitermassen dem Einfluß der reaktionären Führer, der Agenten der Bourgeoisie, der Arbeiteraristokraten oder der verbürgerten Arbeiter«* (vgl. Engels' Brief von 1858 an Marx über die englischen Arbeiter[67]) überlassen.

Gerade die absurde »Theorie«, wonach sich die Kommunisten an den reaktionären Gewerkschaften nicht beteiligen dürfen, zeigt am deutlichsten, wie leichtfertig sich diese »linken« Kommunisten zur Frage der Beeinflussung der »Massen« verhalten und wie sie mit ihrem Geschrei von den »Massen« Mißbrauch treiben. Will man der »Masse« helfen und sich die Sympathien, die Zuneigung, die Unterstützung der »Masse« erwerben, so darf man sich nicht fürchten vor Schwierigkeiten, darf man sich nicht fürchten vor den Schikanen, den Fußangeln, den Beleidigungen und Verfolgungen seitens der »Führer« (die als Opportunisten und Sozialchauvinisten in den meisten Fällen direkt oder indirekt mit der Bourgeoisie und der Polizei in Verbindung stehen) und muß unbedingt dort arbeiten, wo die Massen sind. Man muß jedes Opfer bringen und die größten Hindernisse überwinden können, um systematisch, hartnäckig, beharrlich, geduldig gerade in allen denjenigen – und seien es auch die reaktionärsten Einrichtungen, Vereinen und Verbänden Propaganda und Agitation zu treiben, in denen es proletarische oder halbproletarische Massen gibt. Die Gewerkschaften und die Arbeitergenossenschaften (diese wenigstens mitunter) sind aber gerade Organisationen, die Massen erfassen. In England hat

67 Siehe Karl Marx /Friedrich Engels, Werke, Bd.29, Berlin 1967, S.358.

sich nach den Angaben der schwedischen Zeitung »Folkets Dafblad-Politiken« (vom 10.3.1920) die Mitgliederzahl der Trade-Unions von Ende 1917 bis Ende 1918 von 5,5 auf 6,6 Millionen, d.h. um 19 Prozent erhöht. Ende 1919 schätzte man die Mitgliederzahl auf 7,5 Millionen. Ich habe die entsprechenden Zahlen über Frankreich und Deutschland nicht zur Hand, aber die Tatsachen, die von einem starken Anwachsen der Mitgliederzahl der Gewerkschaften auch in diesen Ländern zeugen, sind ganz unbestreitbar und allgemein bekannt.

Diese Tatsachen beweisen sonnenklar, was auch durch Tausende anderer Anzeichen bestätigt wird: Gerade in den proletarischen Massen, den »unteren Schichten«, unter den Rückständigen, nimmt das Klassenbewußtsein und das Streben nach Organisation zu. Millionen von Arbeitern in England, Frankreich, Deutschland gehen zum erstenmal von der vollständigen Unorganisiertheit zur elementaren, untersten, einfachsten (für diejenigen, die noch durch und durch von bürgerlich-demokratischen Vorurteilen erfüllt sind), zugänglichsten Organisationsform, nämlich zu den Gewerkschaften über, während die revolutionären, jedoch unvernünftigen linken Kommunisten danebenstehen, »Masse! Masse!« schreien – und sich weigern, innerhalb der Gewerkschaften zu arbeiten!! Sie tun das unter dem Vorwand, die Gewerkschaften seien »reaktionär«!!, und klügeln eine nagelneue, blitzsaubere »Arbeiter-Union« aus, die unbefleckt ist von bürgerlich-demokratischen Vorurteilen und frei von den Sünden zünftlerischer, eng beruflicher Beschränktheit, eine »Arbeiter-Union«, die angeblich eine Massenorganisation werden (werden!) soll und die als Aufnahmebedingung nur (nur!) die »Anerkennung des Rätesystems und der Diktatur« (siehe die oben angeführte Stelle) fordert!!

Einen schlimmeren Unverstand, einen größeren Schaden für die Revolution, als ihn die »linken« Revolutionäre anrichten, kann man sich gar nicht ausdenken! Wenn wir jetzt in Rußland, nach 2½ Jahren unvergleichlicher Siege über die Bourgeoisie Rußlands und der Entente, die »Anerkennung der Diktatur« zur Bedingung für den Eintritt in die Gewerkschaften machen wollten, so würden wir eine Dummheit begehen, unserem Einfluß auf die Massen Abbruch tun und den Menschewiki Vorschub leisten. Denn die ganze Aufgabe der Kommunisten besteht darin, daß sie es verstehen, die Rückständigen zu überzeugen, unter ihnen zu arbeiten, und sich nicht durch ausgeklügelte, kindische »linke« Losungen von ihnen absondern.

Kein Zweifel, die Herren Gompers, Henderson, Jouhaux und Legien sind solchen »linken« Revolutionären sehr dankbar, die wie die deutsche »grundsätzliche« Opposition (der Himmel bewahre uns vor solcher »Grundsätzlichkeit«!) oder wie manche Revolutionäre unter den amerikanischen »Industriearbeitern der Welt«[68] den Austritt aus den reaktionären Gewerkschaften und die Ablehnung der Arbeit in ihnen predigen. Kein Zweifel, die Herren »Führer« des Opportunismus werden zu allen möglichen Kniffen der bürgerlichen Diplomatie greifen, werden die Hilfe der bürgerlichen Regierungen, der Pfaffen, der Polizei, der Gerichte in Anspruch nehmen, um die Kommunisten nicht in die Gewerkschaften hineinzulassen, um sie auf jede Art und Weise aus den Gewerkschaften zu verdrängen, um ihnen die Arbeit in den Gewerkschaften möglichst zu verleiden, um sie zu beleidigen, gegen sie zu hetzen und sie zu verfolgen. Man muß all dem widerstehen können, muß zu jedwedem Opfer entschlossen sein und sogar – wenn es sein muß – alle möglichen Schliche, Listen und illegalen Methoden anwenden, die Wahrheit verschweigen und verheimlichen, nur um in die Gewerkschaften hineinzukommen, in ihnen zu bleiben und in ihnen um jeden Preis kommunistische Arbeit zu leisten. Unter dem Zarismus hatten wir bis 1905 keinerlei »legale Möglichkeit«, als aber Subatow von der Ochrana Arbeiterversammlungen und Arbeitervereine der Schwarzhunderter inszenierte, um Revolutionäre einzufangen und den Kampf gegen sie zu führen, da schickten wir in diese Versammlungen und Vereine Mitglieder unserer Partei (an einen von ihnen erinnere ich mich persönlich, nämlich an Genossen Babuschkin, einen hervorragenden Petersburger Arbeiter, der von den zaristischen Generalen 1906 erschossen worden ist), die mit der Masse Verbindung herstellten, es geschickt verstanden, Agitation zu treiben, und die Arbeiter dem Einfluß der Subatowleute entrissen.[69] Natürlich, in Westeuropa, das besonders stark durchdrungen ist von besonders stark eingewurzelten legalistischen, konstitutionellen, bürgerlich-demokratischen Vorurteilen, läßt sich so etwas schwerer durchführen. Aber man kann und muß es durchführen, und zwar systematisch durchführen.

---

68 »Industriearbeiter der Welt« (Industrial Workers of the World – IWW) – Gewerkschaftsorganisation der amerikanischen Arbeiter, die 1905 gegründet wurde. Während der Massenstreikbewegung, die sich unter dem Einfluß der russischen Revolution 1905-1907 in den USA entfaltete, führten die »Industriearbeiter der Welt« eine Reihe erfolgreicher Streiks durch und bekämpften die Politik der reformistischen Führer der »Amerikanischen Föderation der Arbeit« sowie der rechten Sozialisten. Einige Führer der IWW begrüßten die Sozialistische Oktoberrevolution und traten der Kommunistischen Partei Amerikas bei. Gleichzeitig zeigten sich in der Tätigkeit der Organisation anarchosyndikalistische Züge. Die anarchosyndikalistischen Führer der IWW lehnten 1920 entgegen dem Willen ihrer Mitglieder den Aufruf des EKKI, der Kommunistischen Internationale beizutreten, ab. Dabei machten sie sich die Tatsache zunutze, daß viele revolutionäre Führer der IWW eingekerkert waren.

69 Die Gompers, Henderson, Jouhaux und Legien sind nichts anderes als solche Subatow, die sich von unserem Subatow nur durch das europäische Kostüm, den europäischen Schliff, durch die zivilisierten, verfeinerten, demokratisch verbrämten Methoden unterscheiden, mit denen sie ihre niederträchtige Politik betreiben.

Das Exekutivkomitee der III. Internationale muß meiner Ansicht nach sowohl allgemein die Politik der Nichtbeteiligung an den reaktionären Gewerkschaften (unter ausführlicher Begründung, warum eine solche Nichtbeteiligung unvernünftig und für die Sache der proletarischen Revolution außerordentlich schädlich ist) als auch besonders das Verhalten einiger Mitglieder der Kommunistischen Partei Hollands, die – einerlei, ob direkt oder indirekt, offen oder versteckt, ganz oder teilweise – diese falsche Politik unterstützt haben, direkt verurteilen und dem nächsten Kongreß der Kommunistischen Internationale vorschlagen, dasselbe zu tun. Die III. Internationale muß mit der Taktik der II. Internationale brechen, sie darf die heiklen Fragen nicht umgehen, nicht vertuschen, sondern muß sie mit aller Schärfe stellen. Wir haben den »Unabhängigen« (der Unabhängigen Sozialdemokratischen Partei Deutschlands) die ganze Wahrheit ins Gesicht gesagt, wir müssen auch den »linken« Kommunisten die ganze Wahrheit ins Gesicht sagen.

Karl Radek: Bericht zur Gewerkschaftsfrage

in der 13. Sitzung des Zweiten Kominternkongresses, 3. August 1920 morgens[70]

RADEK. Genossen! Die Frage vom Verhältnis der Kommunistischen Internationale zu den Gewerkschaften ist die ernsteste, wichtigste Frage unserer Bewegung. Die Gewerkschaften sind die größten Massenorganisationen des Proletariats; sie spielen die entscheidende Rolle in den ökonomischen Kämpfen, den hauptsächlichsten Zersetzungselementen des Kapitals, und nach dem Siege der Revolution werden die Gewerkschaften die Massenorganisationen sein, die in erster Linie dazu berufen sind, an dem wirtschaftlichen Aufbau des Sozialismus zu arbeiten. Schon die Bedeutung der Gewerkschaften in dem sich immer mehr und mehr verschärfenden ökonomischen Kampfe und beim Aufbau des Sozialismus erlaubt es nicht, an diese Frage anders heranzutreten als unter der genauesten Prüfung der Verhältnisse in ihnen, wenn wir es erreichen wollen, uns nicht von Wünschen leiten zu lassen, sondern von der sachlichen Beurteilung der Entwicklungsmöglichkeiten.

Am Anfang des Krieges hielten viele von uns die Gewerkschaftsbewegung für abgetan. Viele waren der Meinung, dass die Gewerkschaften, die früher in erster Linie durch ihre Kassen gegen das Kapital kämpften, bei Ausgang des Krieges angesichts der großen Aufgaben, vor die sie gestellt sein würden, zusammenbrechen müssten, und keine geringere als Rosa Luxemburg war bei Ausbruch der deutschen Revolution der Meinung, dass die Gewerkschaften ausgespielt hätten. Es ist sehr charakteristisch, dass auf dem Gründungsparteitag der KPD diese Frage selbst in den Debatten keine Rolle gespielt hat.

Wenn wir die Entwicklung der Gewerkschaften für die Zeit vor dem Kriege, während des Krieges und während der Revolution in den wichtigsten Ländern

70 Nach Protokoll des II. Weltkongresses der Kommunistischen Internationale. Hamburg 1921. Reprint Erlangen 1972, S. 482-501

an uns vorbeiziehen lassen, so bekommen wir ungefähr folgende Ziffern: in Deutschland waren die Gewerkschaften vor Ausbruch des Krieges 2¼ Millionen stark. Während des Krieges fiel die Kurve beträchtlich, und die Zahl war niedriger. Seit Ausgang des Krieges, seit dem Dezember 1918, als die Gewerkschaften keine zwei Millionen zählten, sind sie bis zu acht Millionen gestiegen. In England sind sie von 4½ Millionen am Anfang des Krieges bis zu 6½ Millionen gewachsen. In Frankreich sind sie von 400.000 organisierten Arbeitern jetzt auf zwei Millionen angewachsen, in Italien von 450.000 auf zwei Millionen. Sogar in Amerika sind die Gewerkschaften von ca. zwei Millionen bei Ausbruch des Krieges auf vier Millionen angewachsen. Einer der Führer der KAPD, Schröder, äußerte in seiner Broschüre über die Betriebsräte über diese Ziffern, dass sie nicht einen gesunden Wachstumsprozess, sondern ein ungesundes Anschwellen ausdrücken. Wenn es sich darum handeln würde, den Erscheinungen der Geschichte, die uns nicht gefallen, ein schlechtes Attest auszustellen, dann könnte man sich damit begnügen, dass man die Gewerkschaften als eine Geschwulst an dem Kadaver des Kapitalismus betrachtet. Aber da es sich um etwas anderes handelt, so muss man folgende Tatsachen anerkennen:

Die Arbeitermasse sah im Krieg zwar den Verrat der Gewerkschaftsführer, und zum großen Teil ist sie voll Erbitterung gegen die Gewerkschaftsbürokratie; aber gleichzeitig hat sie im Kriege gelernt, organisiert vorzugehen, als Bataillone, als Armeekorps. Wo sie jetzt den größten wirtschaftlichen Kämpfen entgegengeht, wo sie das ungeheure Wachsen der Preise, alle Schwierigkeiten der Wohnungsfrage, das wirtschaftliche Chaos an sich heranstürmen lassen muss, sucht sie ihre Macht im Kampfe auszubauen und zu stärken. Sie hat dabei keinen anderen Weg, als in die Gewerkschaften zu gehen, sie zu einem großen Massengebilde zu machen. Und diesen Weg geht die Masse. Es ist ein charakteristisches Anzeichen, dass in allen Ländern, wo wir kein besonderes Wachstum der revolutionären Gewerkschaften sehen – z.B. die IWW in Amerika oder die Syndikalisten in Deutschland, die zwar in der Zahl gewachsen sind, aber nur in geringer Proportion – die Masse direkt in die großen Gewerkschaften geht. Natürlich ist damit die Frage nicht entschieden, was die Gewerkschaften und welches ihre Funktionen sind, und bei der Beurteilung unserer Haltung den Gewerkschaften gegenüber haben wir von der Analyse der Möglichkeiten und der Wege des kommunistischen Kampfes auszugehen. Wir haben die Frage zu beantworten: gibt es einen anderen Weg zur Befreiung der Arbeiterklasse als den, den die Gewerkschaften durch die Steigerung ihrer bisherigen Kampfesmethoden gehen? Auf eine politische Formel zurückgeführt, könnte man die

Frage so stellen: Worin können die Aufgaben der revolutionären Gewerkschaften bestehen?

Wir hören oft von der Gegenüberstellung der revolutionären Gewerkschaften und der Gewerkschaften überhaupt. Fragen wir uns: worin besteht der Zerfall des Kapitals, welches sind die Kampfmittel der Arbeiterklasse und was können die Gewerkschaften leisten, wenn sie diesen Kampf führen wollen. Vorerst: wir wissen, dass die Gewerkschaftsbürokratie als Ausweg aus der Situation gemäß ihrer gegenrevolutionären Auffassung die Abschaffung des Wirtschaftskampfes überhaupt betreibt. Die deutschen Gewerkschaften begannen seit dem Siege der Revolution die Arbeitsgemeinschaften auszubauen, d. h, die Organisationen des dauernden Ausgleichs mit den Kapitalisten, wobei natürlich die Arbeiterklasse der unterliegende Teil ist. In England wuchsen die Whiteley Committees sich zu den Joint Industrial Councils aus, die der Idee der Arbeitsgemeinschaft – dem Versuch, ein dauerndes Abkommen zwischen Arbeitern und Kapitalisten als Organisation zwecks Erledigung der Streitfragen zu schaffen – vollkommen entsprechen. Diese Taktik der Gewerkschaftsführer ist eine Taktik des Abbaus des Klassenkampfes, und ich brauche hier nicht weiter darüber zu sprechen, dass wir damit nichts gemein haben können, sondern im schärfsten Kampfe gegen diese Versuche stehen müssen. Dieser Kampf braucht aber nicht geführt zu werden unter der Losung einer neuen Gewerkschaftstaktik, denn das Neue liegt hier umgekehrt auf der Seite der Gewerkschaftsführer. Was eine neue Taktik der Gewerkschaften und die Möglichkeit des Vorhandenseins einer besonderen revolutionären gewerkschaftlichen Taktik betrifft, so haben wir folgendes zu sagen: Der Prozess des kapitalistischen Zerfalls besteht in der Desorganisation der Kontinuität des Wirtschaftsprozesses. Indem das angelsächsische Kapital die eine Hälfte des europäischen Kontinents, die gleichzeitig die größte Masse der industriellen Rohprodukte auf die Weltmärkte wirft, aus dem Wirtschaftsprozess auszuschalten und diese Länder zu seinen Sklaven zu machen sucht, führt es zu einer Unterbrechung des Arbeitsteilungsprozesses der ganzen Weltwirtschaft. Es ist dies ein Versuch, der kein anderes Endergebnis haben kann als den Zusammenbruch des kapitalistischen Systems auch in Amerika und England. Die Störung der Produktion, die große Arbeitslosigkeit lässt keinen Zweifel darüber, dass diese Länder sich in einer großen wirtschaftlichen Krise befinden.

In der amerikanischen Literatur gibt es jetzt Untersuchungen, die – wie z. B. das Buch von Sparge – Russland als die »amerikanische Sache« hinstellen und zu beweisen suchen, dass Amerika vor einer Krise stehe. Diese Unterbrechung des Wirtschaftsprozesses im Weltmaßstabe ist begleitet von einem geradezu wahnsinnigen Anwachsen der Preise. Wir haben das kolossale Wachstum aller Preise auf dem Weltmarkte erlebt, das verschärft wird durch die Valutaunterschiede zwischen den besiegten und »siegreichen« Ländern. Jetzt beginnen wir den Fall der Preise zu erleben, und während das Wachsen der Preise einerseits eine Art Schwindelkonjunktur, andererseits die vollkommene Auspressung der Zentralmächte herbeiführte, bedeutet jetzt das Fallen der Preise eine neue Produktionskrise.

Die allgemeine Lage der Arbeiterklasse ist eine solche, dass jeder Gedanke an eine reformistische Taktik, an die allmähliche Steigerung der realen Löhne der Arbeiterklasse, ihres Standard of Life, eine vollendete opportunistische Illusion ist. Die Möglichkeit der allmählichen Besserung der Lage der Arbeiterklasse ist eine reaktionäre Utopie. Wenn man die statistischen Daten von *Kuczynski* ansieht, wo er zum Resultat kommt, dass eine vierköpfige Familie zur Erreichung eines allernotwendigsten Lebensniveaus, niedriger als das vor dem Kriege, in Deutschland 16.000 Mark jährlich braucht, wobei er berechnet, dass nur ca. 10 Prozent der Bevölkerung einen solchen Lohn beziehen, wenn wir dann andererseits die Ziffern für Amerika nehmen, also auf der einen Seite das höchst entwickelte besiegte kapitalistische Land, auf der anderen den Triumphator im Kriege, so wird diese Feststellung vollauf bestätigt. In einem Artikel »The high cost of Labour«, den die Washingtoner »Nation« (vom 19. Juni 1920) bringt, werden folgende Ziffern angeführt: Nach den statistischen Aufstellungen für das Jahr 1919 war für eine Familie von Mann, Frau und drei Kindern das Minimum des Lebensunterhalts 2500 Dollar jährlich, wobei gesagt wird, dass das nicht der amerikanische Standard of Life ist, sondern ein Niveau, *»unter dem die Familie in die Gefahr der physischen und der moralischen Ausartung geraten würde.«* Andere Statistiken, die im Artikel angeführt werden, kommen zu einer Ziffer von 2180 Dollar, und jetzt berechnet das Blatt die Löhne für 103 Berufe und kommt zu dem Ergebnis, dass ein Lohn von 6,50 bis 8,50 Dollar, der diesem Jahresbudget entsprechen würde, von nur 10 Prozent der Metallarbeiter bezogen wird, so dass jedenfalls nach der Berechnung der »Nation« 90 Prozent in einer Lage leben, die sie, nach der Meinung der amerikanischen Statistiker, in die Gefahr der physischen und moralischen Ausartung bringt. Das bürgerliche Blatt sagt weiter, dass ein Viertel der Arbeiterklasse bereits aktueller Unterernährung und dem Kleidungsmangel ausgesetzt ist. Das war die Lage in Amerika, bevor die Krise begann. In dieser Situation ist es klar, dass die Taktik der Gewerkschaften, die Aufgaben des kommunistischen Kampfes nicht in Reparaturen des kapitalistischen Gebäudes bestehen können, sondern in dem bewussten Hinarbeiten auf die Niederwerfung des Kapitals. Auf welchem Wege können wir diesen Kampf führen? Da trifft man in unserem »linken« Flügel häufig folgende Auffassung an: Da es unmöglich ist, die Lage der Arbeiterklasse durch Steigerung der Löhne zu verbessern, so ist es unnütz, darum zu kämpfen. Die ökonomischen Kämpfe sind nutzlos, man muss warten, bis sich der Groll so angehäuft hat, dass die Arbeiterklasse dann mit einem Schlage mit dem Kapitalismus fertig wird. Auf der anderen Seite finden wir die Propaganda der Sabotage (der Arbeit, der Industrie) als des Weges, der zu einem schnellen Zusammenbruch des Kapitals führen wird. Die eine Auffassung ist ebenso unrichtig wie die andere. Wenn die Arbeiterklasse auch nicht imstande ist, sich auf dem Wege der Erhöhung der Löhne zu retten, so darf sie doch aus stichhaltigen Gründen dem Lohnerhöhungskampf nicht gleichgültig gegenüberstehen. So unterliegt es keinem Zweifel, dass z. B. die Berliner Metallarbeiter, falls sie nicht imstande sind, ihre Löhne der Preissteigerung entsprechend zu erhöhen, im März schlechter stehen werden als im Januar. Wenn also die Erhöhung der Löhne auch kein Mittel ist, die Frage zu lösen, so ist sie doch ein Mittel, die Arbeiter zum Kampfe fähig zu erhalten. Ferner: Ein sofortiger Zusammenbruch des Kapitals ist ebenso wie der sofortige Einsturz eines Hauses, dem man die Pfeiler weggezogen hat, schon aus den Gründen der Mechanik undenkbar. Der Kapitalismus könnte auch bei der größten Not der Welt noch jahrelang bestehen, wenn sein Zerfall nicht entgegengesetzte Kräfte auslöste. Die Arbeiterklasse kann sich von der Rettungslosigkeit der kapitalistischen Situation nur dann überzeugen, wenn sie, durch Not getrieben, in den Kampf tritt und sich in diesem Kampfe überzeugt, dass sie sich auf dem Boden des Kapitalismus nicht retten kann. *Die Lohnkämpfe haben in ihrem momentanen Resultat die große Bedeutung, dass sie die großen Arbeitermassen zum revolutionären Kampfe mobilisieren.*

Auf der anderen Seite ist die Losung der Sabotage, soweit es sich um die Sabotage der technischen Mittel handelt, eine direkt gegenrevolutionäre Losung. Wir werden so schon ein genügend kleines Erbe bekommen, da der Bürgerkrieg ohnehin eine Vernichtung der Produktionswerte und -mittel mit sich bringt. Daher ist es die Aufgabe der Arbeiterklasse, diese technischen Mittel nur angesichts der größten Notwendigkeit zu vernichten. Die Sabotage ist keine Losung im Kampf. Es unterliegt wohl keinem Zweifel, dass es nicht unsere Pflicht ist, dem Arbeiter zu sagen, dass er sich für die Kapitalisten besonders anstrengen soll, doch ist die passive Resistenz kein Mittel, das zu einem Zusammenbruch des Kapitals führen könnte. Die Mittel des Kampfes der Arbeiterklasse sind aktive Mittel: die Ausbreitung der Kampffront durch die Heranziehung von Millionen kämpfender Arbeiter, die Verschärfung, die Verlängerung des Kampfes und die Einigung der kämpfenden Massen.

Das Problem besteht darin, dass die resultatlosen Kämpfe schließlich zu einem allgemeinen Angriff der Arbeitermassen auf den Kapitalismus führen werden. Es gibt kein neues Mittel in diesem Kampf. Wenn wir in den großen Massengebilden, den Gewerkschaften, die gegenrevolutionären Tendenzen der Bürokratie ausrotten, wenn wir sie absetzen, so sind diese Massenorganisationen des Proletariats die Organe, die am meisten befähigt sind, den Kampf des Proletariats in breiter Front zu führen.

Jetzt kommen wir zur Frage der praktischen Möglichkeiten der Umwandlung der reaktionären Gewerkschaften in Institutionen der Revolution. In unseren Leitsätzen, die wir dem Kongress unterbreiten, geben wir als generelle Regel an die Kommunisten die Losung aus: Eintritt in die Gewerkschaften und Kampf in den großen Gewerkschaften um ihre Eroberung. Aber wenn wir diese generelle Regel geben, so sollen wir nicht die Augen verschließen vor den Schwierigkeiten, die uns besonders in den langen Beratungen unserer Kommission klar wurden. Die Schwierigkeiten bestehen darin, dass wir bei der Aufstellung der Leitsätze vielleicht zu sehr die russischen und die deutschen Erfahrungen im Auge hatten. Die deutschen Gewerkschaften mit ihren acht Millionen organisierten Arbeitern umfassen die große Masse der deutschen Arbeiter, die gute Hälfte des deutschen Proletariats, und sie sind deshalb nicht mehr nur Organe der Arbeiteraristokratie. Wir haben in den Gewerkschaftsorganisationen über 600.000 landwirtschaftliche Arbeiter, und schon die Tatsache, dass die großen Massen den Gewerkschaften angehören, eröffnet die besten Perspektiven.

Wenn wir jedoch in Betracht ziehen, dass wir in Amerika nur vier Millionen gewerkschaftlich organisierte Arbeiter haben, wenn wir in Betracht ziehen, dass sie in Fachverbände zersplittert sind, so stehen wir in Amerika der Tatsache gegenüber, dass vorderhand die organisierte Arbeiterschaft die Arbeiteraristokratie darstellt, dass sie sich zweitens hermetisch abschließt von den großen Massen der Arbeiter, dass drittens diese Arbeiteraristokratie verstreut ist in einer großen Masse kleiner Organisationen alten Stils. Es gibt in Amerika und England Gewerkschaftsorganisationen, wo die Gewerkschaftsbürokratie auf Lebenszeit bestimmt wird. Daher müssen wir bei Aufrechterhaltung der allgemeinen Leitsätze die Kommunisten Amerikas und Englands dazu veranlassen, in allen großen Organisationen in Amerika die Möglichkeit und die Notwendigkeit der Bildung neuer Gewerkschaften in Erwägung zu ziehen. Wir haben hierzu ein gutes Feld vor uns, nämlich die Berufe, wo die Arbeiteraristokratie freiwillig auf die führende Rolle als Organisator verzichtet, also die vielen Berufe der unqualifizierten, unentwickelten Arbeiter. Wenn wir in unseren Leitsätzen nur den einen Fall der Unterdrückung der Organisationsmitglieder durch die Gewerkschaftsbürokratie angaben, so müssten wir für Amerika den Kommunisten ausdrücklich sagen: Ihr habt die Pflicht, die Gründung neuer Organisationen auf euch zu nehmen. Wir haben dort in den IWW eine Organisation, die an diese Aufgabe herangeht. Wohl ist sie die am meisten verfolgte Organisation, in deren Brust alle Speere des amerikanischen Kapitalismus stecken. Und so wollen wir uns denn nicht stoßen an der revolutionären Romantik der IWW, sondern wir sagen unseren Genossen, sie sollen diese Organisationen mit voller Kraft unterstützen, um die Massen zu organisieren. Eine Möglichkeit für eine einheitliche Taktik ist nur darin gegeben, dass wir unsere Bemühungen um die Organisation der breiten unqualifizierten Arbeitermassen mit denen der IWW in Einklang bringen. Im Interesse der englisch-amerikanischen Arbeiterbewegung darf es nicht zur Isolation der revolutionären Gewerkschaften kommen. Wir müssen durch die neuen Organisationen nicht nur den Kapitalismus stürmen, sondern wir müssen auch in die Federation of Labour gehen. Die amerikanischen Genossen antworten uns darauf, dass sie während Jahrzehnten versucht haben, die F. of L. umzugestalten; aber dieses Argument ist kaum überzeugend. Insoweit es sich um die F. of L. handelt, gingen die Leute immer mit dem guten Willen in die Gewerkschaften, sofort die Waffen zu ergreifen; aber da handelte es sich nicht nur um die revolutionären Elemente, und man darf auch nicht vergessen, dass alle diese Bemühungen unternommen wurden in der Epoche der friedlichen Entwicklung, wo der Arbeiter in England und Amerika gar nicht an die Revolution denken konnte. Jetzt befindet sich die F. of L, selbst in einem Umwandlungsprozess. Ich habe dafür kompetente Zeugen, wie die Londoner »Times«, die in der Jubiläumsnummer vom vorigen Jahr folgendes schreibt: »*Während des Krieges und vermutlich als seine Folge wuchsen die Gewerkschaften gewaltig. Die Streiks wurden weit zahlreicher als in normalen Zeiten und die Unzufriedenheit mit Herrn Gompers wurde, wenn nicht formell und öffentlich, so doch wenigstens privatim laut kundgetan … Das Bestehen einer starken sozialistischen Gruppe in der Föderation hat sich schon während einer langen Periode gezeigt und fand seinen Ausdruck in wiederholten Anstrengungen, Gompers als Vorsitzenden abzusetzen. Ferner ist es die Meinung erfahrener Beobachter, dass diese Gruppe weit stärker ist, als es die Handlungen des Kongresses, seine Beschlüsse oder seine Wahlen des Vorsitzenden und der Exekutive zeigen würden. Weiter ereignete sich eine Reihe von Fällen, wo fähige und erfahrene Vorsitzende und Craft-Unions in*

Neuwahlen besiegt und ihre Plätze von Männern des extremen sozialistischen Typus ausgefüllt wurden...« Das wurde am 4. Juli v. J. geschrieben. Ich habe einen Bericht über den letzten Kongress der F. of L., der im Januar d. J. stattfand. In diesem Bericht, der im Organ von Sydney Webb, im »New Statesman«, erschien, wird darüber gesprochen, dass in dem Kongress jetzt mit 29.000 gegen 8000 Stimmen das Projekt nicht nur der Verstaatlichung der amerikanischen Eisenbahnen, sondern der Überweisung der Eisenbahnen unter die Leitung einer gemischten Kommission, ein Projekt von revolutionärer Bedeutung, angenommen wurde, ein Projekt, das, wenn auch an sich reformistisch, eine Bresche in der amerikanischen Gewerkschaftsbewegung darstellt. Der »New Statesman« schreibt über den Ausfall der Diskussion auf dem Kongress folgendes: *»Herr Gompers wurde für eine weitere Zeit zum Vorsitzenden gewählt. Zum ersten Mal in seiner Karriere drückte er den Wunsch aus, das Zepter niederzulegen.* Er fühlt, dass sein Thron wankt und dass seine Zeiten vorbei sind. *Die Radikalen reisten voll Jubel ab. Sie hatten ihren ersten großen entscheidenden Sieg in einer Konferenz der F. of L. errungen und, wie ein Delegierter sich ausdrückte, gezeigt, ›wie man einen Rammblock in die Maschine dreht‹.«*

Ich will mich keinesfalls mit diesem optimistischen Urteil identifizieren. Es ist sehr gut möglich, dass die Entwicklung einen anderen Kurs nehmen wird, aber jedenfalls zeigen die Dinge, dass die F. of L. kein einheitlicher Block mehr ist. Es sind Risse in ihr, und es ist die Pflicht der amerikanischen Kommunisten, diese zu erweitern. Wenn mich die amerikanischen Kommunisten fragen, mit welchen Mitteln es möglich ist, die Bürokratie in der F. of L. umzugestalten oder sie unschädlich zu machen, so antworte ich: Wenn die Kommunisten von vornherein in die F. of L. gehen mit der Losung, sie zu zerstören, so werden sie ihre eigene Arbeit zerstören; wenn es sich jedoch als Resultat ihres Kampfes ergibt, dass es notwendig ist, die F. of L. zu zerstören, so sollen sie es tun. Aber kein taktisches Interesse erfordert, dass wir uns darauf versteifen, nicht in die F. of L. zu gehen. Die Aufgabe ist, dort zu arbeiten und zu wirken als der Faktor der Einigung der Kräfte, die von außen wirken, mit den Kräften der englischen und amerikanischen Arbeiter, die in der F. of L, organisiert sind und deren aristokratischer Hochmut gebrechen wird durch alle die Leiden, die der zusammenbrechende Kapitalismus auch in Amerika über sie bringen wird.

Als generelle Regel stellen wir also den Kampf um die Eroberung der Gewerkschaften auf. Die andere Frage, die an uns herantritt, ist die Frage über die spontanen Organisationen, die sich im Prozess des Kampfes während des Krieges und jetzt zu bilden beginnen und die verschiedenen Ursprungs sind, die aber als Neuerscheinungen die größte Aufmerksamkeit unsererseits erfordern. Es sind Organisationen wie die Shop Stewards, die Factory Committees in England, die Betriebsräte in Deutschland, die in ihrem ersten Stadium, was ihre Zusammensetzung anbetrifft, ein Chaos darstellen, aber ein Chaos, aus dem ein neues Leben entsteht, und man muss der vernageltste deutsche Gewerkschaftler sein, um in dieser Bewegung nicht ein neues Leben zu sehen. Wir sahen, wie die Shop Stewards entstanden, als die englische Gewerkschaftsbürokratie im Kriege auf die Streikwaffe verzichtete. Die Arbeiter bildeten selbst die Komitees, die den Streik leiteten. Wir sehen weiter, wie nach dem Kriege diese Shop Committees zum Mittelpunkt des aktivsten Teils der englischen Arbeiterklasse wurden, der abermals ohne Hilfe der Gewerkschaftsbürokratie an die Organisierung von Streiks herangeht, wie er sich jetzt die Aufgabe stellt, bewusst auf die Unschädlichmachung der Gewerkschaftsbürokratie hinzuarbeiten und sie zurückzudrängen, so dass die Shop Stewards auf diese Weise eine Organisation zur Erneuerung des englischen Gewerkschaftslebens sind. Je mehr sich der Kampf entwickelt und diese Bewegung eine bewusst revolutionäre wird, desto mehr sehen die Shop Stewards in sich auch die Leiter der politischen revolutionären Tätigkeit. Sie werden zum Mittelpunkt der direkten Aktion in England. Wenn wir nach Deutschland gehen, so sehen wir, dass die Entstehung der Betriebsräte zum großen Teil der Enttäuschung über die Gewerkschaften zuzuschreiben ist. Während neue unorganisierte Massen in die Gewerkschaften hineinströmen, sehen wir, wie der Stamm der Arbeiter, der nachdenkt, fühlt, dass die Gewerkschaften nicht genügen, weil sie von einer gegenrevolutionären Bürokratie beherrscht werden, weil sie Fachorganisationen sind, weil sie die Massen zerschneiden, zersplittern. Vielfach führt diese Erkenntnis die Arbeiter dazu, sich von diesen Gewerkschaften völlig abzuwenden. Wir sehen, wie die Betriebsrätebewegung versucht, unter dem Joch des Kapitalismus, unter der Herrschaft Noskes die Grundlage der zukünftigen wirtschaftlichen sozialistischen Ordnung zu schaffen.

Jetzt stehen wir vor der prinzipiellen Frage der Beurteilung und der Bewertung der Möglichkeiten, die der Arbeit der Gewerkschaften in den kapitalistischen Ländern gegeben sind. Wir brauchen nicht besonders hervorzuheben, dass wir verpflichtet sind, jede aufkommende Fabrikorganisation des Proletariats, die den Zweck hat, die Allmacht der Gewerkschaftsbürokratie zu brechen, zu unterstützen, nicht nur in England, sondern auch in Deutschland und Frankreich und in allen anderen Ländern. Wenn wir in Deutschland die Frage des Verhältnisses der Betriebsräte zu den Gewerkschaften betrachten, und wenn wir sehen, dass nicht nur die Legien, sondern auch die rechten Unabhängigen, die Dißmann usw. diese Organisationen in den Gewerkschaftsapparat einzuschachteln suchen und das begründen mit der Ökonomie der Revolution – man müsse die Kämpfe einheitlicher leiten – so kennen wir diese Pfiffikusse zu gut, um nicht ihre Absicht zu durchschauen. Würde die Sache so stehen, dass die Legien und die Dißmann die Leiter des revolutionären Kampfes des Proletariats werden, so würden wir den Betriebsräten sagen: Tretet ein in die Reihen! Aber so steht die Frage nicht. Die Legien sind die Leiter der deutschen Gegenrevolution, und wenn man sich die Praxis der rechten Unabhängigen betrachtet, wenn man die Politik Dißmanns im Metallarbeiterverband im Auge hat, so kann man nicht den geringsten Unterschied zwischen seiner Politik und der Politik der Legien gelten lassen. Unter diesen Umständen bedeutet das Bestreben, die Betriebsräte in den Gewerkschaftsapparat einzufügen, den Versuch der Zerstörung dieser revolutionären Organisationen, die im Moment des Kampfes als Organe der Revolution auftreten könnten. Was das Bestreben anbetrifft – es gehört einer Übergangsepoche an – aus diesen Betriebsräten eine systematische Organisation zu bilden, die imstande wäre, den Übergang zum Sozialismus zu erleichtern, so war dies eine Illusion, und ich glaube, dass das auch die Genossen einsehen müssen, die in diesem Sinne gearbeitet haben. Es ist unmöglich, unter der Fuchtel des Kapitalismus und des Belagerungszustandes eine Organisation aufzubauen, die imstande wäre, den Apparat der zukünftigen sozialistischen Wirtschaftsordnung darzustellen. Worum es sich handelt, ist, dass die Bewegung wächst, und zwar aus verschiedenen Gründen. Sie umfasst die aktivsten Teile des Proletariats, sie kämpft gegen die Bleigewichte der Gewerkschaftsbürokratie, und sie wird, je weiter, desto mehr, die Organisationen des Kampfes und der Kontrolle der Produktion werden.

Wenn der Prozess des Zerfalls der kapitalistischen Wirtschaftsweise weiter schreitet, wird nicht nur der bewusste, sondern auch der letzte Arbeiter in der Fabrik vor die Frage gestellt werden: Woher bekommt man Kohlen, Rohstoffe usw. Aus all diesen Kombinationen entsteht ein Kampf, der in den Betrieb hineinwächst und dessen Träger die Masse wird. Die Gewerkschaften allein können nicht diese Träger sein, sie umfassen nicht die ganze Masse der Arbeiter des Betriebes, sie sind noch Fachorganisationen. Hier ist eine revolutionäre Organisation notwendig, die als revolutionäre Kraft auftritt, die es sich bei einer solchen Frage zur Hauptaufgabe macht, die Massen in Bewegung zu setzen, sie in den Kampf zu führen. Wenn wir sagten, es sei die Aufgabe der Kommunisten, in den Gewerkschaften an der Spitze zu marschieren, sich nicht zu begnügen mit der kommunistischen Propaganda, sondern zu versuchen, der leitende Teil der Bewegung zu sein, so ist es in der Frage der Betriebsräte, der Shop Stewards selbstverständlich, dass die Initiative den Kommunisten zufällt. Wenn die Frage gestellt wird: Sind neben den Gewerkschaften neue Organisationen zu schaffen? Wie soll ihr gegenseitiges Verhältnis sein? So antworten wir: Solange die Gewerkschaften durch die Bürokratie beherrscht werden, sind diese neuen Organisationen unsere Stützpunkte gegen die Gewerkschaftsbürokratie; wenn aber die Kommunisten die Leiter der Bewegung geworden sind, dann ist die Zeit gekommen, die beiden Ströme zusammenfließen zu lassen und die Betriebsräte zu gewerkschaftlichen Organen zu machen.

Jeder Versuch jedoch, jetzt den Gewerkschaften die Räte auszuliefern, ist ein gegenrevolutionärer Versuch.

Es ist noch eine Frage, zu der wir Stellung nehmen müssen, und das ist die Frage des Industrialismus und der Industrieverbände. Wenn wir hören, wie die Frage des Industrialismus von verschiedenen Seiten propagiert wird, so glauben wir, es mit einem neuen Fetisch zu tun zu haben. Es wird behauptet, dass die Fachgewerkschaften nicht mehr der Revolution dienen können. Die Industrieverbände seien das Höchste und Vollkommenste. Das ist eine vollkommen metaphysische Stellungnahme. Es ist schon praktisch erwiesen, dass ein reaktionärer Industrialismus möglich ist. Wenn die Arbeiterschaft sich in Industrieverbänden organisiert, um mit den Kapitalisten ein Abkommen zu treffen, so liegt darin nichts Revolutionäres, während es andererseits möglich ist, dass gewerkschaftliche Organisationen, die noch zurückgebliebener sind als die Fachgewerkschaften, sich in revolutionärem Kampf vereinigen, wenn sie vom revolutionären Geist erfüllt sind. Die Ideologie dieser Industrieverbände lässt sich reell auf eine ganz einfache Tatsache zurückführen, nämlich, dass es besser ist, die Arbeiter nach Industrien zu organisieren und nicht nach Fächern. Unsere Stellung zu Industrieverbänden ist progressiv. Wir wollen sie unterstützen; aber wir dürfen uns daraus kein Schiboleth machen, denn sonst verhindern wir nicht die Zersplitterung, sondern wir schaffen neben 20 Fachgewerkschaften den 21. Industrieverband, der wieder einen hundertsten Teil der Masse einkapselt. Der Weg zu den Industrieverbänden soll durch unseren Kampf in den Gewerkschaften beschritten werden. Falls wir zur Spaltung der Gewerkschaften schreiten würden, um einen Verband zu gründen, so wäre das Resultat keineswegs das von uns gewünschte. Das sehen wir am Beispiel Amerikas, wo die Gewerkschaften, nachdem die Arbeiterindustrieverbände, die alle Arbeiter vereinigen sollten, entstanden waren, genauso zersplittert blieben, wie sie waren. Die Frage des Industrialismus steht im Zusammenhang mit der Frage des Syndikalismus, und wenn manche unserer Genossen immerfort davon sprechen, so sehe ich darin die Tendenz, eine Anlehnung an eine syndikalistische Bewegung zu suchen, die gegen den proletarischen Staat, gegen die Diktatur des Proletariats ist. Der Kampf gegen diese Richtung ist in den angelsächsischen Ländern, wo die Arbeiter niemals weder eine wirklich revolutionäre Partei gehabt, noch einen revolutionären Kampf gesehen haben, sehr schwierig. Man soll ihn ihnen nicht schwerer machen, indem man die syndikalistische Ideologie annimmt.

Die Stellung der Kommunistischen Internationale zu den syndikalistischen Strömungen ist durch den Beschluss des Kongresses bewiesen, der syndikalistische Organisationen zur Kommunistischen Internationale zulässt. Dadurch hat die Kommunistische Internationale gezeigt, dass ihr der alte Geist der Sozialdemokratie vollkommen fremd ist. Weil wir im Syndikalismus eine Übergangskrankheit der revolutionären Arbeiterbewegung sehen, suchen wir an die Syndikalisten heranzutreten, uns mit ihnen zu blockieren[71] und Schulter an Schulter mit ihnen zu kämpfen, wenn es möglich ist. Aber gleichzeitig müssen wir ihnen alle Unklarheiten des Weges, wie sie ihn sehen, zeigen und uns in der gewerkschaftlichen Bewegung daran erinnern, dass die großen Massen der Arbeiter nicht im syndikalistischen Lager stehen. Damit müssen wir rechnen, und organisatorisch müssen unsere Bemühungen darauf gerichtet sein, an die Massen heranzukommen.

Wir kommen zum Ende. Die Aufgabe des Kommunismus den Gewerkschaften gegenüber ist gleichzeitig eine sehr schwierige und sehr undankbare. Hier in den Gewerkschaften sehen wir das Zusammenfließen von Millionen von Arbeitern, die von der Geschichte dazu berufen sind, der Haupttrupp der sozialen Revolution zu werden. Sie kommen mit allen ihren Vorurteilen, mit all ihrer Schwerfälligkeit, mit all den wechselnden Stimmungen. Trotzdem werden diese Massen die entscheidenden Kämpfe führen, und aus diesem Grunde ist es die Aufgabe der Kommunisten, nicht nur die Legien an der Spitze zu sehen, ihre Aufgabe ist, die Massen selbst ins Auge zu fassen und so lange in den Gewerkschaften zu arbeiten, wie dies notwendig sein wird. Die Genossen sagen: Ja, hätten wir dazu Zeit, ein paar Jahre zu arbeiten, so würden wir die Organisationen erobern. – Niemand kann bestimmen, wie lange Zeit es in Anspruch nehmen wird, bis die soziale Revolution ihren siegreichen Fuß auf den Nacken des Kapitalismus setzt, und wenn es notwendig ist, die Massen für die Idee des Kommunismus zu erobern, so ist dazu nicht weniger Zeit notwendig als zur Eroberung

71 Gemeint: mit ihnen einen Block zu bilden

der Gewerkschaften. Es gibt nur eins: keine Schwierigkeiten zu scheuen, in die Organisationen zu gehen und den Kampf zu führen. Ich sage meinen deutschen Parteigenossen: Ihr habt bis heute nicht einmal ein gewerkschaftliches Wochenblatt gegründet, das systematisch den Kampf leiten könnte. Wo gibt es geschlossene Fraktionen der Kommunisten und der Unabhängigen in den Gewerkschaften? Wo ist der Versuch gemacht worden, die Organisationen der Gewerkschaftsbürokratie von unten her zu brechen? Wir stehen erst am Anfang unseres systematischen Kampfes, und wir haben kein Recht, über die geringen Resultate zu klagen. Soweit es sich um die Verhältnisse in den angelsächsischen Ländern handelt, müssen wir sagen: weniger Verzweiflung und mehr kommunistischer Optimismus werden euch ganz gewiss dienen.

Zum Schluss: Die USP-Presse vertrat gegenüber der Gewerkschaftsbürokratie den Standpunkt, den wir jetzt einnehmen. Hier kommen wir zu der letzten Frage der gewerkschaftlichen Bewegung, die natürlich die Frage des Kommunismus ist. Zwischen uns und der Theorie und Praxis der USP in dieser Frage liegt nicht so sehr der Abgrund der Form als der der Tat. Es handelt sich nicht allein darum, ob wir in die Gewerkschaften gehen oder nicht, sondern was wir in diesen Gewerkschaften tun werden. Der Eintritt der USP in die Gewerkschaften hat nur dazu geführt, dass anstelle Schlickes Dißmann gesetzt worden ist. Es handelt sich nicht darum, in die Gewerkschaften zu gehen, sondern auf die Gefahr der Spaltung hin, die wir nicht fürchten, wenn sie im Kampf erfolgt, den Kampf gegen die alte Gewerkschaftsbürokratie und ihren Geist aufzunehmen. Wenn die USP-Leute sich mit dem Siege auf dem Kongress der Metallarbeiter begnügen und sich sofort wieder das Bleigewicht der Proportion anhängen, indem sie die alte Bürokratie im Vorstand belassen, wenn sie als Mitglieder des Allgemeinen Deutschen Gewerkschaftsbundes praktisch an die Arbeitsgemeinschaft gebunden sind, wenn sie sich bei jedem Schritt immer wieder umschauen, so ist dies natürlich keine Eroberung der Gewerkschaften, sondern es bedeutet nichts anderes, als dass die Stelle der Legien die USP einnimmt und dass sie weiter eine Legiensche Politik treibt. Wir sind dafür, in die Parlamente zu gehen; auch die Unabhängigen sind dafür. Wir gehen jedoch in die Parlamente, um dort revolutionäre Agitation und Propaganda zu treiben, um Zusammenstöße herbeizuführen. Wenn es gilt, werden wir sogar in die Kommissionen gehen, da wir dort am besten Material sammeln können. Die Unabhängigen hingegen handeln anders. Ich kann ein Beispiel geben. Während des Krieges war Genosse Haase in der Kommission für Auswärtiges; aber er hat sich gehütet, im Parlament die Geheimnisse dieser Kommission aufzudecken, selbst dann, wenn sie gegen das deutsche Volk gerichtet waren. Für ihn war das Behüten der Regierungsgeheimnisse sehr wichtig. Ich glaube, wenn unsere Genossen in die Kommissionen gehen werden, dann werden sie ihr Verhalten anders einrichten. Ebenso steht die Frage in den Gewerkschaften. Wir gehen in die Gewerkschaften, um dort die Bürokratie niederzuwerfen und, wenn nötig, die Gewerkschaften zu spalten. Wir gehen in die Gewerkschaften, um sie zu einem Kampfmittel zu machen. Das Resultat der Arbeit der USP während des ersten Jahres in den Gewerkschaften ist, dass sie die Betriebsräte, die revolutionären Organisationen des Proletariats, unter die Fuchtel der Gewerkschaftsbürokratie bringen wollen. Es handelt sich um den Unterschied des Geistes, um den Willen zur Tat und zum Kampfe, um den Willen, die Gewerkschaften zu einem Instrument der Revolution zu machen. Die kommunistische Partei baut ihre Politik auf den Elementen auf, die von der bürgerlichen Gesellschaft übriggeblieben sind. Wir werden versuchen, die Gewerkschaften in Kampforganisationen umzubauen. Sollten sich die Widerstände der Bürokratie stärker zeigen als wir annehmen, so werden wir nicht fürchten, sie zu zertrümmern, denn wir wissen, dass das Wichtigste nicht die Form ist, sondern die Organisationsfähigkeit der Arbeiter und ihr Wille zur Organisation des revolutionären Kampfes. Wir gehen in die Gewerkschaften und werden sie mit allen Kräften zu erobern suchen, ohne uns an sie zu binden. Wir werden uns nicht niederknüppeln lassen von der Gewerkschaftsbürokratie, und wo sie im Kampfe versuchen wird, die Möglichkeit unseres revolutionären Kampfes zu schmälern, werden wir an der Spitze der Massen sie aus diesen Gewerkschaften hinaus jagen Wir gehen in die Gewerkschaften, nicht um sie zu bewahren, sondern um den Zusammenhalt der Arbeiterschaft zu schaffen, auf dem erst die großen Industrieverbände der sozialen Revolution gebildet werden können. Das Wichtigste ist, zwei Dinge zu vereinigen: mit den Massen zu sein und mit diesen Massen zu gehen, nicht aber hinter den Massen zurückzubleiben. Das ist die Linie der kommunistischen Politik in den Gewerkschaften. In den Räten sieht sie die spontane Organisation des Proletariats, und solange die Gewerkschaften versagen, solange die Gewerkschaftsbürokratie ein Wall gegen die Revolution ist, wollen wir die Selbständigkeit der Räte bewahren, ihnen helfen, um mit ihnen zusammen die Massen in den Kampf zu führen. Das ist es, was ich zu sagen hatte.

Jetzt noch ein paar formelle Dinge. Die Kommission, die von dem Kongress gewählt wurde, hatte große Schwierigkeiten zu überwinden. Sie lagen eben darin, dass die Resolutionen zu eng gefasst wurden. Unsere Leitsätze haben zu wenig die englisch-amerikanischen Verhältnisse berücksichtigt, und ich gebe zu, dass es mir lange Zeit schwierig war, herauszufinden, was die Genossen wollen. Wir sind dazu gekommen, einzusehen, dass zwischen unseren Standpunkten keine prinzipiellen Unterschiede vorliegen. Alle waren darüber einig, dass sie die Pflicht hätten, in den Gewerkschaften zu arbeiten. Ein einziger amerikanischer Genosse hatte in seinen Leitsätzen den Vorschlag gemacht, dass die Kommunisten außerhalb der F. of L. bleiben sollten. Dann kam die Frage der Feststellung der Fälle, wo sie außerhalb der Gewerkschaften arbeiten müssten. Ein Fall war in unseren Leitsätzen schon eingereiht: falls nämlich die revolutionäre Agitation von der Gewerkschaftsbürokratie unterdrückt wird. Den zweiten Fall haben wir festgestellt, als wir fanden, dass in Amerika 80 Prozent der Arbeiterschaft unorganisiert sind, und dass die F. of L. bewusst auf die Organisation großer Massen verzichtet, indem sie sehr hohe Eintrittsbeiträge verlangt. Da ist es klar, dass die Kommunisten die Aufgabe haben, diese Massen zu organisieren. Die letzte Schwierigkeit, die wir in der Kommission nicht entscheiden konnten, besteht darin: Die amerikanischen Genossen behaupten, dass eine ganze Reihe von Statuten der Gewerkschaften es ihnen unmöglich machte, in den Gewerkschaften zu arbeiten, dass dort die Bürokratie unabsetzbar ist, dass jahrelang keine Kongresse einberufen wurden usw. Wir nehmen theoretisch die Möglichkeit solcher Fälle an, aber ich habe den Genossen offen gesagt, dass ich bei ihnen eine Tendenz vermute, sich die Sache leicht zu machen und aus den Gewerkschaften zu flüchten. So übernehme ich denn keine Verantwortung für diesen Antrag. Die amerikanischen Genossen sollen diesen Fall hier spezifizieren. Liegen die Verhältnisse so, wie die Genossen berichten, dann können wir nicht abschlagen, dass sie in solchen Fällen Sondergewerkschaften bilden.

Die andere Frage betraf die Betriebsräte. Die Resolution zeigt die Betriebsräte in ihrer letzten Phase, wenn sie im Kampfe an die Aufgabe der Kontrolle der Produktion gehen. Dieser Passus macht den Eindruck einer Perspektive, die erst kommen wird. Daher sind wir übereingekommen, die vorhergehenden Phasen der Entwicklung der Betriebsräte ebenfalls in der Resolution zu berücksichtigen.

Der letzte Punkt bezieht sich auf die Frage der internationalen Organisation der Gewerkschaften. Wir haben zwei Fassungen. Die russische Gewerkschaftskommission gab eine Fassung, in der sie zum Ausgangspunkt die Deklaration der Gewerkschaften von England, Italien, Russland, Bulgarien nimmt, die einen Kongress einberufen haben. Die russische Resolution weist darauf hin, dass die Gewerkschaften ein Teil der Kommunistischen Internationale werden müssen. Die amerikanischen Genossen wenden sich gegen den Aufruf der italienischen, russischen und englischen Gewerkschaften. Sie haben eine große Anzahl von Vorwürfen dagegen erhoben. Die Genossen werden diese Schwierigkeiten selbst hier vorbringen und wir überlassen es dem Kongress, darüber zu entscheiden. Ich werde nicht die einzelnen Anträge vorlesen, aus dem einfachen Grunde nicht, da sie ohnehin erst in der Kommission redigiert werden müssen. Ich wiederhole darum nur: Sie umfassen die Fälle, in denen besondere Organisationen zu bilden sind, also Fälle, wo die revolutionäre Organisation der Gewerkschaften unterdrückt wird. Dann besagen sie die Notwendigkeit der Unterstützung der Shop Stewards und der Betriebsräte als Kampforganisationen des Proletariats. Sie besagen weiter, dass die Organisationen selbständig bleiben müssen, solange die gegenrevolutionäre Gewerkschaftsbürokratie die Gewerkschaften beherrscht, und befassen sich schließlich mit der noch unentschiedenen Frage über die Gewerkschaftsinternationale.

Zweiter Kominternkongress: Leitsätze

Über die Gewerkschaftsbewegung, die Betriebsräte und die Kommunistische Internationale.

I.

1. Die von der Arbeiterklasse in der Periode der friedlichen Entwicklung des Kapitalismus geschaffenen Gewerkschaften waren Organisationen der Arbeiter zum Kampf um die Erhöhung des Preises der Arbeitskraft auf dem Arbeitsmarkt und für die Verbesserung der Bedingungen ihrer Verwendung. Die revolutionären Marxisten waren bestrebt, sie mit der politischen Partei des Proletariats, der Sozialdemokratie, zu gemeinsamem Kampf für den Sozialismus in Verbindung zu bringen. Aus denselben Gründen, denen zufolge die internationale Sozialdemokratie sich mit geringen Ausnahmen nicht als Werkzeug des revolutionären Kampfes des Proletariats zum Sturz des Kapitalismus, sondern als eine Organisation erwies, die das Proletariat im Interesse der Bourgeoisie von der Revolution zurückhält, erwiesen sich die Gewerkschaften während des Krieges in den meisten Fällen als Teil des Kriegsapparats der Bourgeoisie und halfen dieser, aus der Arbeiterklasse möglichst viel Schweiß auszupressen, zwecks möglichst energischer Kriegsführung für die Interessen des kapitalistischen Gewinns. Die Gewerkschaften, die hauptsächlich qualifizierte, von den Unternehmern am besten bezahlte Arbeiter umfassten, die, durch ihre gewerkschaftliche Engherzigkeit beschränkt, durch den von den Massen losgelösten bürokratischen Apparat gebunden, durch ihre opportunistischen Führer irregeleitet wurden, haben nicht nur die Sache der sozialen Revolution, sondern sogar die Sache des Kampfes um

die Verbesserung der Lebensbedingungen der von ihnen organisierten Arbeiter verraten. Sie sind vom Standpunkt des gewerkschaftlichen Kampfes gegen die Unternehmer abgegangen und haben ihn durch ein Programm der friedlichen Abmachungen mit den Kapitalisten um jeden Preis ersetzt. Eine solche Politik haben nicht nur die liberalen Verbände in England und Amerika, nicht nur die angeblich »sozialistischen" freien Gewerkschaften in Deutschland und Österreich, sondern auch die syndikalistischen Verbände in Frankreich geführt.

2. Die wirtschaftlichen Folgen des Krieges, die volle Desorganisierung der Weltwirtschaft, die wahnsinnige Teuerung, die ausgedehnte Anwendung der Frauen- und Jugendarbeit, die Verschlechterung der Wohnungsverhältnisse — alles dies treibt die breitesten Massen des Proletariats auf den Weg des Kampfes gegen den Kapitalismus. Dieser Kampf ist der Ausdehnung und dem Charakter nach, den er mit jedem Tage immer mehr annimmt, ein revolutionärer Kampf, der die Grundlagen der kapitalistischen Ordnung objektiv zerstört. Die heute von dieser oder jener Arbeiterkategorie durch wirtschaftlichen Kampf erzielte Erhöhung des Arbeitslohns ist morgen schon durch die Teuerung überholt. Die Teuerung muss steigen, weil die kapitalistische Klasse der siegreichen Länder, während sie durch ihre Ausbeutungspolitik Mittel- und Osteuropa zerstört, nicht nur nicht imstande ist, die Weltwirtschaft neu zu organisieren, sondern sie unermüdlich desorganisiert. Um im wirtschaftlichen Kampf Erfolg zu haben, strömen die breitesten Arbeitermassen, die bisher außerhalb der Gewerkschaften standen, in ihre Reihen. In allen kapitalistischen Ländern ist ein riesiges Anwachsen der Gewerkschaften zu verzeichnen, die jetzt nicht mehr eine Organisation allein des vorgeschrittenen Teils des Proletariats, sondern seiner Hauptmassen sind. Indem sie in die Gewerkschaften hineinströmen, suchen diese Massen sie zu ihrer Kampfwaffe zu machen. Die sich verschärfenden Klassengegensätze nötigen die Gewerkschaften zur Leitung der Streiks, die in breiter Welle durch die ganze kapitalistische Welt fluten und den Prozess der kapitalistischen Produktion und des Austausches ständig unterbrechen. Indem sie mit der wachsenden Teuerung und ihrer eigenen Erschöpfung ihre Forderungen erhöhen, vernichten die Arbeitermassen die Grundlage für jegliche kapitalistische Kalkulation — diese elementare Voraussetzung für jede geordnete Wirtschaft. Die Gewerkschaften, die während des Krieges zu Organen für die Beeinflussung der Arbeitermassen im Interesse der Bourgeoisie geworden waren, werden jetzt zu Organen der Zerstörung des Kapitalismus.

3. Diese Änderung des Charakters der Gewerkschaften wird von der alten Gewerkschaftsbürokratie und durch die alten Organisationsformen der Ge-

werkschaften auf jede Weise behindert. Die alte Gewerkschaftsbürokratie sucht vielerorts die Gewerkschaften als Organisationen der Arbeiteraristokratie aufrechtzuerhalten: sie behält die Vorschriften bei, die den schlecht entlohnten Arbeitermassen den Zutritt zu den Gewerkschaftsorganisationen unmöglich machen. Die alte Gewerkschaftsbürokratie versucht auch jetzt noch, den Streikkampf der Arbeiter, der mit jedem Tage immer mehr den Charakter eines revolutionären Ringens des Proletariats mit der Bourgeoisie annimmt, durch eine Politik der Übereinkunft mit den Kapitalisten, eine Politik langfristiger Verträge, die schon in Anbetracht der ununterbrochenen wahnsinnigen Preissprünge jeden Sinn verloren haben, zu er setzen. Sie sucht den Arbeitern die Politik der Arbeitsgemeinschaften, der Joint Industry Conseils aufzudrängen und mit Hilfe des kapitalistischen Staates die Führung des Streiks gesetzlich zu erschweren. In den angespanntesten Augenblicken des Kampfes sät diese Bürokratie Zwietracht in die kämpfenden Massen der Arbeiter, hindert sie den Zusammenschluss des Kampfes verschiedener Arbeiterkategorien zu einem allgemeinen Klassenkampf. Bei diesen Versuchen wird sie von der alten Organisationsform der Gewerkschaften nach Berufen unterstützt, die die Arbeiter eines Industriezweiges in gesonderte Berufsgruppen trennt, obgleich der Prozess der kapitalistischen Ausbeutung sie zusammenschließt. Sie stützt sich auf die Macht der Überlieferung der Ideologie der alten Arbeiteraristokratie, obgleich diese beständig durch den Prozess der Aufhebung der Privilegien einzelner Gruppen des Proletariats infolge des allgemeinen Zerfalls des Kapitalismus, der Nivellierung der Lage der Arbeiterklasse, der Verallgemeinerung ihrer Not und Unsicherheit geschwächt wird.

Auf diese Weise teilt die Gewerkschaftsbürokratie den mächtigen Strom der Arbeiterbewegung in schwache Rinnsale, vertauscht die allgemeinen revolutionären Ziele der Bewegung gegen reformistische Teilforderungen und hemmt im Allgemeinen die Ausgestaltung des Kampfes des Proletariats zu einem Revolutionskampfe für die Vernichtung des Kapitalismus.

4. In Anbetracht des Hineinströmens gewaltiger Arbeitermassen in die Gewerkschaften, in Anbetracht des objektiven revolutionären Charakters des wirtschaftlichen Kampfes, den diese Massen im Gegensatz zur Gewerkschaftsbürokratie führen, müssen die Kommunisten in allen Ländern in die Gewerkschaften eintreten, um aus ihnen bewusste Kampforgane zum Sturz des Kapitalismus und für den Kommunismus zu machen. Sie müssen die Initiative zur Bildung von Gewerkschaften ergreifen, wo solche nicht existieren.

Jedes freiwillige Fernbleiben von der Gewerkschaftsbewegung, jeder künstliche Versuch der Schaffung von besonderen Gewerkschaften, ohne dazu entweder durch außergewöhnliche Vergewaltigungsakte seitens der Gewerkschaftsbürokratie (Auflösung einzelner revolutionärer Ortsgruppen der Gewerkschaften durch die opportunistischen Zentralen) oder durch ihre engherzige aristokratische Politik, die den großen Massen der wenig qualifizierten Arbeiter den Eintritt in die Organisationen versperrt, genötigt zu werden, stellt eine riesige Gefahr für die kommunistische Bewegung dar. Er droht die vorgeschrittensten, die klassenbewusstesten Arbeiter von den Massen zu trennen, die sich auf dem Wege zum Kommunismus befinden, und diese Massen an die opportunistischen Führer auszuliefern, die der Bourgeoisie in die Hände arbeiten. Die Halbheit der Arbeitermassen, ihre geistige Unentschlossenheit, ihre Zugänglichkeit für die Scheingründe der opportunistischen Führer kann nur im Prozess des sich verschärfenden Kampfes überwunden werden, in dem Masse, in dem die breitesten Schichten des Proletariats durch ihre Erfahrung, durch ihre Siege und Niederlagen begreifen lernen, dass auf der Grundlage des kapitalistischen Wirtschaftssystems menschliche Lebensbedingungen unmöglich mehr erreicht werden können, in dem Masse, in dem die vorgeschrittenen kommunistischen Arbeiter es lernen werden, im Wirtschaftskampf nicht nur Verkünder der Ideen des Kommunismus zu sein, sondern die entschlossensten Führer des Wirtschaftskampfes und der Gewerkschaften zu werden. Nur auf diese Weise wird es möglich sein, die opportunistischen Führer aus den Gewerkschaften zu entfernen. Nur auf diese Weise können die Kommunisten an die Spitze der Gewerkschaftsbewegung treten und sie zu einem Organ des revolutionären Kampfes für den Kommunismus machen. Nur auf diese Weise werden sie die Zersplitterung der Gewerkschaften beheben und sie durch Industrieverbände ersetzen, die von den Massen losgelöste Bürokratie beseitigen und sie durch einen Apparat von Betriebsvertretern ersetzen können, wobei den Zentralen nur die allernotwendigsten Funktionen vorbehalten bleiben.

5. Da die Kommunisten Ziel und Wesen der Gewerkschaftsorganisation höher stellen als die Form, dürfen sie in der Gewerkschaftsbewegung nicht vor einer Spaltung der Gewerkschaftsorganisationen zurückschrecken, wenn der Verzicht auf die Spaltung gleichbedeutend sein würde mit dem Verzicht auf die revolutionäre Arbeit in den Gewerkschaften, mit dem Verzicht auf den Versuch, aus diesen ein Werkzeug des revolutionären Kampfes zu machen, und mit dem Verzicht auf die Organisation der am meisten ausgebeuteten Teile des Proletariats. Aber selbst wenn sich eine solche Spaltung als notwendig erweisen soll-

te, darf sie nur dann durchgeführt werden, wenn es den Kommunisten gelingt, durch unausgesetzten Kampf gegen die opportunistischen Führer und ihre Taktik, durch lebhafteste Anteilnahme am wirtschaftlichen Kampf die breiten Arbeitermassen davon zu überzeugen, dass die Spaltung nicht wegen der ihnen noch unverständlichen fernen Revolutionsziele, sondern wegen der konkreten nächsten Interessen der Arbeiterklasse an der Entwicklung ihres Wirtschaftskampfes vorgenommen wird. Die Kommunisten müssen im Fall der Notwendigkeit einer Spaltung ununterbrochen aufmerksam prüfen, ob die Spaltung nicht zu ihrer Isolierung von der Arbeitermasse führen wird.

6. Wo die Spaltung zwischen der opportunistischen und der revolutionären Gewerkschaftsführung schon früher erfolgt ist, wo, wie in Amerika, neben den opportunistischen Gewerkschaften Verbände mit revolutionären, wenn auch nicht kommunistischen Tendenzen bestehen, dort sind die Kommunisten verpflichtet, diese revolutionären Gewerkschaften zu unterstützen, ihnen zu helfen, sich von syndikalistischen Vorurteilen freizumachen, sich auf den Boden des Kommunismus zu stellen, der allein als verlässlicher Kompass in den Wirrnissen des Wirtschaftskampfes dienen kann. Wo sich im Rahmen der Gewerkschaften oder außerhalb derselben in den Betrieben Organisationen bilden, wie die Shop Stewards, die Betriebsräte, die sich den Kampf gegen die konterrevolutionären Tendenzen der Gewerkschaftsbürokratie, die Unterstützung der spontanen direkten Aktionen des Proletariats zum Zweck setzen, dort haben die Kommunisten selbstverständlich mit voller Energie diese Organisationen zu unterstützen. Aber die Unterstützung der revolutionären Gewerkschaften darf nicht den Austritt der Kommunisten aus den opportunistischen Gewerkschaften bedeuten, die sich im Zustande der Gärung befinden und auf den Boden des Klassenkampfes übergehen. Im Gegenteil, indem die Kommunisten diese Entwicklung der Massengewerkschaften, die sich auf dem Wege zum Revolutionskampf befinden, zu beschleunigen suchen, werden sie die Rolle eines Elements spielen können, das die gewerkschaftlich organisierten Arbeiter geistig und organisatorisch zum gern einsamen Kampf für die Vernichtung des Kapitalismus vereinigt.

7. Der wirtschaftliche Kampf des Proletariats verwandelt sich in der Epoche des Zerfalls des Kapitalismus viel schneller in einen politischen Kampf, als dies im Zeitalter der friedlichen Entwicklung des Kapitals geschehen konnte. Jeder große wirtschaftliche Zusammenstoß kann die Arbeiter unmittelbar vor die Frage der Revolution stellen. Es ist daher Pflicht der Kommunisten, in allen Phasen des Wirtschaftskampfes die Arbeiter darauf hinzuweisen, dass dieser

Kampf nur dann erfolgreich sein kann, wenn die Arbeiterklasse im offenen Ringen die Klasse der Kapitalisten besiegt und auf dem Wege der Diktatur das Werk des sozialistischen Aufbaus in Angriff nimmt. Hiervon ausgehend, müssen die Kommunisten bestrebt sein, nach Möglichkeit eine volle Einheit zwischen den Gewerkschaften und der kommunistischen Partei herzustellen, die Gewerkschaften der tatsächlichen Leitung durch die Partei als Vortrupp der Arbeiterrevolution unterzuordnen. Zu diesem Zweck müssen die Kommunisten überall in den Gewerkschaften und Betriebsräten kommunistische Fraktionen bilden und mit deren Hilfe sich der Gewerkschaftsbewegung bemächtigen und sie leiten.

II.

1. Der Wirtschaftskampf des Proletariats für die Erhöhung des Arbeitslohns und die allgemeine Besserung der Lebensbedingungen der Arbeitermasse gerät täglich mehr und mehr in eine Sackgasse. Die wirtschaftliche Zerrüttung, die in immer ausgedehnterem Masse ein Land nach dem anderen ergreift, zeigt sogar den zurückgebliebenen Arbeitern, dass es nicht genügt, für die Erhöhung des Arbeitslohns und für die Verkürzung des Arbeitstages zu kämpfen, dass die Klasse der Kapitalisten mit jedem Tage weniger imstande ist, das Wirtschaftsleben wieder herzustellen und den Arbeitern auch nur die Lebensbedingungen zu sichern, die sie ihnen vor dem Kriege gab. Aus dieser wachsenden Erkenntnis der Arbeitermassen entspringt ihr Bestreben, Organisationen zu schaffen, die den Kampf zur Rettung der Wirtschaft durch die Arbeiterkontrolle der Betriebsräte über die Produktion aufnehmen können. Das Streben nach der Schaffung von Betriebsräten, das die Arbeiter verschiedener Länder mit jedem Tage mehr erfasst, nimmt seinen Ausgangspunkt von den mannigfaltigsten Ursachen (Kampf gegen die konterrevolutionäre Bürokratie, Entmutigung nach gewerkschaftlichen Niederlagen, Bestrebung zur Schaffung einer alle Arbeiter umfassenden Organisation); aber es mündet schließlich in den Kampf um die Kontrolle der Industrie, die besondere historische Aufgabe der Betriebsräte. Es ist daher ein Fehler, Betriebsräte nur aus solchen Arbeitern organisieren zu wollen, die schon auf dem Boden der Diktatur des Proletariats stehen. Im Gegenteil, Aufgabe der kommunistischen Partei ist es, auf Grund der wirtschaftlichen Zerrüttung alle Arbeiter zu organisieren und sie zum Kampf für dic Diktatur des Proletariats zu rüsten, und zwar durch Erweiterung und Vertiefung des ihnen allen verständlichen Kampfes für die Kontrolle der Arbeiter über die Produktion.

2. Diese Aufgabe wird die kommunistische Partei lösen können, wenn sie beim Kampf der Betriebsräte in den Massen die Erkenntnis vertieft, dass die

planmäßige Wiederherstellung der Wirtschaft auf der Grundlage der kapitalistischen Gesellschaft, die eine neue Unterjochung der Arbeiter durch den Staat zugunsten der kapitalistischen Klasse bedeuten würde, jetzt unmöglich ist. Eine den Interessen der Arbeitermassen entsprechende Organisierung der Wirtschaft ist nur dann möglich, wenn der Staat sich in den Händen der Arbeiterklasse befinden wird, wenn die feste Hand der Arbeiterdiktatur an die Beseitigung des Kapitalismus und an den sozialistischen Neuaufbau gehen wird.

3. Der Kampf der Betriebsräte gegen den Kapitalismus hat als nächstes allgemeines Ziel die Kontrolle der Arbeiter über die Produktion. Die Arbeiter jedes Unternehmens, jedes Industriezweiges leiden unabhängig von ihrem Beruf unter der Sabotage der Produktion durch die Kapitalisten, die es häufig für vorteilhafter halten, auf die Fortsetzung der Produktion zu verzichten, um die Arbeiter durch Hunger zu zwingen, auf die drückendsten Arbeitsbedingungen einzugehen, oder um nicht neue Kapitaleinlagen in die Produktion zur Zeit der allgemeinen Teuerung vorzunehmen. Der Schutz gegen diese Sabotage der Produktion durch die Kapitalisten verknüpft die Arbeiter, unabhängig von ihren politischen Überzeugungen, und daher sind die von allen Arbeitern des betreffenden Unternehmens gewählten Betriebsräte die allerbreitesten Massenorganisationen des Proletariats. Aber die Desorganisierung der kapitalistischen Wirtschaft ist ein Ergebnis nicht nur des bewussten Willens der Kapitalisten, sondern in weit höherem Grade ein Ergebnis des unaufhaltsamen Zerfalls des Kapitalismus. Daher werden die Betriebsräte in ihrem Kampf gegen die Folgen dieses Zerfalls über die Grenzen der Kontrolle des einzelnen Betriebes hinausgehen müssen. Die Betriebsräte der einzelnen Betriebe werden bald vor der Frage einer Arbeiterkontrolle über ganze Industriezweige und über deren Gesamtheit stehen. Da aber auf den Versuch der Arbeiter, die Versorgung der Fabriken mit Rohstoffen, die Finanzoperationen der Fabrikunternehmer zu kontrollieren, die Bourgeoisie und die kapitalistischen Regierungen mit den energischsten Maßregeln gegen die Arbeiterklasse antworten werden, so führt der Kampf um die Arbeiterkontrolle über die Produktion zum Kampf um die Besitzergreifung der Macht durch die Arbeiterklasse.

4. Die Agitation für die Betriebsräte muss so geführt werden, dass im Bewusstsein der breitesten Volksmassen, auch wenn sie nicht direkt zum Fabrikproletariat gehören, die Überzeugung Wurzel fasst, dass die Schuld an der Zerrüttung bei der Bourgeoisie liegt, während das Proletariat, indem es die Parole der Arbeiterkontrolle über die Industrie ausgibt, für die Organisierung der Produktion, für die Beseitigung der Spekulation, der Desorganisierung und der

Teuerung kämpft. Es ist Aufgabe der kommunistischen Parteien, für die Kontrolle der Produktion zu kämpfen, auf Grund der brennendsten Tagesfragen, auf Grund des Heizstoffmangels, auf Grund des Verfalls des Transportwesens, durch Verknüpfung der vereinzelten Teile des Proletariats untereinander und durch Hinüberziehen breiter Kreise des Kleinbürgertums auf ihre Seite — des Kleinbürgertums, das mit jedem Tage mehr proletarisiert wird und unter dem wirtschaftlichen Zerfall tatsächlich unerhört leidet.

5. Die Betriebsräte können die Gewerkschaften nicht ersetzen. Nur im Prozess des Kampfes können jene sich über den Rahmen einzelner Betriebe und Werkstätten hinaus nach Produktionszweigen vereinigen und einen allgemeinen Apparat zur Leitung des ganzen Kampfes schaffen. Die Gewerkschaften sind schon jetzt zentralisierte Kampforgane, obgleich sie nicht so große Arbeitermassen umfassen, wie die Betriebsräte dies tun können, die eine allen Arbeitern des Unternehmens zugängliche lose Organisation sind. Die Verteilung der Aufgaben unter die Betriebsräte und die Gewerkschaften ist ein Ergebnis der geschichtlichen Entwicklung der sozialen Revolution. Die Gewerkschaften organisieren die Arbeitermassen für den Kampf auf Grund der Forderungen auf Lohnerhöhung und Verkürzung des Arbeitstages im gesamten Staat. Die Betriebskomitees organisieren sich für die Arbeiterkontrolle über die Produktion, für den Kampf gegen die wirtschaftliche Zerrüttung; sie umfassen alle Arbeiter der Unternehmungen; aber ihr Kampf kann nur allmählich einen gesamtstaatlichen Charakter annehmen. Nur in dem Maße, wie die Gewerkschaften die konterrevolutionären Tendenzen ihrer Bürokratie überwinden, wie sie bewusst zu Organen der Revolution werden, haben die Kommunisten das Bestreben, die Betriebsräte zu Betriebsgruppen der Gewerkschaften zu machen, zu unterstützen.

6. Die Aufgabe der Kommunisten besteht darin, sowohl die Gewerkschaften als auch die Betriebsräte mit dem gleichen Geist entschlossenen Kampfes, mit Erkenntnis und Verständnis für die besten Methoden dieses Kampfes, d. h. mit dem Geist des Kommunismus, zu erfüllen. Indem sie diese Aufgabe ausführen, müssen die Kommunisten die Betriebsräte und die Gewerkschaften tatsächlich der Leitung der kommunistischen Partei unterordnen und auf diese Weise ein Massenorgan der Proletarier schaffen, die Basis für eine mächtige zentralisierte Partei des Proletariats, die alle Organisationen des proletarischen Kampfes umfasst, sie alle den gleichen Weg führt, zum Sieg der Arbeiterklasse durch die Diktatur des Proletariats, zum Kommunismus.

7. Indem die Kommunisten aus den Gewerkschaften und den Betriebsräten mächtige Waffen der Revolution bilden, bereiten sie diese Massenorganisatio-

nen zu der großen Aufgabe, die ihnen nach der Aufrichtung der proletarischen Diktatur zufallen wird, zu der Aufgabe eines Hauptelements der Neuorganisation des Wirtschaftslebens auf sozialistischer Basis, vor. Die Gewerkschaften, als Industrieverbände ausgebaut, auf die Betriebsräte als ihre Fabrikorganisationen sich stützend, werden dann die Arbeitermassen mit ihren Produktionsaufgaben bekannt machen und die erfahrensten Arbeiter zu Leitern der Betriebe ausbilden. Sie werden die technischen Spezialisten unter Kontrolle nehmen und zusammen mit den Vertretern der Arbeitermacht die Pläne der sozialistischen Wirtschaftspolitik entwerfen und durchführen.

III.

Die Gewerkschaften strebten schon zur Friedenszeit nach internationaler Vereinigung, denn die Kapitalisten griffen bei Streiks zur Heranziehung von Arbeitern aus anderen Ländern als Streikbrecher. Aber die Internationale der Gewerkschaften war vor dem Kriege nur von untergeordneter Bedeutung. Sie strebte die finanzielle Unterstützung einer Gewerkschaft durch die andere, die Organisierung einer sozialen Statistik an, nicht aber die Organisierung des gemeinsamen Kampfes, denn die von Opportunisten geleiteten Gewerkschaften suchten jeden revolutionären Kampf von internationalem Umfang zu vermeiden. Die opportunistischen Führer der Gewerkschaften, die während des Krieges, jeder in seinem Lande, Lakaien der Bourgeoisie waren, streben nun die Wiederherstellung der Gewerkschaftsinternationale an und versuchen, aus ihr eine Waffe für den unmittelbaren Kampf des internationalen Weltkapitals gegen das Proletariat zu machen. Unter der Führung von Legien, Jouhaux, Gompers bilden sie ein »Arbeitsbüro" beim Völkerbund, dieser Organisation des internationalen kapitalistischen Räuberwesens. Sie suchen in allen Ländern die Streikbewegung durch Gesetze zu erdrosseln, die Arbeiter zu verpflichten, sich den Schiedsgerichten der Vertreter des kapitalistischen Staates zu unterwerfen. Sie suchen überall durch Abkommen mit den Kapitalisten Konzessionen für die qualifizierten Arbeiter durchzusetzen, um auf diese Weise die wachsende Einheit der Arbeiterklasse zu zertrümmern.

Die Amsterdamer Gewerkschaftsinternationale ist somit ein Stellvertreter der bankrotten Brüsseler Zweiten Internationale. Die kommunistischen Arbeiter, die den Gewerkschaften aller Länder angehören, müssen im Gegenteil danach streben, eine internationale Kampffront der Gewerkschaften zu schaffen. Es handelt sich jetzt nicht um finanzielle Unterstützung im Streikfall, sondern darum, dass im Augenblick der Gefahr, die die Arbeiterklasse eines Landes bedroht, die Gewerkschaften der anderen Länder als Organisationen der breitesten Massen zu ihrem Schutz beitragen und es unmöglich machen, dass die Bourgeoisie ihres Landes der Bourgeoisie eines anderen Landes, die sich im Kampf mit der Arbeiterklasse befindet, Hilfe leistet. Der wirtschaftliche Kampf des Proletariats in allen Ländern wird mit jedem Tage immer mehr zum Revolutionskampf. Daher müssen die Gewerkschaften bewusst alle Kraft zur Unterstützung jedes Revolutionskampfes aufwenden, sowohl im eigenen Lande, als auch in anderen Ländern. Zu diesem Zweck müssen sie nicht nur in jedem Lande die größtmögliche Zentralisierung ihres Kampfes anstreben, sondern sie müssen das in internationalem Maßstabe tun, indem sie in die Kommunistische Internationale eintreten, sich mit ihr zu einer Armee vereinigen, deren verschiedene Teile bei gegenseitiger Unterstützung gemeinsam den Kampf führen.

G. Sinowjew: Referat zur Gewerkschaftsfrage

in der 15. Sitzung des Dritten Kominternkongresses, 3. Juli 1921 nachmittags[72]

SINOWJEW. Genossen! Schon der II. Kongress der Kommunistischen Internationale hat die prinzipielle Stellung der Kommunisten zur Gewerkschaftsfrage bestimmt. Ich glaube, es besteht wirklich kein Bedürfnis, die theoretischen Grundlagen derjenigen Lösung, die der II. Kongress dieser Frage gegeben hat, irgendwie zu revidieren. Ein Jahr des Kampfes hat unserer Meinung nach wohl die Richtigkeit des Beschlusses des II. Kongresses bekräftigt. Schon die Tatsache, dass in verschiedenen Ländern, in England und in Deutschland, in Frankreich, in Amerika, die Herren Gewerkschaftsbürokraten zum Ausschluss der Kommunisten und kommunistischen Zellen geschritten sind, diese Tatsache allein ist, unserer Meinung nach, ein genügender Beweis dafür, dass wir einen richtigen Beschluss gefasst, dass wir während des II. Kongresses den Nagel auf den Kopf getroffen haben. Jetzt ist unsere Aufgabe eine neue. Es handelt sich nicht darum, theoretisch unser Verhalten zur Gewerkschaftsfrage zu formulieren, das ist bereits getan. Es handelt sich darum, *den Kampf gegen die Gelbe Amsterdamer Internationale besser zu organisieren*. Es handelt sich darum, *die Beziehungen zwischen den revolutionären Gewerkschaften und den Parteien in jedem Lande praktisch zu präzisieren*. Es handelt sich in erster Linie darum, *das Verhältnis zwischen dem Roten Gewerkschaftsrat und der Kommunistischen Internationale genau zu formulieren*. Das ist die Aufgabe des Kongresses.

Genossen, wir haben schon vor einem Jahr erklärt, die Amsterdamer Internationale sei eine gelbe bürgerliche Organisation. Diese unsere Behauptung hat uns sehr viel Gehässigkeiten eingebracht, sogar manche unserer nicht ganz klaren Freunde waren der Meinung, wir übertreiben da etwas in unserem polemi-

72 Nach Protokoll des III. Kongresses der Kommunistischen Internationale. Hamburg 1921. Reprint Band 2, S. 672-690

schen Eifer, wenn wir erklären: die Amsterdamer Internationale sei eine gelbe Internationale. Ich erinnere daran, was wir in Halle erlebt haben, als wir dort im Namen der Exekutive aussprachen, die Amsterdamer Internationale sei eine gelbe Organisation, die Führer dieser Organisation seien für die Arbeiterklasse in mancher Beziehung schädlicher als die Herrschaften aus der Orgesch-Organisation. Auf unserem Kongress handelt es sich darum, festzustellen, dass eine solche Einschätzung der Amsterdamer Internationale wirklich keine Übertreibung und kein polemischer Ausdruck ist. Es ist eine leider feststehende Tatsache, eine nackte Tatsache, dass diese Amsterdamer Organisation wirklich ein Spielzeug der Bourgeoisie ist. Ich habe vor mir einen Auszug aus einem Artikel des Herrn Albert Thomas, eines der Führer dieser Organisation, der in einem Bericht über das erste Jahr der Arbeit der Gewerkschaftsinternationale in der Revue »Internationale de travail« zu erklären versucht, auf welchem Wege diese Internationale entstanden ist; er sagt, nach dem Kriege war, erstens, eine große Spannung, ein großes Bedürfnis seitens der Arbeiterklasse, sich zu organisieren. Aber dieser Faktor allein hätte nicht genügt. Gleichzeitig hatte die Bourgeoisie die Not gespürt, eine Organisation zu schaffen. Er sagt: *»D'autre part, responsables de la sécurité publique, préoccupés de graves problèmes de mobilisation, inquiets de la propagande révolutionnaire universellement menée par la Russie bolchéviste, les gouvernements ne pouvaient que rechercher, eux aussi, le règlement méthodique et ordonné de l'immense conflit social et des misères de la guerre.«*

Das heißt, die Regierungen, die bürgerlichen Regierungen, die nach dem Kriege auch sehr beunruhigt waren durch die Krise, beunruhigt durch die revolutionäre Propaganda, die überall vom bolschewistischen Russland getrieben wurde, haben sich ihrerseits dazu veranlasst gefunden, diese Bewegung zu regulieren, zu unterstützen usw. Also, Sie sehen, es ist wirklich so, wie Herr Albert Thomas es hier ausspricht.

Die Amsterdamer Gelbe Internationale ist aus den Bemühungen der Gewerkschaftsbürokraten einerseits, der bürgerlichen Regierung andererseits geboren. Sie ist jetzt wirklich das wichtigste Bollwerk der internationalen Bourgeoisie. Ich werde nicht ausführlich über die Tätigkeit dieser Organisation referieren. Das lohnt sich nicht auf einem kommunistischen Kongress. Ich werde nur einige Tatsachen hier anführen. Zunächst muss man feststellen, dass Herr Jouhaux, einer der Führer dieser Amsterdamer Internationale, zum Beispiel an der Versailler Friedenskonferenz als technischer Berater der französischen Regierung teilgenommen hat, eine Tatsache, die ziemlich große Bedeutung hat. Oder hören Sie einer Erklärung zu, die Herr Fimmen, einer der Führer der gelben Internationale, während des ungarischen Boykotts gemacht hat. Er erklärte wörtlich, dass er nach den Unterredungen, die er mit dem Vertreter der ungarischen Horthy-Regierung gehabt hat, zur Überzeugung gekommen ist, dass der weiße Terror in Ungarn nicht von der Regierung, sondern gegen den Willen der Regierung organisiert wird! Die Regierung – also die Regierung Horthy – tue alles Mögliche, um dem weißen Terror vorzubeugen! Diese arme weiße Regierung hatte aber keine Kraft, dem Terror vorzubeugen. Es genügt, wenn man noch die Worte zitiert, die Herr Thomas aussprach: dass *»das Büro der Arbeit«* – bekanntlich ein Zwischending zwischen der Amsterdamer Internationale und der Liga der Nationen – dass dieses Büro der Arbeit die Arbeiterklasse mit der einsichtigen Bourgeoisie vereinigt habe, und dass der vernünftige Teil der Arbeiterklasse zusammen mit diesem einsichtigen Teil der Bourgeoisie versuchen werde, die Krise zu überwinden.

Herr Oudegeest erklärt über Italien folgendes: *»Die Amsterdamer Internationale hat sich sehr für die Bewegung interessiert, die Italien im vorigen Herbst durchlebt hat.«* Sie hat sofort eine ganze Anzahl ihrer Agenten und Delegierten nach Italien gesandt, und Herr Oudegeest konstatiert – sofort, von Anfang an hatte diese Bewegung den Charakter einer ganz gewöhnlichen Gewerkschaftsbewegung, dieselbe Behauptung, die auch Serrati und d'Aragona aufgestellt haben. Nebenbei bemerkt, in derselben Erzählung des Herrn Oudegeest heißt es, er habe eine Unterredung mit d‹Aragona gehabt, der habe ihm erklärt, dass trotz aller Krisen, die die italienische Partei jetzt durchmache, die Zugehörigkeit der italienischen Konföderation zu Amsterdam jetzt mehr gesichert sei als zu irgend einem anderen Zeitpunkt. Wir werden bald die Möglichkeit haben, uns zu überzeugen, ob d‹Aragona wirklich in der Lage ist, dieses sein Versprechen zu halten. Gestern haben wir ein Telegramm erhalten, dass im Auftrage der italienischen Gewerkschaften zwei Delegierte hierherreisen. Wir werden also nach einigen Tagen das Vergnügen haben, diese zwei hervorragenden Vertreter der italienischen Gewerkschaftsbewegung hier zu sehen und uns zu überzeugen, inwiefern diese Herren ihre Abmachungen mit Herrn Oudegeest und anderen Führern der Amsterdamer Gewerkschaftsinternationale auch einhalten können.

Es genügen auch einige Äußerungen des letzten Präsidenten der Amsterdamer Gewerkschaftsinternationale. Sie wissen, dass früher Appleton der Vorsitzende war. Dann wurde er von den Arbeitern wegen seines allzu frechen Verrats abgesetzt. Das war die erste Präsidenten-Operation. Bald musste auch der Engländer Herr Thomas abgesägt werden. Aber vorher hat er im »Manchester Guardian«, wo er viel Lobhudelei über den englischen König abgedruckt hat, auch das Programm von Amsterdam auseinandergesetzt und erklärt: Wenn andererseits zwischen dem Kapital und der Arbeit bessere und gesündere Beziehungen hergestellt und eine engere Arbeitsgemeinschaft geschaffen wird, dann wird dies das beste Mittel sein, das vollständige Vertrauen der Arbeitgeber und Arbeitnehmer wiederherzustellen. Viele unserer Schwierigkeiten haben ihren Ursprung eben nur darin, dass wir uns den Standpunkt der Arbeitgeber nicht klar genug angeeignet haben. Es ist kein Wunder, dass wir Fehler machen, wenn wir keine Gelegenheit haben, diesen Standpunkt kennen zu lernen.

Also es genügt, dass die Arbeiter den Standpunkt des Arbeitgebers gut verstehen, dann wird sich schon alles finden.

Das ist die Physiognomie dieser Organisation! Es ist keine Übertreibung. *Diese Organisation ist wirklich die letzte Barrikade der internationalen Bourgeoisie.* Nur mit Unterstützung dieser Organisation kann sich die internationale Bourgeoisie jetzt halten.

Sehen Sie die letzten Ereignisse. Welche Aufträge gibt man der Gewerkschaftsinternationale in Amsterdam? Wenn man einen verräterischen Kampf gegen, sagen wir, die englischen Grubenarbeiter anfängt, wer macht die schmutzigste Arbeit? Thomas, Präsident von Amsterdam! Wenn man in Deutschland ein Blutbad, ein Aderlassen der deutschen Arbeiterklasse braucht, wer macht das? Herr Hörsing, Gewerkschaftler, Teilnehmer der Gewerkschaftsinternationale von Amsterdam! Wenn man in Frankreich die Löhne reduzieren will, eine Kampfansage an die Arbeiterklasse ergehen lässt, wem wird der ehrenvolle Auftrag gegeben, das durchzuführen? Jouhaux und den anderen Herren, die Stützen und Säulen der Gewerkschaftsinternationale in Amsterdam sind. In der ganzen Offensive, die jetzt die internationale Bourgeoisie gegen die Arbeiterklasse in den verschiedenen Ländern auf ökonomischem, wie auf politischem Gebiet begonnen hat, spielt die führende Rolle die Amsterdamer Gelbe Internationale. Das ist die schwerwiegende, sehr traurige, aber doch reale Tatsache für die Arbeiterklasse, die jeder Gewerkschaftler einsehen muss. Leider muss man sagen, noch nicht alle haben das eingesehen. Manche verhalten sich Amsterdam gegenüber als einem Streit innerhalb des Sozialismus – einer Fraktion gegen eine andere Fraktion. Es ist in der Wirklichkeit nicht ein Kampf der Richtungen innerhalb der Gewerkschaftsbewegung, es ist ein *Kampf der Klassen*, obwohl die soziale Zusammensetzung der Amsterdamer Gewerkschaftsinternationale auch eine proletarische ist. Wir können nicht in Abrede stellen, dass formell an Amsterdam Millionen von Proletariern teilnehmen. So einfach ist aber die Frage nicht, dass man eine Organisation nur aus der sozialen Zusammensetzung beurteilt. Das ist nicht marxistisch. Wir wissen, dass auch die christlichen Gewerkschaften Arbeiter vereinigen, auch die liberalen Gewerkschaften, wir wissen, dass auch jetzt noch Millionen von Arbeitern für die Bourgeoisie oder die Kleinbourgeoisie während der Wahlen stimmen. Das beweist noch nichts, und doch ist es ein Klassenkampf. Das zu verstehen, ist das erste Gebot der Stunde. Kein Richtungskampf, keine kleinen Fraktionskämpfe sind es, sondern es ist ein Klassenkampf in sehr eigenartigen, schwierigen, für uns sehr mühevollen Formen. Es ist die letzte Bastion der Bourgeoisie. Wenn wir diese Schwierigkeit überwunden haben, haben wir neun Zehntel aller unserer Schwierigkeiten überwunden. Die Bourgeoisie kann sich schon jetzt nicht mehr gegen den Willen der großen Mehrheit der Arbeiterklasse halten. Sie kann sich nur mit Unterstützung eines Teiles der Gewerkschaften behaupten, die dadurch zur Hauptstütze der Bourgeoisie werden.

Sie kann sich nur durch Verrat eines Teils der Arbeiterklasse in ihrer Macht halten. Und Amsterdam ist das moderne Produkt dieser Übergangsperiode nach dem Kriege, der eine Krise der ganzen internationalen Arbeiterbewegung mit sich gebracht hat. Das ist der wichtigste Punkt, an dem wir jetzt stehen: hic Rhodus, hic salta! Hier werden die Würfel unserer Bewegung fallen.

Darum, Genossen, glaube ich, es gibt wirklich keine praktisch wichtigere Frage für die Kommunistische Internationale, überhaupt für die ganze proletarische revolutionäre Bewegung, als die, diesen Charakter der Amsterdamer Internationale vor den großen Massen der Arbeiterklasse zu enthüllen. Wir haben während dieses Jahres bedeutende Erfolge gehabt. Gen. Losowski, Sekretär des Internationalen Rates der Gewerkschaftsbewegung, hat mir eine Zusammenstellung derjenigen Organisationen gegeben, die sich zur Roten Gewerkschaftsinternationale zählen. Die Tabelle weist folgendes: Russland 6½ Mill., Deutschland etwa 2 Mill., vielleicht mehr, Österreich 35.000, Schweiz 90.000, Tschechoslowakei 290.000, Polen 250.000, Rumänien 90.000, Bulgarien 65.000, Jugoslawien 140.000, Griechenland 50.000, Türkei 20.000, Frankreich 300.000, Belgien 10.000, Italien 2–3 Mill., Spanien 900.000, Portugal 50.000, Schweden 85.000, Norwegen 140.000, Holland 93.000, Dänemark 50.000, Finnland 60.000, Lettland 30.000, England 300.000, Vereinigte Staaten 300.000, Mexiko 119.000, Argentinien 214.000, Australien 400.000, – insgesamt etwas mehr als 18 Millionen. Man soll sich nicht täuschen, man soll diese Ziffern mit Vorsicht nehmen, man soll keinen Selbstbetrug begehen. Man soll sich an dieser Tabelle aber vergegenwärtigen, welche großen Aufgaben unseren Parteien noch bevorstehen. Wir haben z.B. in der Tschechoslowakei 290.000 Gewerkschaftsmitglieder, die der Roten Gewerkschaftsinternationale angehören, zu der Zeit, wo wir etwa 400.000 kommunistische Parteimitglieder in der Tschechoslowakei haben. Was beweist das? Das beweist, dass es auch solche Länder gibt, in denen unsere Partei es trotz ihrer Stärke noch nicht verstanden hat, die Gewerkschaftsbewegung, die für die proletarische Revolution so wichtig ist, für uns zu gewinnen. Ich habe ein Flugblatt aus der Tschechoslowakei an die Textilarbeiter und Arbeiterinnen vor mir, das gegen die Textilarbeiterverbandsbürokratie herausgegeben ist. Der Kampf in der Tschechoslowakei ist erst im Anfang. Aber auch in der Tschechoslowakei, die sehr große organisatorische Traditionen hat, wo wir eine große Partei haben, finden wir dieselbe Erscheinung wie in allen anderen Ländern. Unsere Parteien haben noch nicht genügend Kräfte in der Gewerkschaftsbewegung und sie haben dieser Frage noch nicht genügend Aufmerksamkeit geschenkt. Man muss im Namen dieses Kongresses als erste Forderung gegenüber allen Parteien aufstellen: viel mehr, hundertmal mehr Aufmerksamkeit der Gewerkschaftsbewegung zu schenken als bisher, mit allen Mitteln zu versuchen, die Mehrheit in diesen Gewerkschaften zu erringen, das ist das Hauptterrain unseres Kampfes, wo die entscheidenden Kämpfe der ganzen Epoche der proletarischen Revolution geschlagen werden. Die entscheidenden Kämpfe werden dort ausgefochten, und wir haben bis jetzt noch den Zustand, dass wir in einem Lande, wo wir eine halbe Million Parteimitglieder haben, nur eine Viertelmillion gewerkschaftlich organisierter Arbeiter in der Roten Gewerkschaftsinternationale haben. Es gibt auch noch andere Beispiele. Es gibt z.B. Spanien mit einer, obwohl syndikalistischen, aber ziemlich klaren revolutionären Bewegung, die etwa 1 Million Mitglieder zählt und gleichzeitig eine Kommunistische Partei, die, wenn wir sogar beide Flügel zusammennehmen, d.h. die Kommunistische Partei und die frühere Linke der Sozialdemokratischen Partei, nur etwa 15.000 Mitglieder zählt. In Spanien kann jetzt, selbstverständlich, noch nicht die Rede davon sein, dass unsere Partei die Gewerkschaftsbewegung vollkommen führen und geistig leiten wird, wo wir erst eine junge Partei von nur etwa 15.000 Mitgliedern und gleichzeitig eine Million gewerkschaftlich organisierter, guter revolutionärer Proletarier haben. Wir haben eine ganz eigenartige, sehr komplizierte Lage auch in Italien. Eine junge Kommunistische Partei, eine prächtige revolutionäre Stimmung der Arbeiter, eine syndikalistische Bewegung, Unione Sindicale, etwas konfuse, revolutionäre Stimmung ohne jede theoretische Klarheit, ohne jede solide Basis; gleichzeitig eine 2 bis 3 Millionen starke Konföderation, die von Reformisten geführt wird und die ganz schlau jetzt zwischen der Sozialistischen und der Kommunistischen Partei pendelt, und auf diesem

Wege versucht, die Führung in den Händen der Reformisten zu halten. Unsere junge Kommunistische Partei in Italien hatte zwar auf dem ersten Kongress der Gewerkschaften nach der Spaltung fast eine halbe Million Stimmen, aber das ist nur ein kleiner Anfang dessen, was gemacht werden soll. Wir haben eine merkwürdige Lage in Schweden, wo die Partei sich zu einer Kommunistischen Partei durchgearbeitet hat, wo die Partei die große Mehrheit der Arbeiterschaft des Landes hinter sich hat, und wo doch die Führung der Gewerkschaften teilweise in den Händen zentristischer Elemente blieb, die, obwohl sie der Kommunistischen Partei angehören, mit dem Herzen doch bei Amsterdam sind, das müssen unsere norwegischen Genossen ohne weiteres zugeben. Sie werden nicht bestreiten können, dass manche führenden Kräfte der norwegischen Bewegung mit ihrem Herzen nicht bei uns, sondern bei Amsterdam sind. Absolut unmittelbar bringt dieser Zustand für unsere Partei sehr große und sehr wichtige Aufgaben in dieser Beziehung. Wir haben in die Rote Gewerkschafts-internationale auf die Initiative der Kommunistischen Internationale syndikalistische Elemente aufgenommen, und ich glaube, wir haben da richtig gehandelt. Der Syndikalismus hat eine große Evolution durchgemacht während und nach dem Kriege – eine Krise, die parallel verlief mit der Krise des Sozialismus. Es war unsere verdammte Pflicht und Schuldigkeit, nach einer solchen gewaltigen revolutionären Krise mit den radikalen syndikalistischen Elementen zu verhandeln, zu versuchen, sorgfältig seine Evolution zu verfolgen. Jetzt können wir aber aus dieser Evolution des Syndikalismus ein gewisses Fazit ziehen.

Wir haben jetzt drei Spielarten des Syndikalismus, mit welchen wir zu rechnen haben: 1) die ausgesprochen reformistische Spielart, die von Jouhaux am besten repräsentiert wird, das ist die frühere syndikalistische Bewegung, welche während des Krieges denselben Bankrott durchgemacht hat, wie die Sozialdemokratie. Das ist eine ausgesprochen kleinbürgerliche Bewegung, welche jetzt auch die Führung von Amsterdam charakterisiert. Die zweite Spielart des Syndikalismus ist die, welche in den schwedischen und deutschen Syndikalisten zum Ausdruck gelangt. Das sind keine zahlreichen Gruppen, aber Gruppen, die zu uns gehören wollen. Und wir müssen den Charakter dieses Syndikalismus prüfen. Wenn Sie das Organ der deutschen Syndikalisten »Syndikalist« lesen, werden Sie oft das Gefühl haben, dass sie eine ganz ordinäre Scheidemannsche sozialdemokratische Zeitung vor sich haben. Die Einschätzung der Märzbewegung in Deutschland von Seiten dieser Herren Syndikalisten war niederträchtig und bürgerlich-sozialdemokratisch. Anders kann man das nicht nennen. Sie haben nicht Kritik geübt vom Standpunkt des Proletariats, wie es hier auf unserem

Kongress manchmal der Fall war, wo man vom Standpunkt des Kommunismus versucht hat, zu prüfen, ob diese Bewegung gut geleitet war, ob sie nicht verfrüht war usw. Nein, das war nicht eine solche Kritik, wie sie hier von verschiedenen Kritikern geübt worden ist. Nein, es war eine boshafte, verbissene, ganz ordinäre, kleinbürgerliche, konterrevolutionäre Kritik, wie man ihr bei unseren Klassenfeinden begegnet.

Dieselbe Erscheinung haben wir bei den schwedischen Syndikalisten, die sich für die Diktatur aussprechen, aber alles Mögliche tun, um den ersten proletarischen Klassenstaat zu kompromittieren. Das ist eine Art des syndikalistischen »Zentrum«, welche zwischen Jouhaux und den wirklich revolutionären Syndikalisten zu vermitteln sucht und mit einem Fuße in Moskau und mit dem anderen in Amsterdam steht.

Und dann, Genossen, haben wir eine dritte, für uns wichtigste, Spielart des Syndikalismus, mit dem wir uns ernst und freundschaftlich auseinandersetzen müssen. Ich meine die wirklich revolutionäre syndikalistische Richtung, welche sich jetzt von der Krise des Krieges erholt und ihren Ausdruck am klarsten in Frankreich findet.

Und für uns, wie auch für den Kongress der Roten Gewerkschaften, dessen Eröffnung heute stattfindet, ist die wichtigste Frage, wie unser Verhalten zu dieser wirklich revolutionären, wenigstens in vieler Beziehung revolutionären syndikalistischen Richtung sein soll. Das ist eine große theoretische, wie auch praktische Frage. Ich muss sagen, Genossen, wenn man nur die Presse der revolutionären Syndikalisten in Frankreich verfolgt, nicht aber auch ihre Praxis, da hat man das Gefühl, dass uns in dieser Hinsicht große Schwierigkeiten im Wege stehen. Aber ich hoffe, dass die Ideologie, die in der Presse sich widerspiegelt, nicht ganz der adäquate Ausdruck dessen ist, was in den Massen der einfachen syndikalistischen Arbeiter jetzt gärt. Wir haben hier vielmehr einen veralteten ideologischen Streit, welcher nicht so große praktische Einwirkungen auf die Bewegung selbst haben wird. Es entsteht jetzt der ziemlich alte, aber in gewisser Beziehung ewig neue Streit zwischen uns und den Anarchisten, sowie Syndikalisten, über die Bedeutung des politischen Kampfes, über die Bedeutung der Parteien, und in der Frage, ob die Gewerkschaften politisch neutral sein sollen. Sie haben hier schon das moderne Stichwort der französischen revolutionären Syndikalisten gehört: »Charte d'Amiens.« Ich werde Ihnen dieses Dokument vollinhaltlich vorlesen, damit Sie es vor Augen haben, weil dieses ziemlich veraltete Stück Papier doch eine große Rolle in unserem Kampfe spielt. Im Jahre 1906 wurde die folgende Resolution, die von Griffuelles verfasst ist, angenommen. Ich will das den deutschen und französischen Genossen ins Gedächtnis zurückrufen, damit sie sehen, ob es sich denn wirklich lohnt, für dieses veraltete Stück Papier so heftige Kämpfe zu führen. Also: »Der Kongress von Amiens bestätigt den Artikel 2 des Statuts der CGT, welcher besagt:

> *»Die CGT gruppiert außerhalb jeder politischen Richtung alle Arbeiter, die sich des Kampfes bewusst sind, der bis zur Abschaffung der Lohnarbeit und des Patronats zu führen ist.*
>
> *Der Kongress nimmt an, dass diese Erklärung gleichsam eine Anerkennung des Klassenkampfes ist, der auf wirtschaftlichem Gebiete die Arbeiter in starken Gegensatz bringt zu allen Formen der Ausbeutung und Bedrückung, sowohl materieller als auch moralischer Art, die von der kapitalistischen Klasse gegenüber der Arbeiterklasse angewendet werden.*
>
> *Der Kongress präzisiert diese theoretische Feststellung durch die nachstehenden Punkte:*
>
> *In täglich wiederkehrender Arbeit verfolgt die Gewerkschaftsbewegung die Zusammenfassung der Anstrengungen der Arbeiter, die Erhöhung des Wohlbefindens der Arbeiter durch die Realisierung sofortiger Verbesserungen, wie z.B. Verminderung der Arbeitszeit, Erhöhung der Löhne usw. Dieses Bestreben ist jedoch nur ein Ziel der Gewerkschaftsbewegung; diese bereitet die vollständige Emanzipation vor, vermittels des Generalstreikes und Ausstandes als Hauptwaffe, und sie nimmt an, dass die Gewerkschaften, die heute Widerstandsgruppen darstellen, in Zukunft solche der Produktion und Verteilung, sowie Grundlagen der sozialen Reorganisation sein werden.*
>
> *Der Kongress erklärt, dass diese doppelte Arbeit der Gegenwart und auch der Zukunft von der Lohnfrage abhängt, die auf der Arbeiterklasse lastet und die alle Arbeiter, welcher Art immer auch ihre Meinungen oder Tendenzen in politischer und philosophischer Beziehung sind, zwingt, einer wesentlichen Gruppe, wie es die Gewerkschaft ist, anzugehören.*
>
> *Deshalb gewährleistet der Kongress, was die einzelnen Mitglieder anbetrifft, vollkommene Freiheit für den in einer Gewerkschaft Organisierten, außerhalb der gemeinsamen Gruppe sich an solchen Formen des Kampfes zu beteiligen, die seiner theoretischen oder politischen Vorstellung entsprechen, muss jedoch* kategorisch als Gegenleistung von ihm verlangen, in die Gewerkschaft auf keinen Fall Meinungen einzuführen, die er außerhalb derselben vertritt.

Was die Organisationen anbetrifft, so erklärt der Kongress, dass die Gewerkschaftsbewegung, um das Maximum an Erfolg zu erreichen, die wirtschaftliche Aktion direkt gegen das Patronat durchführen muss, während die konföderierten Organisationen sich nicht in dem Maße, wie die gewerkschaftlichen Gruppen, mit den Parteien und Sekten ausschließlich zu befassen haben, welche letztere übrigens außerhalb und nebenbei vollkommene Freiheit besitzen in ihrem Bestreben, die gesellschaftliche Umgestaltung im Auge zu behalten.«

Also Sie sehen, Genossen, Sie haben hier den Neutralismus, den ausgesprochenen Neutralismus. Du sollst in die Gewerkschaft nicht mit der Politik kommen! Du kannst dich irgendwo anders als Sozialist, als Kommunist mit dem Kommunismus beschäftigen, aber in der Gewerkschaft muss der Platz sein, wo sich alle auf neutralem Boden zusammenfinden. Das wurde 1906 gesagt, also vor dem Bankrott der Zweiten Internationale, vor dem Bankrott des Anarchismus. Und mit dieser *geistigen Bettelsuppe* – erlauben Sie mir das zu sagen – kommt man vor den Kongress der Dritten Internationale und man will uns überzeugen, dass man auf diesem Standpunkt noch beharren kann. Schon Kautsky hat vor Jahren auseinandergesetzt – er war damals noch Marxist – dass der Neutralismus schon darum für uns nicht akzeptabel ist, weil er undurchführbar ist. Der Neutralismus hat eben den großen Mangel, dass er nicht durchzuführen ist. Und darin hatte Kautsky vollkommen recht. Nehmen Sie Frankreich. Wenn dort z.B. die Frage der Mobilisation kommt, kann dann ein Gewerkschaftler erklären: *»Mich geht das nichts an. Das ist eine politische Frage, ich bleibe neutral?«* Die Gewerkschaftler, die das behaupten würden, wären konterrevolutionär. Die Parteien verhielten sich verschieden. Die Kommunisten waren gegen die Mobilisation, die Sozialisten, weil sie kleinbürgerlich sind, schwankten, die CGT musste entweder sagen: gegen die Mobilisation – dann unterstützt sie die Kommunisten; oder sie bleibt »neutral« – dann unterstützt sie die bürgerlichen Parteien.

Nehmen Sie den Bergarbeiterstreik in England, äußerlich ein rein ökonomischer Kampf. Aber geht in Wirklichkeit dieser Streik nur die Gewerkschaften an? Und nicht auch die Partei? Selbstverständlich ist das zur selben Zeit auch eine große politische Frage. Jetzt, nach dem Krieg, wo sich die Klassengegensätze so zugespitzt haben, gibt es fast keine einzige größere Frage in der Arbeiterklasse, die nicht gleichzeitig politisch und ökonomisch wäre. Die Neutralität ist ein Phantom, eine Phantasie und nicht Wirklichkeit. In Wirklichkeit kann keine Massenorganisation neutral sein und die Idee des Neutralismus ist ein reales Werkzeug der Bourgeoisie. Die Idee wird zur Macht, wenn sie richtig angewandt wird und die Massen ergreift, – zur reaktionären Macht, wenn sie die Massen irreführt, wie in dem gegebenen Fall. Die Idee der Neutralität gehört zu den Ideen, die von der Bourgeoisie sehr gut ausgenutzt werden, um den Arbeitern zu suggerieren, sie müssten sich beiseitestellen. Welches ist die Lage der Bourgeoisie? Sie herrscht in vielen Ländern durch das Bajonett, aber es wäre falsch zu behaupten, sie herrsche nur durch die Gewalt, nur durch das Bajonett. Das ist nicht wahr. In den meisten Ländern herrscht sie durch das Bajonett und den Betrug. Und der Betrug hat wenigstens eine ebenso wichtige Rolle gespielt, wie das Bajonett. Der Betrug muss gut organisiert werden. Wenn die Bourgeoisie zu plump, zu grob auftritt, wird sie die Arbeiter nicht gewinnen.

Die Bourgeoisie kann nicht zum französischen, zum deutschen Arbeiter kommen und sagen: ich bitte dich, du musst in meine bürgerliche Partei eintreten. Das geht nicht, das wird der Arbeiter nicht tun. Und wenn er eintritt, in die Versammlungen geht und sieht die Bankiers usw. dort sitzen, so wird er erkennen, dass das nicht seine Leute sind, und wird nicht dort bleiben. Die Bourgeoisie kann also den Arbeiter nicht ganz offen auffordern, in die bürgerlichen Reihen zu treten. Sie kann aber den Arbeitern sagen, sie sollen sich überhaupt nicht mit Politik befassen, diese hätte keinen Wert für die Arbeiter. Sie sollen »neutral« bleiben, die Politik wäre nicht für sie, sondern nur für die Gebildeten. Sie sollen sich mit den rein ökonomischen Fragen befassen und gegenüber allen Parteien »neutral« bleiben. Auf diesem Gebiete hatte die Bourgeoisie Erfolge. Die Idee des Neutralismus ist eben die raffinierteste bürgerliche Idee, mit deren Hilfe die Bourgeoisie viele unserer Brüder fängt. Sie sagt ihnen: du musst in der Politik neutral bleiben, begnüge dich nur mit ökonomischen Fragen, deine Sache ist nur eine kleine Vergrößerung des Lohnes usw. Aber wir wissen: die Gewerkschaft, die neutral bleibt, ist objektiv auf Seiten der Bourgeoisie, auch wenn sie syndikalistisch ist, denn jede Gewerkschaft, die von dem falschen Standpunkt der Neutralität ausgeht, sich neutral erklärt, wird in dem entscheidenden Kampf objektiv zu einem konterrevolutionären Faktor. Wie die Bourgeoisie die Idee des Jenseits, des lieben Gottes braucht, so braucht sie auch die Idee der Neutralität der Gewerkschaften. Ebenso wie die Bourgeoisie den Pfaffen, den Spitzel, den Advokaten, den bürgerlichen Parlamentarier, den bürgerlichen Journalisten braucht, braucht sie auch den bürokratischen Gewerkschaftsführer, der den Gewerkschaften diese Neutralität vorgaukelt.

Es ist so weit gekommen, dass viele prächtige revolutionäre Elemente, wie die revolutionären Syndikalisten, die Anarchisten in Frankreich in diese Falle geraten sind. Wo die ganze Sozialdemokratie opportunistisch war, da war das syndikalistische Misstrauen an jede Partei leicht zu verstehen. Im Jahre 1906 konnte man die Charte d'Amiens begreifen. Man konnte verstehen, wie sie entstand. Aber wenn man damit jetzt im Jahre 1921, nach 15 Jahren, nach dem Krieg, nach der Geburt der Kommunistischen Internationale, nach der russischen Revolution, nach den Kämpfen der russischen Gewerkschaften, die eine so bedeutende Rolle in unserer Revolution gespielt haben, kommt, so ist das wirklich zu bedauern. Wenn Sie einen gewöhnlichen revolutionär-syndikalistischen Arbeiter nehmen, so wird er sich durch meine Ausführungen, dass er objektiv der Gefangene der Bourgeoisie ist, beleidigt fühlen. Das ist aber Tatsache. Derjenige, der noch immer auf dem Neutralismus besteht, zu den Arbeitern kommt, und ihnen sagt, die Gewerkschaften müssen neutral sein, ist objektiv ein Gefangener der Bourgeoisie, ein Werkzeug der Bourgeoisie. Es herrscht eine sehr reiche Nomenklatur bei den politischen Parteien in politisch so entwickelten Ländern wie Frankreich. Sie haben dort ein Register von einigen Dutzend Parteien. Fast alles nennt sich »sozialistisch«, aber im Großen und Ganzen wissen wir doch, dass es im ganzen modernen Europa nur drei Gruppen von Parteien gibt: die erste – die ausgesprochen bürgerliche, ob sie sich nun auch das Attribut »sozialistische« beilegt; die zweite – die kleinbürgerlichen Parteien, das sind die Sozialdemokraten, und die dritte Gruppe ist die Gruppe der proletarischen Parteien oder vielmehr die Partei der Kommunisten. Und wenn die Bourgeoisie von unseren Gewerkschaften verlangt, dass die Gewerkschaften erklären, sie seien neutral gegenüber allen Parteien, was heißt das? Was heißt das, wenn eine proletarische Organisation sich »neutral« erklärt? Das heißt, dass sie in Wirklichkeit das tut, was der ersten oder der zweiten Gruppe nützlich ist. Daher ist es gekommen, dass die ganze II. Internationale für den Neutralismus eintrat. Die Charte d'Amiens war daher in vielen Beziehungen für die II. Internationale annehmbar. Die Idee des Neutralismus wurde aber fallen gelassen am 4. August 1914. Derselbe Legien – seligen Angedenkens – der am 3. August 1914 für Neutralität eingetreten ist, musste am 4. August für »seine« Bourgeoisie eintreten. Während des Krieges wurde die Idee des Neutralismus fallen gelassen. Aber als man an die Organisation der Amsterdamer Internationale schritt, tauchte sofort die Idee des Neutralismus wieder auf. Amsterdam hat man auf dieser Idee aufgebaut. Noch einmal wurde die Idee des Neutralismus geboren. Merken Sie sich das. In Amsterdam ist diese Idee noch einmal geboren worden. Während des Krieges war die Lage zu klar. Die Bourgeoisie bekämpfte sich, und die Sozialpatrioten jedes Landes leisteten der »eigenen« Bourgeoisie Dienste.

Wo man aber noch einmal die Arbeiterklasse zu täuschen versucht, noch einmal eine sogenannte Internationale ausbilden will, da taucht noch einmal die Idee der Neutralität auf, und die Führer der Amsterdamer Gewerkschaftsinternationale haben es so weit gebracht, dass sie sich in einem Atemzug für die Neutralität und für die Ministerportefeuilles erklären. Herr Hörsing ist für Neutralität in der Gewerkschaftsbewegung, Noske ist für Neutralität in der Gewerkschaftsbewegung, Dittmann, Vandervelde, Jouhaux und alle übrigen, auch Sozialisten, sind gleichzeitig Minister, technische Berater, Sekretäre usw. in den bürgerlichen Regierungen. Was beweist das? Das ist ein eklatanter Ausdruck dieser »neutralistischen« Gaunertaktik. Und, Genossen, obwohl diese Taktik eigentlich zu plump ist, so krass in die Augen springt, ist die Arbeiterklasse geistig doch noch so wenig reif, dass diesen Leuten diese Tricks immer noch gelingen, und dass noch viele ehrliche Arbeiter mit der Idee der Neutralität als mit einer neuen Idee kommen.

Darum glaube ich, Genossen, dass wir in diesem Punkt den französischen Syndikalisten und allen syndikalistischen Genossen ganz klar sagen müssen, was nötig ist. Mögen sie es uns jetzt auch noch übelnehmen, sie werden sich durch den Gang der Entwicklung mit jedem Tag mehr überzeugen, dass wir im Rechte sind. Die Charte d'Amiens muss man *möglichst schnell zerschlagen*, sie war einmal vielleicht ein Schritt vorwärts, als eine Aktion gegen den Opportunismus der damaligen Zeit verständlich. Aber, wer jetzt damit kommt, will die Bewegung um 15 Jahre zurück rücken, anstatt sie weiterzuführen.

So steht die Frage in Frankreich und auch in anderen Ländern. Was folgt daraus? Es folgt daraus *nicht, dass die Gewerkschaften der Partei einfach unterzuordnen sind.* Es ist jetzt eine Diskussion in Frankreich im Gange, die sehr lebhaft wird. Fast täglich erscheinen Artikel in der »Humanité.« Bisher, man muss es sagen, ist die Haltung unserer Bruderpartei in Frankreich noch nicht ganz klar, sie birgt noch viele Unklarheiten in sich. Die Genossen haben sich zunächst ein verzerrtes Bild gemacht und dann fühlen sie sich etwas unbehaglich. Das verzerrte Bild geht dahin, als ob wir wirklich eine direkte Unterordnung der Gewerkschaften unter die Partei fordern. Das ist nicht der Fall. Wir haben in Russland diese Entwicklung am deutlichsten durchgemacht und müssen sagen, die Gewerkschaften als solche sind der Partei nicht unterzuordnen. Wir kämpften jahrelang um Einfluss innerhalb der Gewerkschaften. Noch während der Oktoberrevolution hatten wir die Minderheit in ihnen, etwa 40 %, erst nach der Oktoberrevolution haben wir die Mehrheit gewonnen.

Um geistigen Einfluss auszuüben, muss man auch zunächst die Mehrheit in den Gewerkschaften gewinnen. Also es handelt sich darum, dass die geistige politische Führung der Partei gehört, und dass die Partei sie erst durch lange harte Arbeit gewinnt, nicht durch Dekrete, nicht durch Resolutionen. Wir haben 15 Jahre mit den Menschewiki um den Einfluss in den Gewerkschaften gerungen. Das erfordert Zeit. Und wir haben immer unseren Genossen gesagt – ihr sollt den Einfluss in den Gewerkschaften durch tägliche Arbeit gewinnen, dadurch, dass der Kommunist sich in allen Alltagsfragen als der beste, der klügste, als derjenige zeigt, der am opferbereitesten ist. Durch diese alltägliche Arbeit während 15 Jahren haben wir den entscheidenden Einfluss in den Gewerkschaften gewonnen. Und wir haben auch jetzt die Gewerkschaften als solche der Partei nicht einfach untergeordnet, sondern wir haben die kommunistischen Zellen (Fraktionen) der Gewerkschaften als Glieder unserer Parteiorganisation betrachtet und die Parteiorganisation so ausgebaut, dass dieses Glied den Willen der Partei durchführt. Das ist ganz etwas anderes als einfache mechanische Unterordnung der Gewerkschaft unter die Partei.

Also die französischen Genossen brauchen sich gegenüber den Syndikalisten nicht zu entschuldigen. Sie brauchen an das Zerrbild nicht zu glauben, dass wir die einfache Unterordnung der Gewerkschaften unter die Partei fordern. Was der Dritte Kongress von den Gewerkschaftlern fordern muss, das ist *hundertmal mehr alltägliche Arbeit in den Gewerkschaften, überall dort*, wo die Masse ist. Nicht nur während großer Bewegungen, sondern auch im alltäglichen Gewerkschaftskampfe, mag er auch noch so klein sein, überall soll der Kommunist Wegweiser sein, um den Einfluss seiner Partei jahrelang hartnäckig kämpfen, und, selbstverständlich, wo man den Einfluss gewonnen hat, den Einfluss der Partei auch durchsetzen. Wo wir auch nur drei Kommunisten haben, müssen sie sofort eine Zelle bilden. Die französischen Kommunisten müssen sich nur auf die Mitglieder ihrer eigenen Partei stützen. Mit allen anderen können wir einen Pakt schließen, aber verlassen können wir uns nur auf unsere Mitglieder. Das soll das Verhältnis der Gewerkschaften zur Partei sein: hartnäckiger ausdauernder Kampf um den Einfluss der Partei, Organisation der kommunistischen Elemente, Teilnahme an allen Alltagsarbeiten, *keine mechanische Unterordnung.*

Die Hauptaufgabe ist, wir wiederholen es: Wie gewinnen wir die Mehrheit in den Gewerkschaften?

Man kann meinetwegen auch von Autonomie der Gewerkschaften im gewissen Sinne sprechen. Doch der Sinn der Autonomie ist nicht so zu verstehen, wie man sich das vielleicht vorstellt. Gewiss, es gibt Autonomie und »Autonomie.«

Wir wissen aus dem Kampf mit den Reformisten, dass diese Herrschaften diese Autonomie so aufgefasst haben, dass die Gewerkschaften eines sind, und die Partei etwas ganz anderes sein soll. Wir sind gegen eine solche Autonomie, gegen eine solche Unabhängigkeit, die auf sogenannten Neutralismus hinausläuft. Aber, selbstverständlich sind wir auch dafür, dass die Gewerkschaftsbewegung einen gewissen freien Raum hat, dass die Partei sich nicht in alle kleinen Details einmengt, sondern dass sie nur die allgemeine Linie bestimmt, dass sie nur da eingreift, wo wirklich etwas politisch Wichtiges vorliegt – und das auch nur vermittels der kommunistischen Zellen (Fraktionen). In diesem Sinne können wir nichts gegen die Autonomie einwenden.

Und dadurch wird auch das Verhältnis der Kommunistischen Internationale zur Roten Gewerkschaftsinternationale entschieden. Auf die Initiative der Kommunistischen Internationale ist die Rote Gewerkschaftsinternationale gegründet worden. Sie besteht erst seit einem Jahre, sie steht noch im Anfang ihres Kampfes. Zunächst hatten wir eine fast einheitliche Organisation. Jetzt, wo die Rote Gewerkschaftsinternationale gewachsen ist, muss eine gewisse Differenzierung geschaffen werden, es muss der Roten Gewerkschaftsinternationale eine gewisse Selbständigkeit gegeben werden. Gewiss, der idealste Zustand wird sein, wenn wir eine *einheitliche Internationale* haben werden, die alle Zweige der Arbeiterbewegung zusammenfassen wird. Aber auch jetzt müssen wir sagen, die Kommunistische Internationale als Ganzes soll nicht eine einfache arithmetische Summe der verschiedenen kommunistischen Parteizentralen sein. Sie ist etwas mehr. Wir sind hier nicht nur 40 Zentralkomitees, wir wollen eine *Zusammenfassung aller Bedürfnisse der Bewegung* darstellen. Wir wollen dem gesamten Proletariat, das für seine Befreiung kämpft, die Orientierung geben. Wir wollen den Kampf leiten – in den Sowjets, in den Gewerkschaften, in den Bildungsorganisationen in den Konsumgenossenschaften usw. Das alles muss zusammengefasst sein in der Kommunistischen Internationale. Sie ist der Kopf der ganzen Bewegung, sie leitet den ganzen Befreiungskampf des Proletariats, und nicht nur den politischen, im engeren Sinne des Wortes. Die Rote Gewerkschaftsinternationale muss eine gewisse Selbständigkeit erhalten. Zunächst müssen wir sie so ausbauen, dass wir eine gegenseitige Vertretung haben, und allmählich wird sie sich inniger verwachsen. Wir müssen das tun aus Gründen der Vorsicht, wir müssen das tun, weil das Bild der Gewerkschaftsbewegung in der ganzen Welt zu bunt, zu verschiedenartig ist. Vergleichen Sie Italien und Norwegen, Tschechoslowakei und England, Deutschland und Frankreich – ein ganz verschiedenes Bild! Ganz verschiedene Stufen der Entwicklung! Und damit müssen wir rechnen und müssen darum eine solche elastische Organisationsform finden, die möglichst schnell dazu führt, dass wir allmählich verwachsen zu einer gemeinsamen einheitlichen Organisation, die die Kommunistische Internationale sein soll.

Was wir also vorschlagen, ist, dass wir auf dem Wege zur großen einheitlichen Internationale eine gewisse Differenzierung machen und uns nicht davor fürchten. Wir müssen den Bedürfnissen der Bewegung entgegenkommen, uns ihnen nicht hartnäckig entgegenstellen, sondern die organisatorischen Schwierigkeiten verstehen, in jedem Lande elastisch vorgehen, weil hier große Schwierigkeiten sind, kein Mittel vergessen, um die Gewerkschaften den gelben Führern aus der Hand zu reißen, weil das der springende Punkt ist, das Hauptmoment im Kampfe für die proletarische Revolution.

Das wird nicht bedeuten, dass wir zwei parallele Internationalen haben werden. Auch darin liegt eine große Gefahr, wenn sich zwei Internationalen bilden, die eifersüchtig nebeneinanderstehen werden. Eine gewisse Autonomie und eine selbstverständliche Elastizität in organisatorischer Beziehung muss unbedingt darauf dringen, dass die politische Führung bei der Kommunistischen Internationale bleibt, dass wir täglich miteinander verhandeln, unsere gegenseitigen Vertretungen haben, uns auf Schritt und Tritt gegenseitig helfen, um die Schwächen der Bewegung zu überwinden. *Wir müssen alles tun, dass beide Internationalen zusammenarbeiten, sie gehören zueinander wie zwei Arme.*

Das ist unsere Marschroute. Wir sind überzeugt, dass wir auf diese Weise diese Schwierigkeiten überwinden, wir müssen den Genossen einprägen, dass es keine wichtigere Aufgabe gibt, als die Mehrheit in den Gewerkschaften zu gewinnen. Wenn wir das haben, dann haben wir alles. Wenn wir die letzte Bastion der Bourgeoisie zerstört und auf ihr die rote Fahne der Kommunistischen Internationale gehisst haben, dann können wir sagen, jetzt sind die größten Schwierigkeiten vorbei, jetzt ist uns der Sieg sicher.

Die Beschlüsse, die der Gewerkschaftskongress fassen wird, werden von größter internationaler Bedeutung sein. Wir müssen alles versuchen, um zu gemeinsamen Beschlüssen zu kommen, alles tun, um die beiden Organisationen zusammenzuhalten. Wenn es gelingt, gemeinsam die Schwächen der Bewegung zu überwinden, gemeinsam gegen die Amsterdamer Internationale, gegen den Sozialpatriotismus und Sozialpazifismus vorzugehen, so ist unser Sieg absolut sicher, und zwar in ganz kurzer Zeit. (Lebhafter Beifall und Applaus.)

Fritz Heckert: Koreferat zur Gewerkschaftsfrage

in der 15. Sitzung des Dritten Kominternkongresses, 3. Juli 1921 nachmittags[73]

HECKERT. Genossen! Wenn wir an das Problem herangehen: was haben die Kommunisten in den Gewerkschaften zu tun, und was haben die Gewerkschaften überhaupt zu tun, ist es notwendig, dass wir uns ganz klar die Frage stellen, welche Aufgaben haben denn die Gewerkschaften überhaupt gehabt, und, zweitens, die Frage, was können in der gegenwärtigen Periode die Gewerkschaften tun, um ihre Aufgabe zu erfüllen. Als man die Gewerkschaftsverbände gründete, da war die Frage, was haben die Gewerkschaften zu tun, ganz eindeutig und klargestellt. Den Kampf der Arbeiter für verbesserte Lohn- und Arbeitsbedingungen zu führen – das war die Aufgabe, das Ziel, das die Gewerkschaften erreichen wollten; verbesserte Lohn- und Arbeitsbedingungen, das konnte nach Meinung der einen innerhalb der kapitalistischen Ordnung erreicht werden und, nach Meinung der anderen, war das Ziel der Erreichung gesunder Lohn- und Arbeitsbedingungen innerhalb der kapitalistischen Ordnung nicht möglich. Und darum gab es von vornherein in der Gewerkschaftsbewegung zwei Strömungen: die eine, die sich mit der Existenz der kapitalistischen Ordnung, innerhalb der der Gewerkschaftskampf geführt werden sollte, abfand, und die andere, die erklärte, es ist eine wirkliche Verbesserung der Lohn- und Arbeitsbedingungen innerhalb der kapitalistischen Ordnung nicht möglich, man muss auf den Sturz der Kapitalisten hinwirken.

Wir müssen uns das alles bei unseren gegenwärtigen Betrachtungen, welche Aufgabe die Gewerkschaften haben, vor Auge halten. Ist es möglich, dass das Problem der einen, die da erklärten, innerhalb der kapitalistischen Ordnung sei es möglich, bessere Lohn- und Arbeitsbedingungen zu erreichen, gelöst werde,

73 Nach Protokoll des III. Kongresses der Kommunistischen Internationale. Hamburg 1921. Reprint Band 2, S. 690-707

oder ist das nicht möglich. Und zum anderen: was haben die Gewerkschaften zu tun, wenn es nicht mehr möglich ist, innerhalb der kapitalistischen Ordnung bessere Lohn- und Arbeitsbedingungen zu erstreiten. Wir Kommunisten untersuchen darum die wirtschaftliche Situation, die gegenwärtig auf der Erde herrscht. Das ist ja schon auf diesem Kongress getan und reichlich darüber diskutiert worden. Jedes Wort erübrigt sich. Wir wissen, dass nach Beendigung des Weltkrieges die kapitalistische Wirtschaftsordnung in ihren Grundfesten erschüttert wurde. Es ist lediglich eine Frage, wie lange es dauert, bis der Auflösungsprozess innerhalb der kapitalistischen Ordnung zu einer Katastrophe führt, auch ohne organisierten Ansturm der Arbeiterbataillone; nun ist es aber eine Tatsache, dass, wenn die kapitalistische Wirtschaft sich in Auflösung befindet, wenn diese Wirtschaftsordnung auf der einen Seite Arbeitslosigkeit in dem riesigsten Umfange geboren hat, und auf der anderen Seite ein kolossaler Hunger nach Waren herrscht, nicht die Möglichkeit besteht, diesen Hunger nach Waren zu befriedigen, weil die große konsumierende Bevölkerung nicht im Besitz der Mittel ist, sich diese Waren anzueignen. Da fragen wir, wenn die Dinge so sind, was müssen die Gewerkschaften jetzt in dieser Periode der Krise tun? Sollen wir warten, bis irgendein Wunder geschieht, das ihnen ermöglicht, bei einem eventuellen Aufleben des Kapitalismus innerhalb dieser kapitalistischen Wirtschaftsordnung noch einmal 50 oder 60 Jahre einen Kampf um Verbesserungen der Lohn- und Arbeitsbedingungen führen? Oder ist es nicht zugleich auch die Aufgabe der Gewerkschaften, diese Krisis des Kapitalismus, die nicht eine vorübergehende, sondern eine dauernde sein wird, auszunützen, um dieses kapitalistische System zu stürzen? Und von der Beurteilung dieser Konsistenz der kapitalistischen Ordnung, von dem Glauben daran ausgehend, ob der Kapitalismus einerseits noch lebensfähig und wiederaufbaufähig ist, oder ob er andererseits unter allen Umständen gegenwärtig schon überwunden werden muss, muss man sich taktisch einstellen. Und wir haben da zwei ausgeprägte Richtungen. Die kommunistische Richtung, die erklärt, der verfaulende Kapitalismus kann der Arbeiterklasse nur den Tod bringen, je länger dieser Kapitalismus noch besteht. Schneller und organisierter Kampf zur Schaffung eines anderen Gesellschaftssystems, so sagen wir. Aber die Sozialpatrioten erklären: Wir müssen erst den Kapitalismus lebensfähig machen.

Es wurde schon in den Ausführungen des Genossen Radek darauf hingewiesen, dass Gewerkschaftsführer und sozialpatriotische Führer die Legende verbreiten, als könnte der Sozialismus, der Kommunismus überhaupt nur bestehen, wenn die kapitalistische Ordnung eine Überfülle des Reichtums hinterlasse. Nun ist es aber so, dass diese Überfülle nicht vorhanden ist und dass eine Überfülle von Reichtum unserer Anschauung nach nur für eine Minderheit von Menschen geschaffen werden könnte, und diese Überfülle müssten Millionen von Arbeitern mit ihrem Leben, ihrem Glück, ihrer ganzen Existenz bezahlen. Wir lehnen daher die Gedanken der Arbeitsgemeinschaft ab, nach denen wir den kapitalistischen Steinbruch erst wieder reparieren müssten, damit etwas zu sozialisieren ist. Ich will nicht über den Kampf, den die Kommunisten gegen diese arbeitsgemeinschaftlichen Ideen geführt haben, sprechen, dazu reicht nicht die Zeit. Ich kann alle die Dinge nur andeuten. Was haben wir nun in dieser Periode zu tun?

Wir sagen: Die Gewerkschaftsorganisationen, selbst wenn sie nur den Kampf für die Erhaltung der Arbeiterexistenz führen, müssen einen revolutionären Kampf führen. Die Zersetzung der kapitalistischen Ordnung gestattet nicht mehr, dass die Arbeitsexistenz erhalten wird. Darum können wir uns in unserem Kampf zur Verteidigung unserer Existenz auch nicht mehr auf die Mittel beschränken, die in der Vorkriegszeit angewendet worden sind, sondern wir müssen daran denken, auch andere Kampfmittel einzusetzen, und da sagen wir Kommunisten schlankweg: Alle Mittel, die dazu dienen, den Kapitalismus so schnell wie nur irgend möglich zu zerstören, aufzulösen, abzuschaffen, um einem neuen Gesellschaftssystem den Boden zu bereiten, sind Mittel, die auch die Gewerkschaften anwenden müssen. Diese können nur ihre Aufgabe in der Verschärfung der Aktion zur Zerstörung des kapitalistischen Systems erfüllen: also von dem gewöhnlichen Lohnstreit gegen einen einzelnen Unternehmer bis zum Generalstreik gegen die ganze kapitalistische Unternehmergruppe eines Staates mit Demonstrationen und letzten Endes mit einem bewaffneten Aufstand gegen die ökonomischen wie politischen Gewalten gilt es von Seiten der gewerkschaftlichen Organisation anzustreben. Aber wenn wir uns in unseren Gewerkschaftsorganisationen umschauen, sagen wir uns: Taugen diese Organisationen in der Form, wie wir sie jetzt haben, dazu, diese ihre Aufgabe zu erfüllen? Da müssen wir sagen: Ihre Form ist nicht gerade die zweckentsprechendste, sie ist eine in der Entstehungsperiode des Kapitalismus angenommene Form.

Wir haben zwar gesehen, dass mit dem Wachsen des kapitalistischen Systems auch die einzelnen Fachorganisationen, die erst lokal waren, sich mehr und mehr zentralisierten und wie jetzt Zentralorganisationen entstanden sind. Aber, Genossen, der Kapitalismus hat nicht nur eine solche Entwicklung durchgemacht, dass das Unternehmertum in einem Lande aus einem Agrarland einen Industriestaat schuf und die einzelnen Fachgruppen mehr und mehr miteinander in Verbindung brachte, sondern wir haben erlebt, wie innerhalb dieser kapitalistischen Wirtschaft Riesenkräfte entstanden sind, in denen Arbeiter der verschiedensten Berufsgruppen, 20 bis 30 Gruppen, in einem Werk beschäftigt werden. Und wenn nun die Arbeiter, sagen wir, z.B. in einem so großen Werk wie bei Armstrong oder bei Stinnes in den Kampf treten, um ihre Lebensexistenz zu verbessern, so finden wir die Arbeiter in einer ganzen Anzahl verschiedener Berufsgruppen zersplittert, und es ist schwer, diese Arbeiter zu einem einheitlichen Kampf zu bringen.

Und das beweist uns, dass die gegenwärtige Form der Gewerkschaften nicht so weit entwickelt ist, wie die Struktur der kapitalistischen Ordnung, die wir vorfinden. Es muss also in den Gewerkschaften ein neuer Konzentrationsprozess vor sich gehen, ganz gleichgültig, wie die Gewerkschaften auch sind.

Es muss versucht werden, die Arbeiter, die in einem Betrieb beschäftigt sind, zusammenzufassen. Unsere russischen Genossen haben ja, als sie vor das Problem gestellt wurden, Gewerkschaftsverbände zu schaffen, die den modernen Bedingungen angepasst sind, keine lokalen und Fachorganisationen geschaffen, sondern sie schufen große zentralisierte Organisationen, die auf Produktionszweige aufgebaut sind und fassten die Arbeiter zusammen in den Betrieben und Werkstätten, dort, wo gearbeitet wird, wo der Betrieb als die Zelle der Organisation gilt, und wo diese verschiedenen Fabriken und Werkstätten ein und desselben Produktionszweiges zusammengefasst sind zu Zentralorganisationen des Landes. Das ist nach Meinung der Kommunisten die Form der Gewerkschaften, die wir benötigen, um in dieser Periode des Kapitalismus, in der wir leben, unsere Aufgaben erfüllen zu können. Und darum ist die Frage des direkten Kampfes zum Sturz der kapitalistischen Ordnung nicht nur eine Frage um den Inhalt der gewerkschaftlichen Organisation, sondern auch die Frage nach ihrer Organisationsform.

Aber eins sehen wir. Die Organisationsform, sie muss einen Inhalt in sich aufnehmen können, der den tatsächlichen Zuständen in der kapitalistischen Ordnung und den Bedürfnissen des Klassenkampfes der Arbeiter gegen den Kapitalismus entspricht. Die Kapitalisten haben ihre Macht außerordentlich stark vereinigt. Ich erinnere nur an solche Kapitalisten wie Stinnes, um sofort den Beweis zu haben, dass man gegen solch eine Kraft mit einer Summe kleiner föderierter Organisationen nicht ankämpfen kann.

Die Zentralisierung der gewerkschaftlichen Kräfte wird uns aufgenötigt durch die zentralisierte Kraft des Kapitals. Es wäre blödsinnig, gegen solch harte Tatsachen anstreiten zu wollen; wir werden, wenn wir ihnen nicht die gleiche zentralisierte Kraft der gewerkschaftlich organisierten Arbeiterschaft entgegensetzen können, immer unterliegen, und damit ist jedem Föderalismus das Todesurteil gesprochen. Was die deutschen Syndikalisten predigen und was die Gedankengänge vieler Syndikalisten in Frankreich und in anderen Ländern ausmacht, ist unmöglich. Der Zentralismus der Gewerkschaften ist die Vorbedingung für unseren Sieg.

Wir haben in den letzten Tagen in den Zeitungen gelesen, dass sich die Entente mit Deutschland darüber auseinandersetzt, wie der Friedensvertrag von Versailles erfüllt werden soll. Da wurde offen erklärt, Walter Rathenau, früher hieß es Stinnes, solle sich mit Loucheur zusammensetzen und, unbeeinflusst von anderen Kräften, darüber die Meinung austauschen, wie es möglich sei, dass Deutschland, d. h. die deutsche Arbeiterklasse, gegenüber dem englischen und französischen Imperialismus die Pflichten des unterlegenen deutschen Kapitals erfülle. Wie lächerlich ist es, wenn dann noch behauptet wird, dass, wenn in Deutschland und Frankreich die Kapitalsriesen, zwei Menschen an der Lösung der Frage arbeiten, die Arbeiter in ihrem Sinne diese Fragen lösen können, wenn sie in Lyon und Brest, in Posemuckel und Trippstrill selbständig ohne Zentralisation an die Aufgabe herangehen. Wie lächerlich ist es, den Gedanken zu predigen, in jeder Fabrik müsse die Autonomie von kleinen Betriebsorganisationen sein, wie das Otto Rühle will. Über solche Unmöglichkeiten, die lächerlich wirken, dürfen wir nicht mehr streiten. Wir müssen unsere Kraft einsetzen, um die revolutionären Arbeiter zu überzeugen, dass es ein Fehler ist, wenn sie meinen, man könne ohne Zentralismus auskommen, es sei noch möglich, dem Kapitalismus anders beizukommen als durch die organisierte Kraft der Arbeiter.

Wenn wir sagen, dass innerhalb der kapitalistischen Gesellschaftsordnung es nicht mehr möglich ist, Verbesserungen der Lohn- und Arbeitsbedingungen zu erreichen, dann könnte daraus der Schluss gezogen werden, dass es nicht mehr notwendig sei, für diese Verbesserung zu kämpfen und alles auf den Tag und die Stunde, wo der Kapitalismus über den Haufen geworfen wird, konzentriert werden müsse. Es gibt in Deutschland, in Frankreich und Amerika noch viele Elemente, die solche Gedankengänge als revolutionär verzapfen. Der Kapitalismus kann leider nicht in einer Stunde über den Haufen geworfen werden, die Überwindung der kapitalistischen Produktionsordnung hängt von Umständen ab, die wir alle beachten müssen. In der Periode, wo die Kräfte der Arbeiterklasse zum letzten Sturm gegen den Kapitalismus gesammelt werden, finden wir, dass noch mancher Tag und manche Stunde vergeht, wo die Arbeiter täglich Leid erfahren. Da gilt es, den täglichen Kampf um die Milderung dieser Nöte fest in das Bewusstsein der Massen zu rücken, dass der Arbeiter den Kampf um die Linderung der täglichen Nöte, und nicht nur einen Kampf darum, sondern auch gleichzeitig den Kampf um die Organisierung der Kräfte, um die Zentralisation der ganzen proletarischen Macht führen muss, um den Kapitalismus zu überwinden. In der Periode, in der wir leben, ist es tatsächlich so, dass auch der kleinste Kampf größte Auswirkungen haben wird. Wir sagen darum, die kommunistischen Gewerkschaftler und die Kommunisten in der Gewerkschaftsbewegung haben nicht nur die Aufgabe darauf hinzuweisen, dass man den Kapitalismus zerstören muss, sondern sie müssen an all den kleinen Kämpfen zur Linderung der Not, an all den kleinen Arbeiten teilnehmen, die notwendig sind, die Arbeitermasse zu sammeln und ihnen Vertrauen einzuflößen. Wir stehen vor einem Problem. Der kapitalistische Fäulnisprozess hat Millionen von Arbeitern aus dem Produktionsprozess herausgeworfen, hat sie arbeitslos gemacht. Können die Arbeitslosen so lange warten, bis der Kapitalismus über den Haufen geworfen ist, ehe die anderen Arbeiter sich um ihre Not kümmern? Da muss jeder sagen: nein! Und darum besteht für uns, Gewerkschaftler, die Aufgabe: Kampf für die Eingliederung dieser Arbeitslosen in den Produktionsprozess führen, damit sie leben können. Das ist ein harter Kampf. Ein schwieriger Kampf. Und zwar deswegen hart und schwierig, weil wir diesen Kampf nicht allein mit den Arbeitslosen führen können, weil in diesem Kampf zur Eingliederung der Arbeitslosen in den Produktionsprozess die Arbeitslosen sogar für die Vereinigung der Kräfte des Proletariats in gewissem Grade ein hemmender Faktor sind. Wir müssen bedenken, dass die kapitalistische Ordnung nicht mehr die Arbeitskräfte braucht. Und all die Millionen, die noch im Produktionsprozess bleiben, haben Angst, sie könnten am anderen Tage hinausgeworfen werden. Der Unternehmer hat die Möglichkeit, mit einer entstandenen Reservearmee von Arbeitern auf die zu drücken, die noch im Produktionsprozess stehen. Er droht, er werde den Lohn herabsetzen, denn vor den Fabriktoren ständen Tausende von Arbeitern, die er benutzen könne. Darum müssen wir an die herangehen, die noch im Produktionsprozess stehen, wenn wir das Arbeitslosenproblem lösen wollen und müssen ihnen sagen: Der Kampf für die Eingliederung der Arbeitslosen in den Produktionsprozess, das ist der wichtigste Kampf, den wir, Arbeiter, führen müssen, denn es ist der Kampf zur Verteidigung eurer Lebensexistenz, und wenn ihr den Arbeitslosen nicht helft, werdet ihr arbeitslos werden, wenn ihr ihnen nicht helft, dann werdet ihr nichts zu essen bekommen. Mit ihnen wird man euch den Lohn herunterdrücken. Die erste Aufgabe, die wir zu erfüllen haben, ist ein Kampf für die arbeitslosen Brüder. In der Werkstätte muss dieser Kampf geführt werden. Das ist ganz klar. In den Werkstätten, dort wo die Arbeiter arbeiten, dort muss es ihnen zum Bewusstsein gebracht werden, und noch aus einem anderen Grunde muss es ihnen zum Bewusstsein gebracht werden, nämlich aus dem: Die Wirtschaft ist doch das, wovon wir uns erhalten und wenn die Wirtschaft stockt, wenn sie nicht vorwärts geht, werden wir nichts zu essen haben, zum Mindesten weniger zu essen. Und weil der Arbeiter nicht damit einverstanden sein kann, arbeitslos zu werden, nicht nur, weil es schlecht ist, arbeitslos zu werden, sondern weil es gleichzeitig eine Vernichtung der Wirtschaft bedeutet, darum muss sich der Arbeiter mit ganzer Kraft gegen die Stilllegung von Betrieben, gegen die Entlassung von Arbeitern wenden, weil bei dem gegenwärtigen Warenhunger, der vorhanden ist, jede Einschränkung der Produktion eine Verschlechterung der Lebenssituation bedeutet, eine noch größere Unmöglichkeit, einigermaßen gesund sein Leben fortsetzen zu können. Gewiss, das Problem der Arbeitslosigkeit lässt sich erst lösen mit dem Sieg der sozialen Revolution, mit der Aufrichtung der proletarischen Diktatur. Aber in dem lebendigen Kampf für die Interessen der Arbeiterschaft werden die Millionen von Arbeitern, die nichts von der proletarischen Diktatur wissen wollen, die nichts von der sozialen Revolution als Lebensnotwendigkeit für die Erhaltung der Wirtschaft und die Erhaltung der Arbeiterklasse begriffen haben, dies erst kennen lernen.

Wir sehen, Genossen, dass das Arbeitslosenproblem nicht nur uns beschäftigt. Die Amsterdamer müssen sich, und zwar schon lange, damit beschäftigen, und es ist immerhin angebracht, an zwei Beispielen will ich es zeigen, welche Gedanken sie sich über die Lösung des Problems machen. Der Gewerkschaftsredakteur des »Vorwärts«, Dr. Striemer, redete in einer Versammlung in Spandau vor ungefähr zwei Monaten über das Problem der Arbeitslosigkeit. Er sagte: Alles, was die Kommunisten darüber sagen, ist Unsinn. Es würde gar keine Arbeitslosigkeit geben, wenn man die Arbeitslosen auf dem Lande angesiedelt hätte, wenn man die Siedlungen fördern würde. Es ist natürlich lächerlich, einen solchen Gedanken auszusprechen. Aber die Leute, die zwei Jahre lang nur gesagt haben, sie allein helfen den Arbeitslosen, und die doch nicht geholfen haben, sie müssen jetzt Mittel gegen die Arbeitslosigkeit empfehlen, und da kommen sie auf so unsinnige Mittelchen, wie Doktor Striemer sie empfiehlt.

Ein Mitglied des Allgemeinen Deutschen Gewerkschaftsbundes, Ernst Schulz, der die Gewerkschaftsorganisationen in Halle störte, weil dort die Kommunisten tonangebend waren, sagte: Dass wir eine Arbeitslosigkeit haben, liegt daran, dass die Menschen in ihrer Erzeugung keine Ökonomie gehabt hätten. Sie hätten sich wie die Kaninchen vermehrt, wir müssten also zu einer weisen Ökonomie der Menschenerzeugung kommen. Das sagt solch ein Mensch nach dem Weltkrieg, der 16 Millionen Menschen verschlungen hat. Das sagt er, obwohl vor dem Weltkrieg ein Mangel an Arbeitskräften in den kapitalistischen Staaten geherrscht hat. Dieser Sozialist hat alles vergessen, was wir gelernt haben, was vor dem Kriege Tatsache war; er hat vergessen, dass der Krieg 16 Millionen Menschen umgebracht hat. Seine Ausführungen sind nur eine Rechtfertigung für einen neuen Krieg, wo man noch einmal 16 Millionen abschlachtet, eine Rechtfertigung für solche Leute, wie Prof. Gruber und Genossen, die erklärten, in Deutschland sind 15 Millionen Menschen zu viel, die müssen auswandern oder sterben, sonst wird der Kapitalismus nicht mehr leben.

Also bei den Amsterdamern denken die Spitzen daran, wie retten wir die Wirtschaft vor dem Untergang, wie machen wir die Arbeitslosenfrage zu einer Frage, die uns nicht mehr drückt. Und sie kommen zu derselben Lösung, wie die Kapitalisten, entweder auswandern – nur wissen sie nicht wohin – oder sterben, weil zu viel Menschen produziert werden. Es werden die alten Gedanken von Malthus wieder aufgewärmt und uns als die neuesten Ergänzungen marxistischen Gedankeninhalts präsentiert.

Die Unternehmer schließen aber die Betriebe in der gegenwärtigen Periode nicht nur deshalb, weil ihre Wirtschaft einen Knacks bekommen hat, sondern um sie von revolutionären Elementen zu reinigen, die unter den Arbeitern der Betriebe sind. Und zu welchem Zweck? Sie wissen ganz genau, dass der Krieg ihrem gesellschaftlichen System einen Stoß ins Herz versetzt hat, der dem Kapitalismus das Gesunden nicht ermöglicht, wenn eine bolschewistische Welle weiter über die Erde hin schreitet und die Revolution zu einer Wirklichkeit werden lässt. Darum sagt sich der Kapitalist: Ich werde dafür sorgen, dass derjenige, der den Arbeiter mutig macht und ihm sagt, du darfst nicht ohne Widerstand untergehen, aus dem Betrieb hinauskommt; er schmeißt ihn hinaus.

Und so wird die Krise, die durch die kapitalistische Wirtschaft geht und Arbeitslosigkeit bringt, verschärft durch Aktionen des Kapitals, das die Fabriken in dieser großen Krise schließt, um sie von revolutionären Elementen zu reinigen, die revolutionären Elemente von der Arbeiterklasse abzusondern, um sie durch die Not und das Elend in das Lumpenproletariat sinken zu lassen, und wenn sie dann auf die Straße ziehen, mit Maschinengewehren auf sie schießen zu lassen, wie es nicht nur in Spanien geschieht, sondern das ist die Praxis, die in allen Ländern geübt wird. Genossen, welche Mittel sollen wir anwenden, um zu verhindern, dass der Kapitalismus etwas Derartiges gegen uns tut? Es ist notwendig, dass wir die gewerkschaftlichen Kräfte, die wir haben, ausnutzen, und zwar nicht erst ausnutzen, wenn die Gefahr ihren Höhepunkt erreicht hat, sondern sofort. Wir müssen sofort, wenn die Unternehmer etwas zu unternehmen gedenken, versuchen, einen Gegenstoß zu machen. Und nicht nur das, wir müssen nicht nur einen Gegenhieb versuchen, wenn der Unternehmer uns schlagen will, sondern unaufhörlich zum Kampfe rüsten, damit der Unternehmer in die Defensive gedrängt wird, so dass er nicht mehr die Initiative des Handelns gegen uns hat. Und das hat wiederum zur Voraussetzung, dass wir, Arbeiter, unsere Kraft vereinigen. Ich möchte zwei Dinge hier anführen, die es notwendig machen, den geschlossenen Kampf gegen das Unternehmertum zu führen. In Deutschland z.B. – und auch in Österreich und in anderen Ländern ist das der Fall gewesen – haben die Kapitalisten, als sie die Produktion nicht mehr fortsetzen konnten, einfach den Abbruch der Produktionsmittel zu einer Verdienstquelle gemacht. Denn der Kapitalist produziert nicht, damit die Menschen etwas zu leben haben, er produziert, um zu verdienen. Verlohnt sich die Produktion nicht mehr, verlohnt sich vielleicht der Abbruch der Produktionsmittel. Unzählige Ziegeleien sind in Deutschland abgebrochen worden. Die deutsche Zuckerindustrie ist weit unter den Vorkriegszustand heruntergebracht worden. Und was ist dadurch geschehen? Einer großen Anzahl von Arbeitern ist die Möglichkeit genommen, überhaupt wieder in diesem Produktionszweige zu arbeiten, denn es ist der deutschen Wirtschaft die Möglichkeit genommen, aus dieser Krise wieder aufsteigen zu können, selbst dann, wenn wir den Kapitalismus überwinden. Was nutzt uns z.B. ein Sieg über den Kapitalismus, wenn der Kapitalismus zuvor alle Produktionsinstrumente zerstört?

Es ist notwendig, dass wir ihn daran hindern, etwas Derartiges zu tun. Aber um das zu verhindern, brauchen wir natürlich die stärkste Kraft der Arbeiterklasse, den aktiven Kampf auf der ganzen Front. In Italien z.B. haben wir gesehen, was die Arbeiter in solchen Situationen tun, wenn der Unternehmer einfach die Produktion sabotiert; es ist auch in anderen Ländern vorgekommen. Ich meine die Betriebsbesetzungen, durch die die Arbeiterschaft verhindern will, dass die Produktion stillgelegt wird, die Produktionsmittel abgebrochen und ins Ausland verkauft werden, dass die Unternehmer eine Auslese unter den Arbeitern halten usw. Aber, Genossen, ist die Betriebsbesetzung denkbar als ein lokales, auf eine gewisse Dauer beschränktes Kampfmittel gegen die Unternehmer, wie es z.B. die italienische Gewerkschaftsbürokratie gepredigt hat? Das ist etwas, was absolut unmöglich ist. In dem Moment, wo die Arbeiter dazu übergehen, die Betriebe und Werkstätten zu besetzen, um sie gegen die Kapitalisten zu verteidigen, erwächst für die gesamte Arbeiterklasse die Notwendigkeit, diese Arbeiter zu verteidigen. Denn das ist mehr als ein kleiner gewerkschaftlicher Kampf, den kann man nur auf die Dauer von wenigen Tagen führen. Was ergibt sich aus einer Betriebsbesetzung, wenn sie lokal ist? Wenn es eine lokale Besetzung ist, so muss man damit rechnen, dass die Polizei kommt und die Arbeiter mit Maschinengewehren aus den Betrieben hinausjagt. Eine Woche ist es möglich, aber dann stockt die Produktion, weil keine Zufuhr von Material erfolgt, weil die Banken kein Geld auszahlen, die Arbeiter also keine Löhne bekommen können. So kann man eine lokale Fabrikbesetzung für wenige Tage durchführen, aber das würde der Schutz der Arbeiter für die Fabriken der Unternehmer sein, und dazu brauchen sich die Arbeiter wahrhaftig nicht herzugeben. Es muss also den Arbeitern einleuchten, wenn schon ein Mittel angewandt wird zur Verteidigung der Existenz der Arbeiter, so muss auch die Kraft weiter ausgenutzt werden, um den Arbeitern Geld zuzuführen, damit die Löhne ausgezahlt werden können, damit den Fabriken Heizmaterial und Rohstoffe zugeführt werden, es müssen Verbindungen aufgenommen werden zwischen Stadt und Land, so dass ein Austausch von landwirtschaftlichen und industriellen Produkten erfolgen kann. Wir sehen also, wenn der Arbeiter die Produktion schützen will, so entwickelt sich daraus gleich der mächtigste Klassenkampf, den man sich nur denken kann. Das ist als lokales Ereignis nicht denkbar, denn da würden sofort die Maschinengewehre, Zuchthaus usw. kommen, um die Arbeiter niederzuringen. Genossen, wir müssen aber den Kampf der Arbeiterklasse im Allgemeinen schüren, damit noch in der kapitalistischen Ordnung, in der wir leben, die Löhne erhöht, die Arbeitsbedingungen verbessert werden. Es werden viele sagen, das geht nicht. Gewiss, das geht nicht an, der Kapitalismus kann das nicht ertragen. Das sagen auch die Amsterdamer. Wir haben das in Deutschland alle Tage zu hören bekommen, auch von den Sozialdemokraten unabhängiger Richtung, die uns sagen, es ist nicht möglich, einen Streik zu führen, der Unternehmer kann nicht zahlen, weil der Arbeitsertrag das nicht zulässt usw. Und wir haben direkt ein großes geschichtliches Dokument bekommen für den vollständigen Bankrott der Amsterdamer, die innerhalb der kapitalistischen Ordnung für die Verbesserung der Arbeitsbedingungen streiten wollen. Am 30. April d. J. haben sich in London die Führer der Amsterdamer Gewerkschaftsinternationale versammelt, um zu beraten, wie es möglich sei, ohne Waffengewalt in den verschiedenen Ländern die Verpflichtungen der Friedensverträge von Versailles zu erfüllen. Da wurde von französischen und englischen Gewerkschaftsführern erklärt, die Deutschen sollten ihre ganze Kraft einsetzen, damit die deutsche

Regierung all ihre Verpflichtungen pünktlich erfüllt und die deutschen Gewerkschaftsführer erklärten, die anderen sollen sich verpflichten, dass ihre Regierungen keine Truppen in Deutschland einmarschieren lassen, dann würden die deutschen Arbeiter ihre Pflichten erfüllen. So dienen die Amsterdamer der Bourgeoisie, so helfen sie bei der Knebelung der Arbeiterklasse.

Aber solche Dinge haben ihre Konsequenzen. Beim Kohlenabkommen von Spa hat es sich gezeigt. Da wurden die deutschen Bergarbeiter gezwungen, und der Abgesandte der »Confédération Générale du Travail«, Jouhaux, kam nach Deutschland und sagte den deutschen Bergarbeitern: Arbeitet fest, macht Überstunden, das französische Volk wird es euch danken. Die deutschen Bergarbeiter ließen sich verlocken, Überstunden zu machen, und was war der Erfolg? In Frankreich und Belgien wurden die Bergleute arbeitslos, Schächte wurden stillgelegt, den Arbeitern wurde die Möglichkeit genommen, ihre Lebenshaltung zu verteidigen, die Bergleute in England wurden in die schlechteste materielle Position gebracht und den Unternehmern dieser Länder wurde es möglich, ihre eigene Arbeiterschaft niederzuhalten, indem sie durch die Gewerkschaftsführer dieser Länder die deutschen Arbeiter zur Mehrarbeit veranlassten.

Wir sehen hier große Zusammenhänge, die in der Gewerkschaftsbewegung nicht außer Acht gelassen werden dürfen und uns zwingen, die Konsequenzen auf uns zu nehmen. Welche Lehren ergeben sich für uns Kommunisten aus dem Kohlenabkommen? Es müssen sich die deutschen, französischen, englischen, belgischen Bergleute zur gemeinsamen Verteidigung ihrer Lebensbedingungen verbinden. Damit ist schon der Rahmen der nationalen Autonomie gesprengt. Die Anerkennung der nationalen Organisationen, die tun können, was sie wollen, bedeutet schon den Untergang dieser Arbeiterkategorien in dieser Periode. Deshalb müssen wir sagen: die Zeit ist vorbei, wo die Arbeiter nur national organisiert sein können, wo die internationale Solidarität nur ein Kongressgelöbnis ist. Es ist die zwingende Notwendigkeit, uns im Kampfe der Lebenslage der Arbeiter schon jetzt international zu verbinden.

Weiter ist zu sagen: In dem Maße, in dem die kapitalistische Wirtschaft in dem einen oder dem anderen Produktionszweige erschüttert wird, wird die Kapitalistenklasse das ausnützen und versuchen, die Arbeiterklasse zu spalten, einen Teil auf ein tiefes Niveau herabzudrücken, um ihn gegen die anderen Teile der Arbeiterklasse auszuspielen. Ein Beispiel geben die Textilarbeiter. In verschiedenen Ländern herrscht eine große Krisis. Die Menschen können keine Kleidung kaufen, deshalb werden die Textilarbeiter arbeitslos. Die Krise ist so groß, dass sie nicht imstande sind, mit Erfolg zu kämpfen. Daraus ergibt sich die

Lehre, es muss den Arbeitern gesagt werden, dass sie zusammen mit denen in den Kampf treten müssen, die sich nicht allein verteidigen können. Nicht, um eine Humanität, um eine weitläufige Solidarität zu beweisen, sondern, damit sie, wenn sie in einer ähnlichen Situation die Hilfe der anderen brauchen, diese Hilfe erhalten, und dass sie verhindern, in eine solche Situation zu kommen. Wenn die Lage der Textilarbeiter, Bauarbeiter usw. heruntergeht, dann ist es den Kapitalisten möglich, auch die Lebenslage der anderen Arbeiter herabzudrücken. Hier zeigt sich die ganze Bedeutung des Verbrechens, das an dem bekannten schwarzen Freitag in England geschehen ist. Das Unternehmertum hatte sich eine Arbeiterschicht ausgesucht, um deren Lebenslage zu verschlechtern und ihre Kampfkraft zu brechen, damit dasselbe dann bei den anderen Schichten und in den anderen Ländern ausprobiert werden könne. Es wäre eine absolute Notwendigkeit für die Transportarbeiter und Eisenbahner gewesen, mit in den Kampf zu treten, nicht um den Bergleuten zu helfen, sondern um sich selber zu helfen.

Also Verbreiterung jeder Arbeiterbewegung in einem Lande zum Schutz dieser Bewegung selbst und zum Schutze der auch noch nicht in Bewegung stehenden Arbeiter. Das ist das, was wir in dieser Periode lernen müssen. Die Kapitalisten, wie richtig Genosse Sinowjew sagte, sind schlaue Leute. Sie wenden nicht mehr Gewaltmittel an, sondern sie benutzen Mittel anderer Art, um die Arbeiterklasse auseinander zu reißen. Ich muss wiederum einige Beispiele aus Deutschland anführen, weil es am nächsten liegt, und weil in diesem Lande die Arbeiter schon einmal eine Revolution gemacht, und wegen ihrer Unkenntnis verspielt haben, und weil aus solchen Beispielen das meiste zu lernen ist. Die Bergleute in Deutschland waren jederzeit die beste Waffe der deutschen Arbeiterklasse; die Bergleute heraus, und wir hätten jede Macht der Unternehmer zerschlagen können. Was machte das Kapital in unserem Lande und auch das Ententekapital? Es gab den Bergleuten die sogenannte »Goldprämie«, es gab ihnen Speck und Wurst. Man nahm die Nahrungsmittel einer anderen Arbeiterkategorie weg und fütterte dann die Bergleute damit. Die Bergleute wurden zufriedengestellt. Die anderen Arbeiter, denen man die Nahrungsmittel weggenommen hatte, wurden gegen die Bergleute erbittert, und so hatte man die Leute auseinandergesprengt. Es ist darum notwendig, dass jeder ehrliche Gewerkschaftler verhindert, dass solche Dinge angewandt werden.

Ein anderes Mittel wird noch, um die Produktion zu heben, angewandt. Nämlich – dem Arbeiter eine bestimmte Prämie zu geben, damit er viel arbeitet, ihm zu sagen: Du hast Anteil an dem Gewinn der Produktion. Es gibt viele

Arbeiter, die glauben, dass das ehrlich gemeint ist. Wir Kommunisten müssen verhindern, dass etwas Derartiges geschieht. Denn es kommt in dieser Periode nicht darauf an, teilzunehmen an dem Gewinn der Produktion – es wird ja nicht mehr so viel produziert, wie die Menschen brauchen – es kommt darauf an, die kapitalistische Gewinnsucht zu vernichten; das ist die Aufgabe, die wir zu erfüllen haben.

Nun, Genossen, es treten aus der Mitte der Arbeiterklasse einige Leute auf – jetzt nur noch einige, früher jedoch viele – die wollten die Probleme auf eine friedliche Weise lösen. Sie redeten von der Sozialisierung, sie redeten von der Nationalisierung. Darüber brauche ich nicht zu sprechen. Es wurde schon angeführt in anderen Referaten, dass das nichts anderes ist als ein gemeiner Schwindel zur Betäubung der Arbeiterklasse mit dem Enderfolg, dass das Kapital eigentlich gesichert und garantiert wird, und die Arbeiter neue Fesseln bekommen. Will man einen wirklichen Kampf um die Sozialisierung führen, dann ist er nicht möglich auf friedlichem Wege, dann ist er nicht möglich in irgendeinem Berufszweig, dann kann er nur auf der ganzen Linie geführt werden. Also der wichtigste Kampf um die Sozialisierung ist ein Kampf um die Macht, um die Niederringung der ökonomischen Gewalt der Bourgeoisie und das bedeutet einen Kampf um die Gewinnung der Staatsgewalt, um die Sicherung der eroberten Staatsgewalt in den Händen der Arbeiter, um freie Bahn zu haben für den Aufbau.

Wir können in dieser Periode einen Gewerkschaftskampf führen, wie wir wollen, er hat immer politische Konsequenzen. Das haben die Kommunisten den Arbeitern zu sagen. Der Kapitalist stirbt, er reißt bei seinem Tode die Arbeiterschaft in das Elend. Die Arbeiter müssen sich gegen ihre Unternehmer wenden, mit allen Mitteln, die ihnen zur Verfügung stehen. Sie müssen solche Mittel im Kampfe anwenden, die jeder Arbeiter begreifen kann, die Mittel sind, von denen der Arbeiter glaubt und weiß, dass es Mittel zur Sicherung seiner Existenz sind. Es sind nicht immer Mittel, die das Kapital von heute auf morgen schon über den Haufen schmeißen, aber es sind solche Mittel, die die Arbeiterklasse vereinen, und die bei ihrer Anwendung erweisen, dass auch der geringste Kampf zur Verteidigung der Arbeiterklasse ein Kampf ist um die Macht, um die Gesellschaftsordnung, dass man die Produktion nicht durch Arbeitsgemeinschaft und andere Dinge retten kann, sondern nur dann, wenn man den Unternehmer davonjagt.

Also Vereinigung der Arbeiter in großen zentralen Organisationen nach Produktionszweigen ist eine Notwendigkeit. Internationale Verbindung, nicht mit

Versprechungen, sondern mit der Möglichkeit, internationale Streiks zu führen, und mit dem Willen, solche internationalen Streiks zu führen, Verbreiterung der ökonomischen Kämpfe im Lande. Und noch eins, was wir nicht vergessen dürfen. Wenn wir solch eine Aufgabe der Revolution erfüllen, wird das Proletariat nicht stillhalten. Wir haben in allen Ländern gesehen, was die Unternehmer machen. In Deutschland schufen sie die technische Nothilfe, in Italien die Faschistenhaufen, in Amerika gibt es die Pinkertons. Überhaupt hat das Kapital zum Schutze seines Eigentums, zur Niederringung, zur Zersprengung der Arbeiterklasse nicht nur die Organe der Staatsgewalt, sondern noch besondere Organe geschaffen. Und auch wir, Arbeiter, müssen in unseren Gewerkschaften organisierte Selbstschutzorganisationen der Arbeiter schaffen. Damit wir die Pinkertons von uns abhalten, damit wir die Faschistenbanden bekämpfen und ihre Einsetzung zur Verteidigung des Kapitals unmöglich machen können. Ihr seht, wie überall die Arbeiterführer wie räudige Hunde von der Bourgeoisie niedergeknallt werden. Deshalb sind die Selbstschutzorganisationen auch notwendig zum Schutze der eigenen Führer. Denn nichts dezimiert die Arbeiterklasse mehr, als wenn an ihrer Spitze einer ihrer Führer nach dem anderen von den weißen Garden totgeschlagen wird. Die Schutzorganisation des Proletariats ist außerdem in dem Kampf anzuwenden, den der Unternehmer gegen den Arbeiter führt, indem er ihn aussperrt, auf die Straße wirft, den Betrieb säubert, die technische Nothilfe, die Werkpolizei, die Pinkertons einsetzt. Er muss von den Organisationen der Arbeiter geschlagen werden, wo man ihn schlagen kann. Ich erinnere an eins. Als in Deutschland die Unternehmer auf breiter Front die Produktion abgebrochen haben, und die Arbeiter sich dagegen gar nicht wehren konnten, weil sie vom Produktionsplatz abgewandert waren, da sind die Arbeiter aufgestanden und haben erklärt: wir wollen Kontrolle der auf der Eisenbahn ankommenden Güter vornehmen, wir wollen sehen, ob die Arbeiter mit dem Abbruch der Produktion einverstanden sind. So wurde vieles verhindert. Es ist nur erst der Keim eines neuen Kampfmittels der Arbeiter gegen das Kapital, es muss ausgebaut werden.

Genossen, ich komme zum Schluss meines Referates und möchte zusammenfassend folgendes noch einmal wiederholen: Die kapitalistische Wirtschaftsordnung ist in ihren Grundfesten erschüttert. Die Verteidigung der Arbeiterklasse um die Erhaltung des gegenwärtigen Standards macht es notwendig, die gewerkschaftlich organisierte Kraft des Proletariats fest zusammenzufassen. Das kann nicht geschehen in lokalen, kleinen voneinander abgesplitterten föderalistischen Organisationen, sondern nur durch die Schaffung großer zentraler

Produktionsorganisationen. Die Verteidigung ist nur möglich im schroffsten Kampf gegen das Kapital, wenn man dem Kampf nicht ausweicht. Wir dürfen nicht in der Verteidigung bleiben, sondern müssen zum Angriff gegen den Kapitalismus übergehen. Wir können diesen Kampf, der derselbe Kampf ist, den die Kommunistische Internationale führt, nicht losgelöst von ihr führen, sondern nur Schulter an Schulter, mit ihr im Verein. Daraus gilt es die Lehren zu ziehen. Daraus werden wir, Kommunisten, die Lehren ziehen, wie wir schon die Lehren aus dem II. Weltkongress gezogen haben.

Ich schließe, indem ich sage: Aufgabe der Kommunisten ist es, in diesen großen Kampf der Gewerkschaften einzutreten, um sie zu Klassenkampforganisationen zu machen, überall und überall diese Kraft zu zentralisieren und anzuspornen, damit der Kampf siegreich geführt werden kann. Wo nur die Genossen in einer Organisation beieinander sind, müssen sie eine Zelle bilden, um in diesen Organisationen unsere Gedanken zu verbreiten, damit es möglich ist, den Feind in engster Verbindung mit der Kommunistischen Internationale zu schlagen. (Lebhafter Beifall und Applaus.)

Thesen

Über die Kommunistische Internationale und die Rote Gewerkschaftsinternationale - Kampf gegen die gelbe Gewerkschaftsinternationale von Amsterdam - angenommen in der 24. Sitzung des III. Weltkongresses vom 12. Juli 1921[74]

I.

Die Bourgeoisie hält die Arbeiterklasse in Sklaverei nicht nur mit Hilfe der nackten Gewalt, sondern auch durch einen Betrug äußerst kunstvoller Art. Die Schule, die Kirche, das Parlament, die Kunst, die Literatur, die Tagespresse – all dies wird in den Händen der Bourgeoisie zu einem mächtigen Mittel zur Betörung der Arbeitermassen, zur Hinüberleitung der Ideen der Bourgeoisie in das Proletariat.

Zu jenen bourgeoisen Ideen, deren Einimpfung in die Arbeitermassen den herrschenden Klassen gelungen ist, gehört auch die Idee der Neutralität der Gewerkschaften, die Idee des Apolitizismus (Politiklosigkeit), die Idee der Parteilosigkeit.

In den letzten Jahrzehnten der neueren Geschichte, und insbesondere nach Beendigung des imperialistischen Krieges, sind die Gewerkschaften in ganz Europa und Amerika die ausgedehntesten Organisationen des Proletariats, die sich in einigen Ländern durchweg auf die gesamte Arbeiterklasse erstrecken. Die Bourgeoisie ist sich darüber völlig klar, dass die nächste Zukunft des kapitalistischen Systems davon abhängt, in welchem Maße die Gewerkschaften imstande sein werden, sich von den bourgeoisen Einflüssen zu befreien. Daher die

74 nach Thesen und Resolutionen des III. Weltkongresses der Kommunistischen Internationale. Hamburg 1921, S. 69-86

krampfhaften Anstrengungen der ganzen Weltbourgeoisie und ihrer Mithelfer, der Sozialdemokraten, die Gewerkschaften um jeden Preis im Banne der bürgerlich-sozialdemokratischen Ideen zu behalten.

Die Bourgeoisie kann die Arbeitergewerkschaften nicht offen zur Unterstützung der bürgerlichen Parteien auffordern. Sie fordert sie daher auf, keine Partei zu unterstützen, aber meint damit in Wirklichkeit, dass die Gewerkschaften die Partei des Kommunismus nicht unterstützen dürfen.

Die Verkündung der Neutralität oder des Apolitizismus der Gewerkschaften hat schon eine lange Vergangenheit hinter sich. Im Laufe von Jahrzehnten wurde diese bourgeoise Idee den Gewerkschaften Englands, Deutschlands, Amerikas und anderer Länder eingetrichtert durch Vertreter der pfäffisch-christlichen Gewerkschaften wie durch Führer der bürgerlichen Hirsch-Dunckerschen Gewerkschaften, durch die Führer der friedlichen alten englischen Trade-Unions, ebenso wie durch die Vertreter der deutschen sogenannten freien Gewerkschaften und auch durch viele Vertreter des Syndikalismus. Legien, Gompers, Jouhaux, Sidney Webb verkündeten den Gewerkschaften jahrzehntelang die »Neutralität.« In Wirklichkeit aber waren die Gewerkschaften nie neutral und konnten es auch beim besten Willen nicht sein. Die Neutralität der Gewerkschaften ist nicht nur schädlich für die Arbeiterklasse, sondern ist auch nicht verwirklichbar. Im Kampfe zwischen der Arbeit und dem Kapital kann keine Massenorganisation der Arbeiter neutral bleiben. Folglich können auch die Gewerkschaften in ihrem Verhältnis zu den bürgerlichen Parteien und der Partei des Proletariats nicht neutral bleiben. Die Führer der Bourgeoisie sind sich völlig klar darüber. Ebenso aber, wie es der Bourgeoisie unumgänglich notwendig ist, dass die Massen an das jenseitige Leben glauben, ist es ihr notwendig, dass sie auch daran glauben, dass die Gewerkschaften apolitisch und der Arbeiterpartei der Kommunisten gegenüber neutral bleiben können. Die Bourgeoisie benötigt zu ihrem Herrschen und zum Auspressen des Mehrwertes aus den Arbeitern nicht nur den Pfaffen, den Polizisten, den General, den Polizeispitzel, sondern auch die Gewerkschaftsbürokraten, die »Arbeiterführer«, die den Gewerkschaften Neutralität und Vermeidung der Teilnahme am politischen Kampfe predigen.

Die Falschheit der Idee der Neutralität wurde den fortgeschrittensten Proletariern Europas und Amerikas schon vor dem imperialistischen Kriege immer mehr klar. Im Maße der Verschärfung der Klassengegensätze wurde diese Falschheit noch augenscheinlicher. Als das imperialistische Morden anfing, waren die alten Führer der Gewerkschaften gezwungen, die Maske der Neutralität fallen zu lassen und offen auf der Seite der »eigenen« Bourgeoisie aufzutreten.

Während des imperialistischen Krieges stießen jene Sozialdemokraten und Syndikalisten, die den Gewerkschaften jahrelang die Vermeidung der Teilnahme an der Politik predigten, in Wirklichkeit die Gewerkschaften in den Dienst der niederträchtigsten Blutpolitik der bürgerlichen Parteien; die gestrigen Verkünder der Gewerkschafts-»Neutralität« traten heute auf in der Rolle unverhüllter Agenten bestimmter politischer Parteien; aber nicht Parteien der Arbeiterklasse, sondern der Bourgeoisie.

Nach Beendigung des imperialistischen Krieges versuchen dieselben sozialdemokratischen und syndikalistischen Führer der Gewerkschaften, neuerdings die Maske des Apolitizismus und der Neutralität der Gewerkschaften anzulegen. Nun, da die Zwangslage des Krieges vorüber ist, wollen sich diese Agenten der Bourgeoisie den neuen Umständen anpassen und wollen die Arbeiter vom Wege der Revolution wieder auf jenen Weg ablenken, der einzig der Bourgeoisie vorteilhaft ist.

Die Ökonomie und die Politik sind immer mit unzerreißbaren Fäden miteinander verbunden. Dieser Zusammenhang ist besonders stark in Epochen gleich der jetzigen. Es gibt keine einzige wichtige Frage des politischen Lebens, die nicht nur die Arbeiterpartei, sondern auch die proletarischen Gewerkschaften nicht interessieren müsste; und umgekehrt, es gibt keine einzige wichtige ökonomische Frage, die nicht nur die Gewerkschaften, sondern auch die Arbeiterpartei nicht interessieren müsste. Wenn in Frankreich die imperialistische Regierung die Mobilisierung gewisser Jahrgänge zur Besetzung des Ruhrbeckens und überhaupt zur Erdrosselung Deutschlands verfügt, kann da eine wirklich proletarische französische Gewerkschaft erklären, dass diese rein politische Frage die Gewerkschaften nicht interessieren muss? Kann ein wirklich revolutionäres französisches Syndikat sich in dieser Frage neutral oder apolitisch erklären? Oder andererseits, wenn in England eine so rein ökonomische Bewegung im Gange ist, wie der jetzige Kohlenarbeiterstreik, kann da die Kommunistische Partei sagen, dass diese Frage sie nichts angeht und ausschließlich in den Wirkungskreis der Gewerkschaften gehört? Zu einer Zeit, da der Kampf mit der Not und dem Bettlertum vieler Millionen Arbeitslosen auf der Tagesordnung steht, da die Frage der Requirierung von Wohnungen der Bourgeoisie zwecks Linderung der Wohnungsnot des Proletariats praktisch gestellt werden muss, da immer breitere und breitere Massen der Arbeiter durch das praktische Leben selbst gezwungen werden, sich mit der Frage der Bewaffnung des Proletariats zu befassen, da die Arbeiter bald in diesem, bald in jenem Lande die Besetzung von Fabriken und Industrieanlagen organisieren – in einer solchen Zeit bedeutet die

Behauptung, dass die Gewerkschaften sich in den politischen Kampf nicht einzumengen haben und allen Parteien gegenüber neutral sein müssen, praktisch den Übergang in den Dienst der Bourgeoisie.

Bei allem Reichtum der Nomenklatur der politischen Parteien in Europa und Amerika sind diese Parteien ihrem Grundwesen nach in drei Gruppen zu teilen: 1. Parteien der Bourgeoisie, 2. Parteien des Kleinbürgertums (hauptsächlich die Sozialdemokraten) und 3. die Partei des Proletariats. Jene Gewerkschaften, die sich apolitisch und den erwähnten drei Parteigruppen gegenüber neutral erklären, unterstützen in Wirklichkeit die Parteien des Kleinbürgertums und der Bourgeoisie.

II.

Der internationale Gewerkschaftsbund von Amsterdam ist jene Organisation, in der die II. Internationale und die Internationale 2½ sich trafen und einander die Hand reichten. Die ganze internationale Bourgeoisie blickt mit Vertrauen und Zuversicht auf diese Organisation. Die Hauptidee des internationalen Gewerkschaftsbundes von Amsterdam ist die Idee der Neutralität der Gewerkschaften. Es ist kein Zufall, dass die Bourgeoisie und ihre Diener, die Sozialdemokraten und die rechten Syndikalisten, die Sammlung breiter Massen der westeuropäischen und amerikanischen Arbeiter mit dieser Losung unternehmen wollen. Während die politische II. Internationale, die offen zur Bourgeoisie hinüberging, vollständig zusammenbrach, hat der Internationale Gewerkschaftsbund von Amsterdam, der sich wieder mit der Idee der Neutralität decken will, noch einen gewissen Erfolg. Unter der Flagge der Neutralität übernimmt der Amsterdamer Internationale Gewerkschaftsbund die schwersten und schmutzigsten Aufträge von der Bourgeoisie: die Abwürgung des Kohlenarbeiterstreiks in England (diese Aufgabe vollführte der bekannte H. Thomas, der gleichzeitig Vorsitzender der II. Internationale und einer der bekanntesten Führer des Amsterdamer gelben Gewerkschaftsbundes ist), die Herabdrückung des Arbeitslohnes, die organisierte Ausplünderung der deutschen Arbeiter für die Sünden der imperialistischen deutschen Bourgeoisie.

Leipart und Graßmann, Wissel und Bauer, Robert Schmidt und I. H. Thomas, Albert Thomas und Jouhaux, Daszynski und Zulawski, sie alle haben ihre Rollen untereinander verteilt: die einen, die früher Gewerkschaftsführer waren, stehen jetzt im Dienste der bürgerlichen Regierungen als ihre Minister, Kommissare oder sonstigen Helfershelfer, die anderen aber, die mit ihnen ein Leib und eine Seele sind, stehen an der Spitze der Amsterdamer Gewerkschaftsinternationale und predigen den gewerkschaftlich organisierten Arbeitern die Neutralität im politischen Kampfe.

Der Amsterdamer Internationale Gewerkschaftsbund ist zurzeit die Hauptstütze des internationalen Kapitals. Wer die Notwendigkeit des Kampfes mit der falschen Idee des Apolitizismus und der Neutralität der Gewerkschaften nicht voll verstanden hat, kann gegen diese kapitalistische Hochburg nicht mit Erfolg kämpfen. Zur Ausarbeitung zweckmäßiger Kampfesmethoden gegen die gelbe Amsterdamer Internationale ist vor allem die scharf umgrenzte und klare Feststellung der gegenseitigen Beziehungen zwischen der Partei und den Gewerkschaften eines jeden Landes notwendig.

III.

Die Kommunistische Partei ist der Vortrupp des Proletariats, jene Avantgarde, die die Wege und Mittel zur Befreiung des Proletariats vom kapitalistischen Joch voll erkannte und die daher bewusst das kommunistische Programm annahm.

Die Gewerkschaften sind mehr eine Massenorganisation des Proletariats, die sich in der Richtung einer alle Arbeiter des betreffenden Produktionszweiges umfassenden Organisation entwickelt, und nicht nur die bewussten Kommunisten, sondern auch die mittleren und sogar die ganz zurückgebliebenen Schichten des Proletariats umfasst, die nur stufenweise aus den Lehren des Lebens sich den Kommunismus aneignen. Die Rolle der Gewerkschaften in der Periode, die den Kämpfen des Proletariats um die Eroberung der Macht vorausgeht, in der Periode der Kämpfe um die Macht und die Periode nach der Machtergreifung, ist in vielen Beziehungen verschieden; aber sowohl vor Eroberung der Macht als während ihr und nach ihr sind die Gewerkschaften eine weitere, sich auf größere Massen erstreckende allgemeinere Organisation als die Partei und müssen im Verhältnis zur Partei in gewissem Maße die Rolle der Peripherie im Verhältnis zum Zentrum spielen. Vor Eroberung der Macht organisieren die wirklich proletarischen revolutionären Gewerkschaften die Arbeiter auf hauptsächlich ökonomischer Grundlage zur Erkämpfung jener Verbesserungen, die vor der völligen Niederwerfung des Kapitalismus möglich sind; ihr Hauptaugenmerk richten sie aber auf die Organisation des proletarischen Massenkampfes gegen den Kapitalismus und für die proletarische Revolution. Während des proletarischen Umsturzes organisieren die wirklich revolutionären Gewerkschaften gemeinschaftlich mit der Partei die Massen zum unmittelbaren Sturm auf die Festen des Kapitals und übernehmen die grundlegende Arbeit in der Organisierung der sozialistischen Revolution. Nach Eroberung und Sicherung der proletarischen Macht wird die Arbeit der Gewerkschaften hauptsächlich auf das organisatorisch-wirtschaftliche Gebiet verlegt und die Gewerkschaften widmen ihre Kräfte fast völlig der Organisation der Wirtschaft auf sozialistischer Grundlage und werden dadurch wirklich zur praktischen Schule des Kommunismus. Im Laufe aller dieser drei Phasen des Kampfes müssen die Gewerkschaften die proletarische Avantgarde, die Kommunistische Partei, die den Kampf des Proletariats in allen seinen Etappen leitet, unterstützen. Zur Erreichung dieses Zieles müssen die Kommunisten und die mit den Kommunisten sympathisierenden Elemente im Rahmen der Gewerkschaften ihre kommunistischen Zellen organisieren, die völlig der kommunistischen Gesamtpartei untergeordnet sind.

Die Taktik der Bildung kommunistischer Zellen in einer jeden Gewerkschaft, die durch den II. Weltkongress der Kommunistischen Internationale formuliert wurde, hat sich im Laufe des vergangenen Jahres entschieden bewährt und ergab in Deutschland, in England, in Frankreich, in Italien und in einer Reihe anderer Länder bedeutende Resultate. Der Umstand, dass z.B. in Deutschland bedeutende Kreise wenig erprobter und politisch ungenügend erfahrener Arbeiter, die von der Teilnahme an den freien Gewerkschaften keinen unmittelbaren Vorteil mehr erwarten, in letzter Zeit die freien sozialdemokratischen Gewerkschaften verlassen, darf keinesfalls den prinzipiellen Standpunkt der Kommunistischen Internationale betreffend Teilnahme der Kommunisten an der Gewerkschaftsbewegung ändern. Es ist Aufgabe der Kommunisten, den Proletariern zu erklären, dass die Rettung nicht darin besteht, dass man die alten Gewerkschaften verlässt und unorganisiert bleibt, sondern darin, dass man die Gewerkschaften revolutioniert, aus ihnen den Geist des Reformismus und die verräterischen reformistischen Führer vertreibt und so die Gewerkschaften in eine wirkliche Stütze des revolutionären Proletariats umwandelt.

IV.

Die Hauptaufgabe der nächsten Epoche für alle Kommunisten besteht darin, ausdauernd, energisch, hartnäckig daran zu arbeiten, die Mehrheit der Arbeiter in allen Gewerkschaften zu gewinnen, sich keinesfalls durch die gegenwärtigen reaktionären Stimmungen in den Gewerkschaften entmutigen zu lassen, sondern darauf hinzuarbeiten suchen, durch die regste Teilnahme an allen Alltagskämpfen die Gewerkschaften trotz allen Widerstandes für den Kommunismus doch zu gewinnen.

Der beste Maßstab der Stärke jeder Kommunistischen Partei ist der wirkliche Einfluss, den sie auf die Massen der Arbeiterschaft in den Gewerkschaften ausübt. *Die Partei muss verstehen, ihren entscheidenden Einfluss auf die Gewerkschaften ausüben zu können, ohne die Gewerkschaften kleinlich bevormunden zu wollen.* Der Partei untersteht nur die betreffende kommunistische Zelle in der Gewerkschaft, nicht aber die Gewerkschaft als solche. Nur durch die dauernde, aufopfernde und einsichtsvolle Arbeit der kommunistischen Zellen in den Gewerkschaften kann und soll die Partei einen solchen Stand der Dinge erreichen, wo die Gewerkschaften als Ganzes mit Freude und Bereitschaft den Ratschlägen der Partei folgen.

In Frankreich vollzieht sich gegenwärtig in den Gewerkschaften ein gesunder Gärungsprozess. Die Arbeiterschaft erholt sich endlich aus der Krisis der Arbeiterbewegung und lernt jetzt den Verrat zu geißeln, dessen sich die reformistischen Sozialisten und Syndikalisten schuldig gemacht haben.

Die revolutionären Syndikalisten in Frankreich sind jetzt teilweise noch voll von Vorurteilen gegenüber dem politischen Kampf, gegenüber der Idee der politischen proletarischen Partei. Sie huldigen der Idee des Neutralismus, wie sie in der bekannten Charte d'Amiens von 1906 Ausdruck gefunden hat. Die hilflose und unrichtige Haltung dieses Teil der revolutionären Syndikalisten birgt in sich die größten Gefahren für die Bewegung. Sollte diese Richtung die Mehrheit gewinnen, so wird sie nicht wissen, was sie mit dieser Mehrheit anfangen soll, und somit wird sie hilflos gegenüber den Agenten des Kapitals, den Jouhaux und Dumoulins dastehen.

Die revolutionären Syndikalisten in Frankreich werden so lange ohne feste Linie dastehen, solange die Kommunistische Partei selbst auch keine solche Linie hat. Die Kommunistische Partei Frankreichs muss auf eine freundschaftliche Kooperation mit den besten Elementen des revolutionären Syndikalismus hinarbeiten. Die Partei muss sich aber in erster Linie nur auf ihre eigenen Mitglieder verlassen, muss überall, wo es auch nur drei Kommunisten gibt, eine Zelle bilden. Die Partei muss sofort eine Aufklärungskampagne gegen den Neutralismus eröffnen. Sie muss auf das freundschaftlichste, aber auch auf das entschiedenste auf das Fehlerhafte in der Position des revolutionären Syndikalismus hinweisen. Nur auf diesem Wege kann in Frankreich die Gewerkschaftsbewegung revolutionisiert werden und die enge Kooperation der Partei und der Gewerkschaftsbewegung hergestellt werden.

In Italien haben wir eine eigenartige Lage: Hier ist die Masse der Gewerkschaftsmitglieder revolutionär gestimmt, aber die Führung der Conf. del Lavoro liegt in den Händen ausgesprochener Reformisten und Zentristen, die sich mit dem Herzen bei Amsterdam befinden. Die erste Aufgabe der italienischen Kommunisten besteht darin, einen zähen und ausdauernden Alltagskampf in den Gewerkschaften von unten bis nach oben zu organisieren, systematisch und mit Geduld darauf hinzuarbeiten, den verräterischen und unentschiedenen Charakter der eben genannten Führung bloßzustellen und ihr alle Gewerkschaften zu entreißen.

Gegenüber den revolutionär-syndikalistischen Elementen Italiens haben die italienischen Kommunisten im Allgemeinen dieselben Aufgaben zu erfüllen wie die Kommunisten in Frankreich.

In Spanien haben wir eine starke, revolutionäre, aber noch nicht ganz zielbewusste Gewerkschaftsbewegung und gleichzeitig eine noch junge und verhältnismäßig schwache Kommunistische Partei. Bei gegebener Lage muss die Partei alles Mögliche versuchen, um in den Gewerkschaften festen Fuß zu fassen, muss die Partei den Gewerkschaften mit Rat und Tat helfen, muss sie in der Gewerkschaftsbewegung klärend wirken, freundschaftliche Beziehungen mit ihr anknüpfen und den ganzen Kampf gemeinsam organisieren.

In England vollziehen sich in der Gewerkschaftsbewegung Entwicklungsprozesse von größter Wichtigkeit.

Die Gewerkschaftsbewegung revolutioniert sich rasch. Die Massenbewegung entwickelt sich. Das Abwirtschaften der alten Gewerkschaftsführer vollzieht sich schnell. Die Partei muss alle Kräfte anstrengen, um in diesen großen Gewerkschaften (Kohlengrubenarbeiter usw.) festen Fuß zu fassen. Jedes Mitglied der Partei muss in einer Gewerkschaft tätig sein und durch rege, ausdauernde, organische Arbeit Einfluss für den Kommunismus gewinnen. Nichts soll unterlassen werden, um sich mit den Massen enger zu verbinden.

In Amerika vollzieht sich etwas langsamer dieselbe Entwicklung. Keinesfalls dürfen die Kommunisten die Reihen der reaktionären Federation of Labour einfach verlassen. Umgekehrt, sie müssen auf allen Wegen in die alten Gewerkschaften eindringen, um sie zu revolutionieren. Mit dem besten Teil der IWW ist eine Kooperation notwendig, die aber nicht einen aufklärenden Kampf gegen die Vorurteile der IWW ausschließen soll.

In Japan entwickelt sich spontan eine große Gewerkschaftsbewegung, die noch ohne klare Führung ist. Die Hauptaufgabe der kommunistischen Elemente in Japan besteht darin, diese Bewegung zu unterstützen und sie im marxistischen Sinne zu beeinflussen.

In der Tschechoslowakei hat unsere Partei die Mehrheit der Arbeiterklasse hinter sich, die Gewerkschaftsbewegung bleibt aber zum großen Teil noch in den Händen der Sozialpatrioten und Zentristen und ist überdies noch national gespalten. Das ist das Resultat der mangelhaften Organisation und der Unklarheit der revolutionär gesinnten Gewerkschaftsmitglieder. Die Partei muss alles tun, um diesem Stand der Dinge ein Ende zu machen und die ganze Gewerkschaftsbewegung für die Leitung durch Kommunisten zu gewinnen. Dazu ist die Bildung der Zellen und einer für alle Nationen gemeinsamen kommunistischen Gewerkschaftszentrale unumgänglich notwendig. Auf die Vereinigung der verschiedenen national gespaltenen Verbände ist energisch hinzuarbeiten.

In Österreich und in Belgien haben es die Sozialpatrioten verstanden, die Gewerkschaftsbewegung fest und schlau in die Hand zu bekommen. Das Hauptterrain des Kampfes in diesen Ländern ist die Gewerkschaftsbewegung. Dieser Aufgabe müssen darum die Kommunisten ihre Hauptaufmerksamkeit schenken.

In Norwegen muss die Partei, die die Mehrheit der Arbeiter hinter sich hat, die Gewerkschaftsbewegung fester in die Hand bekommen und die zentristischen Elemente von der Führung beseitigen.

In Schweden hat die Partei nicht nur gegen Reformismus, sondern auch gegen die kleinbürgerliche Strömung im Sozialismus anzukämpfen und muss dazu ihre ganze Energie anstrengen.

In Deutschland ist die Partei auf bestem Wege, allmählich die Gewerkschaften zu gewinnen. Auf keinen Fall sollen den Anhängern der Parole »Heraus aus den Gewerkschaften« Konzessionen gemacht werden. Das hieße, die Sozialpatrioten stützen. Gegen die Versuche, die Kommunisten auszuschließen – zäher, ausdauernder Kampf und Anstrengung aller Kräfte, um die Mehrheit in den Gewerkschaften zu gewinnen.

V.

Durch diese Erwägungen werden jene gegenseitigen Beziehungen bestimmt, die zwischen der Kommunistischen Internationale einerseits und der Roten Gewerkschaftsinternationale andererseits zu schaffen sind.

Die Kommunistische Internationale hat die Aufgabe, nicht nur den politischen Kampf des Proletariats im engen Sinne des Wortes zu leiten, sondern seinen ganzen Befreiungskampf, welche Formen er auch annehmen möge. Die Kommunistische Internationale kann nicht bloß die arithmetische Summe der Zentralen der Kommunistischen Parteien verschiedener Länder sein. Die Kommunistische Internationale muss die Arbeit in dem Kampf aller proletarischen Organisationen, sowohl der rein politischen als auch der gewerkschaftlichen, genossenschaftlichen, der Sowjet- und Kulturorganisationen inspirieren und zusammenfassen.

Der Internationale Gewerkschaftsrat kann zum Unterschied von der gelben Internationale keinesfalls auf dem Standpunkt des Apolitizismus oder der Neutralität stehen. Eine Organisation, die der II., II½ und der III. Internationale gegenüber neutral zu bleiben wünschte, würde unvermeidlich zur Schachfigur in den Händen der Bourgeoisie. Das Aktionsprogramm der roten Gewerkschaftsinternationale, das des Weiteren dargelegt und das die Kommunistische Internationale dem 1. Kongress der roten Gewerkschaften vorlegen wird, wird in Wirklichkeit nur von den kommunistischen Parteien, nur durch die Kommunistische Internationale verteidigt werden. Schon einzig aus diesem Grunde, zur wirksamen Revolutionierung der Gewerkschaftsbewegungen in einem jeden Lande, zur ehrlichen, entschiedenen Durchführung der neuen revolutionären Aufgaben der Gewerkschaften werden die Roten Gewerkschaften genötigt sein, Hand in Hand und in engem Kontakte mit der Kommunistischen Partei des betreffenden Landes zu arbeiten und die Rote Gewerkschaftsinternationale bei jedem Schritt mit der Arbeit der Kommunistischen Internationale in Einklang zu bringen.

Die Vorurteile der Neutralität, der »Unabhängigkeit«, des Apolitizismus und der Parteilosigkeit, mit denen auch gewisse ehrliche revolutionäre Syndikalisten Frankreichs, Spaniens, Italiens und anderer Länder behaftet sind, sind objektiv nichts anderes als ein den bourgeoisen Ideen gezollter Tribut. Die roten Gewerkschaften können das gelbe Amsterdam und folglich auch den Kapitalismus nicht besiegen, ohne der bourgeoisen Idee der Unabhängigkeit und der Neutralität ein für alle Mal zu entsagen. Vom Standpunkt der Kräfteersparnis und der besten Konzentrierung der Schläge ist als ideale Lage die Schaffung einer einheitlichen Internationale zu betrachten, die in ihren Reihen sowohl die politischen Parteien als auch die anderen Formen der Arbeiterorganisationen vereinigen wird. Zweifelsohne gehört die Zukunft diesem Organisationstypus. In der jetzigen Übergangsperiode jedoch, bei der jetzigen Vielfältigkeit und Buntwürfigkeit der Gewerkschaften in den verschiedenen Ländern ist es unumgänglich notwendig, eine selbständige internationale Vereinigung der roten Gewerkschaften zu schaffen, die im Großen und Ganzen auf der Plattform der Kommunistischen Internationale stehen, aber Mitglieder mit größerer Freiheit aufnehmen als dies in der Kommunistischen Internationale der Fall ist.

Der auf dieser Grundlage zu organisierenden Roten Gewerkschaftsinternationale verspricht der III. Kongress der Kommunistischen Internationale seine

Unterstützung zwecks engerer Verbindung zwischen der Kommunistischen Internationale und Roten Gewerkschaftsinternationale, schlägt der III. Kongress der Kommunistischen Internationale vor, dass sich die Kommunistische Internationale durch drei Mitglieder in der Exekutive der Roten Gewerkschaftsinternationale vertreten lasse und vice versa.

Das Aktionsprogramm der Roten Gewerkschaften ist nach der Meinung der Kommunistischen Internationale annähernd folgendes:

Aktionsprogramm.

1. Die scharfe ökonomische Krisis, die sich über die ganze Welt erstreckt, das katastrophale Sinken der Engrospreise, die Überproduktion bei tatsächlichem Warenhunger, die aggressive Politik der Bourgeoisie gegen die Arbeiterklasse, die hartnäckigen Versuche zur Herabsetzung des Arbeitslohnes und die Versuche, die Arbeiter in ihrer Entwicklung um Jahrzehnte zurückzuwerfen, die infolgedessen anwachsende Verbitterung der Massen einerseits und die Hilflosigkeit der Gewerkschaften mit ihren alten Methoden andererseits, stellen die revolutionären Gewerkschaften aller Länder vor neue Aufgaben. Nötig sind neue, durch die Zersetzung des Kapitalismus hervorgerufene ökonomische Kampfesmethoden, notwendig ist eine aggressive ökonomische Politik seitens der Gewerkschaften, um den Angriff des Kapitals zurückzuschlagen und, nach Festigung der alten Position, selbst zum Angriff überzugehen.

2. Die Grundlage der Gewerkschaftstaktik bildet die direkte Aktion revolutionärer Massen und ihrer Organisationen gegen das Kapital. Alle Errungenschaften der Arbeiter stehen im direkten Verhältnis zu direkter Aktion und revolutionärer Druckausübung seitens der Massen. Unter direkter Aktion sind alle Arten der uns mittelbaren Druckausübung auf die Unternehmer und den Staat seitens der Arbeiter zu verstehen; und zwar: Boykott, Streiks, Straßenaktionen, Demonstrationen, Besitzergreifung der Unternehmungen, gewaltsame Widersetzung gegen die Ausfuhr von Artikeln aus den Unternehmungen, bewaffneter Aufstand und andere revolutionäre Aktionen, die dazu geeignet sind, die Arbeiterklasse zum Kampf für den Sozialismus zu vereinigen. Die Aufgabe der revolutionären Gewerkschaften besteht infolgedessen darin, die direkte Aktion in ein Werkzeug der Erziehung und Vorbereitung der Arbeitermassen zum Kampf für die soziale Revolution und die Diktatur des Proletariats zu machen.

3. Die letzten Jahre des Kampfes zeigten mit besonderer Anschaulichkeit die ganze Schwäche der gewerkschaftlichen Organisationen. Die Zugehörigkeit der Arbeiter eines Unternehmens zu mehreren Gewerkschaften schwächt sie im

Kampfe. Zum Ausgangspunkt des ungeschwächten Kampfes muss der Übergang vom rein gewerkschaftlichen Aufbau zur Organisation der Gewerkschaften nach den Produktionszweigen werden. »In einem Unternehmen – ein Verband« muss die Losung auf dem Gebiete des Organisationsaufbaues sein. Die Verschmelzung der verwandten Gewerkschaften in einem Verband muss auf dem revolutionären Wege geschehen, indem diese Frage unmittelbar den Verbandsmitgliedern in den Fabriken und Betrieben, weiterhin den Bezirks- und Länderkonferenzen und den Nationalkongressen vorgelegt wird.

4. Jede Fabrik und jeder Betrieb müssen ein Bollwerk, eine Festung der Revolution werden.

Die alte Form der Beziehungen zwischen den einfachen Verbandsmitgliedern (Kassierer, Vorsitzender, Vertrauensleute und andere) müssen durch die Fabrikkomitees ersetzt werden. Die Fabrikkomitees müssen von allen Arbeitern des betreffenden Unternehmens gewählt werden, unabhängig davon, welcher politischen Überzeugung sie angehören. Die Aufgabe der Anhänger der Roten Gewerkschaftsinternationale liegt darin, alle Arbeiter des betreffenden Unternehmens an den Wahlen ihres sie vertretenden Organs heranzuziehen. Alle Versuche, die Wahlen der Fabriks- und Betriebskomitees ausschließlich auf Versammlungen von Gesinnungsgenossen zu beschränken, nur eine Parteirichtung durchzuführen und die breite Masse der Unparteiischen von den Wahlen auszuschließen, müssen ganz kategorisch verurteilt werden. Das wäre eine Zelle, aber nicht ein Fabriks- und Betriebskomitee. Der revolutionäre Teil der Arbeiter muss durch seine Zellen, durch seine Aktionsausschüsse und schließlich durch jedes einzelne Mitglied auf die allgemeine Versammlung auf das von ihr gewählte Fabriks- und Betriebskomitee seinen Einfluss ausüben.

5. Die erste Forderung, welche den Fabriks- und Betriebskomitees gestellt werden muss, ist die Fürsorge der infolge Arbeitslosigkeit entlassenen Arbeiter auf Kosten des Unternehmens. Es darf unter keinen Umständen zugelassen werden, dass die Arbeiter auf die Straße geworfen werden und dass das Unternehmen daraus keinerlei Folgen tragen soll. Der Unternehmer muss zur Zahlung des vollen Arbeitslohnes des Arbeitslosen verpflichtet werden. Auf dieser Plattform muss man nicht die Arbeitslosen, sondern hauptsächlich die Arbeiter in den verschiedenen Unternehmungen organisieren, indem man sie darüber aufklärt, dass die Frage der Arbeitslosigkeit im Rahmen der kapitalistischen Ordnung nicht gelöst werden kann, und dass das beste Mittel gegen die Arbeitslosigkeit die soziale Revolution und die Diktatur des Proletariats ist.

6. Die Schließung der Unternehmungen und die Kürzung der Anzahl der Arbeitstage bilden gegenwärtig eins der wichtigsten Werkzeuge in den Händen der Bourgeoisie, mit dessen Hilfe sie die Arbeiter zur Kürzung des Arbeitslohnes, zur Verlängerung der Arbeitszeit und zur Abschaffung des Kollektivvertrages zwingt. Die Aussperrung nimmt immer deutlichere Formen der »direkten Aktion« seitens der vereinigten Unternehmer gegen organisierte Arbeitermassen an. Deshalb muss der Kampf gegen die Schließung der Unternehmen geführt und die Untersuchung der Gründe, die zur Schließung einer Fabrik führen, seitens der Arbeiter verlangt werden. Zu diesem Zweck müssen besondere Kontrollkommissionen gebildet werden, denen die Kontrolle über die Rohstoffe, das Heizmaterial, die Aufträge zusteht; die ferner eine Revision der tatsächlichen, zur Produktion notwendigen Rohstoffbestände vornehmen und die in den Banken deponierten Geldreserven kontrollieren. Die besonders gewählten Kontrollkommissionen müssen mit der größten Sorgfalt die finanziellen Beziehungen zwischen den betreffenden Unternehmen und anderen Unternehmungen prüfen, wobei den Arbeitern die Beseitigung der Geschäftsgeheimnisse als eine der nächstliegenden praktischen Aufgaben aufgestellt werden muss.

7. Als eins der Kampfesmittel gegen eine Massenschließung der Unternehmungen, die Herabsetzung des Arbeitslohnes und Verschlechterung der Arbeitsbedingungen erzielen wollen, gilt die Besitzergreifung der Fabrik oder des Betriebes durch die Arbeiter und die Fortsetzung der Produktion gegen den Willen des Unternehmers. Bei dem herrschenden Warenhunger ist die Fortsetzung der Produktion notwendig und daher dürfen die Arbeiter eine absichtliche Schließung der Fabriken und Werkstätten nicht zulassen. Je nach den lokalen Verhältnissen, den Produktionsbedingungen, der politischen Lage, der Anspannung des sozialen Kampfes, kann und muss die Besitzergreifung auch durch andere Methoden der Druckausübung auf das Kapital unterstützt werden. Bei der Besitzergreifung des Unternehmens muss sich die Verwaltung in den Händen des Fabriks- oder Betriebskomitees, sowie eines besonders dazu gewählten Vertreters des Verbandes befinden.

8. Der ökonomische Kampf wird unter der Losung der Erhöhung des Arbeitslohnes und Verbesserung der Arbeitsbedingungen gegen die der Vorkriegszeit geführt. Alle Versuche, Arbeitsbedingungen auf das Niveau der Vorkriegszeit zurückzuführen, müssen eine entschiedene und revolutionäre Zurückweisung erfahren. Der Krieg hatte die Entkräftung der Arbeiterklasse zur Folge; um dieser entgegenzuwirken, sind verbesserte Arbeitsbedingungen Voraussetzung. Die Hinweise der Kapitalisten auf eine Konkurrenz des Auslandes dürfen auf

keinen Fall berücksichtigt werden; die revolutionären Gewerkschaften müssen die Fragen des Arbeitslohnes und der Verbesserung der Arbeitsbedingungen nicht vom Gesichtspunkt der Konkurrenz zwischen den raublustigen Elementen der verschiedenen Nationen betrachten, sondern vom Gesichtspunkt der Erhaltung und des Schutzes der Arbeitskraft.

9. Im Falle einer Taktik des Lohndruckes seitens der Kapitalisten und einer ökonomischen Krisis im Lande besteht die Aufgabe der revolutionären Gewerkschaften darin, die Herabsetzung des Arbeitslohnes nacheinander in den verschiedenen Produktionszweigen zu verhindern, d. h. sich nicht in mehrere Gruppen spalten zu lassen. Es müssen von vornherein Arbeiter der allgemeinnützlichen Unternehmungen (Kohlenarbeiter, Eisenbahner, Elektrotechniker, Gasarbeiter u. a.) zur Teilnahme am Kampf herangezogen werden, damit der Kampf gegen den Angriff des Kapitals die wichtigsten Nervenzentren, den wirtschaftlich-ökonomischen Organismus, umfasst. Hier wird notwendig und zweckmäßig sein, alle Arten des Widerstandes anzuwenden, angefangen von einzelnen Teilstreiks bis zum Generalstreik irgendeines bedeutenden Produktionszweiges im nationalen Maßstabe.

10. Die Gewerkschaften müssen sich zu praktischen Aufgaben die Vorbereitung und Organisation internationaler Ausstände stellen, die einen bestimmten Produktionszweig umfassen. Die Einstellung der Kohlengewinnung oder die Unterbrechung des Verkehrs im internationalen Maßstabe sind wichtige Kampfmittel gegen die reaktionären Anschläge der Bourgeoisie aller Länder.

Die Gewerkschaften müssen aufmerksam die Weltkonjunktur verfolgen, um den geeigneten Moment für ihren Angriff zu wählen, dabei nicht einen Augenblick außer Achtung lassen, dass ein internationaler Angriff, welcher Art er auch sei, nur dann möglich sein wird, wenn wahre revolutionäre internationale Gewerkschaften gebildet werden, die nichts Gemeinsames mit der gelben Amsterdamer Internationale haben.

11. Der von den Opportunisten aller Länder verbreitete Glaube an einen absoluten Wert der Kollektivverträge muss eine scharfe und entschiedene Zurückweisung seitens der revolutionären Bewegung erfahren. Der Kollektivvertrag ist nichts weiter als ein Waffenstillstand. Die Unternehmer verletzen stets den Kollektivvertrag, sobald sich dazu die kleinste Möglichkeit bietet. Die religiösen Beziehungen zu den Kollektivverträgen beweisen, dass die Führer der Arbeiterklasse tief von der Ideologie der Bourgeoisie durchdrungen sind. Die revolutionären Gewerkschaften sollen den Kollektivvertrag nicht ablehnen, jedoch seinen relativen Wert erkennen und die Fragen der Methoden

des Bruches dieser Verträge, wenn es der Arbeiterklasse Vorteil dienen sollte, immer klar vor Augen haben.

12. Der Kampf der Arbeiterorganisationen gegen den individuellen und kollektiven Unternehmer soll unter Berücksichtigung der nationalen und örtlichen Verhältnisse für die ganze Erfahrung des Befreiungskampfes der Arbeiterklasse verwertet werden. Daher muss jeder bedeutende Streik nicht nur von den Arbeitern gut vorbereitet sein, sondern gleichzeitig mit dem Streikausbruch müssen auch besondere Kader zum Kampf gegen die Streikbrecher und zum Widerstand gegen die verschiedenen Provokationen der von den bourgeoisen Regierungen unterstützten weißgardistischen Organisationen gegenüber gebildet werden. Die Faschisten Italiens, die technische Nothilfe Deutschlands, die aus ehemaligen Offizieren und Unteroffizieren bestehenden weißgardistischen Organisationen Frankreichs und Englands – alle diese Organisationen haben sich zum Ziel gesetzt, jede Arbeiteraktion zu desorganisieren, zu vernichten, nicht nur durch Ersatz der Streikenden, sondern auch durch materiellen Ruin und Tötung der Leiter der Arbeiterbewegung. Unter diesen Bedingungen wird die Organisation besonderer Streik- und Selbstschutztruppen zur Lebensfrage.

13. Diese neu gebildeten Kampforganisationen sollen sich nicht nur gegen die Angriffe der Unternehmer und Streikbrecherorganisationen wehren, sondern auch die Initiative der Zurückhaltung aller Güter und Waren, welche für die betreffende Fabrik bestimmt sind, auf sich nehmen und die Ausfuhr der Fabrikate nach anderen Fabriken und Unternehmungen hindern. In dieser Beziehung muss den Transportarbeitern eine ganz besonders hervorragende Rolle zufallen, sie sollen die Ein- und Ausfuhr der Waren einstellen, was bei einmütiger Unterstützung aller örtlichen Arbeiter ausführbar ist.

14. Der ganze ökonomische Kampf der Arbeiterklasse in der nächsten Zukunft soll sich um die Losung der Partei »Arbeiterkontrolle der Produktion« konzentrieren, wobei diese Kontrolle verwirklicht werden muss, bevor die Regierung und die herrschenden Klassen Kontrollsurrogate geschaffen haben. Es muss ein erbitterter Kampf gegen alle Versuche zur Gründung von Paritätsarbeitsgemeinschaften und Paritätskontrollkommissionen seitens der herrschenden Klassen und Reformisten begonnen werden, wobei die Kontrolle der Betriebe streng durchgeführt werden muss, um bestimmte Resultate zu erzielen. Die revolutionären Gewerkschaften müssen mit aller Entschlossenheit gegen das sozialistische Blendwerk und die Spitzbüberei, mit denen sich die Führer der alten Gewerkschaften mit Hilfe der herrschenden Klassen befasst haben, auftreten. All das Gerede dieser Herren über eine friedliche Sozialisierung ver-

folgt nur das Ziel, die Arbeiter von einer revolutionären Aktion und sozialer Revolution abzulenken.

15. Um die Aufmerksamkeit der Arbeiter von ihren unmittelbaren Aufgaben abzulenken und in ihnen kleinbürgerliche Tendenzen wachzurufen, wird die Idee der Teilnahme der Arbeiter am Gewinn, d.h. der Rückerstattung eines unbedeutenden Teiles des von ihnen geschaffenen Mehrwertes propagiert. Diese Losung der Demoralisierung der Arbeiter muss einer schroffen und unbarmherzigen Kritik unterworfen werden. (Nicht Teilnahme am Gewinn, sondern »Vernichtung des Kapitalistengewinns« ist die Losung der revolutionären Klassengewerkschaften.)

16. Zur Lähmung oder Brechung der Kampfkraft der Arbeiterklasse haben die Bourgeoisstaaten unter der Vorgabe des Schutzes lebenswichtiger Industrien zur zeitweiligen Militarisierung einzelner Betriebe oder ganzer Industriezweige gegriffen. Um angeblich ökonomische Erschütterungen nach Möglichkeit zu verhüten, führten sie zum Schutze des Kapitals obligatorische Schiedsgerichte oder Schlichtungsausschüsse ein. Im Interesse des Kapitals wurde auch, um die Lasten des Krieges gänzlich auf die Schultern der Arbeitenden abzuwälzen, der direkte Steuerabzug vom Arbeitslohn eingeführt, bei dem der Unternehmer die Rolle des Steuereintreibers hat. Gegen diese staatlichen, nur der kapitalistischen Klasse dienenden Maßnahmen muss der erbittertste Kampf seitens der Gewerkschaften aufgenommen werden.

17. Indem man den Kampf für die Verbesserung der Arbeitsbedingungen, die Hebung des Lebensniveaus und der Einsetzung der Arbeitskontrolle führt, muss man immer vor Augen haben, dass diese Probleme auf dem Gebiete kapitalistischer Beziehungen unmöglich zu lösen sind, und daher müssen die revolutionären Gewerkschaftsverbände den herrschenden Klassen Schritt für Schritt Konzessionen entreißen, indem sie sie zwingen, sozialistische Gesetzgebung durchzuführen, es den Arbeitermassen völlig klarlegen, dass die soziale Frage nur durch Vernichtung des Kapitalismus und durch die Einsetzung der Diktatur des Proletariats gelöst werden kann. Von diesem Standpunkt betrachtet, darf keine Teilaktion der Arbeiter, kein Teilstreik, kein noch so unbedeutender Konflikt spurlos vorübergehen. Die revolutionären Gewerkschaften sollen diese Konflikte verallgemeinern und ihre Arbeitermassen bis zur Erkenntnis der Notwendigkeit und Unvermeidlichkeit der sozialen Revolution und der Diktatur des Proletariats bringen.

18. Der ökonomische Kampf ist zugleich auch ein politischer, d.h. ein allgemeiner Klassenkampf. Der Kampf selbst, wenn er auch noch so weite Arbei-

terschichten im Lande umfasst, kann nur dann wirklich revolutionär und mit größtmöglichem Nutzen für die Arbeiterklasse als Gesamtheit durchgeführt werden, wenn die revolutionären Gewerkschaftsverbände Hand in Hand, in engster Arbeitsgemeinschaft und im engsten Bündnis mit der Kommunistischen Partei des Landes gehen werden. Die Theorie und Praxis der Spaltung des Klassenkampfes der Arbeiter in zwei unabhängige Teile ist im gegenwärtigen Revolutionsmoment äußerst schädlich. Dieses Vorgehen erfordert maximale Kraftkonzentration, die nur bei größter Anstrengung der Revolutionsenergie der Arbeiterklasse, d.h. aller seiner kommunistischen und revolutionären Elemente denkbar ist. Teilaktionen der Kommunistischen Partei und der roten revolutionären Klassenverbände sind von vorneherein dem Misslingen und der Vernichtung geweiht. Daher sind Einheitlichkeit der Aktion und organisches Bündnis der Kommunistischen Partei mit den Gewerkschaften die Vorbedingungen des Erfolges im Kampf gegen den Kapitalismus.

Solomon Losowski: Die Aufgaben der Kommunisten in den Gewerkschaften

in der 16. Sitzung des Vierten Kominternkongresses, 20. November 1922[75]

Die Kommunistische Internationale, die sich den entschlossenen und erbitterten Kampf gegen den Reformismus in allen seinen Erscheinungsformen zur Aufgabe gemacht hat, musste notwendig schon gleich zu Beginn ihrer Tätigkeit auf das wichtigste Bollwerk des Reformismus – die bestehenden Gewerkschaften stoßen. Darum eben formuliert die Kommunistische Internationale in ihren ersten Kundgebungen ihr Verhalten zu den reformistischen Gewerkschaften und zu der Stellung, die die hervorragendsten Führer der internationalen Gewerkschaftsbewegung in der Nachkriegsperiode eingenommen haben. Der 2. Kongress der Kommunistischen Internationale hat die Richtlinien für die Kommunisten in der Gewerkschaftsbewegung vorgezeichnet, indem er die Theorie der Spaltung und Zersplitterung der Gewerkschaften verwarf, die aus der Ungeduld und Verständnislosigkeit für die grundlegenden Aufgaben der kommunistischen Politik entstanden war.

Der 3. Kongress hat die Frage der Gewerkschaftsbewegung von neuem erörtert.

Und das ist auch nicht verwunderlich, denn die Gewerkschaften sind zum letzten Zufluchtsort der internationalen Bourgeoisie und zu dem Hauptfundament geworden, auf das sich die kapitalistische Herrschaft gründet. Der 3. Kongress der Kommunistischen Internationale hat in detailliert ausgearbeiteten

75 Nach Protokoll des IV. Weltkongresses der Kommunistischen Internationale. Hamburg 1923. Reprint Erlangen 1972, Band 1, S. 449-479

Leitsätzen abermals die wichtigsten Fragen der internationalen Gewerkschaftsbewegung berührt und besonders angelegentlich die Notwendigkeit der höchsten Anspannung aller Kräfte im Kampf gegen die Reformisten auf dem Boden der Eroberung der Gewerkschaften hervorgehoben. Endlich hat die letzte Erweiterte Exekutivsitzung der Kommunistischen Internationale es als notwendig erachtet, das in einigen kommunistischen Kreisen hervorgetretene Bestreben nach einer Liquidierung der Roten Gewerkschaftsinternationale genau zu erörtern, wobei es klar war, dass diese liquidatorischen Tendenzen, wenn sie auch sehr ideale Erwägungen als Begründung ins Feld führten, in Wirklichkeit ein Resultat der Schwäche und des Unvermögens waren, die eigenen Kräfte im Kampf gegen den Reformismus zu organisieren.

Der 4. Kongress muss einen weiteren Schritt vorwärts tun. Die allgemeine Richtlinie der vorgezeichneten Grundsätze für die kommunistische Arbeit in den Gewerkschaften ist festgelegt. Wir haben jetzt eine ganze Reihe von Aufgaben zu konkretisieren und nochmals die Fragen hervorzuheben, die vom praktischen internationalen Klassenkampf in den Vordergrund gerückt worden sind. Um diese Fragen zu beleuchten, muss man vor allen Dingen die Lage betrachten, in der gegenwärtig der Kampf der Kommunisten für die Revolutionierung der Gewerkschaften vor sich geht.

Es genügt einen flüchtigen Blick auf die internationale Gewerkschaftsbewegung zu werfen, um zur Überzeugung zu gelangen, dass sie eine tiefgehende Krise durchmacht. Diese Krise wird einerseits durch die gewaltige Offensive des Kapitals und andererseits durch die Haltlosigkeit der Theorie und Praxis des führenden Kerns der internationalen Gewerkschaftsbewegung hervorgerufen. Die Offensive der Kapitalisten gewann feste Form in den letzten Monaten des Jahres 1920, wobei sie einen planmäßig organisierten Charakter annahm und den Zweck verfolgte, die Produktionsausgaben um jeden Preis durch eine Verbilligung der Arbeitskraft herabzusetzen. Die Bourgeoisie wollte ihre Nachkriegsschwierigkeiten durch einen Druck auf die Arbeiterklasse beseitigen, und je mehr die Krise sich verschärfte, desto erbitterter wurde die Angriffstaktik der Bourgeoisie, denn es handelte sich für sie darum, unter allen Umständen die unsinnig hohen Gewinne zu erzielen, an die sie sich während des Weltkrieges gewöhnt hatte. Die Form des Angriffs war dabei in den valutastarken Ländern eine andere als in denen mit niedriger Valuta, aber im Großen und Ganzen richtete sich der Ansturm gegen den Achtstundentag; die Arbeitslöhne wurden systematisch abgebaut, und es begann ein Feldzug gegen die bloße Existenz der Gewerkschaften (der Kampf um die »open shops« in Amerika).

Abgesehen von dieser rein wirtschaftlichen Offensive, hat die Bourgeoisie in den letzten zwei Jahren noch besondere Organisationen geschaffen, die die Aufgabe hatten, die Gewerkschaftsorganisationen zu vernichten und ihre Führer auszurotten. Als klassisches Beispiel in dieser Hinsicht kann Italien dienen (wo kürzlich die ganze kommunistische Bewegung zerstört worden ist), das den traurigen Ruhm hat, auf dem Wege der Zertrümmerung und Vernichtung der Arbeiterorganisationen an der Spitze aller »zivilisierten« Mächte zu marschieren. Die gesamte faschistische Bewegung ist ebenso wie die analogen Bewegungen in den anderen Ländern, nicht mehr und nicht weniger als eine vorbeugende Konterrevolution, wobei die italienischen Arbeiter genötigt sind, alle Nachteile und Lasten der Konterrevolution zu erdulden, ohne dass sie alle Vorteile der sozialen Revolution genossen haben. Diese allseitigen Angriffe des Kapitals haben seitens der Spitzenorganisationen der internationalen Gewerkschaftsbewegung nur einen äußerst schwachen Widerstand gefunden. Die Amsterdamer, die bei jeder günstigen und ungünstigen Gelegenheit von ihren großen Siegen über das Kapital und von den großen Wohltaten erzählen, die das Internationale Arbeitsamt im Völkerbund der Menschheit bereitet, haben vom ersten Augenblick der kapitalistischen Angriffsaktionen an eine abwartende Haltung eingenommen und während der ganzen verflossenen Periode kein einziges Mal die Initiative zu einem ernstlichen Kampf ergriffen, sondern sind bestenfalls nur von der Empörung der Arbeitermassen vorwärts gepeitscht worden. Äußerst bezeichnend ist in dieser Hinsicht die letzte Aussperrung in England, der Kohlenarbeiterstreik in Amerika, die Metallarbeiterbewegung in Frankreich, sowie eine Reihe von Streiks in Deutschland und Italien. Die Amsterdamer haben stets und überall eine passive Rolle gespielt, haben den Konflikt immer möglichst schnell beizulegen gesucht, die Reihen der Arbeiterklasse desorganisiert und demoralisiert und dadurch ihren Kampf nur vereitelt. Diese Ohnmacht der Gewerkschaften, dem angreifenden Kapital entgegenzutreten, die offene Abgeneigtheit der Führer, die Arbeitermassen in den Kampf zu führen, rief in weiten Kreisen der Arbeiterklasse tiefe Enttäuschung hervor, und hieraus erklärt sich der Abmarsch ganzer Arbeitergruppen aus den Gewerkschaften. Das Anwachsen der Gewerkschaften kommt in den Jahren 1921-22 nicht nur zum Stillstand, sondern macht einem raschen Rückgang Platz. Hunderttausende von Arbeitern verlassen die gewerkschaftlichen Organisationen, die Gewerkschaften bröckeln ab, werden somit geschwächt und verlieren die Fähigkeit, dem angreifenden Kapital entgegenzutreten. Die französische CGT, die Anfang 1920 über 2 Mill. Mitglieder hatte, zählt gegenwärtig in beiden Parallelorganisationen nur noch 600.000 Mitglieder. In Italien ist die Anzahl der Gewerkschaftsmitglieder von 2 Millionen auf 700.000 gefallen. In England sank die Anzahl der Gewerkschaftsmitglieder um 1.300.000. In den Vereinigten Staaten haben die Gewerkschaften ungefähr 1½ Millionen Mitglieder verloren. Einen ähnlichen Rückgang der Mitgliederzahl beobachten wir in der Tschechoslowakei, in Schweden, Norwegen, Holland, Dänemark usw. Nur in Deutschland und Österreich hat sich die Mitgliederzahl ungefähr auf der früheren Höhe gehalten, aber das erklärt sich nicht etwa aus der übermäßigen revolutionären Gesinnung der Gewerkschaftsführer in diesen Ländern, sondern aus der tragischen Lage, in der sich das österreichische und deutsche Proletariat befindet, und durch die größere Organisiertheit der Arbeiter dieser Länder. Abgesehen vom numerischen Rückgang wächst in den Gewerkschaften auch die allgemeine Unsicherheit und der Mangel an Vertrauen in die eigenen Kräfte. Die Amsterdamer, die im Laufe mehrerer Jahre große Reformen ankündigten, die aus dem Schoße des Internationalen Arbeitsamts hervorgehen sollten, sind verstummt. Die Blüten sind entblättert, die Feuer ausgebrannt. Sie selber haben den Glauben an das große soziale Schöpfertum der von ihnen geschaffenen Organisationen verloren, und wenn sie auch am Internationalen Arbeitsamt des Völkerbundes noch weiter teilnehmen, so geschieht es deshalb, weil sie an dieses Arbeitsamt fest geschmiedet sind wie ein Zwangssträfling an seinen Karren, und sie werden das Schicksal dieser in jeder Hinsicht bemerkenswerten Institution teilen. Sie können auf die Arbeitsgemeinschaft der Klassen nicht verzichten, denn ihre ganze Tätigkeit ist auf dieses Prinzip gegründet. Ja noch mehr. Diese Arbeitsgemeinschaft wird von Tag zu Tag immer enger, denn ein Bruch der Klassenarbeitsgemeinschaft zwischen den Gewerkschaften und der Bourgeoisie würde nicht nur das Ende der Bourgeoisie, sondern auch das Ende der Amsterdamer bedeuten.

Wenn die Führer der Amsterdamer Internationale in allen Fällen, wo der Offensive des Kapitals entgegengearbeitet werden musste, die größte Bescheidenheit und die äußerste Passivität an den Tag legten, so wurden sie dafür höchst ungezwungen aggressiv und energisch, wenn es sich um den Kampf gegen die revolutionären Arbeiter handelte. Die Zeit zwischen dem 3. und 4. Kongress ist charakterisiert durch den Feldzug gegen den revolutionären Flügel der Arbeiterbewegung. Die Amsterdamer beschlossen, unter keinen Umständen in der Minderheit zu bleiben: lieber eine Spaltung, als die Übergabe der Gewerkschaftsleitung an die Kommunisten. Das ist die Losung der Amsterdamer Internationale, und diese Losung ergibt sich aus der ganzen Stellungnahme der Amsterdamer, denn auf andere Weise würde es ihnen schwer fallen, die kapitalistische Gesellschaft und das kapitalistische System zu retten. In Frankreich ist es den Amsterdamern gelungen, die Gewerkschaftsbewegung zu spalten, und wir haben dort zwei Arbeitskonföderationen. Als die Kommunisten begannen, die bequemen Pöstchen der tschechoslowakischen Amsterdamer zu bedrohen, folgten diese letzteren dem Beispiel ihrer französischen Kollegen und führten die Spaltung der tschechoslowakischen Gewerkschaften herbei.

In Spanien spaltete der reformistische Allgemeine Arbeiterbund seine größte Organisation, den Verband der Bergarbeiter, in demselben Augenblick, als die Kommunisten und Syndikalisten in diesem Verband die Mehrheit gewonnen hatten. In Deutschland ist in den Verbänden der Bauarbeiter, der Eisenbahner und der Verkehrsarbeiter eine systematische Kommunistenhetze eingeleitet worden, wobei die deutsche Methode darin besteht, die zu einem Amt gewählten Kommunisten hinauszuwerfen, ihre Wahlkandidaten nicht anzuerkennen und auf diese Weise die revolutionären Führer von der revolutionären Masse zu trennen.

Beharrlich und hartnäckig führen die Amsterdamer in Deutschland ihre Taktik durch, mit allen Kräften bestrebt, die besten Kampfelemente aus den Arbeiterverbänden zu vertreiben.

»*Um stark zu sein, müssen wir unsere Reihen säubern*«, so lautet die zynische Erklärung des Zentralorgans des ADGB., des »Korrespondenzblatt«, in seinem Artikel »Der Feind steht links.« »*Heraus aus den Gewerkschaften*«, das ist die Losung der Amsterdamer, und sie ziehen aus ihr die praktischen Folgerungen. Und je größer die kommunistische Gefahr wird, je mehr das revolutionäre Klassenbewusstsein der Massen wächst, um so klarer werden die Bestrebungen der Amsterdamer, die Gewerkschaften zu spalten, denn revolutionäre Gewerkschaften können sie nicht brauchen. Sie ziehen die katholischen und die gelben Gewerkschaften den revolutionären Gewerkschaften vor. Das lässt sich durch eine beliebig große Anzahl von Tatsachen zeigen. So schließt der reformistische Bergarbeiterverband in Deutschland freudig Verträge mit dem katholischen Verband und mit dem nationalistischen polnischen Verband, aber er will sich unter keinen Umständen mit der Union der Hand- und Kopfarbeiter verständigen, und hilft sich damit, dass er ihre Mitglieder als Unorganisierte bezeichnet. Die Union ist eine revolutionäre Organisation, die von Kommunisten geleitet wird, und die ehrenwerten Gentleman aus dem Deutschen Bergarbeiterverband ziehen die Katholiken den Kommunisten vor. Aber die Amsterdamer begnügen sich nicht damit, auf die Gewerkschaften einen Druck im nationalen Ausmaß auszuüben. Auf dem letzten Kongress der Amsterdamer Internationale in Rom wurde in einer gemeinsamen Beratung mit den Vertretern der Internationalen Sekretariate der einzelnen Produktionszweige von neuem der Beschluss gefasst, dass die revolutionären Gewerkschaften zu diesen Internationalen Sekretariaten nicht zugelassen werden dürfen. In dieser Hinsicht wird eine ganz bestimmte Taktik durchgeführt, denn die Amsterdamer sind immer fest, wenn es sich um den Kampf gegen die revolutionären Gewerkschaften handelt. Während des letzten Jahres wurden aus den internationalen Industrieverbänden ausgeschlossen oder in sie nicht aufgenommen: die russischen Verbände der Metallarbeiter, der Bergarbeiter, der Holzarbeiter, der Bauarbeiter, der Textilarbeiter, der Landarbeiter, der Angestellten, der Post- und Telegraphenbeamten, der Lederarbeiter, der Verkehrsarbeiter usw. Der formelle Grund für ihren Ausschluss war, dass sie durch den Allrussischen Zentralverband der Gewerkschaften der Roten Gewerkschaftsinternationale angegliedert sind, in Wirklichkeit aber werden sie deshalb ausgeschlossen, weil sie die Revolution durchgeführt haben, weil sie mit dem Sowjetstaat verbunden, von kommunistischem Geiste durchdrungen und die Grundlage und das Fundament des Sowjetstaats und der Diktatur des Proletariats sind. Die der Amsterdamer Internationale angeschlossenen Internationalen Sekretariate würden mit Vergnügen konterrevolutionäre Gewerkschaften aufnehmen, aber revolutionäre Gewerkschaften wollen sie nicht aufnehmen, denn das könnte ihr friedliches Leben und ihre Verdauung stören.

Was stellt dieser Feldzug gegen die revolutionären Gewerkschaften dar? In seinem Kern ist er nichts anderes als eine Widerspiegelung des Feldzuges des internationalen Kapitals gegen die Arbeiterklasse, er ist ein Widerschein der sozialen Kämpfe, die zwischen der Bourgeoisie und dem Proletariat ausgefochten werden. Die Amsterdamer Internationale, die auf der anderen Seite der Barrikade steht, beschießt die internationale Arbeiterbewegung mit den Kanonen, die sie gegenwärtig zur Verfügung hat. Den Leitern der heutigen Gewerkschaftsbewegung ist es vollkommen klar, dass die Gewerkschaftsbewegung, wenn sie ihre Einheit bewahrt, zwar langsam aber dennoch nach links rückt und dass in dem Augenblick, wo die Kommunisten sich der Gewerkschaftsbewegung bemächtigen, nicht nur für die Bourgeoisie, sondern auch für den Reformismus das Ende da ist. Deshalb treiben sie eine bewusste Politik der Spaltung und des Ausschlusses. Sie wollen die Arbeiterklasse entkräften, zur Eroberung der Macht unfähig machen und soweit desorganisieren und demoralisieren, dass sie ihre Hand nicht auf die Produktions- und Austauschmittel zu legen vermag. Die Amsterdamer Internationale rettet die moderne Zivilisation mit allen Mitteln und auf jede Weise.

Die Amsterdamer stehen in ihrem Kampf gegen die Kommunisten nicht allein: sie haben Verbündete in den Anarchisten. Seit den letzten zwei Jahren beobachten wir eine besondere Verschärfung des Kampfes der Anarchisten gegen den Kommunismus. Seit dem Jahre 1920 nehmen diese Feindseligkeiten einen immer schärferen Charakter an und in der letzten Zeit unterscheiden sie sich in ihrem Charakter schon durch nichts mehr von den Aktionen der Reformisten. Die Begründung ist freilich eine andere, die Angreifer selbst tragen eine andere Fahne, aber der politische Inhalt ist derselbe: die Anarchisten sind mit allen Kräften bestrebt, die Arbeit der Kommunisten in den Gewerkschaften zu beschränken, sie anzuschwärzen, und die anarchistische Organisation spricht den Kommunisten sogar das Recht ab, überhaupt in der Gewerkschaftsbewegung zu arbeiten. Derartige Angriffe unternahmen im Laufe des letzten Jahres die IWW in Amerika, die Syndikalisten in Italien, die Anarcho-Syndikalisten Spaniens und einige syndikalistische Gruppen Frankreichs. Als Parole diente hierbei der Kampf gegen die Politik, und die Gewerkschaftsinternationale wurde in einen Gegensatz gebracht zur Kommunistischen Internationale und zu den kommunistischen Parteien. Bekanntlich wurden die Begriffe Politik, Partei, Staat von den Anarchisten als eine Art Wundertier dargestellt, wobei es für sie völlig gleichgültig ist, um welche Politik oder Partei und um welchen Staat es sich handelt. Ihre metaphysische Denkweise wirft alles in einen Topf und so sind sie gewohnt, in Ausdrücken des Ewigen und Absoluten zu denken. Wir finden bei ihnen ein nacktes und kategorisches Ableugnen jeglichen politischen Kampfes und jeglicher Beziehungen zwischen den Gewerkschaften und den kommunistischen Parteien. Diese weltfremde Theorie wird als unabhängig bezeichnet, und unter dieser Flagge fanden im Laufe des letzten Jahres die Angriffe der Anarchisten gegen die Kommunistische Internationale und die RGI statt. Gewerkschaften und Parteien müssen voneinander vollkommen getrennt sein, – so lautet der Sinn aller dieser Erklärungen. In einer Reihe von Entschließungen und in einer ganzen Anzahl von Aufrufen haben die Anarchisten diesen elementaren Gedanken immer wieder durchgekaut, der durch seine Einkleidung in ein rein gewerkschaftliches Gewand nicht klarer und revolutionärer geworden ist.

Aber die anarchistischen Elemente beschränken sich nicht nur auf den ideellen Kampf gegen die Kommunisten. Im letzten Jahr kam es zu einer Reihe von Ereignissen, die beweisen, dass die Lorbeeren der Amsterdamer auch die Anarchisten nicht schlafen lassen. Einige anarchistische Organisationen haben mit dem Ausschluss derjenigen Mitglieder begonnen, die Anhänger der RGI sind und für die Verbindung zwischen beiden revolutionären Internationalen eintreten. Solche Ausschlüsse haben im italienischen Syndikalistenverband stattgefunden. Auch die holländischen Syndikalisten drohen den Kommunisten mit Skorpionen, und ihren Spuren folgen die anarcho-syndikalistischen Gruppen anderer Länder. Alle diese Aktionen verfolgen die Aufgabe die Gewerkschaftsbewegung von der politischen Bewegung zu trennen, die revolutionären Gewerkschaften von der RGI loszureißen und eine eigene kleine jenseitige Internationale zu bilden. In dieser Hinsicht verwirklichen alle anarchistischen Gruppen die Direktiven der internationalen Anarchistenkonferenz, die im Dezember 1921 stattfand und sich für die Bildung einer neuen, unabhängigen, selbständigen revolutionär-syndikalistischen Internationale aussprach. Ein Versuch in dieser Richtung wurde im Juni d. J. unternommen, wobei es den Initiatoren gelang, die Vertreter einiger Organisationen zusammenzubringen. Zur Charakterisierung dieser neuen Internationale genügt der Hinweis, dass die Führerrolle in ihr von den deutschen Lokalisten gespielt wird, diesen typischen Tolstoianern und politischen Vegetariern.

Wodurch erklärt sich nun die Verschärfung des Kampfes der Anarchisten gegen die Kommunistische Internationale und die RGI? In der ersten Periode nach der Oktoberrevolution waren die anarchistischen Gruppen und insbesondere die anarcho-syndikalistischen Organisationen sogar der Kommunistischen Internationale angeschlossen. Ihren Anschluss vollzogen damals die Nationale Arbeitskonföderation Spaniens, der Syndikalistenbund Italiens usw. Wodurch erklärt sich der Abmarsch dieser Gruppen nicht nur aus der Kommunistischen Internationale, sondern sogar aus der RGI? Dieses Auftreten der Anarchisten gegen die Kommunistische Internationale, die RGI und die russische Revolution erklärt sich aus der allgemeinen Lage der internationalen Arbeiterbewegung, und die anarchistischen Angriffe sind nur ein Spiegelbild der Angriffe des internationalen Kapitals und der Amsterdamer. Sie sind ein Glied derselben Kette. Trotz ihrer revolutionären Phraseologie sind die Anarchisten stets die Träger kleinbürgerlicher Ideen gewesen. Und als die bürgerliche Gesellschaft ihre Kräfte zum Kampf gegen den Kommunismus sammelte, als eine Einheitsfront aller Elemente geschaffen wurde, die der bürgerliche Staat zur Abwehr der kommunistischen Gefahr besitzt, da war es natürlich, dass die Anarchisten an dieser Front den gebührenden Platz einnahmen. Sie erklären ihre Angriffe gegen die Kommunistische Internationale und die RGI freilich häufig durch die Lage, in der sich die Anarchisten in Sowjetrussland befinden, und durch ihre prinzipielle Stellung zu jeglichem Staat und zu jeglicher Diktatur überhaupt. Aber uns interessiert ja nicht das, was die Anarchisten reden, sondern das, was sie tun. Und ihre Taten sehen folgendermaßen aus. Als die kommunistische Bewegung ihre schwerste Zeit erlebte, als der Staatsapparat und die Brachialgewalt des internationalen Kapitals sich mit ihrer ganzen Schwere auf sie stürzten, als der gesamte mächtige Apparat der alten Gewerkschaften gegen den Kommunismus und die kommunistische Bewegung gerichtet wurde, da traten die Anarchisten mit ihrem antikommunistischen Programm und mit ihrem Kampf für die angebliche Unabhängigkeit der Gewerkschaftsbewegung hervor. Es entstand eine anarcho-reformistische Front, die sich der bürgerlichen Front angliederte. Die antikommunistische Front hat – in der kleinbürgerlichen Demagogie der Anarchisten ihre Vollendung gefunden. So ist die kommunistische Bewegung gezwungen, nicht nur gegen das Kapital, sondern auch gegen den Reformismus und den Anarchismus zu kämpfen, die einen Block gegen die kommunistische Gefahr geschlossen haben. Der Anarchismus hat sich hier wie immer als Verbündeter des Reformismus erwiesen. Und das ist nicht verwunderlich. Denn sie bilden nur die beiden Seiten derselben kleinbürgerlichen Medaille.

Die Anarchisten und die revolutionären Syndikalisten lieben es besonders, die Neutralität der Gewerkschaften den politischen Parteien gegenüber zu betonen. Sie formulieren dies als ihr besonderes Verdienst und eine Eigenart der revolutionär-syndikalistischen Gewerkschaftsbewegung, wobei sie statt Neutralismus den Ausdruck Unabhängigkeit gebrauchen, was aber im Grunde genommen dasselbe ist. Was ist Neutralismus? Neutralismus ist eine Strömung in der Gewerkschaftsbewegung, die die Parole aufstellt: völlig gleichartiges Verhalten zu allen politischen Parteien, oder volle und absolute Unabhängigkeit der Gewerkschaftsbewegung von der Politik. Die Politik ist bekanntlich die bête noire der Anarchisten und Anarcho-Syndikalisten, wobei sie die Politik mit dem Parlamentarismus und die politische Tätigkeit, den politischen Kampf mit den Parlamentswahlen und der damit verbundenen Wahlküche verwechseln. Der Neutralismus ist die Losung der extremsten Reformisten einerseits und der Anarchisten und Anarcho-Syndikalisten andererseits. Einer der angesehensten Führer der amerikanischen Arbeiterbewegung, John Mitchel, hob in seinem Buche »Die organisierte Arbeit« diesen Neutralismus mit besonderer Klarheit hervor, wobei er die Idee verfocht, dass die moderne Gesellschaftsordnung aus 3 Elementen zusammengesetzt sei: dem Kapital, der Arbeit und der Gesellschaft. Was dieser ehrenwerte Führer unter Gesellschaft gemeint hat, ist ziemlich schwer zu erraten; offenbar wohl die liberalen Sozialreformatoren, mit denen er gemeinsam an verschiedenartigen Liguen und Gesellschaften teilnahm, die ein Herumreden über die soziale Gesetzgebung und über eine Verbesserung der

Lage der Arbeiterklasse zum Gegenstand haben. In welchem Maße dieser Herr unabhängig und neutral gewesen ist, geht aus der Tatsache hervor, dass man nach seinem Tod eine Hinterlassenschaft von nicht mehr und nicht weniger als einer halben Million Dollar vorfand. Das alles hatte er als Führer der amerikanischen Gewerkschaftsbewegung verdient. Dieser Neutralismus ist die schlimmste Form des bürgerlichen Einflusses auf das Proletariat und der ideellen Unterordnung der Interessen des Proletariats unter die der herrschenden Klassen.

Die Unabhängigkeitstheorie ist in ihrem Wesen auf denselben Grundsätzen aufgebaut Sie stellt sich freilich Ziele, die denen der neutralistischen Politiker entgegengesetzt sind. Die von den Anarcho-Syndikalisten und Anarchisten gepredigte Unabhängigkeit ist die Theorie der Ausschließlichkeit der Gewerkschaftsbewegung, der Vorherrschaft der Gewerkschaftsbewegung über alle anderen Formen der Arbeiterbewegung, und sie spricht den politischen Parteien nicht nur das Recht auf Führung, sondern sogar die bloße Existenzberechtigung ab. Besonders trat diese Ideologie der Unabhängigkeit während des letzten Jahres in der Polemik der Anarcho-Syndikalisten aller Richtungen gegen die RGI zutage. Die französischen, italienischen, holländischen, schwedischen, amerikanischen Syndikalisten, deren Prätentionen umgekehrt proportional ihrem spezifischen Gewicht in der Arbeiterbewegung sind, spielen sich beständig gegen die kommunistischen Parteien aus und erklären, dass die Gewerkschaften die Revolution selber durchführen und die Früchte ihres Sieges ernten werden. Auf diese Theorie können die Kommunisten antworten: *»Bitte, beweist die Richtigkeit Eurer Theorie durch Tatsachen.«* Wir sind berechtigt, insbesondere im gegenwärtigen Augenblick des ernsthaftesten Kampfes, von den Führern der Arbeiterbewegung zu fordern, dass sie nicht nur Deklarationen erlassen, dass sie nicht nur das Versprechen geben, die Revolution durchzuführen, sondern dass sie diese Versprechungen auch verwirklichen. Die beste Theorie ist diejenige, die durch die Tatsachen bewahrheitet wird. Unsere kommunistische Theorie ist nicht nur durch die russische, sondern auch durch andere Revolutionen bestätigt worden.

Die Theorie der Anarchisten und Syndikalisten aber hat eine derartige Bestätigung noch nicht gefunden. Im Gegenteil, soweit der Anarchismus sich in der russischen Revolution praktisch betätigte, war er im Grunde genommen der Träger einer kleinbürgerlichen antiproletarischen Ideologie. Die Machno-Bewegung bildete den höchsten praktischen Ausdruck des kriegerischen Anarchismus und sie lieferte den Beweis, dass der Anarchismus in seinem Wirken ein antiproletarisches, kleinbürgerliches, mit den »Kulaki« (bäuerlichen Ausbeutern) in Verbindung stehendes Element ist. Deshalb verhalten wir uns zur antikommunistischen Theorie der Unabhängigkeit nicht nur skeptisch und misstrauisch, sondern betrachten diese Theorie auch als höchst schädlich und gefährlich für die Arbeiterbewegung des Landes, in dem sie Einfluss und Übergewicht erhält. Die Trennung der Politik und der Ökonomie in zwei parallele, selbständige Teile bedeutet im Grunde genommen eine Zerschneidung der einheitlichen proletarischen Arbeiterbewegung in zwei Hälften. Die Arbeiterbewegung kann verschiedene Erscheinungsformen haben: in Abhängigkeit von den Verhältnissen, von Ort und Zeit, von der politischen Lage, vom Kräfteverhältnis können diese oder jene Formen und Methoden des Kampfes besser zur Anwendung gelangen als andere. Eines aber ist völlig klar: in dem Augenblick, wo wir die politische und wirtschaftliche Arbeiterbewegung voneinander trennen oder gar einander gegenüberstellen, zerreißen wir das, was sich im Kampfprozess organisch verknüpft, wir schwächen das Proletariat und schneiden ihm jede Möglichkeit eines erfolgreichen Kampfes gegen den trefflich geeinten, ausgezeichnet organisierten Klassenfeind ab. Die Bourgeoisie beschäftigt sich nicht mit solchen Theorien, sie trennt die Politik nicht von der Ökonomie, sie versteht sich vortrefflich darauf, alles auszunutzen, was von ihrem Apparat geschaffen worden ist. Die Staatsgewalt, die Literatur, die Wissenschaft, die Kunst, die Kirche und die wirtschaftlichen Organisationen der Unternehmer, – das alles bildet einen einheitlichen festgefügten Block, der dem Streben des Proletariats nach Befreiung vom kapitalistischen Joch immer entgegensteht. Die Politik – so heißt es im Programm der Kommunistischen Partei Russlands – ist die konzentrierte Ökonomie. Mir scheint, dass dies die ausdrucksvollste und genaueste Formulierung der Wechselbeziehungen zwischen Politik und Ökonomik ist. Unter Politik verstehen wir Kommunisten die Bewegung der Arbeiterklasse zum Zwecke ihrer Befreiung, den Gegensatz der Arbeiterklasse zur gesamten bürgerlichen Gesellschaft. Die Tätigkeit, die die Verschärfung dieses Gegensatzes zur Aufgabe hat, die den Abgrund zwischen den Klassen vertiefen, das Proletariat zur Verwirklichung seiner Ziele vereinigen, ein richtiges Verhältnis zwischen den millionenköpfigen Massen herstellen will, – diese gesamte Tätigkeit heißt *Politik*. Nur Leute mit primitiver Denkweise können den politischen Kampf mit dem Parlamentarismus verwechseln, der eine von den zahlreichen Spielarten der politischen Tätigkeit des Proletariats ist. In dieser Gegenüberstellung von Politik und Ökonomie im Neutralismus, in der Unabhängigkeitstheorie kommt der Wunsch der Anarchisten und Anarcho-Syndikalisten zum Ausdruck, die Kommunistische Partei mit den Gewerkschaften in Konflikt zu bringen und, gestützt auf die parteilosen Organisationen, den Kampf gegen die Kommunistische Partei zu führen. Ihrem Wesen nach ist die Unabhängigkeitstheorie nicht nur gegen die Partei, sondern auch gegen den Kommunismus gerichtet, denn der Kommunismus ist nicht körperlos, er kann nicht außerhalb von Zeit und Raum und ohne eine bestimmte Organisation bestehen, sondern existiert nur in dem Maße, in dem ein Träger dieses Kommunismus vorhanden ist. Gewiss stellt die Arbeiterklasse als Ganzes einen solchen Träger dar, aber die Arbeitermasse, die kommunistische Instinkte besitzt, verkörpert ihr kommunistisches Bewusstsein in einer bestimmten Organisation und das ist eben die Kommunistische Partei. Wenn man daher die Gewerkschaften zu den kommunistischen Parteien in Gegensatz bringt und bestrebt ist, unter der Flagge der Unabhängigkeit den Kampf zwischen ihnen zuzuspitzen, so richtet sich dieses Streben nicht nur gegen die Partei als solche, sondern auch gegen den Kommunismus, gegen die Arbeiterklasse und gegen die soziale Revolution.

Im Kampf gegen die »Politik« stellen die Anarcho-Syndikalisten dem Kommunismus den Syndikalismus entgegen. Was aber ist der Syndikalismus? Unter Syndikalismus versteht man vor allen Dingen die gesamte Gewerkschaftsbewegung als Ganzes, d. h. die Summe aller Gewerkschaften des betreffenden Landes. Unter solchen Umständen verliert die Gegenüberstellung von Syndikalismus und Kommunismus jeden Sinn, denn in dem Maße, wie die Gewerkschaften alle organisierten Arbeiter erfassen, erfassen sie auch ihren kommunistischen Teil. Die Gewerkschaften der Kommunistischen Partei gegenüberstellen, heißt also auch, die kommunistischen Arbeiter sich selbst entgegenstellen. Es ist klar, dass in den Begriff Syndikalismus auch ein anderer Sinn hineingelegt wird. In der Tat wird unter Syndikalismus auch eine bestimmte ideelle Richtung innerhalb der Arbeiterbewegung, innerhalb der Gewerkschaften verstanden. Die besondere Eigenart dieser ideellen Richtung besteht darin, dass sie sich vor allen Dingen auf die Gewerkschaften stützt. Aber worin bestehen die grundlegenden Charakterzüge des Syndikalismus? In der Gestalt, in der der Syndikalismus sich im Laufe der letzten zwei Jahrzehnte in seinen verschiedenen Verzweigungen herauskristallisiert hat, ist er die Theorie der Priorität der Gewerkschaftsbewegung vor den anderen Formen der Arbeiterbewegung. Wir sehen also, dass dem Syndikalismus eine anarchistische, parteifeindliche und antipolitische Tendenz zugrunde liegt. Der Syndikalismus behauptet, dass die Arbeiterklasse sich in den Gewerkschaften ihre Vorhut schaffe und durch die Gewerkschaften ihre Aufgaben verwirklichen werde. Sehr interessant ist in dieser Hinsicht die Polemik, die zwischen den Syndikalisten und Kommunisten in Frankreich anlässlich der

Resolution entstand, die vom Marseiller Parteitag der Kommunistischen Partei über die Gewerkschaftsbewegung angenommen wurde. Der vom Parteitag sehr vorsichtig ausgedrückte Gedanke, dass die Kommunistische Partei die Vorhut des Proletariats bilde, stieß bei den Syndikalisten auf schroffe Ablehnung.

Als eine Strömung innerhalb der Gewerkschaften ist der Syndikalismus bestrebt, sein eigenes Programm, seine eigene Taktik, seine eigenen Formen und Methoden des Kampfes auszuarbeiten und die Arbeitermassen in der Klassenaktion zusammenzuschließen. Dasselbe Ziel stellt sich auch der Kommunismus. In Ländern mit syndikalistischer Arbeiterbewegung haben wir also keinen Gegensatz zwischen Gewerkschaften und Partei, wie heftig die verschiedenen Schattierungen des Syndikalismus das auch behaupten mögen, sondern wir haben im Grunde genommen einen Gegensatz zwischen zwei Parteien, von denen die eine kommunistische und die andere syndikalistische Partei heißt. Natürlich können die Syndikalisten schon beim bloßen Gedanken daran, dass sie in ihrem Wesen eine Partei darstellen, in Entsetzen geraten, denn die Partei – und in diesem Sinne erscheinen die Syndikalisten als Nachfolger der Anarchisten – ist von ihrem Standpunkt aus etwas höchst Negatives. Diese negative Vorstellung von der Partei ist in diesen Ländern aus den verdorbenen parlamentarischen Sitten und aus der äußersten Dehnbarkeit des Gewissens und Rückgrats der Führer, nicht nur der bürgerlichen, sondern auch der sogenannten sozialistischen Bewegung in den westeuropäischen Ländern entsprungen. Auf dem Boden der reformistischen Praxis und des parlamentarischen Kretinismus ist diese Verwechselung der Politik mit der Wahlköcherei erwachsen. Das Unglück der Syndikalisten besteht darin, dass sie die eigentliche Quelle, die Wurzel ihrer Theorie gar nicht sehen. Und darum ist der Syndikalismus in ihren Augen eine aus der proletarischen Massenbewegung organisch hervorgewachsene Erscheinung, während der Kommunismus eine künstlich eingepflanzte Bewegung ist, die irgendwelche verdächtige und der Arbeiterklasse ganz offenbar feindselige »Politiker« von auswärts hineingetragen haben. Als ideelle Bewegung und in seiner gesunden realistischsten Form betrachtet, nähert sich der Syndikalismus in vielen Dingen dem Kommunismus, denn er stellt sich nicht nur dieselben Ziele – Sturz des Kapitalismus usw. –, sondern er predigt auch dieselben Hauptmethoden – die Diktatur des Proletariats. Welche Wechselbeziehungen müssen nun zwischen Syndikalisten und Kommunisten hergestellt werden? Vor allem stellt der Syndikalismus, wie bereits erwähnt, keine einheitliche Strömung dar. Man kann vielmehr im Syndikalismus mehrere Strömungen unterscheiden. Um so seltsamer ist der Anspruch des Syndikalismus, sich dem Kommunismus entgegenzustellen. Wir haben da vor allem die Anarcho-Syndikalisten, die sich fast durch nichts von den Anarchisten unterscheiden; ferner die Syndikalisten-Revolutionäre, die bereits eine bestimmte Trennungslinie zwischen sich und dem Anarchismus zu ziehen vermocht haben; und schließlich die Syndikalisten-Kommunisten, die dem Kommunismus näherstehen. Somit ist also der Syndikalismus an und für sich nichts Fertiges, in eine bestimmte Form Gegossenes, sondern die Summe einer ganzen Reihe ideeller Strömungen, die zwischen dem Anarchismus und dem Kommunismus stehen. Hieraus ergibt sich natürlich auch Klarheit über die Aufgaben der Kommunisten in den Ländern, wo eine revolutionär-syndikalistische Gewerkschaftsbewegung vorhanden ist. Vor allem müssen die Kommunisten die Initiative übernehmen zum Zusammenschluss des linken Flügels der Arbeiterbewegung. Am nächsten stehen uns die Syndikalisten-Kommunisten. Das ist die Strömung innerhalb des Syndikalismus der Gegenwart, die aus dem Kriege und aus der russischen Revolution tatsächlich viel gelernt hat. Sie begreifen, was die Diktatur des Proletariats ist, sie begreifen die Notwendigkeit und Unvermeidlichkeit derselben für die Übergangszeit.

Sie tritt an die Diktatur nicht vom Standpunkt eines abstrakten anarchistischen Büchleins über die Probleme der Revolution heran, sondern vom Standpunkt der Erfahrung, vom Standpunkt solcher Leute, die wirklich beim lebendigen Leben in die Lehre gehen wollen. Am typischsten ist in dieser Hinsicht die Gruppe »Arbeiterleben« in Frankreich, die man als parteilose, kommunistische Gruppe bezeichnen kann. Diese Gruppe ist ihrem ganzen Wesen nach kommunistisch. Zu ihr zählen sehr viele Mitglieder der Kommunistischen Partei, aber ihre praktische Tätigkeit hat im Rahmen der Kommunistischen Partei keinen Raum. In Frankreich ist das übrigens auch nicht verwunderlich, denn die Kommunistische Partei Frankreichs stellt keine Organisation dar, die als politische Autorität für alle revolutionären Arbeiter des Landes gelten könnte. Die Partei befindet sich noch in der Periode des Aufbaus, sie kennt noch ideelle Meinungsverschiedenheiten, sie ist noch nicht einheitlich und geschlossen genug, um sich der Herrschaft über die Massenbewegung in Frankreich zu bemächtigen, obgleich die objektive Lage für eine ernste kommunistische Partei äußerst günstig ist.

Es unterliegt nicht dem geringsten Zweifel, dass Kommunismus und Syndikalismus zwei verschiedene Theorien darstellen, zwei verschiedene Arten des Herantretens an die Probleme der Arbeiterbewegung und an die Methoden zur Verwirklichung der Aufgaben, vor denen die Arbeiterklasse steht. Und in dem Maße, wie wir mit den Trägern des Syndikalismus Meinungsstreitigkeiten haben, müssen die Kommunisten den entschlossensten ideellen Kampf gegen alle antikommunistischen Tendenzen des Syndikalismus führen. Die Kommunisten können auch nicht im mindesten eine Theorie und Praxis zulassen, die zur Verneinung der politischen Parteien führt, von wem diese Theorie und Praxis auch immer durchgeführt und verteidigt werden mag. Hieraus ergibt sich die Notwendigkeit eines systematischen, hartnäckigen und planmäßigen ideellen Kampfes gegen all die anarchistischen Schichtungen, die es gegenwärtig noch in der Arbeiterbewegung gibt. Aber das darf nicht im geringsten die praktische Annäherung, die gemeinsame Tätigkeit, die enge Arbeitsgemeinschaft zwischen Kommunisten und Syndikalisten im Kampfe nicht nur gegen das angreifende Kapital, sondern auch gegen den Reformismus behindern. Wie ist dies zu erreichen? Lediglich durch revolutionäre Tätigkeit. Der Syndikalismus ist um so stärker, und dem Kommunismus gegenüber um so aggressiver, je schwächer und politisch hilfloser die Kommunistische Partei ist. Wo die Kommunistische Partei bei allen Vorgängen die Führung hat, wo sie rechtzeitig die Initiative ergreift, wo sie die verwundbarsten Stellen unserer Klassenfeinde herauszufinden und sie rechtzeitig zu treffen versteht, da sind die Syndikalisten gezwungen, mit den Kommunisten zusammenzugehen, selbst wenn sie eine Macht darstellen. Wo aber in der Partei beständige innere Reibungen vor sich gehen, wo sie ihrer eigenen kommunistischen Richtung nicht sicher ist, wo sie die Initiative zu übernehmen fürchtet, wo sie sich beständig danach umschaut, was die anderen sagen, – da können keine normalen Wechselbeziehungen zwischen Syndikalisten und Kommunisten hergestellt werden, denn zur Rechtfertigung ihres Mangels an Initiative und des Unvermögens, sich der Arbeiterbewegung zu bemächtigen, fangen die Kommunisten selber an, die Unabhängigkeitstheorie aufzustellen, indem sie aus der Not eine Tugend machen.

Für die Kommunisten ist die Frage der Wechselbeziehungen zwischen Gewerkschaften und Parteien überhaupt keine Frage. Die Aufgabe der Kommunisten besteht darin, alle Arbeiterorganisationen mit einheitlichem kommunistischem Geist und einheitlichem kommunistischem Willen zu erfüllen. Die Kommunistische Partei hat nur dann einen Sinn, wenn sie diese Aufgabe planmäßig und systematisch verwirklicht. Eine wirkliche und wahrhafte kommunistische Partei ist nur die Partei, die nicht nur in der Theorie, sondern auch in der Praxis die Eroberung der Gewerkschaften durchführt, denn das ist die Voraussetzung für die soziale Revolution. Der 4. Kongress hat sich daher mit den theoretischen Fragen auf diesem Gebiet nicht zu beschäftigen, denn diese Frage ist längst entschieden. Wenn wir uns aber dennoch abermals mit dieser Frage beschäftigen müssen, so geschieht es nicht zur Festsetzung neuer Prinzipien, sondern um zu sehen, wie unsere alten guten Prinzipien verwirklicht werden. Da müssen wir offen sagen, dass sie von vielen Kommunisten herzlich schlecht verwirklicht werden. Vor allen Dingen können die Wechselbeziehungen zwischen der Partei und den Gewerkschaften nicht in allen Ländern vollkommen gleichartig sein. Wenn über diese Frage bei uns theoretische Übereinstimmung herrscht, so ist es doch jedermann klar, dass auf diesem Gebiet eine außerordentliche praktische Mannigfaltigkeit vorhanden ist. Die Wechselbeziehungen zwischen der Partei und den Gewerkschaften ändern sich in Abhängigkeit vom Charakter der Arbeiterbewegung, von den Besonderheiten des Milieus, von der ganzen politischen und sozialen Lage, von den Traditionen, von der Rolle, die in dem betreffenden Lande die sozialistischen Parteien spielen, usw. usw.

In den Ländern mit alter Arbeitergewerkschaftsbewegung und jungen kommunistischen Parteien, wie England oder Amerika, kann das Verhältnis zwischen der Partei und den Gewerkschaften nicht das gleiche sein, wie in den Ländern mit alter politischer Bewegung und jüngerer Gewerkschaftsbewegung (Russland und andere Länder). Wenn wir das Ziel richtig festgelegt haben, dass wir alle Gewerkschaften für den Kommunismus erobern müssen, dass wir sie mit kommunistischem Geist erfüllen und darnach trachten müssen, dass sie der kommunistischen Taktik folgen; – wenn wir dieses Ziel anstreben, so bedeutet das nicht, dass wir es in den verschiedenen Ländern auf einen Schlag und gar mit den gleichen Mitteln erreichen können. Nehmen wir z. B. England. Das ist ein Land mit einer gewaltigen Gewerkschaftsbewegung, mit alten antipolitischen und antisozialistischen Traditionen und mit einer kleinen kommunistischen Partei, die ein paar Tausend Mitglieder zählt. Hier kann von Wechselbeziehungen zwischen den Gewerkschaften und der Partei im eigentlichen Sinne des Wortes nicht gesprochen werden. Die Trade-Unions verhalten sich feindlich zur Partei, aber in diesen Ländern muss nicht von den Wechselbeziehungen zwischen der Partei und den Gewerkschaften überhaupt gesprochen werden, sondern von den Wechselbeziehungen zwischen der Partei und dem Teil der revolutionären Gewerkschaften sowie der Opposition innerhalb der Gewerkschaften, die auf dem Boden der Entwicklung des Klassenkampfes entsteht. Die Aufgaben sind hier in jedem Lande durchaus ungleichartig.

Es ist ganz klar, dass es für England äußerst schädlich wäre, wenn die Partei bestrebt sein würde, sich nur auf ihre kleinen Parteizellen zu beschränken. Hier muss die Schaffung einer großen oppositionellen Gewerkschaftsbewegung angestrebt werden. Es muss dahin kommen, dass unsere kommunistischen Gruppen einen Kristallisationskern bilden, um den sich die oppositionellen Elemente sammeln. Man muss die gesamte Opposition ins Leben rufen, muss ihr eine Form geben, muss alle ihre Teile sammeln, und infolge des Anwachsens der Opposition wird auch die Kommunistische Partei selbst wachsen. Zwischen der Parteiorganisation und der Opposition – die ihrem ganzen Wesen nach mannigfaltig ist und aus verschiedenartigen Elementen besteht – muss eine solche Wechselbeziehung hergestellt werden, dass den Kommunisten nicht der Vorwurf gemacht werden kann, als wollten sie sich die gesamte oppositionelle Bewegung mechanisch unterordnen.

Dieses Ziel, d. h. die Eroberung der Arbeitermasse für den Kommunismus, muss unter diesen Umständen mit größter Vorsicht, mit größter Deutlichkeit und Ausdauer verwirklicht werden. Vor einer im wesentlichen analogen Aufgabe stehen wir auch in Amerika. Wir haben da eine kleine kommunistische Partei und eine ziemlich große oppositionelle Gewerkschaftsbewegung, die ihre Ausdrucksform in der Trade-Union Educational League gefunden hat. Worin besteht die Aufgabe der Kommunisten in Amerika? Sie müssen auf Grund des Programms dieser Liga in der Gewerkschaftsbewegung arbeiten. Welches Programm hat die Liga? Das Programm der Roten Gewerkschaftsinternationale. Natürlich ist es nicht in dem Maße formuliert, nicht so klar und bestimmt, wie das Programm der Kommunistischen Internationale. Das Programm der T. U. Education League Amerikas ist natürlich nicht so ausdrucksvoll, nicht so bestimmt, nicht so zugespitzt, wie das Programm der Kommunistischen Partei Amerikas. Aber sie kann auch nicht denselben Charakter haben, denn sie vereinigt ja die ganze Opposition. Unsere Aufgabe in Amerika besteht darin, die ganze Gompers feindliche Opposition zu sammeln. Und die Partei muss der Arbeit dieser Liga gegenüber die größte Ausdauer an den Tag legen, und das um so mehr, als die Liga in sehr kurzer Zeit eine gewaltige organisatorische und erzieherische Arbeit geleistet hat. Unsere Aufgabe in Amerika besteht darin, die Liga bei der Entfaltung ihrer Kräfte zu unterstützen, alle mit dem Kommunismus Sympathisierenden zur aktiven Unterstützung dieser Liga aufzurufen, mit allen uns zur Verfügung stehenden Mitteln jegliche Unterstützung ihres Kampfes gegen den Gompersismus anzustreben, der die amerikanische Arbeiterbewegung verseucht. Natürlich entsteht für die Partei die Frage der Einflussmethoden. Aber der Einfluss wird in der Arbeiterbewegung nicht durch Resolutionen hervorgebracht, nicht durch irgendwelche glücklichen Beschlüsse des Zentralkomitees, sondern durch die Arbeit, die die Kommunisten in den entsprechenden Arbeiterorganisationen leisten. Darum muss man von einer Kontrolle über die

Tätigkeit der Liga möglichst wenig oder sogar überhaupt nicht sprechen, denn solche Gespräche führen nur zu einer mechanischen Kontrolle oder genauer gesagt zu Versuchen, sich mechanisch in eine Arbeit einzumischen, die von der Partei im Grunde genommen weder geleistet noch verwirklicht werden kann. Die Aufgabe des Einflusses der Kommunisten in den Gewerkschaften ist vor allen Dingen eine parteiorganisatorische Aufgabe. Es muss vor allem eine festgefügte und ernste politische Partei geschaffen werden, zu unseren Organisationen muss eine möglichst große Zahl von Arbeitern aus den verschiedenen Zweigen der Arbeiterbewegung herangezogen werden, die Mitglieder müssen durch innere Disziplin zusammen geschmiedet werden, und dann wird unser Einfluss in den Gewerkschaften ununterbrochen wachsen.

Der Einfluss der Partei in den Gewerkschaften ist direkt proportional ihrer Arbeit in den Massen, ihrer politischen Resonanz. Die Aufgabe besteht dabei darin, diesen politischen Einfluss organisatorisch festzulegen. Es muss überhaupt hervorgehoben werden, dass unsere organisatorische Arbeit in den Gewerkschaften beständig hinter der politischen Arbeit zurückbleibt. Als bestes Beispiel dafür kann Deutschland dienen. In Deutschland haben wir eine sehr starke kommunistische Bewegung, und der Einfluss der Kommunistischen Partei erstreckt sich dort nach grober Schätzung ungefähr auf ein Drittel aller Mitglieder der Amsterdamer Gewerkschaften. Aber man mache den Versuch, unsere Kräfte dort organisatorisch zu zählen, und man wird sofort sehen, dass diese ganze gewaltige Masse organisatorisch schlecht verknüpft ist, dass die uns nachfolgenden Massen untereinander keinen genügenden Zusammenhalt haben; wir vermögen unsere politischen Erfolge dort organisatorisch nicht festzulegen. Dieser Gegensatz zwischen dem raschen Anwachsen unseres politischen Einflusses und der äußerst langsamen organisatorischen Festigung des Wachstums der revolutionären Ideen bildet ein bedrohliches und sehr gefährliches Moment in der deutschen Arbeiterbewegung. Das bedeutet, dass die Partei in bestimmten Augenblicken des angespannten politischen Kampfes in die Lage geraten kann, keine ausreichende Anzahl organisatorischer Mittelpunkte zu besitzen, um die gesamte revolutionäre Energie zu konzentrieren und sie mit größter Zweckmäßigkeit zu leiten. Die Frage »Partei und Gewerkschaften« wurde und wird hier natürlich anders gestellt, als in England oder in Amerika. Hier hat sich vornehmlich die Frage der Wechselbeziehungen zwischen der Partei und der Union der Hand- und Kopfarbeiter zugespitzt. Bekanntlich ist diese Union seinerzeit sogar durch die Initiative der Spartakisten ins Leben gerufen worden. Späterhin hat die Kommunistische Partei ihre Taktik gegenüber den

Gewerkschaften geändert, und die Union, die 150.000 Arbeiter in sich vereinigt, wird von vielen kommunistischen Gewerkschaftlern Deutschlands beständig als eine Organisation angesehen, die die kommunistische Bewegung in ihrem Lande behindert. Hier äußert sich ein gewisses abstraktes Herantreten an eine praktische Frage und eine unrichtige Auffassung unserer Losung, die die Eroberung der Gewerkschaften fordert. Einige Kommunisten urteilen folgendermaßen: da unsere Taktik darin besteht, die Gewerkschaften nicht zu spalten, sondern zu erobern, so verliert die Union dadurch ihre Existenzberechtigung. Aber das ist die reinste Metaphysik. Die Union besteht, und bei den konkreten Verhältnissen, die in Deutschland vorliegen, wird sie auch in den nächsten Jahren weiterbestehen. Und insofern sie besteht, sucht sie natürlich ihre Mitgliederzahl zu vergrößern. Es kann keine Organisation geben, die sich nicht mit der Anwerbung neuer Mitglieder beschäftigt. Andernfalls könnte die Union ja ganz ohne Mitglieder bleiben, wenn diese allmählich wegsterben.

Die Partei muss ihre Mitglieder zwingen, kommunistische Politik zu treiben. Und alle Debatten über diese Frage und der ganze Kampf während der letzten Monate hätte eben auf diesem Boden ausgefochten werden müssen. Statt aber die Frage so zu stellen, dass die Mitglieder der Kommunistischen Partei eine kommunistische Politik treiben müssen, wurde die Frage der Wechselbeziehungen zwischen Partei und Union angeschnitten, und dadurch wurde die ganze Angelegenheit kompliziert und unklar. Glücklicherweise ist auf dem letzten Kongress der Union der Hand- und Kopfarbeiter die Frage im Großen und Ganzen entschieden worden. Der Ausgangspunkt für die unrichtige Auffassung lag in dem Bestreben, ausschließlich innerhalb der alten Gewerkschaften zu arbeiten, und in dem Wunsch, allen selbständigen Organisationen um jeden Preis ein Ende zu machen.

In Italien ist die Gewerkschaftsbewegung mit der politischen Bewegung eng verknüpft. Das Beispiel des Syndikalistenbundes beweist nichts, denn diese Organisation hat nicht den geringsten Einfluss auf die Arbeiterbewegung. Die bedeutendsten Kräfte sind der Gewerkschaftsbund (CdL) und die Kommunistische Partei. In Bezug auf Italien ist jede Diskussion über die Wechselbeziehungen zwischen der Partei und den Gewerkschaften überflüssig und gegenstandslos.

Einen sehr eigenartigen Charakter hat die Frage der Wechselbeziehungen zwischen Partei und Gewerkschaften in Frankreich. Hier haben wir eine alte, syndikalistische Gewerkschaftsbewegung und eine junge Kommunistische Partei, wobei die Kommunistische Partei sich nicht weniger leidenschaftlich für die Autonomie und Unabhängigkeit der Gewerkschaftsbewegung ausspricht, als die Syndikalisten selbst. Bekanntlich haben die französischen Syndikalisten sich mit besonderer Energie gegen die Resolutionen des 1. Kongresses der RGI gewandt, auf dem die Verbindung zwischen beiden Internationalen hergestellt und der Beschluss gefasst wurde, dass in jedem Lande die revolutionären Gewerkschaften und die kommunistischen Parteien bei allen aggressiven und defensiven Aktionen Hand in Hand gehen müssen. Am bemerkenswertesten ist dabei, dass diese Resolution nicht nur bei den Syndikalisten, sondern auch innerhalb der Kommunistischen Partei auf Widerstand stieß. Die Mitglieder der Kommunistischen Partei formulierten die Notwendigkeit der Unabhängigkeit und Autonomie besonders scharf und verwiesen dabei hauptsächlich auf die Traditionen der französischen Arbeiterbewegung. Wenn man schon von der Tradition spricht, so muss man sagen, dass das eine schlechte Tradition ist. Sie entstand auf dem Boden des Opportunismus der Sozialistischen Partei Frankreichs, was in der Periode, wo die Sozialistische Partei reformistisch war, als verständlich und natürlich erschien, denn damals bedeutete die Unabhängigkeit von ihr nichts anderes, als die Unabhängigkeit vom Opportunismus und Reformismus. Für eine solche Unabhängigkeit muss jeder Kommunist kämpfen. Wenn wir aber eine kommunistische Partei haben, die nicht mit den Krankheiten ihrer sozialistischen Vorgängerinnen behaftet sein darf, dann verliert diese Theorie ihren Sinn. Die historische Tradition tut hier gar nichts zur Sache.

Die Charte von Amiens war im Jahre 1906 brauchbar, als der opportunistischen Partei entgegengewirkt werden musste, die am parlamentarischen Kretinismus litt. Damals war sie zeitgemäß. Aber wenn man dieses Programm von Amiens auf alle Länder anwenden will, wenn man ihm eine internationale Bedeutung beimessen will, ohne die von der russischen Revolution und der Kommunistischen Internationale vollzogene gewaltige Umwälzung zu beachten, so muss man unvermeidlich in toten Formeln erstarren, am Leben vorübergehen und dann Gefahr laufen, sein ganzes Leben in diesen Formeln hinzubringen.

In dieser Hinsicht ist Frankreich ein Land der Wunder. Die Kommunisten fordern dort die Unabhängigkeit von ihrer Partei und führen zusammen mit den Syndikalisten in der leitenden Kommission der CGTU den Beschluss durch, dass der Ausschluss eines Gewerkschaftsleiters aus der Partei als feindseliger Akt gegen die CGTU angesehen werden wird.

In Frankreich haben wir streng genommen zwei Parteien, nicht etwa zwei kommunistische Parteien – die Partei der Linken und die Partei des Zentrums –, sondern zwei Parteien, von denen die eine die französische kommunistische

Sektion der Kommunistischen Internationale ist und die andere als syndikalistisch bezeichnet wird. Man soll die Lage der Dinge nicht verschleiern: die Syndikalisten sind eine Partei, die sich nicht als Partei bezeichnet. In der Kommunistischen Partei gibt es ungefähr vier Strömungen, in der Partei der Syndikalisten vier oder fünf.

Wenn man den Anarcho-Syndikalisten sagt, dass sie eine Partei bilden, dann stellen sie sich auf die Hinterbeine, dann sind sie erstaunt: wir eine Partei, aber nein doch, wir sind nur Arbeiter. Nach der Ansicht der Syndikalisten werden die politischen Parteien von Elementen gebildet, die außerhalb des Proletariats stehen, während ihre Partei sich organisch innerhalb des organisierten Arbeiterkerns gebildet habe.

Was charakterisiert nun die Kommunistische Partei Frankreichs und insbesondere ihr Verhalten zur Gewerkschaftsbewegung? Zur Beleuchtung dieser Frage wollen wir einige Beispiele anführen.

Vor allem aber wollen wir sagen, was die Kommunistische Partei überhaupt charakterisiert: Jedes ihrer Mitglieder hat das Bewusstsein der Notwendigkeit, innerhalb des Proletariats zu arbeiten, eine organische Verbindung zwischen Partei und Klasse herzustellen, und das Bewusstsein, dass die Partei die Vorhut der Arbeiterbewegung ist. Die Syndikalisten können darüber denken, was sie wollen. Wenn du aber zur Partei gehörst, so gehörst du ihr eben zu diesem Zweck an und zu keinem anderen.

Vor dem Pariser Parteitag der Kommunistischen Partei Frankreichs kam es zu sehr interessanten Debatten über die Leitsätze, die der Gen. Rosmer aufgestellt hatte.

Gegen diese Leitsätze bildete sich ein Block einiger unserer Freunde, die der Kommunistischen Internationale angehören, und den Anarcho-Syndikalisten. die ebenfalls Gegner dieser Leitsätze waren. Wenn sich ein Block zwischen Kommunisten und Leuten bildet, die außerhalb der Kommunistischen Partei stehen, so ist dies das Anzeichen einer Krankheit, die um jeden Preis geheilt werden muss. Einige Genossen, Mitglieder der Kommunistischen Partei Frankreichs, waren durch diese Leitsätze so erschreckt, dass die »Internationale« nach der Ablehnung dieser Leitsätze durch das Zentralkomitee der Partei schrieb: *»Das Zentralkomitee hat die Partei gerettet, denn in den vorgelegten Leitsätzen waren außerordentlich gefährliche Dinge enthalten.«* Und nach dem Parteitag veröffentlichte das »Bulletin Communiste« einen Artikel des geschäftsführenden Parteisekretärs, Gen. Soutif, der die Geschichte dieser Leitsätze in Ausdrücken erzählt, die eine Wiedergabe an dieser Stelle verdienen:

»Die Linken legten eines Tages dem Zentralkomitee eine Resolution vor, die eine völlig unannehmbare Gewerkschaftspolitik in Vorschlag brachte. In dieser Resolution hieß es: die Kommunistische Partei sei der Ansicht, dass sie die Bestrebungen der Arbeiterklasse am genauesten zum Ausdruck bringe und zur Verwirklichung ihrer Befreiung am besten befähigt sei.«

Ein Kommunist, der geschäftsführende Sekretär der französischen Partei protestiert, wenn eine Resolution behauptet, dass die Kommunistische Partei die Bestrebungen der Arbeiterklasse am besten zum Ausdruck bringt. Die Syndikalisten können dagegen protestieren. Das ist ihr Recht. Wir können mit diesen Genossen streiten, aber ein derartiger Protest eines Mitgliedes der Kommunistischen Partei, und zudem noch ihres Sekretärs, sind uns unbegreiflich. Wenn die Partei nicht die Bestrebungen der Arbeiterklasse ausdrückt, worin besteht denn dann ihre Arbeit? In der Beschäftigung mit dem Parlamentarismus und in der Abfassung von Zeitungsartikeln? Die Kommunistische Internationale ist anderer Ansicht über die Aufgaben der Partei.

Jedes Parteimitglied muss fest davon überzeugt sein, dass seine Partei die Bestrebungen der Arbeiterklasse besser ausdrückt, als alle anderen Parteien. Ohne diese Überzeugung werden wir nichts vollbringen können, wir werden beständig genötigt sein, passiv zu bleiben. Eine Partei, die diese feste Überzeugung nicht besitzt, ist keine kommunistische Partei. Und wenn sogar der Sekretär der Partei vor dieser Idee zurückschreckt, so wird es klar, dass diese Partei krank ist.

Soutif sagt weiter: *»Besonders große Bedeutung besitzt der Umstand, dass die Leitsätze Anspruch darauf erheben, innerhalb der CGTU eine Art von kommunistischer CGT zu bilden.«* Das ist unrichtig. In dieser Resolution wird gesagt, dass die Kommunisten sich nicht nur territorial vereinigen müssen, d. h. nach Sektionen und Bezirken, sondern auch nach Föderationen usw.

Es gibt Mitglieder der Kommunistischen Partei Frankreichs, die in dem Augenblick, wo sie in den Gewerkschaften zu arbeiten beginnen, ihre Mitgliedsbücher im Vorzimmer lassen. Wenn sie in die Gewerkschaft eintreten, vergessen sie, dass sie Kommunisten sind. Auf ihren Parteiversammlungen sind sie Kommunisten, aber außerhalb dieser Versammlungen behalten sie sich das Recht vor, alles zu tun, was ihnen gefällt, und sie treten zuweilen als eifrigste Anhänger der Unabhängigkeit und Autonomie der Gewerkschaftsbewegung auf.

Die Kommunistische Internationale will sich die Gewerkschaften nicht unterordnen. Eine kommunistische Partei, die erklären würde, dass sie sich die Gewerkschaften unterzuordnen wünsche, würde von der Taktik der Kommunistischen Internationale keine blasse Ahnung haben. Aber die Kommunistische Partei muss danach streben, dass jedes kommunistische Parteimitglied überall Kommunist bleibt. Wir müssen danach streben, dass die Gewerkschaftsbewegung von kommunistischem Geist erfüllt wird, und dass die Parteimitglieder, die einer Gewerkschaft angehören, gleichzeitig auch immer Mitglieder der Kommunistischen Partei bleiben. Eine kommunistische Partei wird nicht auf dem Wege der Mobilmachung geschaffen. Man tritt in die Partei nicht auf Grund eines Dekrets ein, und da man eben freiwillig eintritt, so übernimmt man zwar freiwillige, zugleich aber auch feste Verpflichtungen. Es ist völlig unzulässig, wenn ein Parteimitglied sagt: wir sind in unserer Gewerkschaftstaktik vollkommen unabhängig.

Noch ein weiteres kleines Beispiel. In der letzten Nummer der »Lutte des classes«, die wir erhalten haben, ist ein Artikel oder genauer gesagt, eine Deklaration veröffentlicht, die unterzeichnet ist von den Gen. Monatte, Chambelien, Orliange, Charbitte u. a. Von diesen 6 Genossen ist nur Monatte nicht Mitglied der Kommunistischen Partei. In dieser Deklaration lesen wir: *»Einige von uns sind Mitglieder der Partei, andere dagegen nicht, aber wir alle sind revolutionäre Syndikalisten, d. h. wir weisen der Gewerkschaft im revolutionären Kampf für die Befreiung des Proletariats die Hauptrolle zu, der Partei aber nur eine unterstützende Rolle und nicht die leitende.«*

Man muss fragen, warum diese revolutionären Syndikalisten Parteimitglieder sind. Wir können absolut nicht begreifen, warum ein Parteimitglied, das da weiß, weshalb es in der Partei ist, und das nicht beschuldigt werden kann, nach einem Abgeordnetensitz zu streben, in dieser Partei verbleibt, wenn es ihr nur eine Nebenrolle zuschreibt. Diese Frage ist historisch zu erklären. Die Kommunistische Partei Frankreichs ist in ihrer Zusammensetzung ungleichartig. Sie hat sich aus verschiedenen ideologischen Schichten gebildet. Die alte Ideologie einer jeden Schicht kam mit in die Partei und fasste dort Wurzel.

In den Leitsätzen, die dem 4. Kongress der Kommunistischen Internationale vorgelegt sind, ist ein Punkt enthalten, der folgendermaßen lautet: *»Wenn es in irgendeinem Lande eine wirklich revolutionär-syndikalistische Bewegung gibt und zugleich eine Partei, die nicht genügend Kräfte und keinen ausreichenden Einfluss in der Gewerkschaftsbewegung besitzt, so ist es klar, dass die Wechselbeziehungen zwischen der Partei und den Gewerkschaften mit dem Kräfteverhältnis in Einklang gebracht werden müssen.«* Ein solches Verhältnis muss aus dem Grunde hergestellt werden, weil ohne die Arbeitsgemeinschaft zwischen der Gewerkschaftsinternationale und der Kommunistischen Internationale die revolutionäre Arbeiterbewegung vom angreifenden Kapital erdrückt werden wird.

Wie dem auch sei, – wir haben in Frankreich einerseits eine kommunistische Partei, die selbst auf dem Standpunkt der Autonomie und Unabhängigkeit der Gewerkschaftsbewegung steht, und andererseits Gewerkschaften, die die Autonomie und Unabhängigkeit der Gewerkschaftsbewegung noch energischer vertreten. Die Kommunistische Internationale ist natürlich überzeugt, dass das Versprechen der Anarcho-Syndikalisten, die Gewerkschaften würden selber die Revolution durchführen, sich auf keinerlei ernstliche Grundlagen stützt. Wir verhalten uns auch misstrauisch zur Möglichkeit einer Verwirklichung der Losung: *»Alle Macht den Gewerkschaften.«* Aber in jedem Lande bestehen die Wechselbeziehungen zwischen der politischen Partei und den Gewerkschaften, wie die Kommunistische Partei sie verdient. Der reale Kampf, die Zuspitzung der Gegensätze in Frankreich, der erbitterte Angriff der Bourgeoisie, – das alles zwingt die französischen Arbeiter, nicht nur die Syndikalisten, sondern sogar die Kommunisten, ihre Ansichten über die Wechselbeziehungen zwischen der Partei und den Gewerkschaften zu ändern. Mögen sie ihre Wechselbeziehungen »autonom« festsetzen, wie sie wollen und können, – das Leben wird sie lehren, zu leben, wird ihnen zeigen, dass der Sieg nicht dort ist, wo »Autonomie und Unabhängigkeit der Gewerkschaftsbewegung« geschrieben steht, sondern dort, wo alle Formen der Arbeiterbewegung durchdrungen sind von einem einheitlichen Geist, vom einheitlichen kommunistischen Willen.

Je mehr sich der Kampf zwischen den revolutionären Arbeitern und der Bourgeoisie verschärft, um so klarer tritt die Verbindung und Einheit zwischen dem Reformismus und der modernen bürgerlichen Gesellschaft hervor. Ich habe schon oben darauf hingewiesen, dass der Ansturm der Amsterdamer gegen die revolutionären Gewerkschaften sich zusammen mit der Offensive des Kapitals verstärkt hat. Diese Verbindung wird besonders deutlich bei der Frage der Einheit der Gewerkschaftsbewegung, mit der nicht nur wir uns beschäftigen, die wir wissen, dass die Gewerkschaftsbewegung, wenn auch langsam, aber doch immerhin zu der Notwendigkeit des Kampfes gegen die Herrschaft des Kapitals gelangen muss, dass die aggressiven Aktionen der Bourgeoisie nur dann Erfolg haben können, wenn die Gewerkschaften entweder endgültig zerschlagen oder in mehrere feindliche Gruppen getrennt werden. Die Rettung der Bourgeoisie liegt in der Desorganisierung der Arbeiterbewegung, in ihrer Zersetzung, in der organisatorischen Zerreißung der von ihr im Kampfe geschaffenen Organisationen. Die Einheit der Gewerkschaftsbewegung bedroht also die Herrschaft des Kapitals, denn der Druck des Kapitals zwingt diese mächtigen reformistischen Organisationen, nach links zu rücken, und je mehr sie nach links abschwenken, desto größer werden die Aussichten auf einen Sieg der Arbeiterklasse. Es ist also ganz natürlich, dass die Bourgeoisie den Wunsch hat, die Gewerkschaften zu spalten, sie in Splitter zu verwandeln und dann die einander befehdenden Organisationen einzeln zu zerschlagen.

Es muss bemerkt werden, dass die Amsterdamer in dieser Frage hinter ihren Herren herlaufen. Das letzte Jahr ist an Ausschlüssen revolutionärer Gewerkschaften besonders reich. So ist es z. B. bekannt, dass die Spaltung der französischen CGT im Großen und Ganzen unter der offensichtlichen »ideellen« Einwirkung der französischen Bourgeoisie und ihrer Agenten vor sich ging. Nicht weniger bekannt ist, dass die Spaltungstätigkeit der tschechoslowakischen Amsterdamer mit einer gewaltigen wirtschaftlichen Depression und einem Druck der Kapitalisten auf die Arbeiterklasse zusammenfiel. Je schwerer die Lage der Arbeiter in Deutschland wird, um so lauter fangen die Amsterdamer an, über die Gefahr von links zu schreien, und um sich von dieser Gefahr zu befreien, wird ganz offen der Vorschlag gemacht, die Reihen zu säubern. Die Frage der Spaltung der internationalen Gewerkschaftsbewegung ist leider auf die Tagesordnung gestellt worden. Sie hängt nicht von uns ab. Diese Spaltung ist nicht von uns Kommunisten hervorgerufen. Wir waren im Laufe der letzten Jahre bestrebt, innerhalb der Gewerkschaften zu kämpfen, die Gewerkschaften in eine neue Bahn zu lenken, die Arbeiterorganisationen zu revolutionieren, aber wir haben stets systematisch und planmäßig die Losung der Eroberung und nicht der Zerstörung der Gewerkschaften vertreten. Die Spaltung ist nicht von uns auf die Tagesordnung gesetzt worden. Was sind nun unsere Aufgaben? Was müssen die Kommunisten angesichts dieser ärgsten Bedrohungen aller Eroberungen der Arbeiterklasse tun? Die Kommunisten müssen ihre Arbeit verzehnfachen und dieser Spaltung mit allen ihnen zur Verfügung stehenden Mitteln entgegenwirken. Wir lassen die Spaltung nicht zu, – so muss die Losung der Kommunisten lauten. Wir lassen die Spaltung nicht zu, denn sie schwächt die Arbeiterbewegung jedes Landes. Wir lassen die Spaltung nicht zu, denn sie wirft die Arbeiterklasse im gegenwärtigen Augenblick um viele Jahre zurück, sie schwächt ihre Widerstandsfähigkeit, sie gibt den Unternehmern eine neue Waffe gegen die Arbeiterklasse, eine neue Möglichkeit zur Festigung ihrer Herrschaft. Wir lassen die Spaltung nicht zu. Das darf nicht nur eine Losung sein. Davon muss bei allen unseren praktischen Handlungen ausgegangen werden.

Jeder Schritt der Kommunisten in den Gewerkschaften muss die Schaffung und Festigung der Einheit unserer Organisationen im Auge haben. Wo die Spaltung bereits vollzogen ist, wo ohne und wider unseren Wunsch schon eine

Parallelorganisation geschaffen ist, da müssen die Kommunisten einen äußerst ernsten und systematischen Kampf für die Wiedervereinigung der gespaltenen Teile führen. Der Kampf muss nach zwei Seiten hin geführt werden. Er muss geführt werden gegen die Reformisten, gegen die Agenten der Bourgeoisie, die die Arbeiterbewegung um jeden Preis spalten wollen, um sie zu schwächen, und er muss in ernster und entschlossener Weise geführt werden gegen die sogenannten Linken, die in der Spaltung der Gewerkschaften die Rettung der Arbeiterklasse sehen. Dieser Radikalismus hat mit unserem revolutionären marxistischen Standpunkt nichts gemein. Wir haben in Frankreich Radikalinskis gehabt, die auf die Provokationen der Reformisten gern eingingen. Sie wollten möglichst schnell unter vier Augen mit sich selbst bleiben. Wir haben in der Tschechoslowakei Radikalisten, die überhaupt glauben, dass es für die Arbeiterorganisationen das beste sei, von den anderen Arbeiterorganisationen isoliert zu sein. Das ist der Standpunkt der Führer des Landarbeiterverbandes, die noch vor einem Jahr alles Erdenkliche taten, um außerhalb der allgemeinen Gewerkschaftsbewegung der Tschechoslowakei zu bleiben. Die einheitliche Gewerkschaftsbewegung ist unsere Losung, und darum dürfen die Kommunisten ihre Mitglieder nicht aus den reformistischen Gewerkschaften herausreißen, denn wenn wir sie von dort herausnehmen und in die revolutionären Gewerkschaften überführen, können wir nicht in erforderlicher Weise auf die reformistischen Organisationen einwirken und sie zur Vereinigung mit den revolutionären Organisationen zwingen. In solchen Fällen müssen die Kommunisten der Verwirklichung der Einheitsfronttaktik ernste Aufmerksamkeit zuwenden. Es ist ja ganz klar, dass es ohne eine Verständigung zwischen den parallelen Gewerkschaften unmöglich ist, den Angriff des Kapitals auf die elementarsten Eroberungen der Arbeiterklasse abzuschlagen. Die Kommunisten müssen den Massen die Notwendigkeit einer Verständigung zwischen den Gewerkschaften, die Notwendigkeit einer gemeinsamen Abwehr zum Schutz des Arbeitslohns, zur Verbesserung der Lebenshaltung usw. klarmachen. Man muss die Führer der parallelen Gewerkschaften zwingen, sich zwecks gemeinsamen Vorgehens zu verständigen. Das muss zum praktischen Aktionsprogramm für die Kommunistische Partei selbst werden. Man darf sich hier nicht verwirren lassen, weder durch die Angriffe der Reformisten und der Anarcho-Syndikalisten, die mehr Eifer als Verstand haben, noch auch sogar durch die Angriffe von Kommunisten. Mit gewaltiger Hartnäckigkeit und gewaltiger Anspannung muss man diese Taktik systematisch durchführen, die in der Aktion, in der Praxis zur Vereinigung von parallelen, rivalisierenden Organisationen führen muss

Der Kampf um die Einheitsfront der Gewerkschaftsbewegung bildet die wichtigste Frage der kommunistischem Parteien aller Länder. Wir wissen, warum die Reformisten die Gewerkschaftsbewegung spalten wollen. Sie wollen sich nicht nur von der beständigen Kritik und der revolutionären Gärung befreien, sondern sie wollen durch die Spaltung die soziale Revolution selbst unmöglich machen.

Nachdem sie zu dem Entschluss gekommen sind, niemals in der Minderheit zu bleiben, mussten die Amsterdamer logischerweise zur Spaltung der Gewerkschaftsbewegung der ganzen Welt gelangen. Das ist für sie um so notwendiger, als das Vertrauen der Arbeiter in ihre reformistischen Versprechungen von Tag zu Tag sinkt. Tagtäglich schlägt die Offensive des Kapitals einen neuen Nagel in den Sarg des internationalen Reformismus, denn die Stärke des Reformismus lag in den Zugeständnissen der Bourgeoisie. Allerdings, die Bourgeoisie gab deshalb nach, weil sie die revolutionäre Bewegung fürchtete, aber jedenfalls konnten die Reformisten unmittelbar nach der Kriegsperiode, während sie eine Vermittlerrolle spielten, den Arbeitern gegenüber auf die Erfolge ihrer Taktik verweisen. Der einfache Arbeiter merkte nicht, dass die Reformen nicht infolge der reformistischen Taktik, sondern trotz dieser Taktik gewährt wurden, denn das reformistische Schaffen der Bourgeoisie ging parallel mit einem Anwachsen der revolutionären Unzufriedenheit und der revolutionären Ausbrüche. Gleichzeitig mit dem Zurückfluten der revolutionären Welle ging die Bourgeoisie von der Verteidigung zum Angriff über. Heute ist es auch dem einfachsten Arbeiter klar, dass der Reformismus bankrott ist. Er hat sich als machtlos erwiesen, das festzuhalten, was er in den ersten Jahren angeblich erreicht hatte. Sowohl das Internationale Arbeitsamt als auch der Völkerbund und all die großartigen Versprechungen des Versailler Friedensvertrags, – alles zeigt sich jetzt in seiner wahren und unverhüllten Gestalt. Der stürzende Reformismus, der seinen Untergang nahe fühlt, will die Arbeiterklasse um jeden Preis soweit desorganisieren, dass sie die stürzende Bourgeoisie nicht abzulösen vermag. Als Antwort auf die systematische Spaltung der Gewerkschaftsbewegungen müssen wir Kommunisten, alle zusammen und jede kommunistische Partei einzeln, erklären, dass wir die Spaltung um jeden Preis verhindern werden.

Die Spaltung zu verhindern, wird von Tag zu Tag immer schwerer. Die Amsterdamer, die beschlossen haben, sich von den revolutionären Arbeitern zu befreien, ergreifen zu diesem Zweck die erforderlichen Maßregeln. Der Ausschluss von Kommunisten ist eine alltägliche, normale Erscheinung geworden. Und die Kommunistische Internationale sowie die einzelnen kommunistischen

Parteien stehen vor der Frage, wie diese Ausschlüsse zu bekämpfen sind. Welchen Zweck verfolgen die Amsterdamer mit diesen Ausschlüssen? Sie wollen die kommunistischen Führer von der mit dem Kommunismus sympathisierenden Arbeiterklasse isolieren. Sie wollen die besten revolutionären Elemente von der Arbeitermasse abschnüren, um ihre ideelle und organisatorische Einwirkung auf die Gewerkschaftsmitglieder fortzusetzen. Es ist ja ganz klar, dass die Kommunistische Internationale sich mit der Taktik der Isolierung der Kommunisten von der Arbeiterbewegung nicht abfinden kann. Die Kommunisten sind für die Einheit, aber sie können dieser Einheit nicht den Kommunismus zum Opfer bringen. Und die Aufgabe der nächsten Zeit besteht darin, eine Reihe ernsthaftester praktischer Gegenmaßregeln gegen diese Ausschlussepidemie sorgfältig zu erwägen.

Die Ausschlüsse treffen bekanntlich vor allen Dingen die Führer. In Deutschland wird das System des Ausschlusses der gewählten Kommunisten angewandt. In der Tschechoslowakei verfährt man einfacher: dort hat die Gewerkschaftszentrale den Ausschluss des Chemikerverbandes und des Holzarbeiterverbandes verfügt, in denen insgesamt 110.000 Arbeiter organisiert sind. Jedes Land hat seine eigene Methode der Kommunistenverfolgung. Daher müssen auch die kommunistischen Parteien ihre eigenen Kampfmethoden gegen die Zerstörung der Gewerkschaften durch die Reformisten haben.

Aber es gibt immerhin einige allgemeine Fragen, die für alle Länder Geltung haben. Vor allem muss hervorgehoben werden, dass unsere kommunistischen Parteien alle statutarischen Möglichkeiten des Kampfes gegen die Ausschlüsse nicht hinreichend ausnutzen. Die Statuten aller Gewerkschaften sprechen vom Ausschluss der Mitglieder für bestimmte Vergehen. Aber soviel ich weiß, sehen die Statuten nicht vor, dass Kommunisten ausgeschlossen werden sollen, nur weil sie Kommunisten sind. Dabei ist aber eine Reihe von Ausschlüssen und Nichtbestätigungen gewählter Funktionäre nur auf dieser Grundlage erfolgt. Ist ein Kampf auf Grund der Gewerkschaftsstatuten möglich? Uns scheint, dass ein solcher Kampf in vielen Ländern möglich ist.

Die Statuten der Gewerkschaften bieten hinreichende Möglichkeiten für einen solchen Kampf. Wenn wir nur auf unser formelles Recht verweisen wollten, so würde das auf die Amsterdamer nicht den geringsten Eindruck ausüben. Wir wären höchst naiv, wenn wir auch nur einen Augenblick daran zweifeln würden. Und die Ausnutzung aller legalen Rechte, die jedes Gewerkschaftsmitglied genießt, darf nicht in diesem Sinne verstanden werden. Man muss eine ausgedehnte Agitation und Propaganda unter den Gewerkschaftsmitgliedern entfalten, muss auf jeder Hauptversammlung, auf jeder Delegiertenversammlung, überall, wo Arbeiter des Berufszweiges sich versammeln, in dem die Ausschlüsse erfolgt sind, die Ausschlussfrage aufrollen. In einigen Ländern beschränken sich unsere Genossen auf ein bis zwei Artikel in den Zeitungen, und damit ist die Sache dann zu Ende. In Wirklichkeit muss der Ausschluss auch nur eines einzelnen Kommunisten aus der Gewerkschaft eine Quelle beständiger politischer Agitation unter den Mitgliedern dieser Gewerkschaft zugunsten der Wiederaufnahme bilden. Gegen die Ausschlüsse muss eine ausgedehnte Kampagne in den Betrieben durchgeführt werden. Es ist immer möglich, die Ausschlussfrage zur Sprache zu bringen. Besonders gegenwärtig, in diesem für die ganze Arbeiterklasse äußerst kritischen Augenblick der Offensive des Kapitals begreift jeder Arbeiter, dass diese Ausschlüsse einen ganz unzweideutig verräterischen Charakter haben.

Es ist die Aufgabe der kommunistischen Agitation und Propaganda, die wahre Ursache dieser Ausschlüsse aufzudecken und jedem Arbeiter die verborgenen Gründe klarzumachen. Solche Dinge dürfen den Gewerkschaftsbürokraten nicht ungestraft hingehen, und nur wenn sie wissen, dass ein solcher Vorfall als Gegenstand ständiger Anklagen gegen sie dienen wird, und zwar nicht für Tage, sondern für Jahre, nur dann werden sie sich erst zehnmal bedenken, bevor sie sich zur Vertreibung und zum Ausschluss der Kommunisten aus den Gewerkschaften entschließen. Weiter. Irgendein Lokalverband wählt seinen Vorstand. Die Zentrale verweigert ihm die Bestätigung. Solche Fälle hat es in Deutschland gegeben.

Es entsteht die Frage: Was weiter, – etwa Neuwahlen? Aber die Neuwahlen werden dieselbe politische Zusammensetzung ergeben. Gleichzeitig mit der Nichtbestätigung erfolgt gewöhnlich auch der Ausschluss der Gewählten. Was ist also zu tun? Soll man sich auch in diesem Falle nur auf die Agitation beschränken, oder soll man versuchen, weiterzugehen? Es ist klar, dass man sich hier nicht auf den bloßen Protest beschränken kann. Hat der Lokalverband einmal Kommunisten gewählt und sind die Wahlen auf Grund des Statuts erfolgt, so bedeutet ihr Ausschluss oder ihre Nichtbestätigung eine schamlose Verletzung der elementaren demokratischen Rechte der Mitglieder. Wenn das Band zwischen den Mitgliedern und ihren gewählten Vertrauensmännern kein zufälliges ist (wenn die Kommunisten deshalb gewählt wurden, weil sie Kommunisten sind), so muss die Ortsgruppe, um ihre Gewerkschaft zu retten und die Einheit der Arbeiterbewegung zu wahren, die Erfüllung der Vorschrift der Zentrale verweigern. Der Selbstherrlichkeit der Amsterdamer muss ein Ende gemacht werden. Natürlich kann es zu einem ernsten Konflikt kommen. Die Vertreter der Zentrale können die ganze Ortsgruppe wegen Gehorsamsverweigerung ausschließen. Aber keine einzige Ortsgruppe ist verpflichtet, ungesetzliche Forderungen der Zentrale zu erfüllen. Wir wollen die Spaltung nicht, aber das bedeutet keinesfalls, dass wir den Reformisten gestatten können, die Gewerkschaften nach ihrem Gutdünken umzumodeln.

Wie sehr wir auch gegen die Spaltung ankämpfen mögen, die Angriffsaktionen der Reformisten werden beständig gegen uns gerichtet sein. Und darum ist es die wichtigste Aufgabe der Kommunisten, die aus den Gewerkschaften ausgeschlossenen Elemente keinen Augenblick lang zerstreut zu lassen. Die Frage der Sammlung der Ausgeschlossenen ist von außerordentlicher Wichtigkeit. Es gibt unter den Kommunisten Genossen, die an einem organisatorischen Fetischismus leiden und daher glauben, dass die Sammlung und Vereinigung der Ausgeschlossenen der Einheit der Gewerkschaftsbewegung widerspricht. Das ist ein absolut falscher und im höchsten Grade schädlicher Standpunkt. Wer die Ausgeschlossenen sammelt, wer die durch die reformistische Politik zerstreuten Elemente zusammenschließt, der arbeitet in Wirklichkeit für die Wiederherstellung der zerstörten Einheit, der schafft die Voraussetzungen für die Wiedervereinigung der gespaltenen und zersplitterten Teile. Je nach der Lage, nach den Kampfbedingungen und den speziellen Besonderheiten der Gewerkschaft sind verschiedenartige Organisationen nötig. In Deutschland z. B. können in manchen Fällen die einen Elemente in Verbänden der Ausgeschlossenen vereinigt, die anderen in der Union der Hand- und Kopfarbeiter zusammengeschlossen und vereinigt werden. Hier gibt es keine einheitlichen Formen und Methoden des Kampfes gegen die Spaltungspolitik. Jeder praktische Schritt muss einzeln erwogen und je nach den Umständen muss das eine oder das andere praktische Mittel angewandt werden. Man muss beachten, dass es unter bestimmten Umständen möglich und zulässig ist, die Abführung der Beitragszahlungen an die Zentrale einzustellen. Und wenn die Zentralleitung das gewählte Organ der Ortsgruppe ausgeschlossen hat, kann die Ortsgruppe bis zur endgültigen Regelung dieser Frage die Zahlung der Mitgliedsbeiträge einstellen, ja in einigen Fällen muss sie es tun.

Das bedeutet nicht, dass die Verweigerung der Beiträge an die Gewerkschaften selbst gepredigt werden soll. Jedes Gewerkschaftsmitglied setzt vielmehr die Einzahlung seiner Pflichtbeiträge fort, sie verbleiben in der Ortskasse, die im Statut festgesetzten Summen werden auch weiter in Rechnung gestellt, aber sie werden nicht abgeführt, bevor nicht die Lösung des Konflikts erfolgt ist. Ist das ein universales Kampfmittel? Natürlich nicht. In einer bestimmten Lage, unter bestimmten Verhältnissen kann es eine Methode und ein Mittel des Kampfes sein. An und für sich kann dieser Kampf für uns nur dann bestimmte Ergebnisse haben, wenn er einen Massencharakter trägt. Natürlich muss jeder einzelne Kommunist seinerseits alles tun, um diese Ausschlüsse zu verhindern. Aber zum Protest müssen hier alle sympathisierenden örtlichen und zentralen Organisationen herangezogen werden. Welche Formen soll dieser Protest derer, die mit den Ausgeschlossenen sympathisieren, annehmen? Die Formen des Protestes sind auch hier außerordentlich schwer zu bestimmen. Aber dass ein solcher Protest notwendig ist, dass ein gemeinsames kollektives Vorgehen absolut erforderlich ist, um der Ausschlusswut ein Ende zu machen, das unterliegt nicht dem geringsten Zweifel. Ob diese Organisationen ihren Protest in organisatorische öder in finanzielle oder sonst irgendwelche Formen kleiden, ist wiederum eine konkrete Frage. Es unterliegt nicht dem geringsten Zweifel, dass jedes Land den örtlichen Verhältnissen entsprechend hunderterlei praktische Methoden für den Protest gegen die Ausschlüsse finden wird. Wichtig ist, dass die Parteien sich nicht auf Resolutionen beschränken, sondern sich klar des Einen bewusst sind: wenn wir diese Flut der Ausschlüsse nicht überwinden, wenn es uns nicht gelingt, den Angriff der Amsterdamer zurückzuschlagen, dann wird die internationale Arbeiterbewegung gespalten und gleichzeitig der Augenblick des Sieges über die Bourgeoisie hinausgeschoben werden.

Es ist zu berücksichtigen, dass die Ausschlussepidemie seit der Vereinigung der 2. und der 2½ Internationale an Stärke zugenommen, und nicht nur einzelne Länder, sondern auch die Internationalen der Industriezweige erfasst hat. So ist während des letzten Jahres eine ganze Anzahl revolutionärer Gewerkschaften aus den entsprechenden internationalen Sekretariaten ausgeschlossen oder in sie nicht aufgenommen worden. Nicht zugelassen wurden die russischen Verbände der Metallarbeiter, der Textilarbeiter, der Angestellten, der Holzarbeiter, der Lederarbeiter, der Verkehrsarbeiter, der Post- und Telegraphenbeamten usw. Der einzige Verband, der in die Internationale Vereinigung aufgenommen wurde, aber auch nur bedingt, ist der Verband der Nahrungsmittelarbeiter. Und die revolutionären Gewerkschaften aller Länder sehen sich vor die Frage gestellt, welche Formen die Vereinigung der revolutionären Gewerkschaften annehmen soll. Bisher bestanden internationale Propagandakomitees nach Industriezweigen. Aber die systematischen Ausschlüsse ganzer Gewerkschaften aus den Internationalen Verbänden können die revolutionären Gewerkschaften dazu zwingen, von den Propagandakomitees zur Schaffung von Büros zur Organisierung neuer Internationaler Verbände überzugehen. Das ist keine Frage einer entfernten Zukunft, sondern eine Gegenwartsfrage. Was sollen die Kommunisten auf diesem Gebiete tun? Man muss bemerken, dass selbst die wenigen Kommunisten, die in den internationalen Komitees der Industrieverbände sitzen, sich zu den Ausschlüssen ihrer revolutionären Kollegen ziemlich kaltblütig verhalten. Das spricht vor allem dafür, dass nicht alle, die sich Kommunisten nennen, auch wirklich Kommunisten sind. In nächster Zukunft werden die revolutionären Gewerkschaften aller Länder genötigt sein, sich nach Industriezweigen zusammenzuschließen, um mit vereinten Kräften für die Schaffung einer einheitlichen Internationale in jedem Industriezweig zu kämpfen. Und die Kommunisten müssen auf jede Weise diese Organisationen unterstützen, die im internationalen Ausmaß dieselbe Arbeit leisten, wie die revolutionären Arbeiter in jedem Lande.

Wie schwer der Kampf der Kommunisten in der Gewerkschaftsbewegung auch sein mag, wie sehr die Reformisten uns auch zur Spaltung herausfordern mögen, wir werden nichtsdestoweniger fortfahren, die Losung zu verfechten, die schon vom 2. Kongress der Kommunistischen Internationale aufgestellt wurde; nicht Zerstörung, sondern Eroberung der Gewerkschaften. Die verflossenen Jahre haben die Richtigkeit dieser Taktik bewiesen. Die Ungeduld vieler Kommunisten, und häufig auch die Unfähigkeit, gegen die reformistische Bürokratie anzukämpfen, haben zur Entstehung der Theorie von der Zerstörung der Gewerkschaften geführt. Wo wäre jetzt die Kommunistische Internationale, wenn sie sich diesen Standpunkt zu eigen gemacht hätte! Sie hätte nicht einmal den zehnten Teil der Arbeit leisten können, die gegenwärtig in allen Ländern innerhalb der Gewerkschaften vollbracht worden ist. Dort, in der Hochburg der Reformisten, dort, wo die breiten Massen stehen, dort müssen die Kommunisten arbeiten ohne zu rasten. Mag der Reformismus uns zum Wohlgefallen der Bourgeoisie verfolgen. Mag er es versuchen, die kommunistische Ansteckung mit der Wurzel auszurotten. Mag er im Bündnis mit der Bourgeoisie bestrebt sein, die immer stärker anwachsende Opposition zu zerschlagen. Alles vergebens. Der Kommunismus ist nichts von außen angeflogenes, nichts äußerlich beigebrachtes, er wächst organisch aus dem Schoß der Arbeitermasse empor. Er bildet die Form für das, was in den schaffenden Massen heranreift und elementar gärt. Die Kommunistische Internationale ist der bewusste Ausdruck eines unbewussten historischen Prozesses, und darum wäre es Wahnsinn, auf die ständige, hartnäckige, systematische Arbeit innerhalb der Gewerkschaften zu verzichten, die Losung des Austritts aus den Massenorganisationen und der Schaffung eigener kleiner Zwergverbände aufzustellen. Nein, mit der Zerstörung der Gewerkschaften beschäftigen sich andere. Die Bourgeoisie zerstört. Die Taktik der Reformisten zerstört und schwächt die gewerkschaftlichen Organisationen der Arbeiterklasse. Die Kommunisten werden sich damit nicht befassen. Es gibt jetzt nur noch wenige Leute, die aus den Erfahrungen der letzten Jahre nichts gelernt hätten. Immerhin findet man solche Sonderlinge noch in Amerika, in Deutschland und in einigen syndikalistischen Strömungen. Sie glauben, dass die Arbeiterbewegung wachsen wird; wenn sie die kommunistischen Schafe von den reformistischen Böcken trennen, wenn sie ihre eigenen kleinen und reinen Zwerggewerkschaften schaffen. In Wirklichkeit kann die Arbeiterbewegung als Ganzes dadurch nur verlieren. Sie kann verlieren, denn das kommunistische Ferment, das kommunistische Klassenbewusstsein, die kommunistische Energie, die kommunistische Initiative werden dadurch von ihrer natürlichen Umgebung abgeschnitten. Das wäre eine künstliche Ausschaltung des Motors der Revolution, und das wäre der größte Schlag für die Arbeiterklasse und für den Kommunismus.

Hieraus ergibt sich die Losung der Kommunisten – Eroberung der Gewerkschaften. Aber was bedeutet Eroberung der Gewerkschaften? Und hier kommen wir nun zur schwachen Seite unserer kommunistischen Arbeit in vielen Ländern. Es gibt Länder, wo die Eroberung der Gewerkschaften im Sinne einer Eroberung der Führerstellen aufgefasst wird. Wenn die Sekretäre und die Vorsitzenden der Gewerkschaften Kommunisten sind, dann beruhigen sich viele kommunistische Parteien bis zur ersten Erschütterung, bis zum ersten Konflikt, und erst wenn der Konflikt beginnt, sehen sie plötzlich, dass die Massen noch nicht erobert sind, dass die Eroberung der Spitzen noch nicht die Eroberung der Gewerkschaften bedeutet. Wir haben solche Erfahrungen in der Tschechoslowakei, in Deutschland und in vielen anderen Ländern gemacht. Was bedeutet eine derartige Taktik? Sie bedeutet, dass unsere kommunistischen Parteien es nicht für nötig gehalten haben, die kommunistische Stimmung in kommunistisches Bewusstsein umzuwandeln. Es bedeutet, dass sie keine allgemeinen kommunistischen Zellen geschaffen haben, die durch feste Disziplin innerhalb dieser selben Gewerkschaften verbunden sind. Es bedeutet, dass sie das Schicksal der Massenorganisationen zufälligen Strömungen oder der Stimmung dieses oder jenes Führers anheimgestellt haben. Die große kommunistische Erziehungsarbeit der Massen wird leider in vielen Ländern noch gar nicht durchgeführt, und dabei bedeutet die Eroberung der Gewerkschaften eben die Eroberung der Massen, die kommunistische Aufklärung dieser Massen, die kommunistische

Organisierung der entwickeltsten Elemente, damit die ganze Gewerkschaft in allen ihren Verzweigungen von oben bis unten mit kommunistischem Geist und kommunistischem Bewusstsein durchdrungen werde.

Erst wenn die Kommunisten selbst organisiert sind, erst wenn sie selbst zusammengeschlossen sind und wissen, was sie wollen, – erst dann können und dürfen sie die Initiative zur Vereinigung der gesamten Opposition übernehmen. Man darf sich nicht auf die Vereinigung nur seiner eigenen Reihen beschränken. Die Gewerkschaftsbewegung umfasst gegenwärtig verschiedene Zehnmillionen Menschen. Die Gewerkschaften sind die ausgesprochene Massenorganisation. Darum ist die Frage der gegenseitigen Beziehungen, der Beziehungen der Partei zu ihren Zellen und dieser Zellen zur gesamten Opposition die wichtigste Frage unserer kommunistischen Taktik in der Gewerkschaftsbewegung. Unsere kommunistischen Zellen, unsere kommunistischen Gruppen sind ja doch der vermittelnde Mechanismus, das Bindeglied zwischen der Kommunistischen Partei und den Gewerkschaften. Wie sollen diese Beziehungen hergestellt werden? Wie die Arbeit unter diesen Teilen richtig zu organisieren ist, das kann in jedem Lande durch die Ausarbeitung eines praktischen Aktionsprogramms vorgezeichnet werden. In der ersten Periode der Arbeit der Kommunisten in den Gewerkschaften hatte unsere Agitation einen rein abstrakten Charakter. Sie bestand in der Propagierung der kommunistischen Losungen, der Notwendigkeit der sozialen Revolution, des Kampfes gegen die Bourgeoisie, aber diese Agitation entsprang nicht immer den konkreten, realen Bedürfnissen des betreffenden Landes. Sehr häufig trug auch die Gegenüberstellung von Moskau und Amsterdam einen abstrakten Charakter und deshalb sind wir so langsam vorwärtsgekommen, haben wir so langsam unsere Fühler in die Massenorganisation hinein strecken können.

Es ist Aufgabe der Kommunisten, ihre Propaganda konkreter und praktischer zu gestalten, sie den Augenblicksumständen anzupassen und jedenfalls aus den konkreten Bedürfnissen der Arbeiter des betreffenden Landes, des betreffenden Industriezweiges die allgemeine Forderung zu ziehen; vom praktischen Kampf zu den allgemeinen Aufgaben der Arbeiterklasse zu kommen, und auf Grund dieses praktischen Kampfes das Bewusstsein der Massen zu heben. Nur eine solche Arbeit kann uns zu dem erforderlichen Ergebnis führen, und wenn wir auf solche Weise vorgehen, werden wir die Eroberung der Gewerkschaften am besten durchführen können. Die Eroberung der Gewerkschaften besteht eben gerade darin, die Gewerkschaften zur Verwirklichung unseres praktischen Programms und zur Durchführung unserer Vorschläge zu zwingen, selbst wenn die

Führer dies nicht wollen. Auf diese Weise und eben nur auf diese Weise kann die Eroberung der Gewerkschaften verwirklicht werden. Gewiss, um diese Taktik durchzuführen, um in alle Arbeiterorganisationen einzudringen, um unsere Losungen zum Mittelpunkt der Aufmerksamkeit der Werktätigen zu machen, ist außer einer lebendigen organisatorischen, methodischen Arbeit auch eine entsprechende Presse erforderlich. Leider verwenden die kommunistischen Parteien auf unsere Gewerkschaftsorgane zu wenig Aufmerksamkeit. Die Gewerkschaftsbewegung nimmt in der allgemeinen Parteipresse einen unverhältnismäßig kleinen Raum ein. Nicht alle Parteien geben Gewerkschaftsorgane heraus oder diese erscheinen nicht häufig genug, und vor allem die Gewerkschaftsorgane haben häufig unter finanziellen Schwierigkeiten zu leiden. Es ist, als ob die Fragen der Gewerkschaftsbewegung Nebenfragen wären und als ob man die Gewerkschaftspresse nötigenfalls auch verringern könnte.

Ohne Eroberung der Gewerkschaften ist die soziale Revolution unmöglich. Und um die Gewerkschaften zu erobern, müssen wir in der nächsten Periode unserer Gewerkschaftspresse besondere Aufmerksamkeit zuwenden. Man muss sie entwickeln, bedeutend praktischer machen, muss das Ausmaß unserer Presseagitation und Propaganda vergrößern, und in unserer Presse nicht nur allgemeinpolitische und internationale Fragen erörtern (sie sind außerordentlich wichtig und müssen unbedingt erörtert werden), sondern auch die Fragen des konkreten praktischen Kampfes, die Fragen der Tarife, die Fragen der organisatorischen Aufbautätigkeit, der Sozialversicherung usw. Mit einem Wort, alle Fragen, die die Arbeitermassen so stark interessieren und erregen, müssen in den Spalten unserer Gewerkschaftspresse ständig ihren Platz finden. Unsere gesamte Parteipresse muss dessen eingedenk sein, dass wir ohne die Eroberung dieser Hochburg der Reformisten keinen Schritt vorwärts gehen können.

Aber es wäre schlimm, wenn wir uns nur auf Agitation und Propaganda beschränken wollten. Die organisatorische Festlegung der Ergebnisse unserer politischen Arbeit muss für jede kommunistische Partei im Vordergrunde stehen. Sonst wird das Missverhältnis zwischen der politischen Entwicklung der Massen und der organisatorischen Festlegung zu einer ganzen Reihe von Niederlagen führen. Die Eroberung der Gewerkschaften ist eine langwierige, hartnäckige, systematische, konkrete organisatorische Aufgabe, die keine unmittelbaren sofortigen Ergebnisse verspricht, aber dem Kommunismus ein festes proletarisches Fundament für die Errichtung des großen kommunistischen Gebäudes sichert. Und die schon vom 2. Kongress der Kommunistischen Internationale gestellte Aufgabe wird um so rascher durchgeführt werden, je weniger Abstraktionen und je mehr Praxis in der Stellung der Fragen der Gewerkschaftsbewegung, im Herantreten an die Eroberung der Massen und der Gewerkschaften herrschen wird.

Unsere auf einem praktischen und konkreten Aktionsprogramm aufgebaute Arbeit in den Gewerkschaften muss darauf gerichtet sein, die Gewerkschaftsbewegung aller Länder in der Roten Gewerkschaftsinternationale zu vereinigen. Es muss gesagt werden, dass in der Zeit zwischen dem 3. und 4. Kongress in einigen Parteien liquidatorische Stimmungen hinsichtlich der RGI zutage traten. Es gab Leute, die folgendermaßen urteilten: da wir einmal für die Einheitsfront, für die Einheit der Gewerkschaftsbewegung, für die Eroberung und nicht für die Zerstörung der Gewerkschaften sind, so muss also die RGI liquidiert werden. Dann wird die wahre Einheit der Gewerkschaftsbewegung erzielt und die Aufgabe der Kommunisten in Bezug auf die Eroberung der Gewerkschaften wesentlich erleichtert werden. Diese Idee wurde seinerzeit von Paul Levi und seinen anderen Anhängern in Deutschland ausgesprochen. Sie schimmerte auch bei einigen Kommunisten anderer Länder durch. Im ersten Augenblick war da bei vielen Genossen das Wesen der Liquidationstheorie noch nicht klar. Vielen schien es, dass dies keine prinzipielle Meinungsverschiedenheit, sondern nur eine Zweckmäßigkeitsfrage sei. Aber diese Genossen irrten sich. Die liquidatorischen Stimmungen hinsichtlich der RGI zielten eigentlich und im Grunde genommen auch auf eine Liquidierung der Kommunistischen Internationale hin. In der Tat, was bedeutet die Liquidierung der RGI? Sie bedeutet den Verzicht auf die Aufgabe, die revolutionäre Gewerkschaftsbewegung in einem internationalen Mittelpunkt zu sammeln, sie bedeutet, die revolutionären Elemente der internationalen Gewerkschaftsbewegung zerstreut und ungeeint zu lassen. Wenn es sich nur um die kommunistischen Fraktionen, um die kommunistischen Zellen in den Gewerkschaften handeln würde, dann wäre die Frage sehr einfach; für die kommunistischen Elemente in der Gewerkschaftsbewegung ist eine neue Internationale nicht erforderlich. Die Kommunistische Internationale hat die Aufgabe der Führung und Vereinigung der kommunistischen Bewegung in allen Ländern erfüllt, und zwar sehr gut erfüllt. Aufgabe der RGI ist die Vereinigung der revolutionären Gewerkschaftsbewegung in allen ihren Abarten, in ihrer gesamten Vielgestaltigkeit. Hierher gehören sowohl die Kommunisten, als auch die Syndikalisten aller Richtungen und alle einfach linksrevolutionären Arbeiter, alle diejenigen, die nicht den Klassenfrieden wollen, sondern den proletarischen Kampf gegen das Kapital und seine Agenten. Darum bedeutet eine Liquidierung der RGI im Wesentlichen eine Verringerung der Basis der internationalen kommunistischen Aktion und muss ihrerseits logischerweise zur Liquidierung der kommunistischen Organisationen führen. Das erweiterte Plenum der Exekutive hat diesen liquidatorischen Stimmungen ein Ende bereitet. Jetzt wird sich schwerlich eine Partei finden, in der diese Stimmungen liquidatorischen Charakters ernstliche Bedeutung hätten. Aber wenn auch keine liquidatorischen Stimmungen bestehen, so gibt es dafür ein passives Verhalten zur RGI. Viele Kommunisten glauben, dass die Frage der RGI zwar interessant, aber nebensächlich sei. Das ist ein für die kommunistische Arbeiterbewegung höchst schädlicher Fehler. Die revolutionäre Gewerkschaftsbewegung muss ihren Mittelpunkt haben, sonst zerreißt das Band zwischen der Kommunistischen Internationale und den revolutionären Arbeitern aller Richtungen. Eine Stärkung der RGI bedeutet auch eine Stärkung der Kommunistischen Internationale. Die kommunistischen Parteien arbeiten hier für sich selbst und für die Kommunistische Internationale, daher müssen sie in ihrer gesamten Gewerkschaftsarbeit, in ihrer gesamten Politik auf dem Gebiet der Gewerkschaftsbewegung diese höchst wichtige Aufgabe der internationalen kommunistischen Bewegung im Auge haben. Die RGI ist während der kurzen Zeit ihres Bestehens schon eine große Macht geworden. Es gibt in der ganzen Welt keinen Winkel, wo nicht um unser Programm und die Taktik der RGI ein erbitterter Kampf geführt wird. Besonders heftigen Angriffen ist ihre enge Verbindung mit der Kommunistischen Internationale ausgesetzt. Eben deshalb ist die ganze Energie dar kommunistischen Parteien erforderlich, um die Arbeit zur Eroberung der Gewerkschaften und zu ihrer Heranziehung an den Weltmittelpunkt der revolutionären Gewerkschaftsbewegung zu vertiefen und zu erweitern. Dadurch spalten wir die Gewerkschaften nicht, sondern wir vereinigen sie. Wir schlagen nicht vor, einzelne Arbeitergruppen organisatorisch loszureißen und sie der RGI anzugliedern. Wir beantragen – und dieses Recht kann uns niemand streitig machen – die Heranziehung der Gewerkschaften zum Programm und zur Taktik der RGI. Nicht organisatorische Zerreißung, nicht Spaltung, nicht Zersplitterung, nicht Zerstörung der Gewerkschaften, sondern ideelle Eroberung dieser proletarischen Organisationen und ihre Vereinigung unter dem revolutionären Programm und der revolutionären Taktik. Ich drücke die feste Überzeugung aus, dass es gelingen wird, die großen Schwierigkeiten, vor denen die Kommunistische Internationale auf dem Gebiet der Gewerkschaftsbewegung steht, zu überwinden. Und bald wird der Tag kommen, wo alle Formen der Arbeiterbewegung sich zu einem einheitlichen Block zusammenschließen und unsere herrliche kommunistische Fahne über allen Arbeiterorganisationen weht.

IV. Kominternkongress: Richtlinien

für die kommunistische Aktion in den Gewerkschaften.

I. Stand der Gewerkschaftsbewegung.

1. Im Verlauf der beiden letzten Jahre, die gekennzeichnet sind durch den allgemeinen Angriff des Kapitals, wurde die Gewerkschaftsbewegung in allen Ländern merklich geschwächt. Mit wenigen Ausnahmen (Deutschland, Österreich) haben die Gewerkschaften eine große Zahl ihrer Mitglieder verloren. Dieser Rückgang erklärt sich gleichzeitig durch die starke Offensive der Bourgeoisie und durch die Ohnmacht der reformistischen Gewerkschaften, dem kapitalistischen Angriff ernsthaften Widerstand zu leisten und die elementarsten Interessen der Arbeiter zu verteidigen.

2. Gegenüber dieser kapitalistischen Offensive einerseits und dem Fortbestehen der Zusammenarbeit der Klassen andererseits, sind die werktätigen Massen mehr und mehr enttäuscht: daher kommen nicht allein ihre Versuche neue Organisationen zu schaffen, sondern auch die Zerstreuung einer großen Anzahl von Arbeitern, die weniger klassenbewusst sind, welche die Organisationen verlassen. Die Gewerkschaft hat für viele aufgehört ein Punkt der Anziehung zu sein, weil sie es nicht verstanden hat und in vielen Fällen nicht verstehen wollte, den Angriff des Kapitals aufzuhalten und die schon eroberten Positionen zu verteidigen. Die Unfruchtbarkeit des Reformismus hat sich augenscheinlich in der Praxis offenbart.

3. Die Gewerkschaftsbewegung trägt in allen Ländern den Charakter einer inneren Unbeständigkeit. Ziemlich zahlreiche Gruppen von Arbeitern hören nicht auf, sich von ihr loszulösen, während die Reformisten eifrigst in ihrer Politik der Arbeitsgemeinschaften fortfahren unter dem Vorwande *»das Kapital zugunsten der Arbeiter auszunützen.«* In der Tat hat das Kapital fortwährend die reformistischen Organisationen seinen Interessen nutzbar gemacht, indem es sie zu Helfershelfern bei der Herabdrückung der Lebenshaltung der Massen be-

nutzte. Die verflossene Periode hat besonders das Band verstärkt, welches schon zwischen den Regierungen und den reformistischen Führern bestand, ebenso wie die Unterordnung der Interessen der Arbeiterklasse unter diejenigen der herrschenden Schichten.

II. Der Angriff Amsterdams gegen die revolutionären Gewerkschaften.

4. Im selben Augenblick, wo sie auf der ganzen Linie dem bürgerlichen Druck wichen, begannen die reformistischen Führer ihren Angriff gegen die revolutionären Arbeiter. Da sie sahen, dass ihr Mangel an Willen, den Widerstand gegen das Kapital zu organisieren, eine tiefe Erbitterung in den arbeitenden Massen hervorgebracht hatte, und entschlossen waren, die Organisationen von revolutionären Keimen zu reinigen, unternahmen sie gegen die revolutionäre Gewerkschaftsbewegung einen regelrechten Angriff, der zum Ziel hatte, die revolutionären Minderheiten durch alle Mittel, die in ihrer Macht standen, zu zersetzen und zu demoralisieren und die Befestigung der erschütterten Herrschaft der Bourgeoisie zu erleichtern.

5. Um ihre Autorität zu erhalten, zögerten die Führer der Amsterdamer Internationale nicht, nicht allein die einzelnen Personen oder Gruppen auszuschließen, sondern ganze Organisationen. Um nichts in der Welt wollen die Leute von Amsterdam in der Minderheit bleiben und im Falle der Drohung der revolutionären Elemente, der Anhänger der RGI und der Kommunistischen Internationale, haben sie sich entschlossen, die Spaltung hervorzurufen, vorausgesetzt, dass sie sich dabei den Verwaltungsapparat und die materiellen Quellen erhalten können. So haben es die Führer der französischen CGT gemacht; auf demselben Wege befinden sich die Reformisten der Tschechoslowakei und die Führer des deutschen ADGB. Die Interessen der Bourgeoisie verlangen die Spaltung der Gewerkschaftsbewegung.

6. Zu gleicher Zeit, als der reformistische Angriff in den verschiedenen Ländern begann, begann der gleiche Angriff in der ganzen Welt. Die internationalen Verbände, die Anhänger von Amsterdam sind, schlossen systematisch die entsprechenden nationalen revolutionären Verbände aus oder weigerten sich, sie zuzulassen. So haben die internationalen Kongresse der Erdarbeiter, der Textilarbeiter, der Angestellten, der Leder- und Häutearbeiter, der Holzarbeiter, der Bauarbeiter und der Post- und Telegraphenangestellten sich geweigert, die russischen Gewerkschaften und die anderen revolutionären Gewerkschaften zuzulassen, weil diese letzteren der RGI angehören.

7. Dieser Feldzug der Amsterdamer gegen die revolutionären Gewerkschaften ist ein Ausdruck des Feldzuges des internationalen Kapitals gegen die Arbeiterklasse. Er verfolgt dieselben Ziele:

das kapitalistische System zu befestigen auf den Knochen der arbeitenden Massen. Den Reformismus bedrängt sein nahes Ende; er will vermittels der Ausschlüsse und der Abspaltung der kampffreudigsten Elemente die Arbeiterklasse bis zum äußersten schwächen, um sie unfähig zu machen, die Macht und die Produktionsmittel zu erobern.

III. Die Anarchisten und der Kommunismus.

8. Zu gleicher Zeit wurde eine »Offensive«, die derjenigen der Amsterdamer ziemlich ähnlich war, durch den anarchistischen Flügel der Arbeiterbewegung gegen die Kommunistische Internationale, die kommunistischen Parteien und die kommunistischen Zellen der Gewerkschaften gerichtet. Eine gewisse Zahl von anarcho-syndikalistischen Organisationen erklärte sich offen zu Feinden der Kommunistischen Internationale und der russischen Revolution, trotz ihres feierlichen Anschlusses an die Kommunistische Internationale im Jahre 1920 und ihrer Sympathiekundgebung für das Russische Proletariat und für die Oktoberrevolution: so die italienischen Syndikalisten, die lokal organisierten Deutschen, die spanischen Anarcho-Syndikalisten und verschiedene anarcho-syndikalistische Gruppen Frankreichs, Hollands und Schwedens.

9. Im Namen der gewerkschaftlichen Autonomie schlossen gewisse syndikalistische Organisationen (Nationales Sekretariat der Arbeiter Hollands, IWW, die italienische Syndikalisten-Vereinigung usw.) die Anhänger der RGI im Allgemeinen und die Kommunisten im Besonderen aus. So ist die Parole der Unabhängigkeit, nachdem sie überrevolutionär gewesen ist, antikommunistisch geworden, d.h. konterrevolutionär, und stimmt überein mit derjenigen von Amsterdam, die dieselbe Politik unter der Fahne der Unabhängigkeit macht, obwohl es für niemand mehr ein Geheimnis ist, dass sie ganz und gar von der nationalen und internationalen Bourgeoisie abhängig ist.

10. Die Aktion der Anarchisten gegen die Komintern und RGI und die russische Revolution haben Spaltung und Verwirrung in ihre eigenen Reihen gebracht. Die besten Elemente der Arbeiterschaft haben gegen diese Ideologie protestiert. Der Anarchismus und der Anarcho-Syndikalismus haben sich in mehrere Gruppen und Richtungen gespalten, die einen erbitterten Kampf für oder gegen die RGI, für oder gegen die proletarische Diktatur, für oder gegen die russische Revolution führen.

IV. Neutralität und Unabhängigkeit.

11. Der Einfluss der Bourgeoisie auf das Proletariat findet seinen Ausdruck in der Theorie der Neutralität: die Gewerkschaften dürfen sich ausschließlich rein zünftige, eng wirtschaftliche Ziele stecken, und keineswegs allgemeine Klassenziele. Die Neutralität ist immer eine rein bürgerliche Lehre gewesen, gegen welche der revolutionäre Marxismus entschieden einen Kampf führt. Gewerkschaften, die sich keine Klassenziele stecken, d. h. die nicht den Sturz des kapitalistischen Systems ins Auge fassen, sind, trotz ihrer proletarischen Zusammensetzung, die besten Verteidiger der bürgerlichen Gesellschaftsordnung.

12. Diese Theorie der Neutralität hat sich immer auf das Argument gestützt, dass die Gewerkschaften sich nur für wirtschaftliche Fragen interessieren dürfen, ohne sich in die Politik zu mischen. Die Bourgeoisie hat immer die Tendenz, die Politik von der Wirtschaft zu trennen, da sie vollkommen begreift, dass, wenn es ihr gelingt, die Arbeiterklasse in die Rahmen der Zunftinteressen hineinzudrängen, keine ernsthafte Gefahr ihre Herrschaft bedroht.

13. Dieselbe Grenze zwischen Wirtschaft und Politik wird auch durch die anarchistischen Elemente der Gewerkschaftsbewegung gezogen, um die Arbeiterbewegung von dem politischen Wege abzulenken unter dem Vorwande, dass jede Politik gegen die Arbeiter gerichtet sei. Diese Theorie, im Grunde rein bürgerlich, wird den Arbeitern dargeboten, als diejenige der gewerkschaftlichen Unabhängigkeit, und man versteht die letztere als Gegensatz der Gewerkschaften zu den kommunistischen Parteien und eine Kriegserklärung an die kommunistische Arbeiterbewegung, immer im Namen der berüchtigten Unabhängigkeit und Autonomie.

14. Dieser Kampf gegen die »Politik« und die politischen Parteien der Arbeiterklasse bringt einen Rückgang der Arbeiterbewegung und der Arbeiterorganisationen hervor, ebenso wie einen Feldzug gegen den Kommunismus, den konzentrierten Ausdruck des Klassenbewusstseins des Proletariats. Die Unabhängigkeit in allen ihren Formen, ob sie anarchistisch oder anarchosyndikalistisch sei, ist eine antikommunistische Lehre, und der entschiedenste Widerstand muss ihr entgegen gesetzt werden, denn im besten Falle hat sie eine Unabhängigkeit vom Kommunismus und einen Antagonismus zwischen Gewerkschaft und kommunistischen Parteien zur Folge, wenn sie nicht zu einem erbitterten Kampf der Gewerkschaften gegen die kommunistischen Parteien, den Kommunismus und die soziale Revolution führt.

15. Die Theorie der Autonomie, so wie sie dargelegt wird durch die französischen, italienischen und spanischen Anarcho-Syndikalisten, ist ihrem Wesen

nach die Kampflosung des Anarchismus gegen den Kommunismus. Die Kommunisten müssen von innen heraus in den Gewerkschaften einen entschiedenen Feldzug führen gegen dieses Bestreben, unter der Flagge der Autonomie den anarchistischen Schund einzuschmuggeln, und die Arbeiterbewegung in Teile zu zerspalten, die einander befehden, um den Triumph der Arbeiterklasse zu verlangsamen und aufzuhalten.

V. Syndikalismus und Kommunismus.

16. Die Anarcho-Syndikalisten verwechseln Gewerkschaften und Syndikalismus, indem sie ihre anarcho-syndikalistische Partei als die einzige Organisation hinstellen, die wahrhaft revolutionär ist und fähig, die Aktion des Proletariats bis ans Ende zu führen. Der Syndikalismus, der einen ungeheuren Fortschritt gegenüber dem Trade-Unionismus darstellt, schließt trotzdem zahlreiche Fehler und üble Seiten in sich, denen man mit äußerster Festigkeit widerstehen muss.

17. Die Kommunisten können und dürfen nicht im Namen abstrakter anarcho-syndikalistischer Prinzipien ihr Recht aufgeben, innerhalb der Gewerkschaften welches auch immer deren Orientierung sei, »Zellen« zu organisieren. Dieses Recht kann ihnen niemand nehmen. Es ist selbstverständlich, dass die Kommunisten, welche innerhalb der Gewerkschaften kämpfen, ihre Aktion mit derjenigen der Syndikalisten, welche aus den Erfahrungen des Krieges und der Revolution gelernt haben, verbinden müssen.

18. Die Kommunisten müssen die Initiative ergreifen, innerhalb der Gewerkschaften einen Block mit den revolutionären Arbeitern anderer Richtungen zu schaffen. Die dem Kommunismus Nächststehenden sind die Syndikalisten-Kommunisten, die die Notwendigkeit der proletarischen Diktatur anerkennen und gegen die Anarcho-Syndikalisten das Prinzip des Arbeiterstaates verteidigen. Aber die Gemeinsamkeit der Aktion setzt eine Organisation der Kommunisten voraus. Unorganisierte, vereinzelt handelnde Kommunisten würden nicht imstande sein, mit wem es auch sei, zusammenzuwirken, weil sie keine ernsthafte Macht darstellen würden.

19. Indem sie in der energischsten und konsequentesten Form ihre Prinzipien durchführen, indem sie die antikommunistischen Theorien der Unabhängigkeit und der Trennung von Politik und Wirtschaft, diese dem revolutionären Fortschritt der Arbeiterklasse so schädliche Auffassung, bekämpfen, müssen die Kommunisten innerhalb der Gewerkschaften aller Richtungen sich bemühen, ihre Aktion im praktischen Kampf gegen den Reformismus und die anarcho-syndikalistische Spiegelfechterei in Übereinstimmung zu bringen mit allen re-

volutionären Elementen, die für den Umsturz des Kapitalismus und die Diktatur des Proletariats eintreten.

20. In den Ländern, in denen wichtige syndikalistisch-revolutionäre gewerkschaftliche Organisationen (Frankreich) bestehen, und wo unter dem Einfluss einer ganzen Reihe von historischen Ursachen dass Misstrauen gegen die politischen Parteien bei gewissen Schichten der revolutionären Arbeiter fortbesteht, müssen die Kommunisten, in Übereinstimmung mit den Syndikalisten, entsprechend den Besonderheiten des Landes und der in Frage stehenden Arbeiterbewegung, die Formen und Methoden des gemeinsamen Kampfes und der Zusammenarbeit in allen Aktionen des Angriffs und der Verteidigung gegen das Kapital herausarbeiten.

VI. Der Kampf um die Einheit der Gewerkschaften.

21. Die Parole der Kommunistischen Internationale gegen die Spaltung der Gewerkschaften muss auch fernerhin mit unverminderter Energie angewendet werden, trotz der wütenden Verfolgungen, denen die Reformisten aller Länder die Kommunisten aussetzen. Die Reformisten wollen durch die Ausschlüsse die Spaltung hervorrufen. Indem sie systematisch die besten Elemente aus den Gewerkschaften vertreiben, hoffen sie, dass die Kommunisten ihre Kaltblütigkeit verlieren, aus den Gewerkschaften hinausgehen und so den tief bedachten Plan der Eroberung der Gewerkschaften von innen heraus aufgeben, indem sie sich für die Spaltung entscheiden. Aber die Reformisten sollen dieses Resultat nicht erreichen.

22. Die Spaltung der Gewerkschaftsbewegung, besonders unter den gegenwärtigen Bedingungen, stellt die größte Gefahr für die gesamte Arbeiterbewegung dar. Die Spaltung der Gewerkschaften würde die Arbeiterklasse um mehrere Jahre zurückwerfen, denn die Bourgeoisie könnte dann leicht die elementarsten Eroberungen der Arbeiterschaft rückgängig machen. Die Kommunisten müssen unbedingt die Spaltung der Gewerkschaften mit allen Mitteln, mit allen Kräften ihrer Organisation verhindern, sie müssen dem verbrecherischen Leichtsinn, mit welchem die Reformisten die Gewerkschaftseinheit zerstückeln, Einhalt tun.

23. In den Ländern, wo zwei Gewerkschaftszentralen nebeneinander bestehen (Spanien, Frankreich, Tschechoslowakei etc.), sollen die Kommunisten für die Verschmelzung der nebeneinander bestehenden Organisationen kämpfen. Da dieses Ziel der Verschmelzung der Gewerkschaften, die schon gespalten sind, gegeben ist, ist es nicht vernünftig, einzelne Kommunisten und revolu-

tionäre Arbeiter aus den reformistischen Gewerkschaften herauszureißen, um sie in revolutionäre Gewerkschaften zu versetzen. Keine einzige reformistische Gewerkschaft soll des kommunistischen Gärungsstoffes beraubt werden. Eine tatkräftige Arbeit der Kommunisten in beiden Organisationen ist eine Vorbedingung der Wiederherstellung der zerstörten Einheit.

24. Die Erhaltung der Gewerkschaftseinheit, ebenso wie die Wiederherstellung der zerstörten Einheit sind nur möglich, wenn die Kommunisten im Voraus ein Arbeitsprogramm für jedes Land und für jeden Industriezweig aufstellen; auf dem Boden einer praktischen Arbeit, eines praktischen Kampfes kann man die zerstreuten Elemente der Arbeiterbewegung sammeln und im Falle einer gewerkschaftlichen Spaltung die Voraussetzungen für eine organisatorische Wiedervereinigung schaffen. Jeder Kommunist muss im Auge behalten, dass die Spaltung der Gewerkschaften nicht nur die augenblicklichen Eroberungen der Arbeiterklasse bedroht, sondern eine Drohung für die soziale Revolution ist. Die Versuche der Reformisten, die Gewerkschaften zu spalten, müssen im Keim erstickt werden, aber dies kann nur erreicht werden durch energische, organisatorische und politische Arbeit in den Arbeitermassen.

VII. Der Kampf gegen den Ausschluss der Kommunisten.

25. Die Ausschlüsse der Kommunisten haben zum Ziel, die revolutionäre Bewegung zu verwirren, indem sie die Führer von den Arbeitermassen trennen. Daher können sich die Kommunisten nicht mehr auf die Formen und Methoden des Kampfes beschränken, die sie bis jetzt angewendet haben. Die Gewerkschaftsbewegung der Welt ist an einem kritischen Punkt angelangt. Der Wille der Reformisten zur Spaltung hat sich gesteigert, unser Wille zur Einheit der Gewerkschaften ist durch zahlreiche Tatsachen bestätigt, und die Kommunisten müssen in der Zukunft praktisch zeigen, welchen Wert sie auf die Einheit der Gewerkschaftsbewegung legen.

26. Je augenscheinlicher die Spaltungstendenz unserer Feinde wird, mit desto mehr Kraft müssen wir das Problem der Einheit der Gewerkschaftsbewegung hervorheben. Keine einzige Fabrik, kein einziger Betrieb, keine Arbeiterversammlung darf vergessen werden, überall muss man Protest gegen die Taktik von Amsterdam erheben. Das Problem der Spaltung der Gewerkschaften muss vor jeden Gewerkschaftler gestellt werden, nicht nur in dem Augenblick, wo die Spaltung unmittelbar bevorsteht, sondern schon dann, wenn sie vorbereitet wird. Die Frage des Ausschlusses der Kommunisten aus der Gewerkschaftsbewegung muss auf die Tagesordnung der gesamten Gewerkschaftsbewegung aller

Länder gestellt werden. Die Kommunisten sind stark genug, um sich nicht wortlos abwürgen zu lassen. Die Arbeiterklasse soll wissen, wer für die Spaltung und wer für die Einheit ist.

27. Der Ausschluss der Kommunisten nach ihrer Wahl durch die lokalen Organisationen darf nicht allein Proteste gegen die Vergewaltigung des Willens der Wähler hervorrufen, ein solcher Ausschluss muss einen entschlossenen, gut organisierten Widerstand zur Folge haben. Die Ausgeschlossenen dürfen nicht zerstreut werden. Die wichtigste Aufgabe der Kommunistischen Partei besteht darin, nicht zuzugeben, dass die ausgeschlossenen Elemente auseinander gehen. Sie müssen sich in Gewerkschaften der Ausgeschlossenen organisieren und zum Mittelpunkt ihrer politischen Arbeit die Parole ihrer Wiederaufnahme in die Gewerkschaften machen.

28. Der Kampf gegen den Ausschluss ist in der Tat ein Kampf um die Einheit in der Gewerkschaftsbewegung. Hier sind alle Maßregeln gut, welche auf die Wiederherstellung der zerstörten Einheit hinzielen. Die Ausgeschlossenen dürfen nicht isoliert und abgeschnitten von der gesamten Opposition bleiben, sowie von den bestehenden revolutionären unabhängigen Organisationen. Die ausgeschlossenen Gruppen sollen sich sofort eng an die Opposition in den Gewerkschaften und den revolutionären Organisationen, die in dem betreffenden Lande bestehen, anschließen unter dem Gesichtspunkt eines gemeinsamen Kampfes gegen den Ausschluss und zur Gemeinsamkeit der Aktion im Kampf gegen das Kapital.

29. Die praktischen Maßnahmen des Kampfes können und sollen vervollständigt und verändert werden in Übereinstimmung mit den örtlichen Bedingungen und Besonderheiten. Es ist wichtig, dass die kommunistischen Parteien klar ihren Standpunkt gegen die Spaltung einnehmen und alles tun, was in ihrer Macht steht, um die Woge der Ausschlüsse zu überwinden, welche sich fühlbar verstärkt hat im Zusammenhang mit dem Beginn der Verschmelzung der 2. und 2½ Internationale. Es gibt keine allgemeinen und endgültigen Mittel und Methoden im Kampf gegen die Ausschlüsse. Unter diesem Gesichtspunkt haben alle kommunistischen Parteien die Möglichkeit, mit den Mitteln zu kämpfen, die ihnen als die wichtigsten erscheinen, um zum Ziel zu kommen: der Eroberung der Gewerkschaften und die Wiederherstellung der zerstörten Gewerkschaftseinheit.

30. Die Kommunisten sollen den energischsten Kampf entfalten gegen den Ausschluss der revolutionären Gewerkschaften aus den internationalen Industrieverbänden. Die kommunistischen Parteien können und wollen nicht müßige

Zuschauer bleiben beim systematischen Ausschluss der revolutionären Gewerkschaften aus dem einfachen Grunde, weil sie revolutionär sind. Den internationalen Komitees für die Propaganda in den Betrieben, die durch die RGI geschaffen sind, muss die eifrigste Hilfe seitens der kommunistischen Parteien zuteil werden, derart dass alle verfügbaren revolutionären Kräfte eingestellt werden für das Ziel, zu kämpfen für die Schaffung von internationalen einheitlichen Industrieverbänden.

Dieser ganze Kampf muss geführt werden unter der Parole der Zulassung aller Gewerkschaften ohne Unterschied der Richtung, ohne Unterschied der politischen Strömung zu einer einzigen Industrieorganisation.

Schluss.

Indem er seinen Weg der Eroberung der Gewerkschaften und des Kampfes gegen die Spaltungspolitik der Reformisten verfolgt, erklärt der 4. Kongress der Komintern feierlichst, dass jedes Mal, wenn die Amsterdamer ihre Zuflucht nicht zu den Ausschlüssen nehmen werden, jedes Mal wenn sie den Kommunisten die Möglichkeit geben werden, mit geistigen Waffen für ihre Prinzipien innerhalb der Gewerkschaften zu kämpfen, die Kommunisten als disziplinierte Mitglieder in den in den Reihen der einigen Organisation kämpfen, indem sie bei allen Zusammenstößen und allen Konflikten mit der Bourgeoisie in den vordersten Reihen stehen werden.

Der IV. Kongress der Kommunistischen Internationale macht es allen kommunistischen Parteien zur Pflicht, alles zu tun, was in ihren Kräften steht, um die Gewerkschaftsspaltung zu verhindern, um die Einigkeit der Gewerkschaftsbewegung, dort wo sie zerstört ist, wiederherzustellen, und den Anschluss der Gewerkschaftsbewegung des betreffenden Landes an die Rote Gewerkschafts-Internationale zu erlangen.

Leo Trotzki: Eine notwendige Auseinandersetzung

Mit den syndikalistischen Kommunisten[76]

Dieser Artikel wurde als Antwort auf die Ausführungen des Genossen Louzon, gleich nach dem IV. Weltkongress der Kommunistischen Internationale geschrieben. Damals lenkte aber der Kampf gegen die sozialistische Rechte, gegen die Dissidenten zweiter Garnitur, Verfeuil, Frossard usw., die Aufmerksamkeit auf sich. In diesem Kampf gingen wir mit den syndikalistischen Kommunisten zusammen, und ich zog es vor, die Veröffentlichung dieses Artikels hinauszuschieben. Wir sind fest überzeugt, dass unser gutes Einvernehmen mit den revolutionären Syndikalisten nicht aufhören wird. Der Beitritt unseres alten Freundes Monatte zur Kommunistischen Partei war für uns eine große Freude; Die Revolution braucht Männer dieser Art. Aber es wäre falsch, eine Annäherung mit einer Verwirrung der Gedanken zu bezahlen. Im Laufe der letzten Monate hat sich die Kommunistische Partei Frankreichs gereinigt und gefestigt; deshalb können wir uns ruhig und freundschaftlich mit den syndikalistischen Genossen auseinandersetzen, mit denen zusammen wir noch lange gemeinsame Kämpfe zu führen haben werden.

Der Genosse Louzon hat in einer Reihe von Artikeln und persönlichen Erklärungen in Bezug auf die Grundfrage des Verhältnisses zwischen Partei und Gewerkschaften Anschauungen vertreten, die radikal verschieden von den Meinungen der Kommunistischen Internationale und des Marxismus sind. Französische Genossen, deren Meinung ich zu respektieren gewohnt bin, sprechen vom Genossen Louzon und seiner Ergebenheit für das Proletariat mit einer großen Achtung. Um so notwendiger ist es, seine Irrtümer in einer so wichtigen Frage zu bekämpfen. Genosse Louzon verteidigt die vollständige und bedingungslose

76 Nach Internationale Presse-Korrespondenz, 3. Jahrgang Nr. 66 und 67 (18. und 20. April 1923), S. 529 f. und 538 f.

Unabhängigkeit der Gewerkschaften. Gegen wen? Offenbar gegen gewisse Anschläge. Wessen? Gegen Anschläge, die man der Partei zuschreibt. Der Gewerkschaftsautonomie, deren Notwendigkeit unbestreitbar ist, gibt Louzon eine gewisse absolute, geradezu mystische Bedeutung. Und unser Genosse beruft sich dabei, sehr mit Unrecht, auf Marx. Die Gewerkschaften, sagt Louzon, vertreten die »Arbeiterklasse als Ganzes.« Die Partei aber ist nur die Partei. Die Arbeiterklasse als Ganzes kann der Partei nicht untergeordnet sein. Es kann nicht einmal eine Gleichheit zwischen beiden geben. Die Arbeiterklasse hat ihr Ziel in sich selbst, die Partei kann nur entweder ihr dienen, oder sich selbst dienen. Die Partei kann nicht die Arbeiterklasse annektieren. Die Moskauer Kongresse und die gegenseitige Vertretung der Kommunistischen Internationale und der Roten Gewerkschafts-Internationale, beieinander bedeuteten nach Louzon. die tatsächliche Gleichstellung der Partei und der Klasse. Diese gegenseitige Vertretung ist nun aufgehoben. Die Partei kehrt damit in ihre dienende .Rolle zurück. Genosse Louzon billigt das. Das ist nach seiner Meinung auch der Standpunkt von Marx. Das Ende der gegenseitigen Vertretung der politischen und der gewerkschaftlichen Internationale beieinander ist für Louzon die Verwerfung der Irrtümer Lassalles (!) und der Sozialdemokraten (!) und die Rückkehr zu den Grundsätzen von Marx.

Das ist der wesentliche Inhalt eines Artikels, der in der »Vie Ouvrière« vom 15. Dezember erschien. Das Erstaunlichste in diesem Artikel und in anderen entsprechenden Artikeln ist, dass der Verfasser offenbar ganz bewusst und fest seine Augen für das verschließt, was in Frankreich vorgeht. Man konnte meinen, dass der Artikel auf dem Sirius geschrieben ist. Wie könnte man sonst die Behauptung verstehen, dass die Gewerkschaften die Arbeiterklasse als Ganzes vertreten? Von welchem Lande spricht denn Louzon? Wenn er Frankreich meint, so sind dort die Gewerkschaften, soweit unsere Informationen reichen, leider nicht einmal die Hälfte der Arbeiterklasse. Die verbrecherischen Manöver der reformistischen Gewerkschafter, die links von einigen Anarchisten unterstützt wurden, haben die französische Gewerkschaftsorganisation gespalten Jeder der beiden Gewerkschaftsbünde umfasst nicht mehr als 300.000 Arbeiter. Weder der eine noch der andere, noch beide zusammen sind berechtigt, sich mit dem gesamten französischen Proletariat zu identifizieren, von dem sie nur einen bescheidenen Teil darstellen. Überdies haben die beiden Gewerkschaftsorganisationen eine verschiedene Politik. Der reformistische Gewerkschaftsbund arbeitet mit der Bourgeoisie zusammen; der Einheitsgewerkschaftsbund [CGT unitaire] ist erfreulicherweise revolutionär. In diesem Einheitsgewerkschaftsbund vertritt

Louzon eine Richtung. Was soll also seine Behauptung, dass die Arbeiterklasse, die er offenbar mit der Gewerkschaftsorganisation gleich setzt, ihr Ziel in sich selbst trage. Mit wessen Hilfe und wie druckt die französische Arbeiterklasse dieses Ziel aus? Mit Hilfe der Organisation von Jouhaux? Sicher nicht. Mit Hilfe des Einheitsgewerkschaftsbundes? Dieser hat bereits seine großen Verdienste. Aber er ist leider noch nicht die ganze Arbeiterklasse. Der Einheitsgewerkschaftsbund wurde ursprünglich von den anarchistischen Syndikalisten des »Paktes« geführt. Gegenwärtig wird er von den syndikalistischen Kommunisten geleitet. In welcher der beiden Perioden hat der Einheitsgewerkschaftsbund am besten die Interessen der Arbeiterklasse vertreten? Wer will das abwägen? Wenn wir nun versuchen, mit Hilfe der internationalen Erfahrungen unserer Partei diese Frage zu beantworten, so kommen wir damit, nach Louzon, in eine gefährliche Klemme, denn wir verlangen von der Partei, dass sie über die für die Arbeiterklasse nützliche Politik urteilen soll. Und wir stellen damit die Partei über die Arbeiterklasse. Wenn wir uns aber an die Arbeiterklasse im Ganzen wenden sollen, so würden wir sie leider zersplittert, ohnmächtig und stumm finden. Die verschiedenen Gewerkschaftsbünde, ihre einzelnen Gewerkschaften, und die einzelnen Gruppen innerhalb der Gewerkschaften würden uns verschiedene Antworten geben. Aber die erdrückende Mehrheit des Proletariats, die außerhalb beider Gewerkschaftsbunde steht, würde uns gegenwärtig überhaupt nicht antworten.

In keinem Land umfasst die Gewerkschaftsorganisation die ganze Arbeiterklasse. Aber in einigen Ländern umfasst sie wenigstens einen sehr großen Teil von ihr. In Frankreich ist das nicht der Fall. Wenn die Partei, nach Louzon, die Arbeiterklasse nicht »annektieren« darf (aber was soll der Ausdruck eigentlich bedeuten?), aus welchem Grund gibt Genosse Louzon dieses Recht dem Syndikalismus? Er kann uns antworten: »*Unsere Gewerkschaftsorganisation ist noch schwach. Aber wir zweifeln nicht an ihrer Zukunft und an ihrem endgültigen Sieg.*« Darauf würden wir antworten: »*Sicherlich; auch wir teilen diese Überzeugung. Aber wir zweifeln ebenso wenig daran, dass die Partei das unbedingte Vertrauen der großen Mehrheit der Arbeiterklasse gewinnen wird.*« Es handelt sich für die Partei wie für die Gewerkschaften nicht darum, das Proletariat zu »annektieren« – mit Unrecht gebraucht Louzon den Ausdruck, dessen sich unsere Gegner im Kampf gegen die Revolution bedienen –, sondern sein Vertrauen zu gewinnen. Das kann man nur mit einer richtigen, durch die Erfahrung erprobten Taktik. Wo und durch wen wird diese Taktik bewusst, überlegt und kritisch vorbereitet? Wer schlägt sie der Arbeiterklasse vor? Sie fällt wahrlich nicht vom

Himmel. Und die Arbeiterklasse als Ganzes, als Ding an sich, lehrt sie uns auch nicht. Genosse Louzon hat, wie uns scheint, diese Frage nicht gestellt. *»Das Proletariat hat sein Ziel in sich selbst.«* Wenn wir diesen Satz seiner mystischen Umhüllung entkleiden, so will er offenkundig sagen, dass die historischen Aufgaben des Proletariats durch die soziale Lage der Klasse und durch ihre Rolle in der Produktion, in der Gesellschaft und im Staat bestimmt sind. Das ist ganz unbestreitbar. Aber diese Wahrheit hilft uns nicht die Frage beantworten, die uns interessiert. Nämlich: wie kommt das Proletariat zu der subjektiven Einsicht über die historische Aufgabe, die ihm durch seine objektive Lage gestellt ist? Würde das Proletariat als Ganzes seine historische Aufgabe erfassen können, brauchte es weder Partei noch Gewerkschaft. Die Revolution würde zusammen mit dem Proletariat geboren werden. In Wahrheit ist der Prozess, der das Proletariat zur Einsicht über seine historische Mission bringt, sehr lang und schmerzlich und voll innerer Widersprüche.

Erst im Verlauf langer Kämpfe, schwerer Prüfungen, vieler Schwankungen und großer Erfahrungen bricht sich die Einsicht über die richtigen Wege und Methoden in die Köpfe der besten Elemente der Arbeiterklasse, die ihre Vorhut darstellen, Bahn. Das trifft auf die Partei genau so zu wie auf die Gewerkschaften. Auch die letzteren beginnen als kleine Gruppen aktiver Arbeiter und wachsen allmählich, indem sie durch die Erfahrung das Vertrauen der Massen gewinnen. Während aber die revolutionären Organisationen kämpfen, um den Einfluss auf die Arbeiterklasse zu gewinnen, treten ihnen die bürgerlichen Ideologen entgegen und stellen die »Arbeiterklasse als Ganzes« der Partei und den Gewerkschaften entgegen und schuldigen diese an, dass sie die Arbeiterklasse »annektieren.« Der »Temps« schreibt das bei jedem Streik. Mit anderen Worten, die bürgerlichen Ideologen setzen die Arbeiterklasse als Objekt der Arbeiterklasse als bewusstes Subjekt entgegen. Denn nur durch ihre klassenbewusste Minderheit wird die Arbeiterklasse allmählich zu einem Faktor der Geschichte. So sehen wir, dass die Kritik des Genossen Louzon gegen die »unberechtigten Ansprüche« der Partei ganz ebenso die unberechtigten Ansprüche der Gewerkschaften trifft. Vor allem in Frankreich; denn der französische Syndikalismus – das müssen wir wiederholen – war und ist in seiner Organisation und Theorie ebenfalls eine Partei. Deshalb ist er auch in seiner klassischen Periode, 1905 bis 1907, zu der Theorie der aktiven Minderheit und nicht zu der Theorie des »gesamten Proletariats« gekommen. Denn was ist eine aktive Minderheit, die durch die Einheit der Auffassung zusammengehalten wird, anderes als eine Partei? Und auf der anderen Seite: wäre nicht eine gewerkschaftliche Massenorganisation, ohne klassenbewusste Minderheit in ihr, eine rein formale inhaltslose Organisation?

Die Tatsache, dass der französische Syndikalismus eine Partei war, fand seine völlige Bestätigung in der Spaltung, die eintrat, als sich die Abweichungen im politischen Standpunkt in seinen Reihen zeigten. Aber die Partei des revolutionären Syndikalismus hat Furcht vor der Abneigung, die die Parteien als solche den französischen Arbeitermassen einflößen. So hat sie den Namen Partei nicht angenommen und ist, was die Organisation betrifft, unvollendet geblieben. Die Partei versuchte, ihre eigene Mitgliedschaft mit der der Gewerkschaften zusammenfallen zu lassen oder doch mindestens in den Gewerkschaften eine Deckung zu finden. So erklärt sich die tatsächliche Unterordnung der Gewerkschaften unter gewisse Richtungen, Fraktionen oder selbst Cliquen des Syndikalismus. So erklärt sich der »Pakt« mit seinem karikierten Freimaurertum, der eine Parteiorganisation im Schoße der Gewerkschaftsorganisation zusammenhalten sollte. Ebenso umgekehrt: Die Kommunistische Internationale hat tatsächlich aus allen Kräften die Spaltung der Gewerkschaftsbewegung in Frankreich, d. h. ihre tatsächliche Umwandlung in eine syndikalistische Partei, bekämpft. Die Kommunistische Internationale hat in erster Linie die historische Aufgabe der Arbeiterklasse als Ganzes und die enorme selbständige Bedeutung der Gewerkschaftsorganisationen für die Lösung der Aufgaben des Proletariats berücksichtigt. In dieser Beziehung hat die Kommunistische Internationale seit ihrem Bestehen die wirkliche, lebendige Selbständigkeit der Gewerkschaften im Geiste des Marxismus verteidigt.

Der revolutionäre Syndikalismus, der in Frankreich in vieler, Beziehung der Vorläufer des gegenwärtigen Kommunismus war, hat sich zu der Theorie der aktiven Minderheit, d. h. der Partei, bekannt, ohne offen eine Partei zu werden. Dadurch hat er zugleich die Gewerkschaften gehindert, wenn nicht eine Organisation der Arbeiterklasse im ganzen (was im kapitalistischen System nicht möglich sein wird), so doch wenigstens ihrer großen Massen zu werden. Die Kommunisten haben vor dem Wort »Partei« keine Angst, weil ihre Partei nichts gemein hat und nichts gemein haben wird mit den anderen Parteien. Denn ihre Partei ist keine der politischen Parteien des bürgerlichen Systems, sondern es ist die aktive, klassenbewusste Minderheit des Proletariats und seine revolutionäre Vorhut. Darum brauchen die Kommunisten sich weder in ihrer Ideologie, noch in ihrer Organisation hinter den Gewerkschaften zu verstecken. Sie missbrauchen die Gewerkschaften nicht zu Kulissenschiebungen. Sie spalten sie nicht, wenn sie dort in der Minderheit sind. Sie stören in keiner Weise die selbständige

Entwicklung der Gewerkschaften und stützen sie in jeder Weise in der Aktion. Aber die Kommunistische Partei behält sich zugleich das Recht vor, über alle Fragen der Arbeiterbewegung, einschließlich der Gewerkschaftsfrage, ihre Meinung zu sagen, die Gewerkschaftstaktik zu kritisieren und den Gewerkschaften bestimmte Vorschläge zu machen, wobei es den Gewerkschaften zusteht, diese Vorschläge anzunehmen oder abzulehnen. Die Partei bemüht sich, das Vertrauen der Arbeiterklasse und vor allem ihrer in den Gewerkschaften organisierten Teile zu gewinnen.

Was bedeuten die Marx-Zitate, die Genosse Louzon angeführt hat? Marx schrieb tatsächlich 1868, dass die Arbeiterpartei aus den Gewerkschaften hervorgehen wird. Er hatte dabei vor allem England im Auge, das einzige entwickelte kapitalistische Land der damaligen Zeit, wo bereits große Arbeiterorganisationen bestanden. Seitdem ist ein halbes Jahrhundert vergangen. Die historische Erfahrung hat im allgemeinen die Prophezeiung von Marx, was England betrifft, bestätigt. Die englische Arbeiterpartei hat sich tatsächlich auf der Grundlage der Gewerkschaften gebildet. Aber denkt Genosse Louzon wirklich, dass die englische Arbeiterpartei, wie sie heute ist, geführt von den Henderson und Clynes, als Vertreterin der Interessen des Proletariats im Ganzen angesehen werden kann? Sicher nicht. Die englische Arbeiterpartei übt Verrat an den Interessen des Proletariats, ebenso wie die Gewerkschaftsbürokratie, obwohl die Gewerkschaften in England näher als irgendwo sonst daran sind, die Arbeiterklasse als Ganzes zu umfassen. Auf der anderen Seite kann man nicht daran zweifeln, dass unser kommunistischer Einfluss in der englischen Arbeiterpartei, die aus den Gewerkschaften hervorging, wachsen wird, dass dies dazu beitragen wird, innerhalb der Gewerkschaften den Kampf der Massen und der Spitzen zu verschärfen, bis am Ende die verräterische Bürokratie davon gejagt wird, und die Partei sich so vollkommen umgestaltet und erneuert. Und wir gehören ebenso wie der Genosse Louzon einer Internationale an, die die kleine Kommunistische Partei Englands umfasst, aber die 2. Internationale bekämpft, die sich auf die englische, aus den Gewerkschaften hervorgegangene Arbeiterpartei stützt.

In Russland – und Russland ist im Rahmen der Gesetze der kapitalistischen Entwicklung das gerade Gegenteil von England – ist die Kommunistische Partei, die frühere Sozialdemokratische Partei, älter als die Gewerkschaften und hat die Gewerkschaften erst geschaffen. Heute stehen in Russland die Gewerkschaften und der Arbeiterstaat vollkommen unter dem Einfluss der Kommunistischen Partei, die durchaus nicht aus den Gewerkschaften hervorging, sondern sie ja im Gegenteil geschaffen und erzogen hat. Will Genosse Louzon behaupten, dass Russland sich im Gegensatz zu Marx entwickelt hat? ist es nicht einfacher, zu sagen, dass das Urteil von Marx über den Ursprung der Partei aus der Gewerkschaft, wie die Erfahrung lehrt, auf England, und auch da nicht vollkommen, zutrifft? Aber dass Marx durchaus nicht das aufstellen wollte, was er selbst einmal verächtlich »ein überhistorisches Gesetz« nannte? Alle anderen Länder Europas, Frankreich eingeschlossen, stehen in dieser Frage zwischen England und Russland. In einigen Ländern waren die Gewerkschaften älter als die Partei, in anderen war das Gegenteil der Fall, aber nirgends, außer in England und zum Teil in Belgien, ist die Partei des Proletariats aus den Gewerkschaften hervorgegangen. Auf jeden Fall hat sich keine Kommunistische Partei organisch aus den Gewerkschaften entwickelt. Soll man aber deshalb erklären, dass die Kommunistische Internationale zu Unrecht entstanden ist? Als die englischen Gewerkschaften abwechselnd sie Konservativen und Liberalen unterstützten und gewissermaßen ein Arbeiteranhängsel dieser Parteien darstellten, und als die politische Organisation der deutschen Arbeiter noch weiter nichts war als der linke Flüge! der Demokratischen Partei, während die Lassalleaner und Eisenacher sich stritten, da forderte Marx die Unabhängigkeit der Gewerkschaften von allen Parteien. Diese Formel war von dem Wunsch diktiert, die Arbeiterorganisationen allen bürgerlichen Parteien entgegenzustellen und sie nicht zu eng mit den sozialistischen Sekten zu verbinden. Aber Genosse Louzon erinnert sich vielleicht daran, dass Marx auch die I. Internationale gegründet hat, deren Ziel es war, die Arbeiterbewegung aller Länder in jeder Hinsicht zu leiten und zu befruchten. Das war 1864, und die Internationale, die Marx schuf, war eine Partei. Marx wollte nicht so lange warten, bis sich irgendwie von selbst aus den Gewerkschaften die Internationale Partei der Arbeiterklasse bildete. Er tat alles, um in den Gewerkschaften den Einfluss des wissenschaftlichen Sozialismus zu stärken, wie er zum ersten Male 1847 im Manifest der Kommunistischen Partei dargelegt worden war. Wenn Marx für die Gewerkschaften eine vollständige Unabhängigkeit von den Parteien und Sekten des Bürgertums und Kleinbürgertums forderte, so tat er das, um es dem wissenschaftlichen Sozialismus um so leichter zu machen, die Herrschaft in den Gewerkschaften zu erringen. Marx hat niemals in der Partei des wissenschaftlichen Sozialismus eine von den gewöhnlichen, parlamentarischen, demokratischen politischen Parteien gesehen. Die Internationale war für Marx die klassenbewusste Arbeiterschaft, vertreten durch ihre damals freilich recht kleine Vorhut.

Wenn Genosse Louzon in seiner Gewerkschaftsmetaphysik und in seiner Marx-Auslegung konsequent sein wollte, so müsste er sagen: »*Verzichten wir auf die Kommunistische Partei und warten wir ab, bis diese Partei aus den Gewerkschaften entsteht.*« Aber eine solche Konsequenz wäre tödlich für die Partei und die Gewerkschaften zugleich. Denn die gegenwärtigen französischen Gewerkschaften können nur dann ihre Einheit wieder gewinnen und entscheidenden Einfluss auf die Massen erringen, wenn ihre besten Elemente sich in der klassenbewussten revolutionären Vorhut des Proletariats, d. h. in einer Kommunistischen Partei, befinden. Marx hat die Frage nach den Beziehungen zwischen Partei und Gewerkschaft nicht endgültig beantwortet, und er konnte das auch gar nicht. Denn diese Beziehungen hängen jederzeit von den verschiedensten Umständen ab. Ob die Partei und der Gewerkschaftsbund gegenseitig in ihren Zentralen vertreten sind oder ob sie im Fall der Not gemeinsame Aktionsausschüsse bilden, das ist keine Frage von entscheidender Bedeutung. Die Organisationsformen können sich ändern, aber die entscheidende Rolle der Partei bleibt unveränderlich. Die Partei, wenn sie diesen Namen verdient umfasst die Vorhut der Arbeiterklasse und befruchtet durch ihren ideologischen Einfluss alle Teile der Arbeiterbewegung und vor allem die Gewerkschaftsbewegung. Die Gewerkschaften aber, wenn sie ihren Namen verdienen, umfassen eine stets wachsende Masse von Arbeitern, darunter auch rückständige Elemente. Aber sie können ihre Aufgabe nur erfüllen, wenn sie bewusst nach festen Grundsätzen geführt werden. Und diese Führung können sie nur dann haben, wenn ihre besten Elemente in der Partei der proletarischen Revolution vereinigt sind.

Die Reinigung der Kommunistischen Partei Frankreichs, die sie von weinerlichen Kleinbürgern, von Salonphrasenhelden, von politischen Hamlets und widerlichen Karrieremachern befreite auf der einen Seite, die Annäherung der Kommunisten und der revolutionären Syndikalisten auf der anderen Seite, bedeuten zusammen einen großen Schritt vorwärts zur Schaffung angemessener Beziehungen zwischen den Gewerkschaftsorganisationen und der politischen Organisation und infolgedessen einen großen Fortschritt für die Revolution.

Leo Trotzki: Wieder einmal die anarcho-syndikalistischen Vorurteile![77]

Genosse Louzons neuer Artikel enthält mehr Irrtümer als seine früheren, obwohl seine Hauptargumentation eine völlig andere Richtung nimmt.

In seinen vorhergehenden Artikeln waren die Ausgangspunkte Genosse Louzons Abstraktionen, die von der Annahme ausgingen, dass die Gewerkschaften die *»Arbeiterklasse als Ganzes«* repräsentierten. In meiner Antwort stellte ich die Frage: *»Wo schreibt Genosse Louzon seine Artikel – in Frankreich oder auf dem Sirius?«* In seinem neuesten Artikel verlässt nun Genosse Louzon den unsicheren Boden der allgemeinen Gesetze und versucht sich auf den nationalen Boden des französischen Syndikalismus zu stellen. Ja, erklärt er, die französischen Gewerkschaften sind nicht wirklich die Arbeiterklasse als Ganzes, sondern nur die aktive Minderheit der Arbeiterklasse. Das heißt, Genosse Louzon anerkennt, dass die Gewerkschaften eine Art von revolutionärer Partei bilden. Aber diese syndikalistische Partei unterscheidet sich dadurch, dass sie in ihrer Zusammensetzung rein proletarisch ist: hier liegt ihr ungeheurer Vorteil gegenüber der Kommunistischen Partei. Und sie hat noch einen anderen Vorteil: die syndikalistische Partei lehnt die bürgerlichen Staatseinrichtungen kategorisch ab: sie »akzeptiert« nicht die Demokratie und nimmt von daher nicht an parlamentarischen Kämpfen teil.

Genosse Louzon wird niemals müde zu wiederholen, dass wir uns mit den Besonderheiten der französischen Entwicklung und nur mit diesen beschäftigen. Nachdem er mit einer breiten Verallgemeinerung begann und dabei Marx in einen Syndikalisten verwandelte, verlässt Louzon nun England, Russland und Deutschland. Er beantwortet unsere Frage nicht, warum er selbst zur Kommunistischen Internationale gehört, zusammen mit der kleinen englischen

77 Nach Marxismus und Gewerkschaft. Essen 1976, S. 31-34

Kommunistischen Partei und nicht zur II. Internationale, zusammen mit den englischen Gewerkschaften und der englischen Labour Party, die von ihnen unterstützt wird.

Louzon beginnt mit einem *»überhistorischen Gesetz«* für alle Länder und endet mit der Behauptung eines besonderen Gesetzes für Frankreich. In dieser neuen Form trägt Louzons Theorie einen rein nationalen Charakter. Noch mehr, ihr wesentlicher Charakter schließt die Möglichkeit einer Internationalen aus; wie kann man über eine gemeinsame Taktik sprechen, wenn es keine gemeinsamen grundlegenden Voraussetzungen gibt? Es ist wirklich sehr schwer zu verstehen, wieso Louzon zur Kommunistischen Internationale gehört. Es ist nicht weniger schwer zu verstehen, wieso Louzon zur französischen Kommunistischen Partei gehört, da es doch eine weitere Partei gibt, die all ihre Vorteile besitzt ohne deren Nachteile.

Aber obwohl Louzon die internationale Gruppe zugunsten der nationalen verlässt, ignoriert er systematisch die »nationale« Frage, die wir ihm in unserem vorhergehenden Artikel stellten: welche Rolle spielte die CGT während des Krieges? Die Rolle, die Jouhaux spielte, war nicht weniger verräterisch und verachtenswert als die von Renaudel. Der einzige Unterschied bestand darin, dass die sozialpatriotische Partei ihr Leben und Handeln in ein bestimmtes System presste, in jämmerliche und dumme Improvisationen. Man könnte sagen, dass in Bezug auf den patriotischen Verrat die Sozialistische Partei mit ihrem festgelegten Charakter die halb syndikalistische Partei übertraf. Im Grunde war Jouhaux jedoch mit Renaudel einig.

Und wie ist es heute? Wünscht Louzon die Einheit der beiden Verbände? Wir wünschen sie. Die Internationale hält sie für notwendig. Wir sollten uns nicht darüber aufregen, wenn die Gewerkschaft Jouhaux sogar die Mehrheit gibt. Natürlich sagen wir nicht – wie Genosse Louzon das tut – dass der Syndikalismus, obwohl geführt von Jouhaux, Dumoulin und ähnlichen, die reinste Form der proletarischen Organisation ist, dass er *»die Arbeiterklasse als Ganzes«* repräsentiert, usw. usw. – denn eine solche Phrase wäre eine Verzerrung der Realität. Aber wir sollten die Bildung einer größeren Gewerkschaftsorganisation in Erwägung ziehen, d.h. die Konzentration größerer proletarischer Massen, die ein breiteres Kampffeld für den Kampf der Ideen und der Taktik des Kommunismus bilden, was ein großer Gewinn für die Sache der Revolution wäre.

Aber die erste Notwendigkeit dazu ist, dass die Ideen und die Taktik des Kommunismus nicht in der Luft schweben, sondern in der Form einer Partei organisiert werden. Was Genosse Louzon betrifft, so verfolgt er seine Ideen nicht bis zum Ende, denn sein logischer Schluss wäre die Ersetzung der Partei durch eine Gewerkschaftsorganisation der *»aktiven Minderheit.«* Das unvermeidliche Ergebnis daraus wäre eine Ersatz-Partei und eine Ersatz-Gewerkschaft, denn die Gewerkschaften, die Genosse Louzon verlangt, sind zu unbestimmt für die Rolle einer Partei und zu klein für die Rolle einer Gewerkschaft.

Genosse Louzons Argumente, mit dem Inhalt, dass die Gewerkschaften sich nicht die Finger durch Kontakte mit Organen der bürgerlichen Demokratie schmutzig machen wollten, sind bereits ein schwaches Echo des Anarchismus. Wir können annehmen, dass die Mehrheit der Arbeiter, die in der CGTU organisiert sind, bei den Wahlen für die Kommunistische Partei stimmen werden (wenigstens hoffen wir, dass Genosse Louzon als Mitglied der Kommunistischen Partei sie dazu aufrufen wird), während die Mehrheit der Mitglieder des gelben Verbandes für die Blum-Renaudel-Partei stimmen wird. Die Gewerkschaft als Organisationsform ist nicht geeignet für Parlamentsabgeordnete. Es handelt sich nur um Arbeitsteilung auf derselben Klassengrundlage.

Oder ist es vielleicht für die französischen Arbeiter gleichgültig, was im Parlament geschieht? So denken die Arbeiter nicht. Die Gewerkschaften haben oft auf die gesetzgeberische Arbeit des Parlaments reagiert und werden das auch in Zukunft tun. Und wenn gleichzeitig kommunistische Abgeordnete im Parlament selbst sitzen, die Hand in Hand mit den revolutionären Gewerkschaften gegen die Gewalttaten und Schläge der imperialistischen »Demokratie« arbeiten, dann ist das natürlich ein Pluspunkt und nicht ein Minus. Die französische »Tradition« sagt, dass Abgeordnete Verräter sind. Aber die Kommunistische Partei ist ja ausdrücklich deswegen ins Leben gerufen worden, um all diese Traditionen zu beseitigen. Sollte irgendein Abgeordneter daran denken, die Klassenposition zu verlassen, dann wird er aus der Partei geworfen. Unsere französische Partei hat gelernt, dies zu tun, und jedes Misstrauen in sie ist ungerechtfertigt.

Aber Louzon beklagt sich darüber, dass in der Partei viele kleinbürgerliche Intellektuelle sind. Das ist richtig. Aber der 4. Kongress der Kommunistischen Internationale anerkannte und verabschiedete Resolutionen dazu, und diese Resolutionen blieben nicht ohne Auswirkungen. Es ist weitere Arbeit notwendig, um den proletarischen Charakter der Partei zu fördern. Aber wir werden dieses Ziel nicht mit der sich selbst widersprechenden Gewerkschaftsmetaphysik des Genossen Louzon erreichen, sondern nur durch eine systematische Parteiarbeit in den Gewerkschaften, d.h. dem wichtigsten Gebiet, und auf jedem anderen Gebiet des proletarischen Kampfs.

Es gibt bereits eine beträchtliche Anzahl von Arbeitern im Zentralkomitee der französischen Partei. Das spiegelt sich in der gesamten Partei wider. Dies ist in Übereinstimmung mit den Resolutionen, die vom 4. Kongress zur Frage der Parlaments- und Kommunalwahlen verabschiedet wurden. Und das bedeutet, dass es der Partei immer weniger an wirklich fähigen und aktiven Proletariern mangeln wird, die die wichtigsten und verantwortlichsten revolutionären Posten besetzen werden. Ich fürchte sehr, dass Genosse Louzons Ansichten einen verzögernden Einfluss auf diese grundlegende fortschrittliche Entwicklung der Avantgarde der französischen Arbeiterklasse ausüben wird. Aber ich zweifle nicht daran, dass es dem Kommunismus gelingen wird, selbst dieses Hindernis zu überwinden.

Moskau, 8. Mai 1923

Leo Trotzki: Die Trade Unions und der Bolschewismus

VII. Kapitel aus »Wohin treibt England?«

Aus der neuesten Geschichte Englands erhellt sonnenklar, dass man die Grundaufgaben der Arbeiterbewegung vom formalen, letzten Endes rein juristischen Standpunkte der Demokratie aus weder werten noch begrenzen kann. Besonders die Betrachtung der Frage der politischen Beiträge der Gewerkschaften bringt diese Erkenntnis deutlich zum Ausdruck. Diese Frage, die auf den ersten Blick nur eine rein praktische Bedeutung zu haben scheint, besitzt im Grunde eine große prinzipielle Bedeutung, die, wie wir fürchten, von den Herren Führern der Arbeiterpartei nicht verstanden wird. Die Aufgabe der Trade Unions ist der Kampf um die Besserung der Arbeitsbedingungen und der Existenz der Lohnarbeiter. Deshalb zahlen die Gewerkschaftsmitglieder gewisse Beiträge. Was ihre politische Tätigkeit betrifft, wurden die Trade Unions formell als neutral angesehen; in Wirklichkeit aber wandelten sie meist in den Spuren der liberalen Partei. Es ist überflüssig, zu sagen, dass die Liberalen, die ebenso wie die Konservativen dem reichen Bourgeois, der große Beträge an ihre Parteikasse abführt, mannigfache Ehren verkaufen, nicht die finanzielle Hilfe der Trade Unions, sondern ihre Stimmen brauchen. Eine Änderung der Lage trat in dem Augenblick ein, als die Arbeiter durch Vermittlung der Trade Unions die Arbeiterpartei bildeten. Nachdem sie die Partei einmal ins Leben gerufen hatten, mussten die Trade Unions sie auch finanzieren. Dazu erwiesen sich Zusatzbeiträge der gewerkschaftlich organisierten Arbeiter als notwendig. Die bürgerlichen Parteien protestierten einmütig gegen diese *»schreiende Verletzung der individuellen Freiheit.« »Der Arbeiter ist nicht nur ein Arbeiter, sondern auch ein Bürger und Mensch«*, lehrt tiefsinnig MacDonald.

»Jawohl!« sekundieren Baldwin, Asquith und Lloyd George. Als Bürger hat der Arbeiter, mag er sich nun den Trade Unions anschließen oder nicht, das Recht, für eine beliebige Partei zu stimmen. Aber man vergewaltigt nicht nur

sein Portemonnaie, sondern auch sein Gewissen, wenn man ihn nötigt, Pflichtbeiträge zugunsten der Arbeiterpartei zu zahlen. Das ist doch eine direkte Verletzung der demokratischen Verfassung, die irgendeinen Zwang, diese oder jene Partei zu unterstützen, ausschließt! In Wahrheit müssen diese Beweise den Führern der Arbeiterpartei sehr imponieren, die gern auf die antiliberalen, fast bolschewistischen Zwangsmethoden der gewerkschaftlichen Organisationen verzichtet hätten, wenn man eben nicht diese verfluchten Schillinge und Pfunde brauchte ohne die man sogar im demokratischen Arkadien kein Abgeordnetenmandat erhalten kann. Es ist das traurige Schicksal der demokratischen Prinzipien, dass die Schillinge und Pfunde ihnen immer übel aufspielen. Darauf beruht auch tatsächlich die Unvollkommenheit der besten aller Welten.

Die Geschichte der politischen Beiträge der Trade Unions ist ziemlich reich an Veränderungen und dramatischen Episoden. Wir werden sie hier nicht erzählen. Erst kürzlich hat Baldwin (vorläufig!) darauf verzichtet, einem neuen Antrag seiner konservativen Freunde nachzugeben und die Einziehung der Beiträge zu verbieten. Das noch jetzt gültige Parlamentsgesetz vom Jahre 1913 hat den Gewerkschaften erlaubt, politische Beiträge zu erheben, hat aber jedem Mitglied einer Trade Union gestattet, die Zahlung eines solchen Beitrages zu verweigern, und verbot gleichzeitig der Trade Union, solche Mitglieder zu verfolgen, aus der Trade Union auszuschließen usw. Wenn man der Statistik der »Times« (vom 6. März 1925) glauben kann, haben etwa 10% der gewerkschaftlich organisierten Arbeiter von diesem Verweigerungsrecht der Zahlung politischer Beiträge Gebrauch gemacht. So ist das Prinzip der individuellen Freiheit wenigstens teilweise gerettet. Die »Freiheit« würde völlig gesiegt haben, wenn man nur die Beiträge »von Mitgliedern« einziehen könnte, die freiwillig ihre Einwilligung erklärt haben. Wenn jetzt nämlich die Trade Union eine Bestimmung trifft, müssen alle Mitglieder Beiträge zahlen, und nur die sind befreit, die umgehend und in vorgeschriebener Form eine Erklärung abgeben. Mit anderen Worten: Das liberale Prinzip ist aus einer triumphierenden Regel in eine geduldete Ausnahme verwandelt worden. Aber auch diese relative Durchführung des Prinzips der persönlichen Freiheit ist erreicht – leider, leider – nicht durch den Willen der Arbeiter, sondern auf dem Wege der Vergewaltigung der Organisation des Proletariats durch die bürgerliche Gesetzgebung.

Dieser Umstand veranlasst folgende Frage: Wie kommt es, dass die Arbeiter, die die Hauptmasse der englischen Bevölkerung und somit der englischen Demokratie bilden, im Verlaufe ihres Kampfes gedrängt wurden, die Prinzipien der »persönlichen Freiheit« zu verletzen, während doch die gesetzgebende

Bourgeoisie, besonders das Oberhaus, als Schützer der Freiheit auftreten und entweder die »Vergewaltigung« der Person eines Trade Unionisten kategorisch verbieten (die Entscheidung des Oberhauses im Jahre 1909 in der Sache Osborne) oder diese »Vergewaltigung« ernstlich beschränken (Parlamentsbeschluss des Jahres 1913)! Der Schwerpunkt der Frage ruht natürlich darin, dass die Arbeiterorganisationen durch das antiliberale »despotische«, bolschewistische Postulat auf Zwangseinziehung der politischen Beiträge für die tatsächliche, reale und nicht nur metaphysische Möglichkeit der parlamentarischen Arbeitervertretung kämpfen, während die Konservativen und Liberalen durch ihre Verteidigung der Prinzipien der »persönlichen Freiheit« in Wirklichkeit danach streben, die Arbeiter materiell zu entwaffnen und zu Sklaven der bürgerlichen Parteien zu machen. Es genügt, die Rollenverteilung zu betrachten: Die Trade Unions – für das unbedingte Recht der Zwangseinziehung der politischen Beiträge, das Haus der mumifizierten Lords für das unbedingte Verbot solcher Beiträge im Namen der heiligen persönlichen Freiheit; endlich das Unterhaus, das den Trade Unions ein Zugeständnis abtrotzt, das sich tatsächlich als Rabatt von 10% zugunsten der Prinzipien des Liberalismus auswirkt. Sogar ein Blinder wird hier das reine Klassenprinzip der persönlichen Freiheit heraus tasten, die unter diesen konkreten Bedingungen nichts anderes bedeutet als ein Attentat der besitzenden Klassen auf die politische Expropriierung des Proletariats auf dem Wege der Liquidierung seiner Partei.

Die Konservativen verteidigen gegen die Trade Unions das »Recht« des Arbeiters, für eine beliebige Partei zu stimmen – dieselben Tories, die im Laufe der Jahrhunderte den Arbeitern das Wahlrecht in irgendeiner Form verweigert haben. Und auch jetzt, trotzdem wir soviel gesehen und erlebt haben, kann man nicht ohne Erregung die Geschichte des Kampfes für die Reformbill zu Anfang der dreißiger Jahre in England lesen. Mit welcher verblüffenden Zähigkeit und Hartnäckigkeit, mit welcher Unverschämtheit einer Sklavenhalterklasse haben die Landlords, Bankiers und Bischöfe, mit einem Worte: die privilegierte Minderheit, die Angriffe der Bourgeoisie und der in ihren Spuren tappenden Arbeiter auf die Parlamentsfestung zurückgeschlagen. Die Reform des Jahres 1832 wurde erst dann verwirklicht, als man einfach nicht mehr anders konnte. Und die Erweiterung des Wahlrechtes wurde nach einer sehr genauen Berechnung durchgeführt: zwischen Bourgeoisie und Arbeiter wurde ein Keil geschoben. Von den Konservativen unterschieden sich die Liberalen in Wirklichkeit absolut nicht: nachdem sie die Wahlreform des Jahres 1832 durchgesetzt hatten, ließen sie die Arbeiter leer ausgehen. Als die Chartisten von den Tories und

Whigs das Wahlrecht für die Arbeiter forderten, stießen sie auf den wütenden Widerstand der Inhaber des parlamentarischen Monopols. Und als die Arbeiter endlich das Wahlrecht eroberten, treten die Konservativen zum Schutz ihrer »individuellen Freiheit« auf – gegen die Tyrannei der Trade Unions. Und diese gemeine, ekelhafte Scheinheiligkeit erfährt keine richtige Würdigung im Parlament! Vielmehr danken die Arbeiterdeputierten noch dem Premierminister, weil er heute großzügig darauf verzichtet, der Arbeiterpartei die Finanzschlinge um den Hals zu legen; obendrein behält er sich noch ganz das Recht vor, dies in einem passenden Augenblick zu tun. Die Schwätzer, die mit den Schlagworten »Demokratie«, »Gleichheit«, »individuelle Freiheit« ihre Possen treiben, müsste man auf die Schulbank setzen und zwingen, die allgemeine Geschichte Englands und besonders die Geschichte des Kampfes um die Erweiterung des Wahlrechtes zu studieren.

Der Liberale Cobden hat einmal erklärt, er würde es vorziehen, lieber unter der Gewaltherrschaft des Beys von Algier, als unter der Herrschaft der Trade Unions zu leben. Mit diesem Ausspruch gab Cobden seiner liberalen Entrüstung über die »bolschewistische« Tyrannei der Trade Unions seinen Ausdruck, die in der Natur der Trade Unions selbst liegt. Eigentlich hat Cobden recht. Der Kapitalist, der unter die Herrschaft einer Gewerkschaft gerät, hat es sehr schwer: davon kann die russische Bourgeoisie allerlei erzählen. Aber es handelt sich darum, dass der Arbeiter in der Person des Unternehmers ständig einen algerischen Bey über sich hat, und dass er sein tyrannisches Regime nur mit Hilfe der Trade Unions mildern kann. Gewiss, der Arbeiter muss dabei gewisse Opfer bringen, nicht nur finanzielle, sondern auch persönliche. Aber mit Hilfe der Trade Unions gewinnt seine »individuelle Freiheit« zuletzt mehr, als sie verliert. Darin äußert sich eben der Klassenstandpunkt. Der lässt sich nicht umgehen. Aus ihm resultiert das Recht zur Einziehung von politischen Beiträgen. Die Bourgeoisie glaubt in ihrer Mehrheit, dass sie sich mit der Existenz der Trade Unions *abfinden* muss, aber sie möchte ihre Tätigkeit dort begrenzen, wo der Kampf mit einzelnen Kapitalistengruppen in den Kampf mit dem kapitalistischen Staat übergeht.

Der konservative Abgeordnete MacIsten hat im Parlament darauf hingewiesen, dass ein Verzicht der Trade Unions auf politische Beiträge hauptsächlich in den kleinen und vereinzelten Industriezweigen beobachtet wird. In großen konzentrierten Industriezweigen beobachtet man, so klagt MacIsten, den »moralischen Druck und die Massensuggestion.« Eine höchst interessante Beobachtung! Und es ist für das englische Parlament charakteristisch, dass diese Beobachtung von einem extremen Tory, dem Urheber des Verbotentwurfes, und nicht von einem Sozialisten gemacht wird. Ihre Bedeutung beruht darin, dass der Verzicht auf politische Beiträge in den rückständigsten Industriezweigen beobachtet wird, in denen die kleinbürgerlichen Traditionen noch sehr mächtig sind, also die kleinbürgerliche Vorstellung von der individuellen Freiheit noch herrscht, die im allgemeinen mit der Stimmabgabe für die Liberalen und zuweilen auch für die Konservativen verknüpft ist. In neuen, moderneren Produktionszweigen herrschen Klassensolidarität und proletarische Disziplin, die den Kapitalisten und ihren Lakaien unter den Arbeiterverrätern terroristisch erscheinen. Ein konservativer Abgeordneter hat pathetisch verkündet, in einer Trade Union habe der Sekretär gedroht, öffentlich die Liste der Mitglieder bekanntzugeben, die sich geweigert hätten, die Parteibeiträge zu zahlen. Die Arbeiterabgeordneten haben entrüstet gefordert, man solle ihnen den Namen dieses nichtswürdigen Sekretärs nennen. Dabei müsste man doch jeder Trade Union eine solche Handlungsweise empfehlen, aber natürlich werden die Bürokraten sie nicht befolgen, die unter dem aufreizenden Geschrei der beiden bürgerlichen Parteien die Kommunisten aus den Arbeiterorganisationen zu verdrängen suchen. Sobald es sich eben um Kommunisten handelt, kann von individueller Freiheit keine Rede mehr sein: dann werden die Gründe der staatlichen Sicherheit geltend gemacht. Man kann doch nicht Kommunisten in die Arbeiterpartei aufnehmen, die von der Heiligkeit der Demokratie nichts wissen wollen. Dabei hat im Verlauf der Debatten über die politischen Beiträge der uns bereits bekannte Urheber des Verbotgesetzentwurfs, Maclsten, einen Satz über die Demokratie verbrochen, den die Opposition mit leichtsinnigem Gelächter begrüßte, den man aber in Wahrheit nicht nur in die Wände des Parlamentsgebäudes einmeißeln, sondern auch in jeder Arbeiterversammlung wiederholen und erklären müsste. Maclsten illustrierte durch Zahlen die Bedeutung der politischen Beiträge der Trade Unions und machte darauf aufmerksam, dass bis zur liberalen Bill des Jahres 1913 die Trade Unions für politische Zwecke etwa 200.000 Mark jährlich ausgegeben haben, jetzt aber infolge der Legalisierung der politischen Beiträge über Fonds von etwa 5 Millionen Mark verfügen. *»Natürlich«*, sagt Maclsten, *»musste die Arbeiterpartei erstarken!* Wenn man jährlich etwa 5 Millionen Mark Einkünfte hat, kann man eine Partei für ein x-beliebiges Ziel bilden.« Der wütende Tory hat etwas mehr gesagt, als er sagen wollte. Er hat offenherzig zugegeben, dass Parteien gemacht, und zwar, dass sie mit Hilfe von Geld gemacht werden, und dass die Fonds eine entscheidende Rolle in der Mechanik der »Demokratie« spielen. Muss man denn sagen, dass die bürgerlichen

Fonds unvergleichlich größer sind als die proletarischen? Eine solche Bemerkung allein zerstört die verlogene Mystik der Demokratie. Jeder aufgeweckte englische Arbeiter muss MacDonald zurufen: Es ist eine Lüge, wenn ihr sagt, für unsere Bewegung wären das höchste Kriterium die Prinzipien der Demokratie. Diese Prinzipien selbst unterstehen der Kontrolle der Geldfonds, verdanken ihnen ihre Entstehung und Verfälschung.

Und trotzdem muss man zugeben: Verharrt man auf formaldemokratischem Standpunkt, und operiert man mit dem Begriff eines bürgerlichen Idealtypus, eines Nicht-Proletariers, Kapitalisten oder Landlords, so scheinen einem die reaktionärsten Gorillas des Oberhauses am meisten konsequent zu handeln. Zum Teufel! Jeder Bürger hat das Recht, durch sein Portemonnaie und durch seine Stimme aus freien Stücken die Partei zu unterstützen, die ihm sein freies Gewissen vorschreiben wird! Das Unglück will es aber nur eben, dass dieser Idealtypus eines britischen Bürgers in Wirklichkeit gar nicht existiert. Er ist eine juristische Fiktion. Er hat auch früher nie existiert. Aber der kleine und mittlere Bourgeois hat sich bis zu einem gewissen Grade diesem Idealtypus genähert. Jetzt betrachtet sich der Fabier selbst als Norm dieses idealen mittleren Bürgers, für ihn sind Kapitalist und Proletarier nur »Abweichungen« vom idealen Bürgertypus. Aber auf der Welt laufen nicht viele solcher Fabierphilister herum, obwohl es bedeutend mehr gibt, als es geben sollte. Im Allgemeinen gehören die Wähler zwei Gruppen an: Besitzende und Ausbeuter auf der einen Seite, Proletarier und Ausgebeutete auf der anderen.

Die Gewerkschaften stellen – hier hilft keine liberale Kasuistik – eine Klassenvereinigung der Lohnarbeiter für den Kampf gegen den Eigennutz und die Gier der Kapitalisten dar. Eine der wichtigsten Waffen der Gewerkschaft ist der Streik. Die Mitgliedsbeiträge sind für Streikunterstützungen bestimmt. Während des Streikkampfes führen die Arbeiter einen schonungslosen Kampf mit den Streikbrechern, die ein anderes liberales Prinzip verwirklichen – die »Freiheit der Arbeit.« Während eines jeden großen Streikes braucht die Gewerkschaft politische Unterstützung, sie muss sich an die Presse, die Parteien und das Parlament wenden. Die feindliche Einstellung der liberalen Partei gegenüber dem Kampf der Trade Unions war auch eine jener Ursachen, die die Bildung der Arbeiterpartei erzwungen haben. Wenn man sich die Geschichte der Arbeiterpartei durch den Kopf gehen lässt, erscheint es klar, dass vom Standpunkte der Gewerkschaft aus die Partei im gewissen Sinne als ihre politische Abteilung erscheint. Sie braucht eine Streikkasse, ein Netz von Bevollmächtigten, eine Zeitung und einen bevollmächtigten Abgeordneten im Parlament. Die Ausgabe für die Wahl des Abgeordneten ist für sie eine ebenso gesetzlich notwendige und obligatorische Ausgabe, wie die Ausgabe für die Unterhaltung eines Verwaltungsapparates. Ein liberales oder konservatives Mitglied der Trade Unions kann sagen: Ich zahle ordnungsmäßig meinen regelrechten Mitgliedsbeitrag für die Trade Union, aber die Beiträge für die Arbeiterpartei lehne ich ab, da ich kraft meiner politischen Überzeugungen für einen Liberalen stimme (oder für einen Konservativen). Darauf kann ihm der Vertreter der Trade Union antworten: Im Kampfe um die Verbesserung der Arbeitsbedingungen – und das ist doch das Ziel unserer Organisation – sind wir auf die Unterstützung der Arbeiterpartei angewiesen, wir brauchen ihre Presse, ihre Abgeordneten; indessen fällt aber die Partei, für die du stimmst (die Liberalen oder die Konservativen) in solchen Fällen stets über uns her und versucht, uns zu kompromittieren, Zwietracht in unseren Reihen zu erregen oder direkt die Streikbrecher zu organisieren; solche Mitglieder aber, die Streikbrecher unterstützen, brauchen wir nicht. So stellt sich heraus, dass das, was vom Standpunkte der kapitalistischen Demokratie als Freiheit der Person erscheint, vom Standpunkt der proletarischen Demokratie die Freiheit des politischen Streikbrechertums ist. Der Rabatt von 10%, den die Bourgeoisie erzwang, ist keineswegs eine unschuldige Sache. Er bedeutet vielmehr, dass in den Trade Unions unter 10 Mitgliedern ein Mitglied ein bewusst politischer Gegner, d. h. ein Klassengegner, ist. Gewiss, einen Teil wird man vielleicht gewinnen können, aber die anderen können im Falle eines scharfen Kampfes unschätzbare Hilfstruppen der Bourgeoisie gegen die Arbeiter werden. So ist im weiteren Verlauf ein Kampf gegen die Bresche unvermeidlich, die der Parlamentsbeschluss des Jahres 1913 in die Mauern der Trade Unions geschlagen hat.

Ganz allgemein gesagt: wir Marxisten stehen auf dem Standpunkt, dass jeder ehrliche, unbescholtene Arbeiter, unabhängig von seinen politischen, religiösen und anderen Überzeugungen, Mitglied einer Gewerkschaft sein kann. In Gewerkschaften sehen wir einmal wirtschaftliche Kampforganisationen, dann aber Schulen der politischen Erziehung. Indem wir im Allgemeinen für die Zulassung der rückständigen und indifferenten Arbeiter in die Gewerkschaften eintreten, gehen wir nicht vom abstrakten Prinzip der Gesinnungs- und Gewissensfreiheit aus, sondern von Beweggründen revolutionärer Zweckmäßigkeit. Aber dieselben Erwägungen sagen uns, wenn in England 90% gewerkschaftlich organisierter Arbeiter politische Beiträge zahlen, die einen bewusst, die anderen, weil sie die Solidarität nicht verletzen wollen, und nur 10% eine offene Herausforderung der Arbeiterpartei wagen, ist es notwendig, gegen diese 10% einen systematischen Kampf zu führen, sie zu zwingen, sich als Abtrünnige zu fühlen und den Trade Unions das Recht zu sichern, sie als Streikbrecher auszuschließen. Wenn der Normalbürger das Recht hat, für eine beliebige Partei zu stimmen, haben die Arbeiterorganisationen das Recht, solche Bürger in ihrer Mitte nicht zu dulden, deren politische Einstellung die Interessen der Arbeiterklasse schädigt. Der Kampf der Gewerkschaften für die Nichtzulassung unorganisierter Arbeiter in die Fabriken gilt seit langem als Zeichen des »Arbeiterterrors« oder nach der modernen Sprechweise, des Bolschewismus. Gerade in England kann und muss man diese Methoden in der Arbeiterpartei einbürgern, die als eine direkte Fortsetzung der Trade Unions herangewachsen ist.

Die von uns oben erwähnten Debatten, die im englischen Parlament am 7. März 1925 anlässlich der politischen Beiträge geführt wurden, sind für die Charakteristik der parlamentarischen Demokratie ungewöhnlich interessant. Nur in der Rede des Premierministers Baldwin hörte man vorsichtige Anspielungen auf die realen Gefahren, die in der Klassenstruktur Englands wurzeln. Die alten Beziehungen sind verschwunden, die alten guten englischen Unternehmen mit patriarchalischen Sitten bestehen nicht mehr – ein solches Unternehmen hat Mr. Baldwin in seiner Jugend geleitet. Die Industrie schließt sich in Konzernen und Kombinaten zusammen. Die Arbeiter sammeln sich in den Trade Unions, und diese Organisationen können für den Staat selbst eine Gefahr bedeuten. Baldwin sprach sowohl von den vereinigten Unternehmern wie von den Arbeiterverbänden. Aber es ist natürlich, dass er die reale Gefahr für den demokratischen Staat nur in den Trade Unions sieht. Worum es im letzten Grund im sog. Kampf gegen die Trusts geht, wissen wir zu gut aus dem Beispiel Amerikas. Die schreiende Antitrustorganisation Roosevelts war eine Seifenblase. Die Trusts sind schon in seinen Tagen und später noch stärker geworden, und die amerikanische Regierung ist weit unmittelbarer ihr Exekutivorgan, als die Arbeiterpartei das politische Organ der Trade Unions ist. Wenn die Trusts als eine Vereinigungsform in England keine so große Rolle spielen wie in Amerika, so spielen dort die Kapitalisten keine kleinere Rolle. Die Gefahr der Trade Unions besteht gerade darin, dass sie, vorläufig tastend, unentschieden, mit halben Maßnahmen das Prinzip einer Arbeiterregierung aufstellen, die ohne den Arbeiterstaat unmöglich ist, ganz im Gegensatz zur kapitalistischen Regierung, die jetzt nur unter der Flagge der Demokratie existieren kann. Baldwin ist völlig mit dem Prinzip der »individuellen Freiheit« einverstanden, auf dem jener Verbotsgesetzentwurf basiert, den seine Parlamentsfreunde eingebracht hatten. Auch er betrachtet die politischen Beiträge der Trade Unions als ein »moralisches Übel.« Aber er will den Frieden nicht stören. Denn wenn der Kampf einmal ausgebrochen ist, kann er schwere Folgen zeitigen: »Wir wollen keineswegs den ersten Schuss abgeben.« Und Baldwin schließt: »Schenk‹ uns Frieden in unserer Zeit, o Herr!« Fast das ganze Haus einschließlich vieler Arbeiterabgeordneten, begrüßte diese Rede: Der Premier machte, wie er selbst erklärte, »eine Friedensgeste.« Unmittelbar darauf steht der Arbeiterdeputierte Thomas auf, der immer erscheint, wenn eine Lakaiengeste zu machen ist: Er begrüßt Baldwin und unterstreicht die echt menschliche Note seiner Rede; er erklärt, dass die feste Gemeinschaft der Unternehmer und Arbeiter beiden Parteien Gewinn bringen wird; er beruft sich stolz darauf, dass nicht wenige linke Arbeiter in seiner eigenen Gewerkschaft sich weigern, politische Beiträge zu zahlen, weil sie einen solchen reaktionären Sekretär wie ihn, Mr. Thomas, haben. Und alle Debatten über eine Frage, in der sich die Lebensinteressen der kämpfenden Klassen treffen, werden in demselben konventionellen Tone des Nichtaussprechens geführt, sind offizielle Lügen des echt englischen parlamentarischen Cants. Es ist Macchiavellismus, wenn die Konservativen nicht aussprechen, was ist; es zeugt von verächtlicher Feigheit, wenn die Arbeiterpartei nicht ausspricht, was ist. Der Vertreter der Bourgeoisie erinnert an einen Tiger, der die Krallen einzieht und lieblich mit den Augen zwinkert; aber solche Arbeiterführer wie Thomas gleichen einem geprügelten Hunde, der mit eingezogenem Schwanze herumkriecht.

* * *

An den Trade Unions ersieht man am besten, dass es für die ökonomische Lage Englands keinen Ausweg mehr gibt. Als am zweiten Tag nach dem Kriegsende ein oberflächlicher Blick zur Annahme verführte, Großbritannien könnte uneingeschränkt über das Weltschicksal entscheiden, stürzten sich die Arbeitermassen, vom Krieg aufgeweckt, zu Hunderttausenden und Millionen in die Gewerkschaften. Ihren höchsten Stand erreichten die Gewerkschaften im Jahre 1919. Dann setzte die Ebbe ein. Jetzt ist die Zahl der Mitglieder der Gewerkschaftsorganisationen stark gefallen und fällt immer noch. Das linke Mitglied des Ministeriums MacDonalds, John Wheatley, gab in einer Märzversammlung in Glasgow seiner Meinung Ausdruck, dass die Trade Unions jetzt nur noch ein Schatten ihrer selbst wären und weder imstande wären, zu kämpfen, noch Verhandlungen zu führen. Dieser Einschätzung trat Fred Bramley, der Generalsekretär des Trade-Union-Kongresses, mit aller Entschiedenheit entgegen. Die Polemik zwischen diesen beiden Gegnern, mögen sie auch theoretisch gleich hilflose Gegner sein, ist aber symptomatisch und von außerordentlichem Interesse. Bramley beruft sich darauf, dass die politische Bewegung »dankbarere«, will sagen: größere Karrieremöglichkeiten eröffnet und deshalb den Trade Unions die wertvollsten Funktionäre entzieht. *»Andererseits,«* fragt Bramley, *»was wäre die Partei ohne die politischen Beiträge der Trade Unions?«* Zum Schlusse bestreitet Bramley nicht den Niedergang der wirtschaftlichen Macht der Trade Unions, den er durch einen Hinweis auf die ökonomische Lage Englands erklärt. Aber vergeblich können wir in der Rede des Generalsekretärs des Trade-Union-Kongresses irgendeinen Hinweis suchen, wie man aus dieser Sackgasse herauskommt. Seine Auffassung geht nicht über den Rahmen des geheimen Wettbewerbes zwischen dem Apparat der Trade Unions und dem Parteiapparat heraus. Aber hier ruht ja auch gar nicht die entscheidende Frage. Die Radikalisierung der Arbeiterklasse, also auch das Wachstum der Arbeiterpartei, basiert auf denselben Ursachen, die der wirtschaftlichen Macht der Trade Unions die brutalsten Schläge versetzt haben. Das eine entwickelt sich unzweifelhaft auf Kosten des anderen. Aber es wäre sehr leichtsinnig, daraus den Schluss zu ziehen, dass die Trade Unions ihre Rolle ausgespielt haben. Die Produktionsverbände der englischen Arbeiterklasse haben vielmehr noch eine große Zukunft. Eben weil sich im Rahmen der kapitalistischen Gesellschaft den Trade Unions unter den heutigen Verhältnissen Großbritanniens keine großen Perspektiven mehr öffnen, sind die Produktionsverbände der Arbeiter gezwungen, den Weg der sozialistischen Reorganisation der Wirtschaft zu betreten. Indem sie sich notgedrungen selbst reorganisieren, werden die Trade Unions zum Haupthebel der ökonomischen Reorganisation des Landes. Aber die unbedingte Voraussetzung für die Übernahme einer solchen Aufgabe ist die Eroberung der Macht durch das Proletariat, nicht im Sinne der kläglichen und faden Farce der MacDonald-Regierung, sondern im realen materiellen revolutionären Klassensinne. Der gesamte Staatsapparat muss unbedingt ein Apparat im Dienste des Proletariats werden. Es ist notwendig, dass die Arbeiterklasse, die allein am sozialistischen Umsturz interessiert ist, in die Lage versetzt wird, der ganzen Gesellschaft ihren Willen zu diktieren. Es ist notwendig, dass die gesamte Verwaltung, sämtliche Richter und alle Beamten ebenso stark vom sozialistischen Geist des Proletariats erfüllt sind, wie die heutigen Beamten und Richter vom Geist der Bourgeoisie erfüllt sind. Nur die Trade Unions sind imstande, die geeigneten Personen für einen solchen neuen Apparat zu liefern. Endlich werden die Trade Unions selbst die Verwaltungsorgane der nationalisierten Industriezweige. Ferner werden die Trade Unions zu Erziehungsschulen des Proletariats im Geiste der sozialistischen Produktion. Ihre künftige Rolle ist also unübersehbar. Aber jetzt sind sie zweifellos in einer Sackgasse aus der sich aber kein Ausweg mit Palliativmitteln und halben Maßnahmen finden lässt. Die Fäulnis des englischen Kapitalismus ruft unvermeidlich die Machtlosigkeit der Trade Unions hervor. Nur die Revolution kann die englische Arbeiterklasse und so ihre Organisationen retten. Um die Macht zu erobern, muss das Proletariat von einer revolutionären Partei geführt werden. Damit die Trade Unions fähig sind, weitere Aufgaben zu übernehmen, muss man sie von den konservativen Beamten, abergläubischen Dummköpfen, die von irgendwoher »friedliche« Wunder erwarten, endlich von den ganz offenen Agenten des Großkapitals und Renegaten in der Art eines Thomas befreien. Die reformistische, opportunistische, liberale Arbeiterpartei kann nur die Trade Unions schwächen und so die Aktivität der Massen lähmen. Die revolutionäre Arbeiterpartei, die sich auf die Trade Unions stützt, wird gleichzeitig zum mächtigen Werkzeug der Gesundung und des Wachstums der Trade Unions.

Die antiliberale »despotische« Zwangseinziehung der politischen Beiträge enthält alle Methoden des Bolschewismus so, wie sich in einem Saatkorn Stängel und Ähre befinden, gegen die MacDonald nicht müde wird, das heilige Wasser seiner entrüsteten Beschränktheit auszusprengen. Die Arbeiterklasse hat das Recht und die Pflicht, ihren durchdachten Klassenwillen über alle Fiktionen und Sophismen der bürgerlichen Demokratie zu stellen. Sie muss im Geiste desselben revolutionären Selbstbewusstseins handeln, das Cromwell der jungen englischen Bourgeoisie eingeimpft hat. Seinen Puritanerrekruten hat Cromwell, wie wir bereits gehört haben, eingehämmert: »Ich will euch nicht betrügen, ich will euch nicht überzeugen, wie es mir in der Instruktion befohlen ist, dass ihr für König und Parlament in den Kampf geht. Welcher Feind mir auch Angesicht in Angesicht gegenüberstehen mag, wer er auch immer sei, ich werde die Pistole gegen ihn abfeuern, wie gegen jeden anderen Feind; wenn euch das Gewissen verbietet, ebenso zu handeln, geht und dient einem anderen.« Aus diesen Worten sprechen weder Blutdurst noch Despotismus, sondern das Bewusstsein einer großen geschichtlichen Mission, die das Recht verleiht, alle Hindernisse aus dem Wege zu räumen. Die junge fortschrittliche Klasse, die sich zum ersten Male berufen fühlt, spricht aus Cromwells Mund. Wenn man nationale Traditionen sucht, soll das englische Proletariat diesen Geist des revolutionären Selbstbewusstseins und der tapferen Offensivlust den alten Independenten entleihen. Die MacDonalds, Webbs und Snowden und andere übernehmen von Cromwells Mitstreitern nur ihren religiösen Aberglauben und vermengen ihn mit echt fabischer Feigheit. Die proletarische Avantgarde muss den revolutionären Mut der Independenten mit der materialistischen Klarheit der Weltanschauung verbinden.

* * *

Die englische Bourgeoisie ist sich völlig darüber klar, dass ihr die Hauptgefahr von den Trade Unions droht, und dass nur unter dem Druck dieser Massenorganisationen die Arbeiterpartei sich in eine revolutionäre Kraft verwandeln kann, nachdem sie ihre Leitung radikal erneuert hat. Eine der neuen Kampfmethoden gegen die Trade Unions ist der selbständige Zusammenschluss des administrativ-technischen Personals (der Ingenieure, Direktoren, Meister usw.), sie bilden *»die dritte Partei in der Industrie.«* Die »Times« bekämpfen sehr geschickt und sehr kundig die Theorie der »Interessengemeinschaft von Hand- und Kopfarbeitern.« Hier, wie auch in anderen Fällen machen sich die bürgerlichen Politiker mit großem Geschick die von ihnen selbst suggerierten fabischen Ideen zunutze. Die Gegenüberstellung von Arbeit und Kapital bringt der nationalen Entwicklung Schaden, sagen die »Times«, wie alle Führer der Arbeiterpartei, und ziehen folgenden Schluss: Die Ingenieure, Direktoren, Administratoren, Techniker, die zwischen dem Kapital und der Arbeit stehen, wissen am besten die Interessen der Industrie »im Ganzen« zu würdigen und Frieden zwischen den Unternehmern und Lohnarbeitern zu stiften. Ebendeshalb muss das administrativ-technische Personal sich als »dritte Partei der Industrie« konstituieren. In der Sache selbst kommen hier die »Times« voll und ganz den Fabiern entgegen. Die prinzipielle Lage der letzteren ist reaktionär-utopisch gegen den Klassenkampf gerichtet und trifft vollkommen mit der gesellschaftlichen Lage des kleinbürgerlichen und mittelbürgerlichen Intellektuellen, Ingenieurs, Administrators zusammen, der zwischen Kapital und Arbeit steht und tatsächlich ein Werkzeug in den Händen des Kapitals ist, sich aber als unabhängig betrachten möchte, obwohl, je stärker er seine Unabhängigkeit von den proletarischen Organisationen unterstreicht, desto tiefer in die Sklaverei der kapitalistischen Organisationen gerät. Man kann ohne besonderes Risiko voraussagen, dass das Fabiertum in dem Maße, wie es unweigerlich aus den Trade Unions und der Arbeiterpartei heraus gedrängt wird, sein Schicksal immer mehr mit dem Schicksal der Zwischenelemente des industriellen, staatsbürokratischen und Handelsapparates verbinden wird. Die Unabhängige Arbeiterpartei wird von der Höhe ihrer zeitweiligen Erfolge innerhalb einer gewissen Zeit notwendig gestürzt, die »dritte Partei in der Industrie« werden und während des Kampfes der Kapitalisten und Arbeitern zwischen ihren Beinen herumlaufen.

Leo Trotzki: Fragen der englischen Arbeiterbewegung[78]

Der nachfolgend abgedruckte Aufsatz besteht aus Bruchstücken, die zu verschiedener Zeit seit Ausgang vorigen Jahres niedergeschrieben wurden. Sie sollten nach der ursprünglichen Absicht als Material für eine abgeschlossenere Arbeit dienen. Der Generalstreik hat, wie jedes grandiose Ereignis, die Perspektiven mit einem Male verschoben, diese Fragen vorangestellt, andere zurückgedrängt. Unter dem Gesichtspunkt des Verständnisses und der Beurteilung des Generalstreiks und seines Ausganges erscheint es zurzeit zweckmäßiger, diese Bruchstücke so zu veröffentlichen, wie sie niedergeschrieben wurden, in lebendiger Folge der Tatsachen und Ereignisse, d. h. in chronologischer Reihenfolge.

22. Dezember 1925

Wir haben schon erwähnt, dass uns zwei Briefe eines englischen »linken« Sozialisten zur Verfügung stehen, die um einige Wochen voneinander zeitlich getrennt sind.[79]

Der erste Brief ist vor der Konferenz der Labour Party in Liverpool (September 1925), der zweite nach dieser Konferenz geschrieben.

> *»Die dringlichste Tagesfrage in der politischen Welt, – schreibt unser Autor im ersten Briefe – bildet zweifelsohne die Frage, was in Liverpool auf der Konferenz der Labour Party geschehen wird … Diese Konferenz wird aller Wahrscheinlichkeit nach nicht nur von ihrer vorjährigen Resolution bezüglich des Ausschlusses der Kommunisten abrücken, sondern wird auch möglicherweise den Beginn einer entschiedenen Spaltung in den Reihen der Labour Party bringen.«*

78 Nach Die Kommunistische Internationale, 7. Jahrgang, Heft 5/6 (Mai-Juni 1926) S. 460-477
79 Siehe »Prawda« und »Iswestija« vom 11. Februar 1926 (Nr. 34).

Geschehen ist bekanntlich das gerade Gegenteil. Der rechte Flügel hat einen vollen Sieg davongetragen. Die Linken boten ein überaus klägliches. Bild der Hilflosigkeit und Verlorenheit. Der Ausschluss der Kommunisten wurde bestätigt.

In seinem zweiten, nach der Konferenz geschriebenen Briefe äußert unser Autor folgendes Bekenntnis:

> *»Bezüglich der Konferenz in Liverpool, an der ich nicht teilgenommen habe, kann ich im Augenblick nur folgendes bemerken. Die Rechten haben gesiegt, und die Linken haben wiederum Mangel an Geschlossenheit gezeigt. Auch die Kommunisten konnten einen Sieg verzeichnen. Die Rechten haben ihnen kräftig in die Hände gespielt. …«*

Unserem Autor ist es schwerlich ganz klar geworden, was dies bedeutet. Und doch ist die Logik der Tatsachen so einfach: wenn Ihr einen Sieg über den MacDonaldismus, über die organisierte Untreue, über den zum System erhobenen Verrat wünscht, so handelt nicht im Geiste der »Linken«, sondern im Geiste der Bolschewiki. In diesem, und nur in diesem Sinne spielen die Rechten den Kommunisten in die Hände.

Die Arbeiterklasse empfindet nach den Worten desselben Kritikers die beiden äußeren Flügel als Bürde. Merkwürdiger Ausspruch! Was dieser »Linke« den rechten Flügel nennt, ist die offizielle Leitung der Labour Party. Der politische Wille des englischen Proletariats passiert mit oder ohne seinen Willen das Zollamt von Thomas-MacDonald. Der entgegengesetzte Flügel, d. h. die Kommunisten, stellen nur eine kleine gehetzte Minderheit in der Arbeiterbewegung dar. In welcher Weise kann die Arbeiterklasse an diesen eine »Bürde« empfinden? Es steht ihr ja frei, sie anzuhören oder nicht, denn die Kommunisten besitzen gar keine Mittel, um sich aufzuzwingen. Hinter Thomas und MacDonald steht die ganze Maschine des kapitalistischen Staates. MacDonald schließt die Kommunisten aus, Baldwin wirft sie ins Gefängnis. Eines ergänzt das andere. MacDonald wird die Arbeiterklasse erst dann stürzen können, wenn sie wirklich den Willen aufbringt, Baldwin zu stürzen. Es ist ganz richtig, dass die Arbeiterklasse ihre Abhängigkeit von den konservativen Fabianer-Bourgeois immer mehr als Bürde empfindet. Sie weiß noch nicht, wie sie sich von ihnen loslösen könnte, welcher Weg dazu zu wählen ist. Die Linken spiegeln das Unbehagen der englischen Arbeiterklasse wider. Deren noch unklares, jedoch tiefes und hartnäckiges Bestreben, sich von Baldwin-MacDonald zu befreien, verwandeln sie in links-oppositionelle Phrasen, die ihnen keinerlei Verpflichtungen auferlegen. Die politische Hilflosigkeit der erwachenden Massen wird bei ihnen zu ideologischem Wirrwarr. Sie sind der Ausdruck eines Wendepunktes, gleichzeitig aber auch ein Hemmnis desselben.

Wir haben schon die Prophezeiung gehört, dass die Konferenz in Liverpool der Beginn einer entschiedenen Spaltung in den Reihen der Labour Party sein werde, und haben gesehen, wie bitter das Leben diese Prophezeiungen Lügen gestraft hat. Das Wesen der Zentristen besteht darin, dass sie sich zu keinem Entschluss entschließen können. Es musste der imperialistische Krieg kommen, um die Zentristen zu veranlassen, sich zeitweilig von den Sozialimperialisten loszulösen. Sobald der Druck der Ereignisse nachließ, kehrten sie wieder zurück. Der Zentrismus ist einer selbständigen Politik nicht fähig. Er kann nicht zur leitenden Partei in der Arbeiterklasse werden. Das Wesen des Zentrismus liegt eben darin, dass er sich zu keinem Entschluss entschließen kann, – es sei denn, die Ereignisse griffen ihm grausam nach der Kehle. In England ist es aber dazu noch nicht gekommen: das ist auch der Grund, weshalb es in Liverpool zu keiner Spaltung gekommen ist.

Was wäre aber geschehen, wenn es dennoch zu einer Spaltung gekommen wäre? Auch darüber weiß der Autor uns etwas zu sagen.

> *»Die Folge einer solchen Spaltung hätte letzten Endes die Entstehung zweier Parteien aus der Labour Party sein müssen: einer links-liberalen, und einer andern, – wahrhaft sozialistischen Partei. … Und selbst angenommen, die Entwicklung führte zu wirtschaftlichen Erschütterungen und zur Revolution, so könnte die aus der Spaltung hervorgegangene sozialistische Partei zur Führerin der Revolution werden, was aber gerade von Trotzki nicht in Betracht gezogen wird.«*

In dieser Erörterung gehen Splitter von Wahrheit im Wirrwarr unter. Gewiss wäre eine Lösung der Zentristen von der Art unseres Kritikers von den fabianischen Bourgeois für die Arbeiterbewegung nicht gleichgültig. Um jedoch jetzt eine solche Spaltung herbeizuführen, sind durchdringender Geist und Willenskraft vonnöten, d. h. gerade die Eigenschaften, die der britischen »Opposition« nicht im entferntesten eigen sind. Wenn sie sich spalten, dann eben erst in letzter Stunde, wenn es keinen andern Ausweg mehr gibt. Eine Partei aber, die erst in »letzter Stunde« aus dem Ei kriecht, kann keine Revolution leiten. Das will nicht besagen, dass die abgespaltenen Zentristen sich nicht eine Zeitlang als »an der Spitze« der Massen stehend erweisen könnten, ähnlich den deutschen Unabhängigen und selbst der Sozialdemokratie Ende 1918, ähnlich unseren Menschewiki und Sozialrevolutionären nach dem Februar 1917. Eine solche Etappe in der Entwicklung der englischen Revolution ist nicht ausgeschlossen. Diese wird sogar unvermeidlich sein, wenn die Verschärfung der sozialen Gegensätze in schnellerem Tempo vor sich gehen wird als die Formierung der Kommunistischen Partei. Unter dem Druck eines Generalstreiks und eines siegreichen Aufstandes kann ein gewisser Teil der »linken« Führer sogar zur Macht gelangen – ungefähr mit den Gefühlen und der Stimmung eines zur Schlachtbank geführten Kalbes. Von langer Dauer kann ein solcher Zustand allerdings nicht sein. Die Unabhängigen können ungeachtet ihrer gesamten Politik zur Macht gelangen. Sich an der Macht erhalten können sie aber nicht. Von den Zentristen muss die Macht entweder auf die Kommunisten übergehen oder wieder der Bourgeoisie zufallen.

Von der Revolution wider ihren Willen zur obersten Macht emporgehoben, gingen die deutschen Unabhängigen unverzüglich daran, sich in diese mit Ebert und Scheidemann zu teilen. Ebert trat sofort in Verhandlungen mit dem General Gröner über eine Niederzwingung der Arbeiter. Die Unabhängigen kritisierten die Spartakisten, die Sozialdemokraten hetzten sie, die Soldateska erschoss Liebknecht und Rosa Luxemburg. Dann gingen die Ereignisse ihren logischen Gang weiter. Die Koalition der Sozialdemokraten mit den Unabhängigen wurde von der Koalition der Kapitalisten mit den Sozialdemokraten abgelöst. Dann erwiesen sich die Sozialdemokraten als überflüssig. Ebert starb zur rechten Zeit. Die gegen Hindenburg begonnene Revolution endete mit der Wahl Hindenburgs zum Präsidenten der Republik. Um diese Zeit waren die Unabhängigen wieder zur Fahne Eberts zurückgekehrt.

In Russland waren die menschewistischen und Sozialrevolutionären Patrioten, die sich der Revolution im Namen der Landesverteidigung in jeder Weise widersetzten, durch die Revolution zur Macht gelangt. Die bolschewistische Partei war trotz ihrer in anderthalb Jahrzehnten betriebenen beispiellosen erzieherischen, organisatorischen und kämpferischen Tätigkeit in der ersten Zeit in unbedeutender Minderheit. Entschlossen, in jedem beliebigen Moment auf dem linken Flügel gegen jeden Versuch einer Konterrevolution den Kampf zu führen, verfolgte sie dennoch gleichzeitig den Kurs eines schonungslosen ideologischen Kampfes gegen die Parteien, die entgegen eigenem Willen *»an die Spitze der Revolution«* gelangt waren. Nur so ist der Oktober möglich geworden.

Eine Loslösung der britischen Unabhängigen von MacDonald und Thomas 5 Minuten vor Zwölf ist nicht ausgeschlossen. Ausgeschlossen ist auch nicht im Falle einer stürmischen Entwicklung der Ereignisse ein Emporsteigen der Zentristen zur Macht. Es unterliegt keinem Zweifel, dass sie in einem solchen Falle MacDonald und Webb eindringlichst darum ersuchen werden, mit ihnen die Bürde zu teilen. Es braucht auch keinem Zweifel zu unterliegen, dass MacDonald selbst oder durch Thomas‹ Vermittlung gleichzeitig Verhandlungen mit Joynson Hicks führen wird. Es wird ein mächtiger Apparat zur Liquidierung des proletarischen Halbsieges in Bewegung gesetzt werden. Es ist auch durchaus möglich, dass unter den Linken eine neue Spaltung beginnen wird. Die Entwicklung wird den »russischen« und nicht den »deutschen« Weg aber nur dann gehen, wenn eine kommunistische Massenpartei vorhanden sein wird, die mit einem klaren Verständnis für den ganzen Entwicklungsgang ausgerüstet ist.

28. Dezember

Der »linke« Kritiker macht es uns aber gerade zum Vorwurf, dass wir auf die englische Kommunistische Partei setzen. Doch besagt das nicht, dass er sie rundweg ablehnt. Nein, der Standpunkt des Linken – ohne Mast und Ruder – ist ja gerade, dass er nichts rückhaltlos anerkennt und auch nichts rundweg ablehnt. Hier sind wir genötigt, ein weiteres Zitat anzuführen.

> *»Anstatt bemüht zu sein, die Massen umzuformen, versuchten sie (die Kommunisten) die Massen mit dem Stocke voranzutreiben, doch lehnen diese solches in entschiedener Weise ab. Ein erstaunliches Zeugnis für die Richtigkeit der von den Kommunisten verteidigten Prinzipien ist, dass sie ungeachtet all ihrer hoffnungslos unrichtigen Taktik, ungeachtet ihres niedrigen Verhaltens gegen Freund und Feind, ungeachtet ihrer tiefen Unkenntnis jener Massen, die sie leiten wollen, dennoch großen Einfluss besitzen. Wenn die Arbeiter sich ihnen anschließen, so tun sie das aus Verzweiflung, weil sie keinen anderen Ausweg sehen; nicht etwa, weil sie die Partei so gutheißen, wie zurzeit erscheint, sondern weil sie gezwungen sind, deren Schlussfolgerungen anzunehmen.«*

Diese Stelle ist als erzwungenes Zeugnis eines Gegners zugunsten der von ihm bekämpften Ideen und Methoden wirklich bemerkenswert. Die innere Kraft des Kommunismus erweist sich als so groß, dass eine wachsende Zahl von Arbeitern sich ihm anschließt, – ungeachtet des »niedrigen« Charakters der Kommunisten. Die Arbeiter tun es aber aus Verzweiflung! ruft unser Kritiker aus, – offenbar auch aus Verzweiflung. Es ist vollkommen richtig, dass die Arbeiter in steigendem Maße zu wirklicher »Verzweiflung« gelangen infolge der untauglichen, verräterischen, feigen und verkehrten Führung. Es ist aber auch gar nicht anzunehmen, dass die englischen Arbeiter mit ihren langjährigen Traditionen einer liberalen Politik, ihren Traditionen des Parlamentarismus, der

Kompromisse, des nationalen Dünkels usw., bewusst auf einen revolutionären Weg anders geraten könnten als über den Weg vollkommener Verzweiflung an der gesamten Politik, die ihnen ehemals einiges gegeben, auf jeden Fall sie aber mit Erfolg betrogen hat. Hier ist der Kritiker an den Angelpunkt gelangt. Darin besteht eben die Kraft der Kommunistischen Partei, dass ungeachtet der zahlenmäßigen Schwäche der Kommunistischen Partei, ihrer Unerfahrenheit und Fehler die Verhältnisse die Arbeitermassen in steigendem Maße zwingen, ihr Gehör zu schenken.

Der australische Premier Bruce sagte bei der Verteidigung seiner Politik der Ausweisung der revolutionären Arbeiterführer am Vorabend der letzten Wahlen:

> *»Die Kommunistische Partei Australiens hat weniger als tausend Mitglieder, sie ist aber fähig,* 400.000 Arbeiter in der Republik zu leiten.«

Die »Times« zitieren mit äußerst lobender Erwähnung diese Worte (siehe Leitartikel vom 12. November 1925). Die Londoner »Times« haben, wenn sie von Australien sprechen, natürlich auch England im Auge. Um dies zu unterstreichen, erklärt die Zeitung mit grober Offenheit:

> *»Die Wahrheit ist, dass die Arbeiterführer Australiens in ihrer Mehrheit nicht nur in ihren Anschauungen, sondern auch in ihren Fähigkeiten mäßig sind. Die Führung der Partei geht immer mehr in die Hände der Zügellosen über.«*

Den Sack schlägt man und den Esel meint man. Wir sind durchaus bereit, der Zeitung darin beizupflichten, dass die Fähigkeiten der offiziellen Führer der englischen Labour Party (die »Times« spielen auf diese an) ebenso mäßig sind wie ihre Anschauungen. Letzten Endes wurden von ihnen selbständige Fähigkeiten ja auch nicht verlangt: sie führten den Willen und die Ideen der englischen Bourgeoisie innerhalb der Arbeiterklasse aus. Sie galten als »hervorragend«, solange die Bourgeoisie große Macht besaß. Wir müssen gestehen, dass selbst die weisen »Times«, wenn sie mit flüsternder Stimme über die Wechselbeziehungen der Vereinigten Staaten und Englands sprechen, uns etwas dumm erscheinen. Dieser Eindruck entsteht aus dem inneren Bewusstsein der Schwäche, aus dem Bestreben, den Anschein der Kraft zu bewahren, aus dem verhaltenen Zähneknirschen. Letzten Endes liegt der Grund für die Verzagtheit der »Times« wie für die Erkenntnis der bescheidenen Fähigkeiten MacDonalds in der üblen Handels- und Zahlungsbilanz Großbritanniens. Soweit aber an der Störung der britischen Bilanz mächtige historische Kräfte selbst arbeiten, kann es keinem Zweifel unterliegen, dass die Arbeiter in steigendem Maße an ihren alten Führern verzweifeln und unter den Einfluss der »Zügellosen« gelangen werden.

5. Januar

In einer amerikanischen Zeitschrift, die Anspruch erhebt, als marxistisch und selbst kommunistisch zu gelten (»Zukunft«), wird verurteilend darauf hingewiesen, dass ich bei meiner Kritik der englischen Zentristen die »Revolution« außer Betracht gelassen hätte, die in den englischen Trade Unions schon vor sich gegangen sei.

Es erübrigt sich, hier darauf hinzuweisen, dass die Ursachen und Perspektiven der Evolution der Trade Unions schon in dem Kapitel »Die Trade Unions und der Bolschewismus« besprochen sind. Es erübrigt sich hier, die Binsenwahrheit zu wiederholen, dass ohne eine Schwenkung der Arbeiterklasse und folglich auch ihrer Trade Unions in der Richtung der Revolution von einer Eroberung der Macht durch das Proletariat keine Rede sein könne. Es wäre aber die allergrößte Schmach, wollte man sich einem Kampfe mit dem Opportunismus der Spitze unter Berufung auf die tiefen revolutionären Prozesse entziehen, die in der Arbeiterklasse vor sich gehen. Eine solche, angeblich »vertiefte« Einstellung ist voll und ganz das Ergebnis des mangelnden Verständnisses für die Rolle und die Bedeutung der Partei in der Bewegung der Arbeiterklasse, besonders in der Revolution. Der Zentrismus ist es gerade, der die opportunistischen Sünden stets durch die tiefsinnige Berufung auf objektive Entwicklungstendenzen gedeckt hat und deckt. Verlohnt es sich etwa, Zeit und Energie auf den Kampf mit solchen Wirrköpfen zu vergeuden wie Wheatley, Brailsford, Purcell, Kirkwood u. a., wenn im Proletariat revolutionäre Bestrebungen emporwachsen, wenn die Trade Unions zur Zusammenarbeit mit den Sowjetgewerkschaften hinneigen usw.? In Wahrheit tritt im vermeintlichen revolutionären Objektivismus nur das Bestreben hervor, sich den revolutionären Aufgaben zu entziehen, indem man sie auf die Schultern des sogenannten historischen Prozesses abwälzt.

Die Gefahr derartiger Tendenzen ist gerade in England besonders groß. Gestern musste man beweisen, dass die objektiven Verhältnisse dort in revolutionärer Richtung arbeiten. Dies auch heute nochmals und nochmals zu wiederholen, hieße offene Türen einrennen. Das wachsende Übergewicht Amerikas, die Schuldenlast sowie die Heereslasten, die Industrialisierung der Kolonien, der Dominions sowie der rückständigen Länder überhaupt, die wirtschaftliche Festigung der Sowjetunion und die Steigerung ihrer revolutionären Anziehungskraft, die Freiheitsbewegung der unterdrückten Völker, das alles sind Faktoren, die im Wachsen begriffen sind. Über die unvermeidlichen Schwankungen der Konjunktur hinweg nähert der britische Kapitalismus sich einer Katastrophe. Es ist ganz klar, was das für einen Umschwung in den Wechselbeziehungen und im Bewusstsein der Klassen bedeutet. Die objektiven Voraussetzungen der proletarischen Revolution bereiten sich viel schneller vor und reifen viel schneller heran als die subjektiven Voraussetzungen. Das ist es, was heute vor allem begriffen werden muss.

Die Gefahr ist nicht, dass die Bourgeoisie das Proletariat von neuem einlullen wird, dass sich den Trade Unions von neuem eine Epoche liberaler Arbeiterpolitik eröffnet; die Vereinigten Staaten haben die Möglichkeit einer privilegierten Stellung weiter Kreise des Proletariats für sich monopolisiert. Die Gefahr ist eine andere: die Formierung der proletarischen Avantgarde könnte hinter der Entwicklung der revolutionären Situation zurückbleiben. Vor die Notwendigkeit entscheidender Aktionen gestellt, könnte das Proletariat der nötigen politischen Führung entraten müssen. Es handelt sich um die Partei, das ist die Frage aller Fragen. Die reifste revolutionäre Situation ohne eine revolutionäre Partei von entsprechendem Umfange, ohne richtige Führung ist wie ein Messer ohne Klinge. Das haben wir im Herbst 1923 in Deutschland gesehen. Eine bolschewistische Partei kann sich in England nur in beständigem, unversöhnlichem Kampfe mit dem sich zur Ablösung der liberalen Arbeiterpolitik anschickenden Zentrismus bilden.

6. Januar 1926

Der Kampf um die Einheitsfront hat in England gerade deshalb eine solche Bedeutung, weil er dem elementaren Bedürfnis der Arbeiterklasse nach einer neuen Orientierung und Gruppierung der Kräfte entspricht. Gleichzeitig kehrt der Kampf um die Einheitsfront das Problem der Führung hervor, eines Programms und einer Taktik, und das bedeutet – der Partei. Der Kampf um die Einheitsfront allein löst diese Aufgabe nicht, er schafft nur gewisse Bedingungen für ihre Lösung. Eine ideelle und organisatorische Formierung einer wahrhaft revolutionären, d. h. kommunistischen Partei auf der Grundlage der Bewegung der Massen ist nur denkbar unter der Bedingung einer beständigen, systematischen, unentwegten, unermüdlichen und unversöhnlichen Entlarvung der pseudolinken Führer aller Schattierungen, ihrer Wirrnis, ihrer Kompromisse, ihrer Unterlassungen. Es wäre der gröbste Fehler, zu glauben – und dies kommt vor –, dass die Aufgabe des Kampfes für die Einheitsfront darin besteht, dass den Purcell, Lansbury, Wheatley und Kirkwood der Sieg ermöglicht werde über die Snowden, Webb und MacDonald. Ein solches Ziel würde einen inneren Widerspruch einschließen. Die linken Wirrköpfe sind unfähig zur Herrschaft, und wenn diese im Gange der Ereignisse in ihre Hände fiele, so würden sie sich beeilen, sie ihren älteren Brüdern von rechts zu übergeben. Sie würden im Staate das Gleiche tun, was sie jetzt in der Partei tun.

Die Geschichte der deutschen Unabhängigen – wir erwähnen es hier nochmals – zeigt in dieser Beziehung die lehrreichsten Beispiele. In Deutschland ist der Prozess entsprechend dem unmittelbar revolutionären Charakter der deutschen Geschichte in den letzten Jahren in schnellerem Tempo vor sich gegangen. Die allgemeinen Entwicklungstendenzen sind aber die gleichen, ob MacDonald – Ebert, ob die Wheatley – Crispien und Hilferding heißen. Der Umstand, dass der vulgäre Kleinbürger Hilferding sich nach wie vor auf Marx beruft, während Wheatley dem heiligen römischen Vater den Vorzug gibt, rührt von den Besonderheiten in der Vergangenheit Englands und Deutschlands her, ist aber für den heutigen Tag von absolut untergeordneter Bedeutung.

7. Januar 1926

Die linke Fraktion an der Spitze der Trade Unions ist in einer Reihe von Fragen im Generalrat ausschlaggebend. Besonders klar tritt das im Verhältnis zu den Sowjet-Gewerkschaften und zu Amsterdam hervor. Es wäre aber ein Irrtum, wollte man den Einfluss dieser Linken auf die Trade Unions, als auf Organisationen des Klassenkampfes, überschätzen. Nicht etwa, dass die Massen der Trade Unions nicht genügend radikal wären, im Gegenteil, die Massen sind ungleich linker eingestellt als die Linken selbst. Internationale Fragen waren in der englischen Arbeiterbewegung für die »Führer« stets die Linie des geringsten Widerstandes. Da sie die internationalen Dinge als eine Art Ventil für die radikale Stimmung der Massen ansehen, sind die Herren Führer bis zu einem gewissen Grade bereit, sich vor der Revolution (bei anderen) zu verbeugen, um eine um so sicherere Revanche in Fragen des inneren Klassenkampfes zu nehmen. Die linke Fraktion des Generalrates zeichnet sich durch vollkommene ideologische Formlosigkeit aus und ist eben deshalb unfähig, sich die Führung der Gewerkschaften *organisatorisch* zu sichern.

Damit erklärt sich auch die Ohnmacht der Linken innerhalb der Labour Party. Die letztere baut sich ja auf dieselben Trade Unions auf. Man sollte glauben, die linke Fraktion, die den Generalrat »hinter sich herführt«, müsste auch die Hand auf die Labour Party legen können. In Wirklichkeit sehen wir etwas ganz anderes. Die Partei wird weiter von der äußersten Rechten geführt. Das ist damit zu erklären, dass die Partei sich nicht auf die einzelnen linken Vorstöße beschränken kann, sondern gezwungen ist, über ein abgeschlossenes politisches System zu verfügen. Die Linken besitzen ein solches System nicht und können es vermöge ihres ganzen Wesens auch nicht besitzen. Die Rechten verfügen über ein solches; sie besitzen Tradition, Erfahrung, Routine und, was die Hauptsache ist, für sie denkt die bürgerliche Gesellschaft in ihrer Gesamtheit und steckt ihnen fertige Beschlüsse zu. MacDonald braucht nur die Einflüsterungen Baldwins oder Lloyd Georges in die Sprache der Fabier zu übertragen. Die Rechten tragen den Sieg davon, obgleich die Linken die zahlreicheren sind. Die Schwäche der Linken rührt von ihrer Zerklüftung her, und ihre Zerklüftung von ihrer ideologischen Formlosigkeit. Um ihre Reihen zu sammeln, müssten die Linken vor allem erst ihre Gedanken sammeln. Dies zu tun vermögen die Besten unter ihnen nur unter den Schlägen einer sich auf die tägliche Erfahrung der Massen stützenden schonungslosen Kritik.

12. Januar

Nicht nur unser »linker« Kritiker in seinem Briefe, sondern auch verantwortlichere Führer der Linken, wie Purcell und Bromley, haben noch am 27. September prophezeit, dass der Kongress der Labour Party durch eine große Schwenkung nach links gekennzeichnet sein würde. Das Gegenteil ist eingetreten, der Parteikongress in Liverpool, den nur wenige Wochen vom Gewerkschaftskongress in Scarborough trennten, brachte MacDonald einen vollen Sieg. Diese Tatsache ignorieren, sie verschweigen, sie herabsetzen oder durch zufällige, nebensächliche Gründe erklären wollen, wäre närrisch, hieße Niederlagen entgegengehen.

Die Labour Party hat im Wesentlichen die gleiche Basis wie die Spitze der Trade Unions. Der Generalrat, dessen Vollmachten äußerst begrenzt sind, hat jedoch keine Gewalt über die einzelnen Trade Unions, geschweige denn über das Land. Die Labour Party dagegen ist schon an der Macht gewesen und schickt sich an, wiederum zur Macht zu gelangen. Und darin besteht eben das Wesentliche.

Der liberale »Manchester Guardian« schrieb anlässlich des Kongresses in Scarborough, dass der Einfluss Moskaus sich lediglich in linker Phraseologie kundtue, die Trade Unions in der Praxis jedoch unter der Leitung weiser und erfahrener Führer verblieben. Gewiss, die liberale Zeitung sucht Trost. Doch ist in ihrer Behauptung auch ein Kern von Wahrheit enthalten, und zwar kein geringer. Die Beschlüsse des Kongresses sind um so linker, je weiter sie von den praktischen Tagesaufgaben entfernt sind. Gewiss, der Radikalismus der Beschlüsse ist symptomatisch, da er eine Schwenkung im Bewusstsein der Massen anzeigt. Aber zu glauben, die führenden Kongressteilnehmer in Scarborough könnten

Führer eines revolutionären Umschwunges werden, das hieße, sich in Illusionen wiegen. Es genügt, darauf hinzuweisen, dass für das Recht der Selbstbestimmung der unterdrückten Völker bis zur Loslösung sich 3.802.000, dass sich dagegen nur 79.000 Stimmen ausgesprochen haben. »Welch kolossale revolutionäre Schwenkung«, sollte man glauben. Demgegenüber wurden für die Schaffung von Fabrikkomitees – nicht etwa für einen bewaffneten Aufstand, nicht für einen Generalstreik, sondern alles in allem für die Schaffung von Fabrikkomitees, dazu lediglich »im Prinzip« – im ganzen 2.183.000 Stimmen und dagegen 1.787.000 Stimmen abgegeben; mit anderen Worten, der Kongress hatte sich hier fast in zwei Hälften geteilt; und in der Frage der Erweiterung der Vollmachten des Generalrats gar mussten die Linken eine vollkommene Niederlage hinnehmen. Es ist nicht verwunderlich, dass nach allen linken Resolutionen der neue Generalrat sich als mehr rechtsstehend erwies als der alte. Man muss es ganz klar begreifen: ein Radikalismus von solcher Art bleibt nur solange ein Radikalismus, wie er praktisch zu nichts verpflichtet. Sobald die Frage von Aktionen auftaucht, überlassen die Linken die Führung ehrfurchtsvoll den Rechten.

13. Januar

Die elementare Radikalisierung der Trade Unions, die eine tiefgehende Schwenkung in den Massen anzeigt, ist an sich vollkommen ungenügend, um die Arbeiterklasse von der Führung Thomas‹ und MacDonalds zu befreien. Die national-bürgerliche Ideologie stellt in England einen machtvollen Faktor dar, nicht nur in der öffentlichen Meinung, sondern auch in den jahrhundertealten Institutionen. An dieser Macht zerschellt und wird der »radikale« Trade Unionismus zerschellen, soweit er von den Zentristen geführt wird, die nicht wissen, was sie wollen.

Während die Trade Unions sich mit den unter der Führung von Kommunisten stehenden Gewerkschaften der Sowjetunion verbrüdern, vertreibt die britische Labour Party, die sich auf die gleichen Trade Unions stützt, in Liverpool die englischen Kommunisten aus ihrer Mitte und bereitet damit eine faschistisch-staatliche Zertrümmerung ihrer Organisationen vor. Es wäre ein Verbrechen, wollte man nur einen Tag vergessen, dass solche Linken, wie Brailsford und selbst Lansbury, im Wesentlichen den Beschluss des Liverpooler Kongresses gutgeheißen haben, indem sie den Kommunisten an allem die Schuld gaben. Als sich freilich von unten her Entrüstung gegen den reaktionären Polizeigeist von Liverpool kundtat, änderten die »linken« Führer ein wenig ihren Kurs. Für ihre Beurteilung müssen jedoch beide Momente herangezogen werden. Die Revolutionäre benötigen ein gutes Gedächtnis. Eine eigene Linie besitzen die Herren »Linken« nicht. Sie werden auch fürderhin unter dem Druck der bürgerlich-fabianischen Reaktion nach rechts und unter dem Druck der Massen nach links schaukeln. In schwierigen Minuten sind diese frommen Christen stets bereit, die Rolle wenn nicht eines Herodes, so doch eines Pontius Pilatus zu spielen. Der englischen Arbeiterklasse stehen aber viele schwere Minuten bevor.

*

In der Independent Labour Party existiert eine Bewegung zugunsten einer Vereinigung der II. und III. Internationale. Versucht man aber, dieselben Leute zu fragen, ob sie, von einer Vereinigung ganz abgesehen, mit einer Kampfvereinbarung mit den englischen Kommunisten einverstanden seien, so schrecken sie sofort zurück. In allem, was die Revolution betrifft, herrscht bei den englischen Linken *»die Liebe zum Fernen.«* Sie sind für die Oktoberrevolution, für die Sowjetgewalt, für die Sowjetgewerkschaften, selbst für Annäherung an die Komintern, jedoch mit der unerlässlichen Bedingung, dass hierbei die britische Verfassung, das System des Parlamentarismus und das System der Labour Party keine Einbußen erleiden. Gegen diese widerliche doppelgesichtige Politik der Linken muss der Hauptschlag gerichtet werden.

Hierzu ist außerdem zu sagen: in den Sympathien vieler Linken für die Sowjetunion (bei der Feindseligkeit gegenüber den eigenen Kommunisten) ist ein großer Teil von Respekt des Kleinbürgers vor der starken Staatsgewalt enthalten. Das darf nicht vergessen werden. Gewiss ist der kleine Bourgeois, der sein Gesicht nach der Sowjetrepublik wendet, progressiver als der kleine Bourgeois, der vor den Vereinigten Staaten ins Knie sinkt. Es ist ein Schritt vorwärts. Revolutionäre Perspektiven dürfen jedoch auf diesem Respekt nicht aufgebaut werden.

25. Dezember 1925

Ein ausländischer Kommunist, der England gut kennt und es erst vor kurzem verlassen hat, schrieb mir vor einigen Tagen: »*Während meines Aufenthalts in England hatte ich wiederholt Unterredungen über das Thema der englischen Revolution mit einigen prominenten linken Führern. Ich habe ungefähr folgenden Eindruck empfangen: Sie sind überzeugt, dass sie in nächster Zukunft die Mehrheit im Parlament gewinnen, und dann zu einer vorsichtigen aber entschlossenen Durchführung der maximalen Forderungen der Arbeiterklasse, wie Nationalisierung der Gruben, gewisser anderer Industriezweige, der Banken usw., schreiten werden. Wenn die Industriellen und Bankiers einen Widerstand wagen sollten, o, dann würden sie unverzüglich verhaftet und ihre Unternehmen nationalisiert werden. Auf meine Frage, was in einem solchen Falle die faschistische Bourgeoisie, in deren Hände sich Armee und Flotte befinden, tun würde, wurde mir erwidert: Im Falle eines bewaffneten Widerstandes seitens der Faschisten wird man sie als ›außerhalb des Gesetzes‹ stehend erklären und das englische Volk wird in seiner überwältigenden Mehrheit der Labour Party zum Zwecke der Verteidigung der gesetzlichen Regierung folgen. Als ich darauf hinwies, man müsse, da ein Appell an die Waffen unvermeidlich sei, die Arbeiterklasse schon jetzt für eine solche Lösung vorbereiten, damit die bewaffneten Kräfte der Bourgeoisie sie nicht plötzlich überraschten, wurde mir geantwortet, eine solche Vorbereitung würde ein vorzeitiges Signal für den Bürgerkrieg sein und die Labour Party daran hindern, im Parlament eine Mehrheit zu erlangen. Auf meine Frage, auf welcher Seite der Barrikade wohl MacDonald, Snowden, Thomas und deren Freunde stehen würden, kam die Antwort: am wahrscheinlichsten auf der Seite der Bourgeoisie. Warum arbeiten sie dann mit ihnen gegen die Kommunisten zusammen zwecks Festigung einer Parteiführung, die im kritischen Moment die Arbeiterklasse verraten wird? Darauf erfolgt die Antwort: Wir sind der Ansicht, dass es uns auf alle Fälle (!) gelingen wird, die Mehrheit der Arbeiterklasse auf unserer Seite zu behalten, und dass ein Abfall MacDonalds und seiner liberalen Freunde eine glückliche Beendigung der Weltrevolution nicht verhindern könnte!«*

Dieses Blättchen persönlicher Eindrücke und Unterredungen ist in Wahrheit höchst wertvoll. Die Leute haben schon vorher fest beschlossen, zur Macht nicht anders zu gelangen, als durch die Eselspforte, die ihnen der bis an die Zähne bewaffnete, an dieser Pforte Wache haltende Feind gezeigt hat. Wenn sie, die Linken, die Macht (durch die erwähnte Pforte) übernehmen werden, so wird das gute englische Volk, falls die Bourgeoisie gegen die gesetzliche Macht sich erheben sollte, das nicht dulden. Wenn aber MacDonald und Thomas, die von den weisen Linken auf ihrem Rücken getragen werden, sich zufällig in einer gemeinsamen Verschwörung mit der bewaffneten Bourgeoisie gegen die unbewaffneten Arbeiter erweisen werden, so darf dieses niemandem Befürchtungen einflößen, denn bei der Linken ist der Sieg auch für solchen Fall vorgesehen. Mit einem Worte, die tapferen und weisen Leute haben fest beschlossen, die Bourgeoisie unter allen Kombinationen zu besiegen und dabei in den allerbesten Beziehungen zum Parlament, zum Gesetz, Gericht und Policeman zu bleiben. Es ist nur bedauerlich, dass die Bourgeoisie nicht die Absicht hat, den Linken den Vorzug einer legalen Expropriation der Macht einzuräumen. Indem sie den faschistischen Flügel um so energischer hervorkehrt, je unmittelbarer der Bürgerkrieg droht, wird die Bourgeoisie genügende Mittel der Provokation, der legalen Staatsumwälzung usw. finden. Die Frage dreht sich letzten Endes nicht darum, wer Gesetz und Tradition besser deutet, sondern darum, wer Herr im Hause ist.

*

Im höchsten Grade bezeichnend ist jene Diskussion, die vor kurzem in der englischen Arbeiterpresse bezüglich der Frage des Selbstschutzes entbrannt ist. Die Frage selbst ist nicht als Frage des bewaffneten Aufstandes zur Ergreifung der Gewalt entstanden, sondern als Frage der Abwehr seitens Streikender gegenüber Streikbrechern und Faschisten.

Wir haben schon seinerzeit nachgewiesen, wie der Trade Unionismus durch die Logik der Entwicklung – besonders unter den Bedingungen eines kapitalistischen Niedergangs – unvermeidlich den Rahmen der Demokratie zerschlägt. Man kann die Zusammenstöße der Klassen nicht willkürlich bis zur Eroberung der Parlamentsmehrheit hinausschieben. Durch die eigene Not gedrängt, bedrängt die Bourgeoisie das Proletariat. Dieses wehrt sich. Hieraus die unausbleiblichen Streikkämpfe. Die Regierung bildet in bisher ungekanntem Maße Streikbrecherorganisationen. Die Faschisten verquicken sich mit der Polizei. Die Arbeiter stellen die Frage des Selbstschutzes. Hierin ist der Bürgerkrieg in seinem vollen Umfange enthalten.

Ein Arbeiter schreibt in der Wochenschrift Lansburys:

> *»Der Faschismus ist ganz einfach eine militärische Organisation und mit Beweisgründen ist ihm nicht beizukommen. Niederzwingen kann man ihn nur durch eine entsprechende Organisation unsererseits.«*

Der Autor empfiehlt, die militärische Organisation des Faschismus als Muster zu nehmen. Das ist richtig: das Proletariat kann und muss bei seinem Feinde das Kriegshandwerk lernen.

Aus derselben Quelle – der objektiven Verschärfung der Klassengegensätze – stammt das Bestreben der Arbeiter, die Soldaten auf ihre Seite zu ziehen. Die Agitation in Armee und Flotte ist das zweite machtvolle Element des Bürgerkrieges, dessen Entwicklung in keinem unmittelbaren Zusammenhange mit der Eroberung der Parlamentsmehrheit steht. Der Übergang eines bedeutenden Teiles der bewaffneten Kräfte auf die Seite der Arbeiter kann die Eroberung der Macht durch das Proletariat auch ohne Parlamentsmehrheit gewährleisten. Die allergrößte Arbeitermehrheit im Parlament kann aber andererseits zunichte gemacht werden, wenn die bewaffnete Macht sich in den Händen der Bourgeoisie befindet. Wer das nicht begreift, ist kein Sozialist, sondern ein Tölpel.

Gegen die Losung der Bewaffnung haben die linken Weisen alle Vorurteile und Banalitäten der verflossenen Jahrhunderte ausgegraben: sowohl den Vorzug des moralischen Faktors gegenüber der Gewalt wie die Vorteile allmählicher Reformen und die anarcho-pazifistische Idee eines friedlichen Generalstreiks (die sie nicht als Kampfmittel benötigen, sondern als Beweismittel gegen einen Aufstand) und die heroische Bereitschaft, Gewaltanwendung in dem sogenannten *»äußersten Falle zuzulassen, wenn man uns zwingen sollte«*, das ist offenbar, wenn der Feind uns Unbewaffnete plötzlich überraschen und an die Wand drücken sollte.

5. März (aus einem Briefe)

Mehr als im ganzen übrigen Europa bleibt in England das Bewusstsein der Arbeitermassen, besonders ihrer führenden Schichten, hinter den objektiven wirtschaftlichen Verhältnissen zurück. Und gerade auf dieser Linie liegen zurzeit die Hauptschwierigkeiten und Gefahren. Die Spitzen der englischen Arbeiterbewegung aller Schattierungen fürchten die Aktionen deshalb, weil die historische Ausweglosigkeit des englischen Kapitalismus eine jede halbwegs große Frage der Arbeiterbewegung in ihrer vollen Schärfe aufrollt. Ganz besonders bezieht sich dies auf die Kohlenindustrie. Die jetzige Lohnhöhe der Grubenarbeiter wird durch die Subventionen des Staates ermöglicht, die das ohnehin schon überlastete Budget noch mehr belasten. Die Subventionen fortsetzen, heißt die ökonomische Krisis steigern und vertiefen. Die Subventionen verweigern, heißt eine soziale Krisis hervorrufen.

Die Notwendigkeit eines technischen und wirtschaftlichen Umbaus der Kohlenindustrie ist ein tief revolutionäres Problem und erheischt deshalb den politischen »Umbau« der Arbeiterklasse. Zur Zerstörung des Konservativismus der englischen Kohlenindustrie, dieser Grundlage des englischen Kapitalismus, kann man jedoch nur durch die Zerstörung der konservativen Organisationen, der Traditionen und Gewohnheiten in der englischen Arbeiterbewegung gelangen. England tritt in einen ganzen historischen Abschnitt allergrößter Erschütterungen ein. Eine »ökonomische« Lösung der Frage können nur die konservativen englischen Trade Unionisten erwarten. Aber gerade deshalb, weil diese ihre Kräfte auf eine »ökonomische« (das heißt eine friedliche, kompromisslerische, konservative) Lösung der Frage richten, das heißt dem historischen Prozess entgegenarbeiten, wird in England die revolutionäre Entwicklung der Arbeiterklasse in der nächsten Epoche mehr Spesen erfordern als in irgendeinem anderen Lande. Sowohl die Rechten wie die Linken, Purcell natürlich mit eingeschlossen, fürchten den Beginn der Auseinandersetzung in allerhöchstem Maße. Selbst wenn sie in Worten die Unvermeidlichkeit eines Kampfes und der Revolution anerkennen, so hoffen sie in der Seele doch auf irgendein Wunder, das sie von dieser Perspektive befreien werde. Für jeden Fall werden sie selbst bremsen, Ausflüchte machen, abwarten, sich auf andere berufen und so Thomas faktisch in jeder wirklich großen Frage der *englischen* Arbeiterbewegung beistehen (in Bezug auf *internationale* Fragen sind sie weit kühner).

Man kann daher die allgemeine Lage folgendermaßen charakterisieren: Die wirtschaftliche Ausweglosigkeit des Landes, die sich am aller deutlichsten in der Kohlenindustrie kundtut, drängt die Arbeiterklasse auf die Suche nach einem Ausweg, das ist auf den Weg eines sich stetig verschärfenden Kampfes. Hierbei wird schon die erste Etappe unvermeidlich die Unzulänglichkeit der »gewohnten« Kampfmethoden dartun. Der gesamte gegenwärtige »Überbau« der britischen Arbeiterklasse – in ausnahmslos allen seinen Schattierungen und Gruppierungen – ist ein Apparat der revolutionären Hemmung. Dies kündet für eine lang andauernde Periode den Druck der spontanen und halb spontanen Bewegung gegen den Rahmen der alten Organisationen an und auf der Grundlage dieses Druckes die Formierung neuer revolutionärer Organisationen.

Eine der wichtigsten Aufgaben besteht darin, der britischen Kommunistischen Partei zu helfen, diese Perspektive voll und ganz zu verstehen und durchzudenken. Im Apparate der Trade Unions und innerhalb des linken Flügels müssen unvergleichlich energischer und entschiedener als bisher die Aktionselemente vorangestellt werden, das heißt die Elemente, die fähig sind, die Unvermeidlichkeit großer Massenkämpfe zu begreifen, und es nicht fürchten, ihnen ins Gesicht zu sehen. Die Taktik der Einheitsfront muss in steigendem Maße und entschlossener unter das Zeichen dieser Perspektive gerückt werden.

Was die Grubenarbeiter anbelangt, so handelt es sich hier natürlich nicht um einen isolierten Streik, wenn auch um einen großen, sondern um den Beginn einer ganzen Serie von sozialen Kämpfen und Erschütterungen. Unter diesen Verhältnissen sich nach den Anschauungen Purcells und anderer zu orientieren, ist natürlich unmöglich. Diese müssen mehr als alle den Kampf fürchten. Bestenfalls können ihre Gedanken und Worte in unseren Augen nur eine gewisse symptomatische Bedeutung besitzen.

Die englischen Gewerkschaften fürchten (in der Person ihrer Bürokratie, selbst der Linken) unsere »Einmischung« in ihre inneren Angelegenheiten nicht weniger als Chamberlain.

Hemmungselemente gibt es in den Apparaten der englischen Arbeiterklasse übergenug. Die ganze Situation kann dahin zusammengefasst werden, dass die Erregung, die Unzufriedenheit, der Vorstoß der englischen Arbeitermassen auf allen Linien auf die organisatorischen und ideologischen Hindernisse des konservativen Apparats stoßen. Unter solchen Bedingungen sich Sorgen zu machen, dass man den ungeduldigen Führern Vorschub leisten könnte, hieße wahrhaft Wasser in den Ozean gießen.

Alles spricht dafür, dass in der allernächsten Periode (ich denke da an ein, zwei bis drei Jahre) der Kampf in England gegen den Willen der alten Organisationen und bei vollkommenem Unvorbereitetsein der jungen Organisationen ausbrechen wird. Freilich, selbst bei entschieden revolutionärer (das heißt aktiver) Einstellung der Kommunistischen Partei und der besten »linken« Elemente darf nicht angenommen werden, dass das Proletariat gleich im Ergebnis des ersten Ansturms zur Macht gelangen werde. Die Frage ist aber: wird dieser linke Flügel in dieser ersten revolutionären Etappe an der Spitze der Arbeitermassen stehen, so wie wir es im Jahre 1905 getan haben, oder wird er die revolutionäre Situation versäumen, wie es die deutsche Partei im Jahre 1923 getan hat. Diese letztere Gefahr ist im höchsten Grade real. Man kann sie nur einschränken, indem man die aktive Orientierung des linken Flügels (des wirklichen linken Flügels, und nicht etwa Lansburys oder Purcells) fördert. Um diese Aufgabe jedoch zu lösen (die Aufgabe der Förderung einer richtigen Orientierung der revolutionären Elemente in England) muss man es klar begreifen, dass alle Traditionen, organisierten Gewohnheiten, sowie die Ideen aller bestehenden Gruppierungen der Arbeiterbewegung – in verschiedener Gestalt und unter verschiedenen Losungen – diese entweder zu direktem Verrat, zu Kompromissen oder zum Abwarten und zur Passivität unter Berufung auf die Kompromissler und Anklagen gegen Verräter prädisponieren.

6. Mai[80]

Es ist über ein Jahr verstrichen, seit dies Buch geschrieben wurde. Das konservative Ministerium durchlebte seine Flitterwochen. Baldwin predigte den sozialen Frieden. Da MacDonald nicht imstande war, dem Konservatismus irgendetwas gegenüberzustellen, wetteiferte er mit ihm im Hass gegen die Revolution, den Bürgerkrieg und den Klassenkampf. Die Führer aller drei Parteien proklamierten, dass die Institutionen Englands völlig genügten, um die friedli-

80 Aus dem Vorwort zur 2. deutschen Auflage des Buches »Wohin treibt England?", Neuer Deutscher Verlag. 1926.

che Zusammenarbeit der Klassen zu sichern. Natürlich wurde die Prognose des morgigen Tages, die in dieser Schrift dem britischen Imperium gestellt wurde, von der gesamten britischen Presse – von der »Morning Post« bis zur Wochenschrift Lansburys – als hoffnungsloser Unsinn und Moskauer Phantasmagorie ausgegeben.

Jetzt sieht die Lage etwas anders aus. England wird vom größten Massenstreik erschüttert. Die konservative Regierung treibt die Politik eines wütenden Angriffs. Von oben wird alles getan, um den offenen Bürgerkrieg zu provozieren. Der Widerspruch zwischen den sozialen Grundfaktoren und der Lüge des überlebten Parlamentarismus offenbarte sich in England, wie noch nie.

Der Massenstreik erwuchs aus dem Widerspruch zwischen der jetzigen Lage der britischen Wirtschaft auf dem Weltmarkte und den traditionellen Produktions- und Klassenverhältnissen im Innern des Landes. Formell hieß die Frage: Verminderung der Löhne der Bergarbeiter, Verlängerung ihres Arbeitstages, Aufbürdung eines Teiles der Opfer, die für eine wirkliche Reorganisation der Kohlenindustrie notwendig sind, zu Lasten der Arbeiter. So formuliert, ist diese Frage unlösbar. Es ist vollkommen richtig, dass ohne Opfer, und zwar ohne ernste Opfer seitens des englischen Proletariats die Kohlenindustrie wie überhaupt die ganze britische Wirtschaft nicht reorganisiert werden kann. Aber nur ein bedauernswerter Narr kann glauben, dass das englische Proletariat damit einverstanden ist, sich dieser Opfer auf den alten Grundlagen des kapitalistischen Eigentums zu unterziehen.

Der Kapitalismus wurde ausgegeben als ein Regime des dauernden Fortschritts und der systematischen Verbesserung des Schicksals der arbeitenden Massen. Er war es wenigstens auch bis zu einem gewissen Grade für manche Länder im Laufe des 19. Jahrhunderts. In England war die Religion des kapitalistischen Fortschritts stärker als irgendwo anders. Eben sie bildete die Grundlage der konservativen Tendenzen in der Arbeiterbewegung selbst, besonders in den Trade Unions. Die Kriegsillusionen waren in England (1914–1918) mehr als in anderen Ländern Illusionen der kapitalistischen Macht und des »sozialen« Fortschritts. Im Siege über Deutschland sollten diese Hoffnungen ihre letzte Krönung finden. Und jetzt sagt die bürgerliche Gesellschaft den Bergarbeitern: *»Wenn ihr euch wenigstens eine solche Existenz sichern wollt, wie ihr sie bis zum Kriege gehabt habt, müsst ihr euch unbestimmte Zeit lang mit der Verschlechterung aller eurer Lebensbedingungen abfinden.«* Statt der kürzlich noch verkündeten Perspektive des stetigen sozialen Fortschritts wird den Bergarbeitern der Vorschlag gemacht, heute eine Stufe niedriger zu steigen, um nicht gezwungen zu sein, morgen mit einem Schlage drei oder noch mehr Stufen herunterzufallen. Das ist die Bankrotterklärung des britischen Kapitalismus. Der Generalstreik ist die Antwort des Proletariats, das nicht zulassen will und kann, dass der Bankrott des britischen Kapitalismus den Anfang des Bankrotts der britischen Nation und britischen Kultur bedeutet.

Diese Antwort wird jedoch viel mehr von der Logik der Lage als von der Logik des Bewusstseins diktiert. Der englischen Arbeiterklasse blieb keine andere Wahl. Der Kampf – gleichgültig, wie die Mechanik hinter den Kulissen auch gewesen sein mag – wurde durch den mechanischen Druck der ganzen Lage aufgezwungen. Die Weltlage der britischen Wirtschaft hat keine materielle Basis für einen Kompromiss geduldet. Die Thomas, MacDonald u. a. sind in die Lage von Windmühlen geraten, die bei starkem Winde die Flügel bewegen, ohne aber ein Pfund Mehl zu liefern, da das Korn fehlt. Die hoffnungslose Leere des jetzigen britischen Reformismus offenbarte sich mit einer solchen überzeugenden Kraft, dass den Reformisten nichts übrig blieb, als am Massenstreik des britischen Proletariats teilzunehmen. Darin offenbarte sich die Stärke des Streiks. Aber auch seine Schwäche.

Der Generalstreik ist die schärfste Form des Klassenkampfes. Nach ihm kommt bereits der bewaffnete Aufstand. Eben deshalb verlangt der Generalstreik mehr als irgendeine andere Form des Klassenkampfes eine klare, entschlossene, feste, d. h. revolutionäre Leitung. Das britische Proletariat aber zeigte im jetzigen Streik keine Spur einer solchen Leitung, und man kann nicht erwarten, dass sie mit einem Male erscheint, in fertiger Form, wie aus der Erde gestampft. Der Generalrat der Gewerkschaften begann mit der lächerlichen Erklärung, dass der jetzige Generalstreik keinen *politischen* Kampf darstelle, geschweige denn einen Angriff gegen die Staatsgewalt der Bankiers, der Fabrik- und Gutsbesitzer und das heilige britische Parlament. Diese alleruntertänigste Kriegserklärung erschien jedoch der Regierung keineswegs überzeugend, die fühlt, wie ihr unter der Wirkung des Streiks die realen Machtinstrumente entgleiten. Die Staatsgewalt ist keine »Idee«, sondern ein materieller Apparat. Wird der Apparat der Verwaltung und der Unterdrückung paralysiert, so wird auch die Staatsgewalt paralysiert. In der modernen Gesellschaft kann man nicht herrschen, ohne Eisenbahn, Schiffsverkehr, Post und Telegraph, elektrische Stationen, Kohle usw. in der Hand zu haben. Der Umstand, dass MacDonald und Thomas irgendwelche politischen Ziele abschwören, charakterisiert sie selbst, keineswegs aber die Natur des allgemeinen Streiks, der, wenn er bis ans Ende durchgeführt wird, die revolutionäre Klasse vor die

Aufgabe der Organisation einer neuen Staatsgewalt stellt. Hiergegen jedoch kämpfen mit allen Kräften eben die, die durch den Gang der Ereignisse »an die Spitze« des allgemeinen Streiks gestellt sind. Und darin besteht die Hauptgefahr. Menschen, die den Generalstreik nicht wollten, die den politischen Charakter des Generalstreiks verneinen, die nichts so sehr fürchten wie die Folgen eines siegreichen Streikes, müssen unweigerlich alle ihre Bemühungen darauf richten, den Streik im Rahmen eines halb politischen Halbstreiks zu halten, d.h. ihn zu entkräften. Man muss den Tatsachen ins Auge sehen: Die Hauptbemühungen der offiziellen Führer der Arbeiterpartei und einer bedeutenden Anzahl der offiziellen Gewerkschaftsführer werden nicht darauf gerichtet sein, mit Hilfe des Streiks den bürgerlichen Staat, sondern mit Hilfe des bürgerlichen Staates den Generalstreik zu paralysieren. Die Regierung, in der Person ihrer hartnäckigsten Konservativen, will zweifellos einen Bürgerkrieg im kleinen Maßstabe provozieren, um die Möglichkeit zu besitzen, Schreckensmaßnahmen vor der Entwicklung des Kampfes zu ergreifen und die Bewegung zurückzuwerfen. Indem die Reformisten den Streik des politischen Programms berauben, den revolutionären Willen des Proletariats zersetzen und die Bewegung in eine Sackgasse treiben, stoßen sie auf diese Weise die einzelnen Arbeitergruppen auf den Weg vereinzelter Aufstände. In diesem Sinne begegnen sich die Reformisten mit den faschistischen Elementen der Konservativen Partei. Hier ist die Hauptgefahr des begonnenen Kampfes.

Es ist jetzt nicht angebracht, die Dauer des Kampfes, seine Entwicklung, geschweige denn seinen Ausgang zu prophezeien. Man muss im internationalen Maßstabe alles tun, um den Kämpfenden zu helfen und die Bedingungen ihres Erfolges zu erleichtern. Aber man muss sich klar darüber Rechenschaft ablegen, dass dieser Erfolg nur in dem Maße möglich ist, in dem die britische Arbeiterklasse im Prozess der Entwicklung und der Verschärfung des Generalstreiks in der Lage sein und es verstehen wird, ihre Führer zu erneuern. Ein amerikanisches Sprichwort sagt, dass man das Pferd nicht wechseln darf, wenn man einen reißenden Strom durchschwimmt. Aber diese praktische Weisheit ist nur in gewissen Grenzen richtig. Auf dem Pferde des Reformismus ist es noch nie gelungen, einen revolutionären Strom zu durchschwimmen. Und die Klasse, die unter der opportunistischen Leitung in den Kampf ging, ist gezwungen, sie im Feuer des Feindes zu wechseln. Damit wird die Stellung der wirklich revolutionären Elemente des britischen Proletariats, vor allem der Kommunisten, vorbestimmt. Sie werden mit allen Maßnahmen die Einheit der Massenaktion unterstützen, aber sie werden keinen Schein der Einheit mit den opportunistischen

Führern der Arbeiterpartei und der Gewerkschaften zulassen. Der unversöhnliche Kampf gegen jeden verräterischen Akt oder Versuch und die erbarmungslose Entlarvung der reformistischen Illusionen werden der wichtigste Inhalt der Arbeit der wahrhaft revolutionären Teilnehmer des Generalstreiks sein. Damit dienen sie nicht nur der Haupt- und Daueraufgabe der Herausbildung der neuen revolutionären Kaders, ohne die der Sieg des britischen Proletariats überhaupt nicht möglich ist, sondern sie tragen unmittelbar zum Erfolg des jetzigen Streikes bei, indem sie ihn vertiefen, seine revolutionäre Tendenz offenbaren, die Opportunisten beiseite schieben und die Stellung der Revolutionäre stärken. Die Ergebnisse des Streikes – sowohl die unmittelbaren wie auch die mehr in der Ferne liegenden – werden um so bedeutender sein, je entschiedener der revolutionäre Wille der Massen die Barrieren und Hindernisse der konterrevolutionären Leitung niederreißen wird.

Der Streik an und für sich kann die Lage des britischen Kapitalismus und der Kohlenindustrie, insbesondere auf dem Weltmarkte nicht ändern. Dazu ist eine Reorganisation der ganzen britischen Wirtschaft notwendig.

Der Streik ist nur ein scharfer Ausdruck dieser Notwendigkeit. Das Programm der Reorganisation der britischen Wirtschaft ist ein Programm der neuen Macht, des neuen Staates, der neuen Klasse. Darin besteht auch die Grundbedeutung des Generalstreiks: Er stellt scharf die Machtfrage. Der wirkliche Sieg des Generalstreiks kann seinen Ausdruck nur in der Eroberung der Macht durch das Proletariat und in der Errichtung seiner Diktatur finden. Unter den Bedingungen der hoffnungslosen Lage des britischen Kapitalismus kann der Generalstreik noch weniger als sonst das Instrument der Reformen oder der Teileroberungen sein. Genauer gesagt: Wenn die Grubenbesitzer oder die Regierung auf diese oder jene Zugeständnisse unter dem Druck des Streiks eingegangen wären, so hätten diese Zugeständnisse infolge der ganzen Lage weder eine tiefe noch dauernde Bedeutung gehabt. Das soll keineswegs heißen, dass der jetzige Streik vor der Alternative steht: Alles oder nichts. Hätte das britische Proletariat eine Leitung besessen, die einigermaßen seiner Klassenstärke und der Reife der Bedingungen entsprochen hätte, so wäre die Gewalt im Laufe etlicher Wochen aus den Händen der Konservativen in die Hände des Proletariats übergegangen. Aber mit einem solchen Ausgang kann man schwerlich rechnen. Das heißt wiederum nicht, dass der Streik hoffnungslos ist. Je breiter er sich entfalten, je stärker er die Grundlagen des Kapitalismus erschüttern, je weiter er die verräterischen und opportunistischen Führer zurückwerfen wird, desto schwieriger wird für die bürgerliche

Reaktion der Übergang zur Gegenoffensive sein, desto weniger werden die proletarischen Organisationen leiden, desto schneller wird die nächste entscheidende Etappe des Kampfes eintreten.

Die Lehren und Folgen des jetzigen Klassenzusammenstoßes werden gewaltig sein, sogar ganz unabhängig von seinem unmittelbaren Ergebnis. Jedem Proletarier Englands wird es klar werden, dass das Parlament die Grund- und Lebensaufgaben des Landes nicht zu lösen vermag. Die Frage der wirtschaftlichen Rettung Britanniens wird nunmehr seinem Proletariat als Frage der Eroberung der Macht gestellt werden. Allen vermittelnden, kompromisslerischen, pseudopazifistischen Zwischenelementen wird der Todesstoß versetzt werden. Die Liberale Partei, wie ihre Führer sich auch drehen und wenden mögen, wird aus dieser Prüfung noch bedeutungsloser hervorgehen, als sie es war, bevor sie in den Kampf ging. Innerhalb der Konservativen Partei werden die unerbittlichsten Elemente das Übergewicht erlangen. Innerhalb der Arbeiterpartei wird der revolutionäre Flügel an Einfluss gewinnen und einen vollkommeneren Ausdruck finden. Die Kommunisten werden entschlossen vorwärts stoßen. Die revolutionäre Entwicklung Englands wird einen gewaltigen Schritt in der Richtung der Entscheidung vorwärts machen.

Die Fragen, die vor einem Jahre in dieser Schrift aufgeworfen wurden, werden erst jetzt durch den Gang der Ereignisse ernstlich als politisch unaufschiebbar gestellt. Im Lichte des sich jetzt entwickelnden gewaltigen Streiks werden die Fragen der Evolution und Revolution, der friedlichen Entwicklung und der Gewaltanwendung, der Reformen und der Klassendiktatur in ihrer ganzen Schärfe das Bewusstsein von Hunderttausenden und Millionen britischer Arbeiter beschäftigen. Daran kann kein Zweifel sein. Das britische Proletariat, das durch die Bourgeoisie und ihre Fabianischen Agenten im Zustande einer erschreckenden ideologischen Rückständigkeit gehalten wurde, wird mit einigen Löwensprüngen nach vorwärts kommen. Die materiellen Bedingungen Englands sind längst für den Sozialismus reif. Der Streik hat die Ersetzung des bürgerlichen Staates durch den proletarischen auf die Tagesordnung gestellt. Wenn der Streik selbst auch diese Ablösung nicht hervorrufen wird, so wird er sie äußerst nahe rücken. In welcher Zeitspanne, kann man selbstverständlich nicht sagen. Aber man muss sich auch auf kurze Termine vorbereiten.

13. Mai

Die Niederlage des Generalstreiks in der gegebenen Etappe erscheint »gesetzmäßig«, d.h. sie ist die Folge aller Bedingungen seiner Entstehung und Entwicklung. Diese Niederlage war vorauszusehen. Es ist nichts darin enthalten, was uns den Mut nehmen könnte. Über die Lehren der Niederlage und über die Lehren des Generalstreiks selbst jedoch später.

Moskau, den 19. Mai 1926

Leo Trotzki: Kommunismus und Syndikalismus[81]

Die Gewerkschaftsfrage ist eine der wichtigsten für die Arbeiterbewegung und deshalb auch für die Opposition. Ohne eine eindeutige Haltung in der Gewerkschaftsfrage wird die Opposition unfähig sein, einen wirklichen Einfluss in der Arbeiterklasse zu gewinnen. Das ist der Grund, warum ich es für notwendig halte, hier einige Überlegungen zur Gewerkschaftsfrage zur Diskussion vorzulegen.

Die Partei und die Gewerkschaften

1. Die Kommunistische Partei ist die grundlegende Waffe der revolutionären Aktion des Proletariats, die Kampforganisation seiner Avantgarde, die sich selbst zur Rolle des Führers der Arbeiterklasse in allen Bereichen ihres Kampfs, ohne Ausnahme, erheben muss und in Konsequenz davon auch innerhalb des Kampffeldes der Gewerkschaften.

2. Diejenigen, welche aus Prinzip die Unabhängigkeit der Gewerkschaft gegen die führende Rolle der kommunistischen Partei stellen, halten dabei -- ob sie es wollen oder nicht – die rückständigste proletarische Schicht der Avantgarde der Arbeiterklasse entgegen, stellen den Kampf für Tagesforderungen dem Kampf für die völlige Befreiung der Arbeiter entgegen, den Reformismus dem Kommunismus, den Opportunismus dem revolutionären Marxismus.

Revolutionärer Syndikalismus und Kommunismus

3. Indem er für die Unabhängigkeit der Gewerkschaften kämpfte, kämpfte der französische Vorkriegs-Syndikalismus in der Epoche seines Aufstiegs und seiner Ausbreitung wirklich für die Unabhängigkeit der Gewerkschaften vom bürgerlichen Staat und seinen Parteien, unter ihnen auch der des reformistisch-

81 Nach Marxismus und Gewerkschaft. Essen 1976, S. 35-48

parlamentarischen Sozialismus. Dies war ein Kampf gegen den Opportunismus für einen revolutionären Weg.

Der revolutionäre Syndikalismus machte in diesem Zusammenhang aus der Autonomie der Massenorganisationen keinen Fetisch. Im Gegenteil, er verstand und predigte die führende Rolle der revolutionären Minderheit in Bezug auf die Massenorganisationen, welche die Arbeiterklasse mit all ihren Widersprüchen, ihrer Rückständigkeit und ihrer Schwäche widerspiegeln.

4. In ihrem Wesen war die Theorie der aktiven Minderheit eine unvollständige Theorie einer proletarischen Partei. In seiner ganzen Praxis war der revolutionäre Syndikalismus der Embryo einer revolutionären Partei, etwa gegenüber dem Opportunismus, das heißt, er war eine bemerkenswerte Ankündigung des revolutionären Kommunismus.

5. Die Schwäche des Anarchosyndikalismus, auch in seiner klassischen Zeit, war das Fehlen einer korrekten theoretischen Grundlage, und als ein Ergebnis daraus, ein falsches Verständnis von der Natur des Staates und seiner Rolle im Klassenkampf; eine unvollständige, nicht voll entwickelte und deshalb falsche Auffassung von der Rolle der revolutionären Minderheit, das heißt, der Partei. Von daher die Fehler in der Taktik, solche wie die Fetischisierung des Generalstreiks, das Verneinen einer Verbindung zwischen dem Aufstand und der Eroberung der Macht, etc.

6. Nach dem Krieg fand der französische Syndikalismus nicht nur seine Widerlegung, sondern auch seine Weiterentwicklung und seine Vollendung im Kommunismus. Bemühungen, den revolutionären Syndikalismus wiederzubeleben, können jetzt nur noch den Versuch bedeuten, die Geschichte zurückzudrehen. Für die Arbeiterbewegung haben sie nur noch eine reaktionäre Bedeutung.

Die Epigonen des Syndikalismus

7. Die Epigonen des Syndikalismus verwandeln (in Worten) die Unabhängigkeit der Gewerkschaftsorganisation von der Bourgeoisie und den reformistischen Sozialisten in eine Unabhängigkeit überhaupt, in eine absolute Unabhängigkeit von allen Parteien, die Kommunisten eingeschlossen. Wenn der Syndikalismus sich in der Epoche der Expansion als Avantgarde betrachtete und für die führende Rolle dieser Minderheitsvorhut unter den rückständigen Massen kämpfte, so kämpften jetzt die Epigonen des Syndikalismus gegen die gleichen Bestrebungen von Seiten der kommunistischen Avantgarde, indem sie, wenn auch ohne Erfolg, versuchen, sich selbst auf den Mangel an Entwicklung und die Vorteile der rückständigeren Teile der Arbeiterklasse zu stützen.

8. Unabhängigkeit vom Einfluss der Bourgeoisie kann kein passiver Status sein. Sie kann sich selbst nur äußern durch politische Handlungen, d.h. durch den Kampf gegen die Bourgeoisie. Dieser Kampf muss angeleitet sein durch ein eindeutiges Programm, welches eine Organisation und die Taktiken für ihre Anwendung erfordert. Es ist die Vereinigung von Programm, Organisation und Taktiken, was die Partei ausmacht. In diesem Sinne kann die wirkliche Unabhängigkeit des Proletariats vom bürgerlichen Staat nur dann erzielt werden, wenn das Proletariat seine Kämpfe unter einer revolutionären und nicht einer opportunistischen Partei austrägt.

9. Die Epigonen des Syndikalismus möchten einem weismachen, dass die Gewerkschaften für sich selbst ausreichend sind. Theoretisch bedeutet das nichts, aber praktisch heißt das die Auflösung der Avantgarde in die rückständigen Massen, d.h. in die Gewerkschaften. Je größere Massen die Gewerkschaften umschließen, desto besser sind sie in der Lage, ihre Aufgabe zu erfüllen. Im Gegensatz dazu aber wird eine proletarische Partei erst ihrem Namen gerecht, wenn sie ideologisch homogen ist, zusammengehalten wird durch die Einheit von Aktion und Organisation. Die Gewerkschaften aber als sich selbst genügend darzustellen, weil das Proletariat schon seine »Mehrheit« erreicht hat, heißt, dem Proletariat zu schmeicheln, heißt, es anders darzustellen als es ist und unter dem Kapitalismus sein kann, der große Massen von Arbeitern in Unwissenheit und Rückständigkeit hält und nur der Avantgarde des Proletariats die Möglichkeit lässt, alle diese Schwierigkeiten zu durchbrechen und zu einer klaren Auffassung der Aufgaben ihrer Klasse als Gesamtheit zu gelangen.

Die wirkliche Autonomie der Gewerkschaften wird nicht durch die Führung der Partei verletzt

10. Die wirkliche, praktische und nicht metaphysische Unabhängigkeit der Gewerkschaftsorganisation ist durch den Kampf der kommunistischen Partei um Einfluss nicht im Geringsten gestört noch ist sie eingeschränkt. Jedes Gewerkschaftsmitglied hat das Recht, vorzuschlagen, was es für notwendig erachtet und denjenigen zu wählen, der ihm am geeignetsten erscheint. Kommunisten besitzen dieses Recht in gleicher Weise wie andere. Die Eroberung der Mehrheit in den führenden Organen durch die Kommunisten findet in völliger Übereinstimmung mit den Prinzipien der Autonomie statt, das heißt der Selbstverwaltung der Gewerkschaften. Andererseits kann kein Gewerkschaftsstatut die Partei daran hindern oder es ihr verbieten, dass sie den Generalsekretär der

Gewerkschaft in ihr Zentralkomitee wählt, denn hier befinden wir uns gänzlich auf dem Gebiet der Autonomie der Partei.

11. Natürlich unterwerfen sich die Kommunisten innerhalb der Gewerkschaften der Parteidisziplin, gleichgültig welche Posten sie innehaben. Dies schließt ihre Unterordnung unter die Gewerkschaftsdisziplin nicht aus, sondern setzt sie voraus. Mit anderen Worten: die Partei wird ihnen nicht irgendeine politische Führungslinie auferlegen, welche dem Bewusstseinsstand oder den Auffassungen der Mehrheit der Gewerkschaftsmitglieder widerspricht.

In ganz seltenen Fällen, wenn die Partei es als unmöglich ansieht, dass ihre Mitglieder sich irgendeiner reaktionären Entscheidung der Gewerkschaften unterwerfen, wird sie ihren Mitgliedern offen die Konsequenzen darlegen, die daraus folgen, nämlich Verdrängung von Gewerkschaftsposten, Ausschlüsse usw.

Mit juristischen Formeln kann man in diesen Fragen nichts erreichen – die Autonomie ist eine rein juristische Formel. Die Frage muss von ihrem Wesen her gestellt werden, d.h. auf der Ebene der Gewerkschaftspolitik. Eine richtige Politik muss der falschen gegenübergestellt werden.

Der Charakter der Führung der Partei hängt ab von besonderen Bedingungen

12. Der Charakter der Führung der Partei, ihrer Methoden und ihrer Formen kann sich grundlegend unterscheiden in Übereinstimmung mit den allgemeinen Bedingungen eines gegebenen Landes oder mit der Periode seiner Entwicklung.

In den kapitalistischen Ländern, wo die kommunistische Partei keine Zwangsmittel besitzt, ist es klar, dass es eine Führung durch die Kommunisten nur in den Gewerkschaften als einfache Mitglieder oder als Funktionäre geben kann. Die Anzahl der Kommunisten in den führenden Positionen der Gewerkschaften ist nur eines der Mittel, um die Rolle der Partei innerhalb der Gewerkschaften zu messen. Ein viel wichtigerer Maßstab ist der Prozentsatz an einfachen kommunistischen Mitgliedern im Verhältnis zur gesamten organisierten Masse. Aber das prinzipielle Kriterium ist der allgemeine Einfluss der Partei in der Arbeiterklasse, der gemessen wird durch die Verbreitung der kommunistischen Presse, den Besuch der Parteiversammlungen, die Anzahl der Stimmen bei Wahlen und was besonders wichtig ist, die Zahl der Arbeiter und Arbeiterinnen, die aktiv die Aufrufe der Partei zum Kampf beantworten.

13. Es ist klar, dass der Einfluss der Kommunistischen Partei im Allgemeinen, die Gewerkschaften eingeschlossen, wächst, je revolutionärer die Situation wird.

Diese Bedingungen gestatten die Einschätzung des Grades und der Form einer wahren, wirklichen und nicht metaphysischen Autonomie der Gewerkschaften. Zu Zeiten des Friedens, wenn die kämpferischsten Formen gewerkschaftlicher Aktionen isolierte wirtschaftliche Streiks darstellen, hat der direkte Anteil der Partei an Gewerkschaftsaktionen zweitrangige Bedeutung. Als eine allgemeine Regel trifft die Partei nicht für jeden isolierten Streik eine Entscheidung. Durch ihre Mittel der politischen und wirtschaftlichen Information und durch ihren Ratschlag hilft sie der Gewerkschaft, die Frage zu entscheiden, ob der Streik günstig ist. Sie unterstützt den Streik durch ihre Agitation etc. Der erste Platz im Streik gehört zweifelsohne der Gewerkschaft.

Die Situation ändert sich radikal, wenn die Bewegung zu einem Generalstreik anwächst und sogar noch weiter zu einem direkten Kampf um die Macht. Unter diesen Bedingungen wird die führende Rolle der Partei ganz direkt, offen und unmittelbar. Die Gewerkschaften – selbstverständlich nicht die, welche auf die andere Seite der Barrikade übergegangen sind – werden der organisatorische Apparat der Partei, die unter den Augen der gesamten Klasse, als der Führer der Revolution an der Spitze steht und die volle Verantwortung trägt.

In dem weiten Bereich zwischen partiellem wirtschaftlichem Streik und der revolutionären Klassenerhebung stellen sich alle möglichen Formen gegenseitiger Verhältnisse zwischen der Partei und den Gewerkschaften, die verschiedenen Grade der direkten und unmittelbaren Führung etc.

Aber unter allen Bedingungen versucht die Partei die allgemeine Führung zu gewinnen, indem sie sich auf die wirkliche Autonomie der Gewerkschaften stützt, die als Organisationen – man braucht es nicht extra zu sagen – ihr nicht »unterworfen« sind.

Die politische Unabhängigkeit der Gewerkschaften ist eine Einbildung

14. Die Tatsachen zeigen, dass nirgendwo politisch »unabhängige« Gewerkschaften existieren. Es hat niemals solche gegeben. Erfahrung und Theorie lehren uns, dass es auch niemals solche geben wird. In den Vereinigten Staaten sind die Gewerkschaften durch ihren Apparat direkt an das Management der Industrie und die bürgerlichen Parteien gebunden. In England, wo die Gewerkschaften in der Vergangenheit hauptsächlich die Liberalen unterstützten, bilden sie jetzt die materielle Grundlage der Labour Party. In Deutschland marschieren die Gewerkschaften unter dem Banner der Sozialdemokratie. In der Sowjetrepublik gehört ihre Führung den Bolschewiki. In Frankreich folgt eine Gewerk-

schaftsorganisation den Sozialisten, die andere den Kommunisten. In Finnland wurden die Gewerkschaften gerade erst vor kurzem gespalten; die eine wird in Richtung der Sozialdemokratie, die andere in Richtung Kommunismus gehen. So wie hier ist es überall.

Die Theoretiker der »Unabhängigkeit« der Gewerkschaftsbewegung haben sich bis heute nicht die Mühe gemacht, einmal darüber nachzudenken, warum ihre Forderung sich nicht nur nirgendwo ihrer praktischen Verwirklichung nähert, sondern im Gegenteil, überall – ohne Ausnahme – die Abhängigkeit der Gewerkschaften von der Führung einer Partei immer deutlicher und offener wird. Dies entspricht sogar völlig dem Charakter der imperialistischen Epoche, die alle Klassenbeziehungen offenlegt und die gerade innerhalb des Proletariats die Widersprüche zwischen seiner Aristokratie und seinen ausgebeuteten Schichten verschärft.

Die Syndikalistische Liga, Embryo einer Partei

15. Der zusammengefasste Ausdruck des überholten Syndikalismus ist die sogenannte Syndikalistische Liga (Ligue Syndicaliste). Durch alle ihre Merkmale tritt sie als eine politische Organisation in Erscheinung, die versucht, die Gewerkschaftsbewegung ihrem Einfluss zu unterwerfen. In der Tat rekrutiert die Liga ihre Mitglieder nicht in Übereinstimmung mit dem Gewerkschaftsprinzip, sondern in Übereinstimmung mit dem Prinzip von politischen Gruppierungen; sie hat ihre Plattform, wenn nicht sogar ihr Programm und verteidigt sie in ihren Publikationen; sie hat ihre eigene interne Disziplin innerhalb der Gewerkschaftsbewegung. Auf den Kongressen der Konföderationen handeln ihre Parteigänger als eine politische Fraktion in derselben Weise wie die kommunistische Fraktion. Wir wollen uns nicht selbst in Worten verlieren: die Tendenz der Syndikalistischen Liga sieht ihre einzige Aufgabe in einem Kampf zur Befreiung der beiden Konföderationen von der Führung der Sozialisten und Kommunisten, um sie unter der Führung der Gruppe von Monatte zu vereinen.

Die Liga handelt nicht offen im Namen des Rechts und der Notwendigkeit für die fortgeschrittene Minderheit, einen Kampf zur Ausdehnung ihres Einflusses in den rückständigsten Massen zu führen; sie versteckt sich hinter dem, was sie in den Gewerkschaften »Unabhängigkeit« nennt. Von diesem Standpunkt aus nähert sich die Liga der Sozialistischen Partei, die ihre Führung auch unter dem Deckmantel der Phrase von der »Unabhängigkeit der Gewerkschaftsbewegung« praktiziert. Die Kommunistische Partei dagegen sagt offen zur Arbeiterklasse:

hier ist mein Programm, sind meine Taktiken und meine Politik, die ich den Gewerkschaften vorschlage.

Das Proletariat darf niemals irgend etwas blind glauben. Es muss jede Partei und jede Organisation von ihrer Arbeit her beurteilen. Aber die Arbeiter sollten ein doppeltes und dreifaches Misstrauen gegenüber solchen Heuchlern in Bezug auf die Führung haben, die Inkognito, unter einer Maske handeln und das Proletariat glauben machen wollen, dass es eine Führung im allgemeinen nicht brauche.

Das Proletariat braucht nicht die »Autonomie« der Gewerkschaften, sondern eine richtige Führung

16. Das Recht einer politischen Partei, dafür zu kämpfen, die Gewerkschaften unter ihren Einfluss zu bekommen, soll nicht geleugnet werden, aber man muss doch folgende Frage stellen: im Namen welchen Programms und welcher Taktiken kämpft diese Organisation? Von dieser Sicht her gibt die Syndikalistische Liga nicht die notwendigen Garantien. Ihr Programm ist äußerst verschwommen, ebenso ihre Taktiken. In ihren politischen Einschätzungen handelt sie nur von Ereignis zu Ereignis. Die proletarische Revolution und sogar die Diktatur des Proletariats anerkennend, leugnet sie aber die Partei und kämpft gegen die kommunistische Führung, ohne welche die proletarische Revolution immer riskieren würde, eine sinnlose Phrase zu bleiben.

17. Die Ideologie der Unabhängigkeit der Gewerkschaften hat nichts gemeinsam mit den Ideen und Gefühlen des Proletariats als einer Klasse. Wenn die Partei durch ihre Führung in der Lage ist, eine richtige klar sehende und standhafte Politik in den Gewerkschaften sicherzustellen, wird nicht ein einziger Arbeiter auf die Idee kommen, gegen die Führung der Partei zu rebellieren. Die historische Erfahrung der Bolschewisten hat das bestätigt. Dies gilt genauso für Frankreich, wo Kommunisten bei den Wahlen 1.200.000 Stimmen erlangten, während die Confédération Générale du Travail Unitaire (die zentrale Organisation der Roten Gewerkschaften) nur ein Viertel oder ein Drittel dieser Zahl bekam. Es ist klar, dass die abstrakte Forderung nach Unabhängigkeit unter keinen Umständen von den Massen kommt. Die Gewerkschaftsbürokratie ist eine völlig andere Sache. Sie sieht in der Parteibürokratie nicht nur eine berufliche Konkurrenz, sondern versucht sich sogar von der Kontrolle der Avantgarde des Proletariats unabhängig zu machen. Die Forderung nach Unabhängigkeit ist von ihrem wirklichen Ursprung her eine bürokratische und keine Klassenforderung.

Der Fetisch der Gewerkschaftseinheit

18. Nach dem Fetisch der »Unabhängigkeit« verwandelt die Syndikalistische Liga auch die Frage der Gewerkschaftseinheit in einen Fetisch. Man braucht nicht extra zu sagen, dass die Erhaltung der Einheit der Gewerkschaftsorganisationen enorme Vorteile hat, sowohl aus der Sicht der täglichen Aufgaben des Proletariats als aus der Sicht des Kampfes der Kommunistischen Partei zur Ausdehnung ihres Einflusses in den Massen. Aber die Tatsachen zeigen, dass gleich nach den ersten Erfolgen des revolutionären Flügels in den Gewerkschaften die Opportunisten wohlüberlegt den Weg der Spaltung eingeschlagen haben. Friedliche Beziehungen zur Bourgeoisie sind ihnen lieber als die Einheit des Proletariats. Das ist die unbezweifelbare Bilanz der Nachkriegserfahrungen.

Wir Kommunisten sind in jedem Fall daran interessiert, den Arbeitern zu versichern, dass die Verantwortung für die Spaltung der Gewerkschaftsorganisationen voll die Sozialdemokratie trifft. Aber daraus folgt noch keineswegs, dass die hohle Formulierung der Einheit wichtiger für uns ist als die revolutionären Aufgaben der Arbeiterklasse.

19. Acht Jahre sind vergangen, seit die Gewerkschaft in Frankreich sich gespalten hat. Während dieser Zeit haben sich die beiden Organisationen endgültig mit den beiden Parteien, die sich als Todfeinde gegenüberstehen, verbunden. Unter diesen Bedingungen zu glauben, dass es möglich sei, durch bloßes Predigen der Einheit, die Gewerkschaftsbewegung wieder zu vereinigen, würde bedeuten, dass man Illusionen nährt. Zu erklären, dass ohne eine vorherige Vereinigung der beiden Gewerkschaftsorganisationen nicht nur die proletarische Revolution, sondern sogar ein ernsthafter Klassenkampf unmöglich sei, hieße, die Zukunft der Revolution von der korrupten Clique von gewerkschaftlichen Reformisten abhängig zu machen.

In Wirklichkeit hängt die Zukunft der Revolution nicht von der Fusion zweier Gewerkschaftsapparate ab, sondern von dem Zusammenschluss der Mehrheit der Arbeiterklasse um revolutionäre Forderungen und die revolutionären Methoden des Kampfs.

Gegenwärtig ist die Vereinigung der Arbeiterklasse nur möglich durch einen Kampf gegen die Klassenkollaborateure (die Koalitionsanhänger), die man nicht nur in den politischen Parteien, sondern auch in den Gewerkschaften findet.

20. Der wirkliche Weg zur revolutionären Einheit des Proletariats liegt in der Entwicklung, Korrektur, Vergrößerung und Festigung der revolutionären CGTU und in der Schwächung der reformistischen CGT. Es ist nicht ausgeschlossen, sondern im Gegenteil sehr wahrscheinlich, dass zur Zeit seiner Re-

volution das französische Proletariat mit zwei Konföderationen in den Kampf treten wird: hinter der einen wird man die Massen finden und hinter der anderen die Arbeiteraristokratie und die Bürokratie.

Der Charakter der Gewerkschaftsorganisation

21. Die neue Gewerkschaftsopposition will nicht den Weg des Syndikalismus beschreiten. Zur gleichen Zeit bricht sie mit der Partei – nicht mit einer bestimmten Führung, sondern mit der Partei im Allgemeinen. Das bedeutet ganz einfach, dass sie sich ideologisch endgültig entwaffnet und zurückfällt auf Positionen der Handwerkelei und des Nur-Gewerkschaftlertums.

22. Die Gewerkschaftsopposition ist als Ganzes sehr vielschichtig. Aber sie ist charakterisiert durch einige allgemeine Erscheinungen, die sie nicht näher an die Linke Kommunistische Opposition heranbringen, sondern sie im Gegenteil entfremden und ihr entgegenstellen.

Die Gewerkschaftsopposition kämpft nicht gegen die gedankenlosen Aktionen und falschen Methoden der kommunistischen Führung, sondern gegen den Einfluss des Kommunismus in der Arbeiterklasse.

Die Gewerkschaftsopposition kämpft nicht gegen die ultralinken Beurteilungen der gegebenen Situation und ihres Entwicklungstempos sondern handelt in der Wirklichkeit gegen die revolutionäre Perspektive im Allgemeinen. Die Gewerkschaftsopposition kämpft nicht gegen die karikierten Methoden des Anti-Militarismus, sondern stellt eine pazifistische Orientierung auf. Mit anderen Worten: die Gewerkschaftsopposition entwickelt sich ganz eindeutig im reformistischen Geiste.

23. Es ist völlig falsch zu behaupten, dass in diesen letzten Jahren – im Gegensatz zu dem, was in Deutschland, der Tschechoslowakei und anderen Ländern geschah – sich in Frankreich keineswegs ein rechter Flügel im revolutionären Lager gebildet habe. Der Hauptpunkt ist, dass die rechte Opposition in Frankreich – in Übereinstimmung mit den Traditionen der französischen Arbeiterbewegung – einen Gewerkschaftscharakter angenommen hat, der auf diese Weise ihre politischen Gesichtszüge verschleiert, wobei sie die revolutionäre Politik des Kommunismus aufgibt. Im Grunde repräsentiert die Mehrheit der Gewerkschaftsopposition den rechten Flügel geradeso wie die Brandlergruppe in Deutschland, die tschechischen Gewerkschafter, die nach der Spaltung eine klare reformistische Position eingenommen haben, etc.

Die Politik der Kommunistischen Partei

24. Man mag versuchen einzuwenden, dass alle vorausgegangenen Überlegungen nur unter der Voraussetzung richtig sein würden, dass die Kommunistische Partei eine richtige Politik verfolgt. Aber dieser Einwand ist unbegründet. Die Frage nach dem Verhältnis zwischen der Partei, die das Proletariat in seiner zukünftigen Form repräsentiert, und den Gewerkschaften, welche das Proletariat repräsentieren wie es ist, bildet die grundlegendste Frage des revolutionären Marxismus. Es wäre glatter Selbstmord, die einzig mögliche prinzipielle Antwort auf diese Frage verächtlich beiseite zu schieben, nur weil die Kommunistische Partei unter dem Eindruck von objektiven und subjektiven Gründen – über die wir schon mehr als einmal gesprochen haben – im Augenblick gegenüber den Gewerkschaften und in anderen Bereichen eine falsche Politik betreibt.

Eine richtige Politik muss einer falschen entgegengesetzt werden. Um dieses Ziel zu erreichen hat sich die Linke Opposition als eine Fraktion konstituiert.

Wenn angenommen werden muss, dass die französische Kommunistische Partei in ihrer Gesamtheit sich in einem völlig unveränderbaren und hoffnungslosen Zustand befindet – was wir absolut nicht glauben – muss ihr eine andere Partei entgegengestellt werden. Aber die Frage der Beziehung der Partei zur Klasse wird durch diese Tatsache nicht um einen i-Punkt geändert.

Die Linke Opposition glaubt, dass es nur durch die Kommunistische Partei (oder im Augenblick durch eine Fraktion) möglich ist, die Gewerkschaftsbewegung zu beeinflussen, ihr bei der Suche nach einer richtigen Orientierung zu helfen und sie mit den richtigen Forderungen auszustatten. Neben ihren anderen Eigenschaften ist die Kommunistische Partei das zentrale ideologische Laboratorium der Arbeiterklasse.

25. Die richtig verstandene Aufgabe der Kommunistischen Partei besteht nicht allein darin, Einfluss in den Gewerkschaften zu erlangen, sondern, über die Gewerkschaften Einfluss auf die Mehrheit der Arbeiterklasse zu gewinnen. Das ist nur möglich, wenn die Methoden, die die Partei in den Gewerkschaften anwendet, der Natur und den Aufgaben der letzteren entsprechen. Der Kampf für den Einfluss der Partei in den Gewerkschaften findet seinen objektiven Ausdruck in der Tatsache, dass sie voller Leben sind, oder es nicht sind, und in der Tatsache, dass die Zahl ihrer Mitglieder anwächst, ebenso wie in ihren Beziehungen zu den breitesten Massen. Die Beziehungen zwischen der Partei und den Massen sind falsch, wenn die Partei ihren Einfluss in den Gewerkschaften nur um den Preis einer Einengung und Erhebung der Gewerkschaften zur Fraktion erreicht – sie also in bloße Hilfsmittel der Partei für kurzfristige

Ziele verkehrt und sie daran hindert, wirkliche Massenorganisationen zu werden. Wir haben es nicht nötig, uns bei den Ursachen für eine solche Situation aufzuhalten. Das haben wir mehr als einmal getan und tun es jeden Tag. Die Veränderbarkeit der offiziellen kommunistischen Politik spiegelt sich in ihrer abenteuerlichen Tendenz, sich selbst in der kürzesten Zeit zum Herren der Arbeiterklasse zu machen durch Mittel des Theaterspielens, Erfindungen, oberflächliche Agitation etc. Der Weg heraus aus dieser Situation liegt nicht darin, die Gewerkschaften der Partei (oder der Fraktion) gegenüberzustellen, sondern in einem unversöhnlichen Kampf zur Änderung der gesamten Politik der Partei und ebenso der Gewerkschaften.

Die Aufgaben der Kommunistischen Linken

26. Die Linke Opposition muss die Fragen der Gewerkschaftsbewegung in unlösliche Verbindung zu den Fragen des politischen Kampfes des Proletariats stellen. Sie muss eine konkrete Analyse des gegenwärtigen Stadiums der französischen Arbeiterbewegung geben. Von der gegenwärtigen Streikbewegung und ihren Perspektiven in Beziehung zu den Perspektiven der ökonomischen Entwicklung in Frankreich muss sie eine sowohl quantitative als auch qualitative Einschätzung geben. Es ist unnötig zu sagen, dass die Linke Opposition die Perspektive der kapitalistischen Stabilisierung und des Friedens für Jahrzehnte völlig ausschließt. Sie geht aus von der Einschätzung unserer Epoche als einer revolutionären. Sie beginnt bei der Notwendigkeit einer rechtzeitigen Vorbereitung der Avantgarde des Proletariats angesichts von plötzlichen Änderungen, die nicht nur wahrscheinlich, sondern unausweichlich sind. Je energischer und unversöhnlicher ihre Aktion ist gegenüber den angeblich revolutionären hochtrabenden Reden der zentristischen Bürokratie, gegen die politische Hysterie, welche nicht Bedingungen in Rechnung stellt, welche heute mit gestern oder morgen vertauscht, desto fester und unnachgiebiger muss sie sich gegen die Elemente der Rechten stellen, die ihre Kritik aufgenommen haben und sich unter ihr verbergen, um ihre Tendenzen in den revolutionären Marxismus einzuschleusen.

27. Eine neue Definition von Grenzen? Neue Polemiken? Neue Spaltungen? Das werden die Klagen der guten aber müden Seelen sein, die es vorziehen würden, die Opposition in ein ruhiges Rückzugsgebiet zu verwandeln, wo man sich in aller Ruhe von den großen Aufgaben ausruhen kann, während man den Namen der Revolutionäre »der Linken« rein erhält. Nein! sagen wir ihnen, diesen abgeschlafften Seelen: wir befinden uns bestimmt nicht auf dem gleichen Weg.

Die Wahrheit war noch nie die Summe von kleinen Irrtümern. Eine revolutionäre Organisation hat sich bisher noch nie aus kleinen konservativen Gruppen zusammengesetzt, die in erster Linie danach sehen, dass sie sich selbst von allen anderen unterscheiden. Es gibt Epochen, in denen die revolutionäre Tendenz auf eine kleine Minderheit in der Arbeiterbewegung beschränkt ist. Aber diese Epochen erfordern nicht Vereinbarungen zwischen den kleinen Gruppen bei gegenseitigem Verbergen der Fehler, sondern im Gegenteil einen doppelt unversöhnlichen Kampf für eine richtige Perspektive und eine Erziehung der Kader im Geiste des ursprünglichen Marxismus. Der Sieg ist nur auf diesem Wege möglich.

28. Soweit der Autor dieser Zeilen persönlich betroffen ist, muss er zugeben, dass die Einschätzung, die er von der Monatte-Gruppe hatte, als er aus der Sowjetunion deportiert wurde, sich als zu optimistisch und dadurch als falsch herausgestellt hat. Mehrere Jahre lang hatte der Autor dieser Zeilen nicht die Gelegenheit, die Aktivität dieser Gruppe zu verfolgen. Er beurteilte sie auf Grund von alten Erinnerungen. Die Meinungsverschiedenheiten haben sich in der Tat nicht nur als grundsätzlicher, sondern sogar noch brennender erwiesen als man vermutet haben mag. Die Ereignisse der jüngsten Zeit haben ohne Zweifel deutlich gemacht, dass die Kommunistische Opposition in Frankreich nicht vorwärts kommen wird ohne eine klare und präzise ideologische Trennung von der Linie des Syndikalismus. Die vorgeschlagenen Thesen stellen selber den ersten Schritt auf dem Weg zur Abgrenzung dar, welche das Vorspiel ist für einen erfolgreichen Kampf gegen das revolutionäre Geschwätz und das opportunistische Wesen von Cachin, Monmousseau und Konsorten.

14. Oktober 1929

Leo Trotzki: Die grundlegenden Irrtümer des Syndikalismus

Eine Hilfe für die Diskussion mit Monatte und seinen Freunden[82]

Als ich im Oktober 1914 in Frankreich eintraf, fand ich die französische sozialistische und Gewerkschaftsbewegung in einem Zustand tiefster chauvinistischer Demoralisierung vor. Mit der Lupe auf der Suche nach Revolutionären, machte ich die Bekanntschaft von Monatte und Rosmer. Sie hatten sich nicht dem Chauvinismus unterworfen. So begann unsere Freundschaft.

Monatte betrachtete sich selbst als Anarcho-Syndikalisten; trotzdem stand er mir unendlich viel näher als die französischen Guesdisten, die eine jämmerliche und schändliche Rolle spielten. Zu der Zeit begannen sich die Cachins mit den Boteneingängen der Ministerien der Dritten Republik und der Alliierten Botschaften vertraut zu machen. 1915 verließ Monatte das Zentralkomitee der CGT und schlug die Tür hinter sich zu. Sein Austritt aus der Gewerkschaft war seinem Wesen nach eine Spaltung. Denn damals glaubte Monatte – sehr zu recht – dass die fundamentalen Aufgaben des Proletariats über der Einheit mit Chauvinisten und Lakaien des Imperialismus stünden. Damit war Monatte den besten Traditionen des revolutionären Syndikalismus treu.

Monatte war einer der ersten Freunde der Oktoberrevolution. Es ist wahr, im Gegensatz zu Rosmer hatte er sich lange Zeit herausgehalten. Es entsprach ganz dem Charakter Monattes, beiseite zu stehen, zu warten, zu kritisieren, wie ich mich später überzeugen konnte. Manchmal ist das absolut unvermeidlich. Aber als eine grundlegende Verhaltensweise verwandelt sie sich in Sektierer-

82 Nach Marxismus und Gewerkschaft. Essen 1976, S. 49-57

tum, das eng mit dem Proudhonismus verwandt ist, aber nichts mit Marxismus gemeinsam hat.

Als die Sozialistische Partei Frankreichs die Kommunistische wurde, hatte ich häufig Gelegenheit, mit Lenin das lästige Erbe zu diskutieren, das die Internationale in Führern wie Cachin, Frossard und anderen Helden des ›Bunds für die Menschenrechte‹, der Freimaurer, Parlamentarier, Karrieristen und Schwätzer übernommen hatte. Eine dieser Unterhaltungen wenn ich mich nicht irre, habe ich sie in der Presse veröffentlicht – lautete folgendermaßen:

»*Es wäre gut*«, sagte Lenin zu mir, »*alle diese Wetterfahnen hinauszutreiben und die revolutionären Syndikalisten, die militanten Arbeiter, Leute, die der Sache der Arbeiterklasse wirklich ergeben sind, in die Partei hineinzuziehen … Und Monatte?*«

»*Monatte wäre natürlich zehnmal besser als Cachin und solche Leute*«, antwortete ich. »*Aber er lehnt noch immer nicht nur den Parlamentarismus ab, sondern er hat bis auf den heutigen Tag nicht die Bedeutung der Partei verstanden.*«

Lenin war erstaunt: »*Unmöglich! Er hat auch nach der Oktoberrevolution die Bedeutung der Partei noch nicht verstanden? Das ist ein sehr gefährliches Symptom.*«

Ich setzte die Korrespondenz mit Monatte fort und lud ihn dabei nach Moskau ein. Er wich aus. Seiner Natur treu, zog er auch in diesem Fall vor, sich abseits zu stellen und zu warten. Außerdem passte ihm die Kommunistische Partei nicht. Da hatte er ganz recht. Aber anstatt zu helfen, sie umzuwandeln, wartete er. Auf dem Vierten Kongress gelangen uns die ersten Schritte auf dem Weg, die Kommunistische Partei Frankreichs von Freimaurern, Pazifisten und Postenjägern zu säubern. Monatte trat in die Partei ein. Aber es ist nicht nötig, die Tatsache zu betonen, dass dies für uns nicht bedeutete, dass er einen marxistischen Standpunkt eingenommen habe; nicht im geringsten. Am 23. März 1923 schrieb ich in der ›Prawda‹:

> »*Der Eintritt unseres alten Freundes Monatte in die Partei war ein großer Tag für uns; Männer seines Kalibers sind für die Revolution notwendig. Aber es wäre sicherlich falsch, für diese Annäherung den Preis der Verwirrung und des Mangels an Klarheit in den Vorstellungen zu bezahlen.*«

In diesem Artikel kritisierte ich den Scholastizismus Louzons in der Frage der Beziehungen zwischen Klasse, Gewerkschaften und Partei. Im besonderen erklärte ich, dass der Vorkriegssyndikalismus ein Embryo der Kommunistischen Partei gewesen sei, dass dieser Embryo ein Kind geworden sei und dass, wenn dieses Kind an Masern und Rachitis leide, es nötig wäre, es zu nähren und zu heilen, aber dass es absurd wäre zu glauben, dass man es wieder in den Mutterleib zurückschaffen könne. Ich darf in diesem Zusammenhang vielleicht noch sagen, dass die Argumente meines Artikels von 1923 auch heute noch in karikierter Form die Hauptwaffen in den Händen von Monmousseau und der anderen anti-trotzkistischen Krieger gegen Monatte sind.

Monatte trat in die Partei ein; aber er hatte kaum Zeit, sich umzusehen und sich an ein Haus zu gewöhnen, das viel größer war als sein Laden am Quai de Jemappes, als schon der Staatsstreich über ihn hereinbrach: Lenin wurde krank, die Kampagne gegen den »Trotzkismus« und die sinowjewistische »Bolschewisierung« begann. Monatte konnte sich den Karrieristen nicht unterwerfen, die, indem sie sich auf den Generalstab der Epigonen in Moskau stützten und über unbegrenzte Mittel verfügten, mit Intrigen und Verleumdungen arbeiteten. Monatte wurde aus der Partei ausgeschlossen.

Diese Episode, zwar eine wichtige, aber immer noch eine Episode, war ein entscheidendes Moment in der politischen Entwicklung Monattes. Er entschied, dass seine kurze Erfahrung in der Partei seine anarcho-syndikalistischen Vorurteile gegen die Partei allgemein voll bestätigt hatte. Monatte begann dann beharrlich seinen Weg zurück, zu verlassenen Positionen zu suchen. Er begann wieder, die Charta von Amiens zu suchen. Für all das musste er sein Gesicht der Vergangenheit zuwenden. Die Erfahrung des Kriegs, der russischen Revolution und der weltweiten Gewerkschaftsbewegung gingen an ihm vorbei und hinterließen kaum eine Spur. Wieder einmal stand Monatte abseits und wartete. Worauf? Auf einen neuen Kongress von Amiens. Während der letzten Jahre war ich leider nicht in der Lage, die rückwärts gerichtete Evolution Monattes zu verfolgen: die russische Opposition lebte in einem abgeriegelten Kreis.

Aus dem gesamten Reichtum der Theorie und der Praxis des weltweiten Kampfs des Proletariats hat Monatte nur zwei Ideen herausgezogen: Gewerkschaftsautonomie und Gewerkschaftseinheit. Er hat diese beiden reinen Prinzipien über die sündige Realität erhoben. Die Grundlage seiner Zeitung und seines syndikalistischen Buchs ist die Gewerkschaftseinheit. Leider sind diese zwei Ideen hohl und ähneln dem Loch in einem Ring. Ob der Ring aus Eisen, Silber, oder Gold gemacht ist, interessiert Monatte nicht im geringsten. Denn der Ring behindert die Gewerkschaftsaktivitäten immer. Monatte ist nur an dem Loch der Autonomie interessiert. Nicht weniger herrscht das andere heilige Prinzip: Einheit. In ihrem Namen stellte er sich sogar gegen den Bruch des anglo-russischen Komitees, obwohl der Generalrat der englischen Gewerkschaften den Generalstreik verraten hatte. Die Tatsache, dass Stalin, Bucharin, Cachin,

Monmousseau und andere den Block mit den Streikbrechern unterstützten, bis sie von ihnen hinausgeworfen wurden, verringert die Fehler Monattes nicht im Geringsten. Nach meiner Ankunft im Ausland machte ich einen Versuch, den Lesern von »La Révolution Prolétarienne« den kriminellen Charakter dieses Blocks zu erklären, dessen Folgen von der Arbeiterbewegung immer noch zu spüren sind. Monatte wollte meinen Artikel nicht veröffentlichen. Wie hätte es auch anders sein können, da ich doch einen Angriff auf die geheiligte Gewerkschaftseinheit geführt hatte, die alle Fragen löst und alle Widersprüche miteinander versöhnt? …

Wenn sich Streikenden eine Gruppe von Streikbrechern in den Weg stellt, dann werfen sie diese hinaus, ohne mit Schlägen zu sparen. Wenn die Streikbrecher Gewerkschafter sind, dann schließen sie diese sofort aus, ohne sich über das geheiligte Prinzip der Gewerkschaftseinheit den Kopf zu zerbrechen. Dagegen hat Monatte sicherlich keine Einwände. Aber ganz anders verhält es sich, wenn es um die Gewerkschaftsbürokraten und ihre Führer geht. Der Generalrat setzt sich nicht aus hungernden und rückständigen Streikbrechern zusammen; nein, es sind wohlgenährte und erfahrene Verräter, die es in einem bestimmten Augenblick für notwendig halten, an der Spitze eines Generalstreiks zu stehen, um ihn um so schneller und sicherer köpfen zu können. Sie arbeiteten Hand in Hand mit der Regierung, den Bossen und den Kirchenfürsten. Man sollte meinen, dass die Führer der russischen Gewerkschaften, die in einem politischen Block mit dem Generalrat standen, sofort, offen und schonungslos vor den Massen, die er betrog und verriet, mit ihm hätten brechen sollen. Aber Monatte steht wütend auf: Es ist verboten, die Gewerkschaftseinheit zu stören. In einer erstaunlichen Weise vergisst er, dass er selbst 1915 diese Einheit brach, als er den chauvinistischen Generalrat der Confédération Générale du Travail verließ.

Es muss ganz offen gesagt werden: zwischen dem Monatte von 1915 und dem Monatte von 1929 liegt ein Abgrund. Monatte meint, dass er sich selbst völlig treu geblieben sei. Formal ist das bis zu einem gewissen Punkt auch richtig. Monatte wiederholt ein paar alte Formeln, aber er ignoriert völlig die Erfahrungen der letzten fünfzehn Jahre, die an Erfahrungen reicher waren als die gesamte vorherige Geschichte der Menschheit. Bei dem Versuch, zu seinen früheren Positionen zurückzukehren, bemerkt Monatte nicht, dass diese schon seit langer Zeit verschwunden sind. Gleichgültig, welche Frage aufgebracht wird, Monatte blickt nach hinten. Dies kann man vielleicht am klarsten in der Frage der Partei und des Staats sehen.

Vor einiger Zeit beschuldigte mich Monatte, die »Gefahren« der Staatsmacht zu unterschätzen (»La Révolution Prolétarienne«, Nr. 79, 1. Mai 1929, S. 2). Dieser Vorwurf ist nicht neu; er hat seinen Ursprung im Kampf Bakunins gegen Marx und zeigt eine falsche, widersprüchliche und im Wesen unproletarische Konzeption des Staats.

Mit der Ausnahme eines Landes befindet sich die Staatsmacht auf der ganzen Welt in den Händen der Bourgeoisie. Darin und nur darin liegt vom Standpunkt des Proletariats die Gefahr des Staats. Seine historische Aufgabe ist es, dieses mächtigste Instrument der Unterdrückung der Bourgeoisie aus den Händen zu ringen. Die Kommunisten leugnen nicht die Schwierigkeiten und die Gefahr, die mit der Diktatur des Proletariats verbunden sind.

Aber kann das um ein Jota die Notwendigkeit der Machteroberung verringern? Wenn das gesamte Proletariat durch eine unwiderstehliche Kraft zur Machteroberung vorwärts getragen würde, oder wenn es sie schon erobert hätte, dann könnte man, genau genommen, diese oder jene Warnung der Syndikalisten verstehen. Lenin warnte, wie bekannt, in seinem Testament vor dem Missbrauch der revolutionären Macht. Der Kampf gegen die Verzerrungen der Diktatur des Proletariats ist von der Opposition zeit ihres Bestehens geführt worden, ohne dass sie es nötig gehabt hätte, aus dem Arsenal des Anarchismus zu borgen.

Aber in den bürgerlichen Ländern liegt das Unglück in der Tatsache, dass die überwiegende Mehrheit des Proletariats die Gefahr des bürgerlichen Staats nicht so versteht, wie sie es sollte. Durch die Art und Weise, wie sie diese Frage behandeln, tragen die Syndikalisten, natürlich ohne ihre Absicht, zu dem passiven Ausgleich der Arbeiter mit dem kapitalistischen Staat bei. Wenn die Syndikalisten den durch die bürgerliche Macht unterdrückten Arbeitern ihre Warnung vor den Gefahren des proletarischen Staats vorsingen, dann spielen sie eine ausschließlich reaktionäre Rolle. Der Bourgeois wird das gerne für den Arbeiter wiederholen: *»Rührt die Staatsmacht nicht an, weil das eine Falle voller Gefahren für euch ist.«* Die Kommunisten werden den Arbeitern sagen:

> *»Die Schwierigkeiten und die Gefahren, mit denen das Proletariat am Tag nach der Machteroberung konfrontiert sein wird – wir werden lernen, sie auf der Grundlage von Erfahrungen zu überwinden. Aber gegenwärtig liegt die bedrohlichste Gefahr in der Tatsache, dass unser Klassenfeind die Schalthebel der Macht in der Hand hat und gegen uns richtet.«*

In der heutigen Gesellschaft gibt es nur zwei Klassen, die fähig sind, die Macht in ihren Händen zu halten: die kapitalistische Bourgeoisie und das revolutionäre

Proletariat. Das Kleinbürgertum hat schon vor langer Zeit die wirtschaftliche Fähigkeit verloren, die Geschichte der modernen Gesellschaft zu bestimmen. Ab und zu erhebt es sich in Situationen der Verzweiflung zur Eroberung der Macht, sogar mit der Waffe in der Hand, wie in Italien, in Polen und anderen Ländern. Aber die faschistischen Erhebungen haben nur ein Ergebnis: die neue Macht wird zu einem Instrument des Finanzkapitals in einer noch nackteren und brutaleren Form. Deswegen haben die meisten repräsentativen Ideologen des Kleinbürgertums Angst vor der Staatsmacht als solcher. Das Kleinbürgertum fürchtet die Macht, wenn sie in den Händen der großen Bourgeoisie ist, weil diese es erwürgt und ruiniert. Es fürchtet sie auch in der Hand des Proletariats, denn dieses untergräbt alle Bedingungen seiner gewohnten Existenz. Endlich fürchtet es die Macht auch, wenn sie in seine eigenen Hände fällt, weil sie dann unvermeidlich aus seinen unfähigen Händen in die des Finanzkapitals oder des Proletariats fällt. Das ist der Grund, warum Anarchisten nicht die revolutionären Probleme der Staatsmacht, ihre historische Rolle sehen, sondern nur die »Gefahren.« Die sich gegen den Staat wendenden Anarchisten sind konsequenterweise die logischsten und aus diesem Grund auch die hoffnungslosesten Vertreter des Kleinbürgertums in seiner Sackgasse.

Ja, die Gefahren der Staatsmacht bestehen auch unter dem Regime der Diktatur des Proletariats; aber das Wesen dieser Gefahren besteht in der Tatsache, dass die Macht in die Hände der Bourgeoisie zurückkehren könnte. Die bekannteste und offensichtlichste Gefahr des Staats ist der Bürokratismus. Aber was ist sein Wesen? Wenn die aufgeklärte Arbeiterbürokratie die Gesellschaft zum Sozialismus führen könnte, dann wären wir mit einer solchen Bürokratie versöhnt. Aber sie hat einen völlig entgegengesetzten Charakter: indem sie sich vom Proletariat abtrennt, sich über es erhebt, fällt die Bürokratie unter den Einfluss der kleinbürgerlichen Klassen und kann durch eben diese Tatsache die Rückkehr der Macht in die Hände der Bourgeoisie ermöglichen. Mit anderen Worten bestehen die Gefahren des Staates für die Arbeiter unter der Diktatur des Proletariats letztendlich in nichts anderem als der Gefahr der Wiederherstellung der Macht der Bourgeoisie.

Die Frage der Quelle der bürokratischen Gefahr ist nicht weniger wichtig. Es wäre völlig falsch zu denken, sich vorzustellen, dass der Bürokratismus ausschließlich aus der Tatsache der Eroberung der Macht durch die Arbeiterklasse entsteht. Nein, das ist nicht der Fall.

In den kapitalistischen Staaten kann man die monströsen Formen des Bürokratismus genau in den Gewerkschaften beobachten. Es genügt, nach Amerika,

England und Deutschland zu schauen. In Amsterdam ist die mächtigste internationale Organisation der Gewerkschaftsbürokratie. Ihr ist es zu verdanken, dass die ganze Struktur des Kapitalismus heute noch steht, vor allem in Europa, speziell in England. Gäbe es keine Bürokratie in den Gewerkschaften, dann würden die Polizei, die Armee, die Gerichte, die Lords, die Monarchie den proletarischen Massen als bemitleidenswerte und lächerliche Spielzeuge erscheinen. Die Bürokratie der Gewerkschaften ist das Rückgrat des britischen Imperialismus. Nur durch die Hilfe dieser Bürokratie besteht die Bourgeoisie, nicht nur in den Metropolen, sondern ebenso in Indien, Ägypten und den anderen Kolonien. Man müsste völlig blind sein, um den englischen Arbeitern zu sagen: *»Seid auf der Hut vor der Eroberung der Macht und erinnert euch immer daran, dass eure Gewerkschaften das Heilmittel gegen die Gefahren des Staates sind.«* Der Marxist wird den englischen Arbeitern sagen: *»Die Gewerkschaftsbürokratie ist das Hauptinstrument für eure Unterdrückung durch den bürgerlichen Staat. Die Macht muss der Bourgeoisie aus den Händen gerungen werden, und dafür muss ihr Hauptagent, die Gewerkschaftsbürokratie gestürzt werden.«* Nebenbei gesagt war besonders aus diesem Grund der Block Stalins mit den Streikbrechern so kriminell.

Am Beispiel Englands sieht man sehr klar, wie absurd es ist, Gewerkschaftsorganisation und Staat als zwei verschiedene Prinzipien abzulehnen. In England ruht der Staat mehr als sonst irgendwo auf dem Rücken der Arbeiterklasse, die die überwältigende Mehrheit der Bevölkerung ausmacht. Der Mechanismus funktioniert so, dass die Bürokratie direkt auf den Arbeitern ruht und der Staat indirekt durch die Vermittlung der Gewerkschaftsbürokratie.

Bisher haben wir die Labour Party noch nicht erwähnt, die in England, dem klassischen Land der Gewerkschaften, nur eine politische Umsetzung der selben Gewerkschaftsbürokratie ist. Dieselben Führer leiten die Gewerkschaften, verraten den Generalstreik, führen die Wahlkampagne und sitzen später in den Ministerien. Die Labour Party und die Gewerkschaften, das sind keine zwei Prinzipien, sie sind nur eine technische Arbeitsteilung. Zusammen sind sie die fundamentalen Stützen der Herrschaft der englischen Bourgeoisie. Die letztere kann nicht gestürzt werden, ohne die Labour-Bürokratie zu stürzen. Und das kann nicht durch die Gegenüberstellung der Gewerkschaften als solcher und des Staates als solchen, sondern durch die aktive Opposition der kommunistischen Partei gegen die Labour-Bürokratie auf allen Gebieten des gesellschaftlichen Lebens erreicht werden. In den Gewerkschaften, bei Streiks, bei Wahlkampagnen, im Parlament und an der Macht. Die grundlegende Aufgabe einer wirklichen

Partei des Proletariats besteht darin, sich an die Spitze der arbeitenden Massen, der in Gewerkschaften Organisierten und der Unorganisierten zu stellen, der Bourgeoisie die Macht zu entreißen und den Reden von den »Gefahren des Staates« einen tödlichen Schlag zu versetzen.

Konstantinopel, Oktober 1929

Leo Trotzki: Die Fehler des rechten Flügels der Liga in der Gewerkschaftsfrage

Einige einführende Bemerkungen[83]

1. So wie das theoretische Gefüge der politischen Ökonomie des Marxismus völlig auf der Konzeption des *Werts* als vergegenständlichter Arbeit beruht, so beruht die revolutionäre Politik des Marxismus auf der Konzeption der *Partei* als der Vorhut des Proletariats.

Was auch immer die sozialen Ursachen und politischen Gründe von opportunistischen Fehlern und Abweichungen sein mögen, ideologisch lassen sie sich immer auf ein falsches Verständnis von der revolutionären Partei, ihrer Beziehung zu anderen proletarischen Organisationen und zum Klassenkampf als Ganzem zurückführen.

2. Die Konzeption von der Partei als proletarischer Vorhut setzt ihre vollständige und bedingungslose Unabhängigkeit von allen anderen Organisationen voraus. Die verschiedenen Vereinbarungen (Blöcke, Koalitionen, Kompromisse) mit anderen Organisationen, die im Verlauf des Klassenkampfs unvermeidbar sind, sind nur unter der Bedingung zulässig, dass die Partei sich selbst immer auf die Klasse ausrichtet, unter ihren eigenen Bannern marschiert, unter ihrem eigenen Namen auftritt und den Massen offen die Ziele und die Grenzen erklärt, unter denen die Abmachungen getroffen werden.

3. Als Ursache aller Schwankungen und Fehler der Komintern-Führung findet sich ein falsches Verständnis vom Wesen der Partei und ihren Aufgaben. Die stalinistische Theorie der »Zwei-Klassen-Partei« widerspricht dem ABC des Marxismus. Die Tatsache, dass die offizielle Kommunistische Internationale diese Theorie jahrelang toleriert hat und sie bis auf den heutigen Tag nicht mit der nötigen Entschlossenheit verurteilt, ist das deutlichste Zeichen für die Unrichtigkeit ihrer offiziellen Lehre.

83 Nach Marxismus und Gewerkschaft. Essen 1976, S. 67-77

4. Das grundlegende Verbrechen der zentristischen Bürokratie in der UdSSR ist ihr falsches Verhältnis zur Partei. Die stalinistische Fraktion versucht administrativ, die ganze Arbeiterklasse in die Reihen der Partei zu holen. Die Partei hört auf, die Vorhut zu sein, das heißt, die freiwillige Auswahl der fortgeschrittensten, der bewusstesten, der ergebensten und aktivsten Arbeiter. Die Partei wird mit der Klasse, so wie sie ist, vermengt und verliert ihre Kraft, dem bürokratischen Apparat zu widerstehen. Auf der anderen Seite rechtfertigen die Brandlerianer und die übrigen Anhängsel der zentristischen Bürokratie das stalinistische Partei-Regime mit dem philisterhaften Hinweis auf die »Kulturlosigkeit« des russischen Proletariats; auf diese Weise setzen sie die Partei und die Klasse gleich, d.h. sie liquidieren die Partei in der Theorie, wie Stalin sie in der Praxis liquidiert.

5. Die Grundlage für die katastrophale Politik der Komintern in China war der Verzicht auf die Unabhängigkeit der Partei. Praktische Vereinbarungen mit der Kuomintang waren in einer gewissen Zeit unvermeidlich. Der Eintritt der Kommunistischen Partei in die Kuomintang war ein verhängnisvoller Fehler. Die Weiterentwicklung dieses Fehlers verwandelte sich in eins der größten Verbrechen der Geschichte. Die chinesische Kommunistische Partei wurde einzig und allein aufgebaut, um ihre Autorität an die Kuomintang abzugeben. Von der Vorhut des Proletariats wurde sie zum Schwanz der Bourgeoisie gemacht.

6. Das katastrophale Experiment mit dem Anglo-russischen Komitee hatte seine Ursache einzig und allein in der Tatsache, dass die Unabhängigkeit der britischen Kommunistischen Partei mit Füßen getreten wurde. Damit die sowjetischen Gewerkschaften ihren gemeinsamen Block mit den Streikbrechern des »Generalrats« aufrechterhalten konnten (angeblich im Staatsinteresse der UdSSR!), musste die britische Kommunistische Partei jeglicher Unabhängigkeit beraubt werden. Das wurde erreicht durch die tatsächliche Auflösung der Partei in die sogenannte »Minderheitsbewegung«, das heißt, die »linke« Opposition innerhalb der Gewerkschaften.

7. Die Erfahrung des Anglo-russischen Komitees wurde bedauernswerterweise am wenigsten verstanden und begriffen; sogar in den Gruppen der Linken Opposition. Die Forderungen nach dem Bruch mit den Streikbrechern erschienen sogar einigen in unseren Reihen als Sektierertum. Besonders bei Monatte war der ursprüngliche Fehler, der ihn in die Arme von Dumoulin trieb, am klarsten ausgedrückt in der Frage des Anglo-russischen Komitees. Gleichwohl hat diese Frage eine enorme Bedeutung: ohne ein klares Verständnis darüber, was in England 1925/26 passierte, wird weder der Kommunismus im Allgemei-

nen, noch die Linke Opposition im Besonderen in der Lage sein, an Boden zu gewinnen.

8. Stalin, Bucharin und Sinowjew – in dieser Frage waren sie sich völlig einig, zumindest in der ersten Zeit – versuchten die schwache britische Kommunistische Partei durch eine »breitere Bewegung« zu ersetzen, an deren Spitze sicherlich keine Mitglieder der Partei standen, sondern »Freunde«, fast Kommunisten, auf jeden Fall nette Kerle und gute Bekannte. Die netten Kerle, die »zuverlässigen Führer« wollten sich natürlich nicht der Führung einer kleinen, schwachen Kommunistischen Partei unterordnen. Das war ihr volles Recht; die Partei kann niemanden zwingen, sich ihr unterzuordnen. Die Abmachungen zwischen den Kommunisten und den »Linken« (Purcell. Hicks, Cook) auf der Grundlage von besonderen Aufgaben innerhalb der Gewerkschaftsbewegung war natürlich möglich und in bestimmten Fällen unvermeidbar. Aber unter einer Bedingung: die Kommunistische Partei musste ihre völlige Unabhängigkeit bewahren und auch in den Gewerkschaften in allen Fragen von Prinzipien unter ihrem eigenen Namen auftreten, ihre »linken« Verbündeten kritisieren, wann immer notwendig, um auf diese Weise Schritt für Schritt das Vertrauen der Massen zu gewinnen.

Dieser einzig mögliche Weg jedoch erschien den Bürokraten der KI zu langwierig und zu unsicher. Sie dachten, dass sie die Linke Opposition (»die breite Bewegung«) durch persönliche Beeinflussung von Purcell, Hicks, Cook und anderen (Gespräche hinter den Kulissen, Korrespondenzen, Bankette, freundliches Rückenklopfen, Ermahnungen) langsam und unbemerkt in den Strom der Kommunistischen Internationale ziehen würden. Um einen solchen Erfolg mit noch größerer Sicherheit zu erzielen, durften die teuren Freunde (Purcell, Hicks und Cook) durch kleinliche Schikane, durch unangebrachte Kritik, durch sektiererische Unversöhnlichkeit und so weiter nicht belästigt, gequält oder verärgert werden. Aber da gerade eine der Aufgaben der Kommunistischen Partei genau darin besteht, die Zentristen und Halb-Zentristen in ihrer Ruhe zu stören und aufzuschrecken, mussten radikale Methoden angewandt werden, um die KP tatsächlich der »Minderheitsbewegung« unterzuordnen. Auf dem Gebiet der Gewerkschaften erschienen nur die Führer dieser Bewegung. Die britische Kommunistische Partei hatte praktisch aufgehört, für die Massen zu existieren.

9. Was waren die Forderungen der russischen Linken Opposition in Bezug auf diese Fragen? Als erstes muss die völlige Unabhängigkeit der britischen Kommunistischen Partei gegenüber den Gewerkschaften wiederhergestellt werden. Wir betonten, dass nur unter dem Einfluss der unabhängigen Losungen

der Partei und ihrer offenen Kritik die Minderheitsbewegung Form annehmen, ihre Aufgabe besser verstehen, ihre Führer auswechseln und sich in den Gewerkschaften verankern kann, während sie damit gleichzeitig die Position des Kommunismus stärkt.

Was antworteten Stalin, Bucharin, Losowsky und Co. auf unsere Kritik? »*Ihr wollt die britische Kommunistische Partei auf den Weg des Sektierertums drängen. Ihr wollt Purcell, Hicks und Cook in das Lager der Feinde treiben. Ihr wollt mit der Minderheitsbewegung brechen.*«

Was erwiderte die Linke Opposition? »*Wenn Purcell und Hicks von uns brechen, nicht weil wir von ihnen fordern, dass sie sofort Kommunisten werden müssen – niemand verlangt das! – sondern weil wir selbst Kommunisten bleiben wollen, dann bedeutet das, dass Purcell und Co. keine Freunde, sondern maskierte Feinde sind. Je schneller sie ihre wahre Natur zeigen, um so besser für die Massen. Wir wollen auf keinen Fall mit der Minderheitsbewegung brechen. Im Gegenteil, wir müssen dieser Bewegung die größte Aufmerksamkeit schenken. Der kleinste Schritt vorwärts mit den Massen oder mit einem Teil der Massen ist wertvoller als ein Dutzend abstrakter Programme von Intellektuellenzirkeln; aber die Aufmerksamkeit, die wir den Massen schenken müssen, hat nichts zu tun mit der Kapitulation vor ihren augenblicklichen Führern und Halbführern. Die Massen brauchen eine richtige Orientierung und richtige Losungen. Das schließt jede theoretische Anpassung und Verteidigung von Konfusionisten aus, die nur die Rückständigkeit der Massen ausnutzen.*«

10. Was war das Ergebnis des britischen Experiments von Stalin? Die Minderheitsbewegung, die fast eine Million Arbeiter umfasst, sah sehr vielversprechend aus, aber sie trug in sich die Keime der Zerstörung. Die Massen kannten als Führer dieser Bewegung nur Purcell, Hicks und Cook, für die Moskau auch noch bürgte. Diese »linken« Freunde haben dann im Ernstfall das Proletariat schändlich verraten. Die revolutionären Arbeiter wurden in Verwirrung geworfen, versanken in Apathie und dehnten natürlich ihre Enttäuschung auf die KP selbst aus, die selbst nur eine passive Rolle in diesem ganzen Mechanismus von Verrat und Treulosigkeit gespielt hatte. Die Minderheitsbewegung löste sich in Nichts auf; die Kommunistische Partei kehrte in die Existenz einer vernachlässigbaren Sekte zurück. Auf diese Art und Weise hat dank einer völlig falschen Konzeption der Partei die größte Bewegung der englischen Arbeiterklasse, die zu einem Generalstreik geführt hatte, nicht nur den Apparat der reaktionären Bürokratie überhaupt nicht erschüttert, sondern ihn im Gegenteil gestärkt und den Kommunismus in Großbritannien für lange Zeit kompromittiert.

11. Eine der psychologischen Ursachen des Opportunismus ist oberflächliche Ungeduld, Mangel an Vertrauen in das stetige Wachsen des Einflusses der Partei, das Bestreben, mit Hilfe von organisatorischen Manövern und persönlichem Geschick die Massen zu gewinnen. Daraus entsteht die Politik der Absprachen hinter den Kulissen, des Schweigens, des Vertuschens, der Selbstaufopferung, der Anpassung an die Ideen und Losungen von anderen, und schließlich das völlige Übergehen zu den Positionen des Opportunismus. Die Unterordnung der KP unter die Kuomintang in China, die Schaffung von Arbeiter- und Bauernparteien in Indien, die Unterordnung der britischen Partei unter die Bewegung der Minderheit usw. usw. ... – in all diesen Phänomenen erkennen wir dieselbe Methode des bürokratischen Kombinierens, die mit oberflächlicher revolutionärer Ungeduld beginnt und mit opportunistischem Verrat endet.[84]

Das ist genau der Grund, warum wir in den letzten paar Jahren so beharrlich die enorme erzieherische Bedeutung der Beispiele der Strategie der Komintern, die oben zitiert wurden, betont haben. Sie sollten mit jeder neuen Erfahrung noch einmal neu studiert und erneut durchgegangen werden, nicht nur, um die historischen Fehler und Verbrechen im Nachhinein zu verurteilen, sondern um ähnliche Fehler in einer neuen Situation gleich zu Beginn zu erkennen, und zwar dann konsequenterweise, wenn sie noch korrigiert werden können.

12. Es muss direkt gesagt werden: die Fehler von einigen französischen Mitgliedern der Opposition, der Liga, in der Gewerkschaftsfrage weisen beachtliche, ähnliche Züge auf wie das beklagenswerte britische Experiment. Nur das Ausmaß der Fehler in Frankreich ist bis jetzt noch viel geringer, und sie haben sich noch nicht auf der Grundlage einer Massenbewegung entwickelt. Das erlaubt einigen Genossen, diese Fehler zu übersehen oder ihre prinzipielle Bedeutung zu unterschätzen. Wenn die Liga es jedoch zulässt, dass auch in Zukunft die Gewerkschaftsarbeit mit den Methoden geleitet wird, die die Mehrheit der alten Führung ausgearbeitet hat, dann werden die Ideen und das Banner der Linken Opposition in Frankreich weit bis in die Zukunft kompromittiert werden.

84 Die führenden Genossen in den Vereinigten Staaten berichten, dass in der amerikanischen Liga gewisse Genossen – sicherlich nur einige Individuen (im wörtlichen Sinn) – einen Block mit den Anhängern Lovestones im Namen der ... »Massenarbeit« befürworten. Man kann sich schwer ein lächerlicheres, ungeeigneteres und sterileres Konzept vorstellen. Wissen diese Leute denn wenigstens ein bisschen über die Geschichte der Bolschewistischen Partei? Haben sie die Werke Lenins gelesen? Kennen sie den Briefwechsel zwischen Marx und Engels? Oder ist die gesamte Geschichte der revolutionären Bewegung an ihnen vorbeigegangen, ohne auch nur eine Spur zu hinterlassen? Zum Glück hat die überwältigende Mehrheit der amerikanischen Liga nichts mit solchen Vorstellungen gemein.

Es wäre kriminell, die Augen davor zu verschließen. Da diese Fehler in ihrem Anfangsstadium durch persönlichen Rat und Warnungen nicht erfolgreich korrigiert wurden, gibt es keinen anderen Weg, als diese Fehler und ihre Urheber offen zu nennen, um diese Politik durch gemeinsame Anstrengungen zu verändern.

13. Seit April 1930 hat die Liga tatsächlich die unabhängige Arbeit in den Gewerkschaften aufgegeben zugunsten der »Einheitlichen Opposition« (EO), die ihrerseits sich bemüht, ihre eigene Plattform, ihre Führung, ihre Politik zu entwickeln. Es muss jedoch gesagt werden, dass es unter den Bedingungen in Frankreich gewisse Züge gibt, die von Anfang an dieses Experiment noch gefährlicher machten. In England stand die Minderheitsbewegung als ganzes weiter links als die offizielle Führung der Gewerkschaften.

Kann man dasselbe von der »Einheitlichen Opposition« behaupten? Nein. In ihren Reihen gibt es Elemente, die offensichtlich zur Rechten Opposition tendieren, d.h. zum Reformismus. Das Ausmaß ihres Einflusses ist uns nicht bekannt.

Die Hauptkraft der »Einheitlichen Opposition« ist der Lehrerverband. In Frankreich haben die Lehrer immer eine wichtige Rolle im Sozialismus, im Syndikalismus und im Kommunismus gespielt. Unter den Lehrern werden wir zweifellos viele Freunde finden. Trotzdem ist der Verband als Ganzes kein proletarischer Verband. Aufgrund seiner sozialen Zusammensetzung kann der Lehrerverband sehr gute Agitatoren, Journalisten und einzelne Revolutionäre hervorbringen, aber er kann nicht die Grundlage für eine Gewerkschaftsbewegung werden. Seine sämtlichen Dokumente verraten unzureichende Klarheit der politischen Gedanken. Der Kongress des Verbands in Marseille zeigte, dass seine Mitglieder im Dreieck zwischen dem offiziellen Kurs, der Linken Opposition und der Rechten Opposition hin und her schwanken. Wir würden den Mitgliedern des Verbands genauso wie der gesamten proletarischen Bewegung den schlechtesten Dienst erweisen, wenn wir ihre Fehler, ihre Schwankungen, ihren Mangel an Präzision vertuschen würden. Bedauerlicherweise war das bis vor einigen Tagen die Politik der Redaktion der »Vérité« – eine Politik des Schweigens – und das war kein Zufall.

14. Und dann wolltet ihr mit der »Einheitlichen Opposition« brechen? Jeder, der das Problem auf diese Art und Weise stellt, sagt allein dadurch, dass die Kommunisten als *Kommunisten* nicht an der Arbeit der »Einheitlichen Opposition« teilnehmen können. Wenn das der Fall wäre, dann würde das ganz einfach bedeuten, dass die »Einheitliche Opposition« eine Organisation der

maskierten Feinde des Kommunismus ist. Glücklicherweise ist das nicht so. Die »Einheitliche Opposition« als ganze ist weder eine kommunistische, noch eine anti-kommunistische Organisation, weil sie uneinheitlich ist. Wir sind verpflichtet, diesen uneinheitlichen Charakter bei unserer praktischen Arbeit zu berücksichtigen. Wir können und wir müssen den verschiedenen Gruppen und sogar den Individuen, die sich in Richtung auf den Marxismus entwickeln, größte Aufmerksamkeit schenken. Aber all das unter einer Bedingung: dass, wenn wir vor den Arbeitern in der Gewerkschaft erscheinen, wir im Namen der Kommunistischen Liga handeln, ohne irgendeine Zensur unseres Handelns zu akzeptieren, außer der Kontrolle der Liga selbst (oder der gesamten Partei nach der Wiederherstellung der Einheit der kommunistischen Reihen).

15. In den Reihen der »Einheitlichen Opposition« gibt es zweifellos Elemente, die sehr stark mit der Linken Opposition sympathisieren, ohne Mitglieder der Liga zu sein: Sie müssen unter unserem Banner versammelt werden. Es gibt unentschlossene Elemente, die mit aller Kraft anstreben, bei ihrer Position zu bleiben und sie in eine »Plattform« zu verwandeln. Mit diesen Elementen können wir taktische Übereinkünfte auf einer festen Grundlage treffen, indem wir uns die volle Freiheit gegenseitiger Kritik vorbehalten. Und schließlich gibt es in den Reihen der EO ebenfalls ganz unbestritten feindliche Elemente, die dort zufällig hin gerieten oder die als rekrutierende Agenten des Reformismus eindrangen ... Sie benutzen die Unklarheit, um Zersetzung zu bewirken. Je schneller sie entlarvt und eliminiert werden, um so besser für die Sache.

16. Sind wir denn nicht für die Zusammenarbeit mit den Arbeitern in den Gewerkschaften, unabhängig von ihren politischen und philosophischen Ansichten? Die EO ist jedoch keine Gewerkschaftsorganisation, sondern eine politische Fraktion, die sich als Aufgabe gesetzt hat, die Gewerkschaftsbewegung zu beeinflussen. Überlassen wir es Monatte und seinen Freunden, den POPisten unter einer Maske zu arbeiten. Revolutionäre arbeiten offen vor den Arbeitern. In der EO können wir nur mit denjenigen, die mit uns zusammen in dieselbe Richtung gehen, zusammenarbeiten, selbst wenn sie uns nicht bis zum Ende unseres Wegs folgen.

17. Bestimmte Genossen bestehen vor allem darauf, dass die Kommunisten für ihren Einfluss in der Gewerkschaft durch das Mittel der Ideen und nicht durch mechanische Mittel kämpfen müssen. Dieser Gedanke, der unwiderlegbar erscheint, wird oft in einen leeren Allgemeinplatz verwandelt.

Die zentristische Bürokratie erklärt auch genauso häufig und sehr ernsthaft, dass ihre Aufgabe darin besteht, durch Ideen zu beeinflussen und nicht mechanisch Druck auszuüben.

Letztendlich reduziert sich die ganze Frage auf die politische und ökonomische Orientierung, auf die Losungen und auf das Aktionsprogramm. Wenn die Orientierung richtig ist, wenn die Losungen mit den Bedürfnissen der Bewegung übereinstimmen, dann bedeutet das auch keinen »Zwang« für die Massen in den Gewerkschaften. Im Gegenteil, wenn die Orientierung falsch ist, wenn eine Politik des revolutionären Aufschwungs in dem Augenblick verkündet wird, wo ein politischer Rückgang stattfindet und umgekehrt, dann verspüren die Massen eine solche Führung unvermeidlich als einen mechanischen Druck auf sich. Die Frage reduziert sich deshalb konsequenterweise darauf, ob die theoretischen Grundlagen der Linken Opposition ernsthaft und tief gehend genug sind, ob ihre Kader ausreichend ausgebildet sind, um die Situation richtig einzuschätzen und die entsprechenden Losungen zu entwickeln. All das muss in der Praxis überprüft werden. Es ist deshalb um so unzulässiger für uns, die Sünden und Fehler unserer augenblicklichen Verbündeten, und unsere eigenen, schweigend zu übergehen oder zu unterschätzen.

18. Gewisse Mitglieder der Liga protestieren, so unglaublich es auch sein mag, gegen die Absicht von diesem und jenem, die EO der Liga unterzuordnen.

Ohne es zu bemerken, stützen sie sich selbst auf das selbe fadenscheinige Argument, das Monatte gegen den Kommunismus als Ganzen benutzt hat. In der Praxis bedeutet das, dass einige Genossen, die in den Gewerkschaften arbeiten, völlige Unabhängigkeit von der Liga für sich selbst erreichen wollen; sie denken, dass sie durch ihre Manöver, Ermahnungen und ihr persönliches Geschick Ergebnisse erzielen werden, die die Liga durch seine kollektive Arbeit nicht erreichen kann. Andere Genossen, die eine ähnliche Unabhängigkeit für sich in der Presse fordern, befürworten diese Tendenzen. Da taucht die Frage auf: warum sind diese Genossen in die Liga eingetreten, wenn sie kein Vertrauen in ihr haben?

19. Worum geht es eigentlich bei dieser »Unterordnung« der »Einheitlichen Opposition«? Die Fragestellung ist schon falsch. Die Liga verlangt nur die Unterordnung der eigenen Mitglieder. Solange die Mehrheit der EO nicht in der Liga ist, geht es nur um die Frage von Überzeugung, Kompromiss oder Block, aber ganz sicher nicht um die Unterordnung. In Wirklichkeit fordern die Gegner der sogenannten Unterordnung der EO unter die Liga die tatsächliche Unterordnung der Liga unter die EO. Das war genau die Situation bis heute: In ihrer Gewerkschaftsarbeit, d.h. in ihrer wichtigsten Arbeit, ist die Liga der EO untergeordnet, zu deren Gunsten sie jegliche Unabhängigkeit aufgegeben hat. Marxisten können und dürfen eine solche Politik keinen Tag länger dulden.

20. Gewisse führende Genossen, die noch gestern klar und deutlich für eine Politik der Kapitulation gekämpft haben, erklären jetzt, dass sie mit der Notwendigkeit, die EO insgesamt zu verändern, »völlig übereinstimmen.« In Wirklichkeit wollen sie nur eine Änderung des Namens. Je schneller sie mit der marxistischen Kritik »übereinstimmen«, desto mehr führen sie tatsächlich einen Kampf darum, dass alles beim Alten bleibt. Sie wollen ganz einfach die Phraseologie der marxistischen Kritik benutzen, um die alte Politik abzudecken. Das sind keine neuen Methoden, aber sie sind mit der Zeit auch nicht attraktiver geworden. Eine revolutionäre Partei würde sich selbst durch das Gift von Doppelzüngigkeit und Lügen für sehr lange Zeit, wenn nicht für immer korrumpieren, wenn sie erlaubt, dass eine opportunistische Politik durch revolutionäre Phraseologie überdeckt wird. Wir hoffen sehr, dass die Liga das nicht tun wird.

Prinkipo, 4. Januar 1931

Leo Trotzki: Die Gewerkschaften in der Epoche imperialistischen Niedergangs[85]

[Das Manuskript des folgenden Artikels wurde in Trotzkis Schreibtisch gefunden. Es stellt in keiner Weise einen fertigen Artikel dar, sondern lediglich einige Notizen für eine Arbeit über das im Titel angedeutete Thema, die Trotzki kurz vor seinem Tode zu Papier gebracht hatte. - Die Redaktion {von »Unser Wort«}.]

Es gibt in der Entwicklung, oder besser, in der Degeneration der gegenwärtigen Gewerkschaftsorganisationen der ganzen Welt einen allen gemeinsamen Zug: die Annäherung an die Staatsgewalt und das Verschmelzen mit ihr. Dieser Prozess charakterisiert die unpolitischen Gewerkschaften in gleicher Weise wie die sozialdemokratischen, kommunistischen und »anarchistischen.« Allein diese Tatsache beweist schon, dass die Tendenz zum Verwachsen mit der Staatsgewalt nicht aus dieser oder jener Doktrin, sondern aus allgemein gesellschaftlichen Bedingungen entspringt, denen alle Gewerkschaften in gleicher Weise unterworfen sind.

Der Monopolkapitalismus fußt nicht auf Privatinitiative und freier Konkurrenz, sondern auf zentralisiertem Kommando. Die kapitalistischen Cliquen an der Spitze mächtiger Trusts, Syndikate, Bankkonsortien usw. sehen das Wirtschaftsleben von ganz denselben Höhen wie die Staatsgewalt und benötigen bei jedem Schritt deren Mitarbeit. Ihrerseits finden sich die Gewerkschaften in den wichtigsten Zweigen der Industrie der Möglichkeit beraubt, die Konkurrenz zwischen den verschiedenen Unternehmen auszunützen. Sie haben einem zentralisierten, eng mit der Staatsgewalt, verbundenen kapitalistischen Widersacher zu begegnen. Für die Gewerkschaften – soweit sie auf reformistischem Boden bleiben, das heißt soweit sie sich dem Privateigentum anpassen – entspringt hie-

85 Nach Unser Wort. Jahrgang 9, Nr. 2 (103), Juni 1941, S. 3 f.

raus die Notwendigkeit, sich auch dem kapitalistischen Staate anzupassen und die Zusammenarbeit mit ihm zu erstreben.

Die Gewerkschaftsbürokratie sieht ihre Hauptaufgabe darin, den Staat aus der Umklammerung des Kapitalismus zu »befreien«, seine Abhängigkeit von den Trusts zu mildern und ihn auf ihre Seite zu ziehen. Diese Einstellung entspricht vollkommen der sozialen Lage der Arbeiteraristokratie und Arbeiterbürokratie, die beide um einen Abfallbrocken aus den Überprofiten des imperialistischen Kapitalismus kämpfen. Die Gewerkschaftsbürokraten leisten in Wort und Tat ihr Bestes, um dem »demokratischen« Staat zu beweisen, wie verlässlich und unentbehrlich sie im Frieden und besonders im Kriege sind. Indem der Faschismus die Gewerkschaften in Organe des Staates verwandelt, erfindet er nichts Neues; er entwickelt nur die dem Imperialismus innewohnenden Tendenzen zu ihrer letzten Schlussfolgerung.

Die kolonialen und halbkolonialen Länder stehen nicht unter der Herrschaft eines einheimischen Kapitalismus, sondern unter jener des ausländischen Imperialismus. Diese Tatsache jedoch schwächt nicht, sondern im Gegenteil, stärkt das Bedürfnis nach direkten, täglichen, praktischen Bindungen zwischen den kapitalistischen Magnaten und den ihnen im Wesentlichen unterworfenen Regierungen der kolonialen und halbkolonialen Länder. Soweit der imperialistische Kapitalismus in den Kolonien und Halbkolonien eine Schicht der Arbeiteraristokratie und Arbeiterbürokratie erzeugt, benötigt diese die Unterstützung kolonialer und halb kolonialer Regierungen: als Beschützer, Herren und manchmal als Schiedsrichter. Dies bildet die wichtigste soziale Grundlage für den bonapartistischen Charakter der Regierungen der Kolonien und, im Allgemeinen, der zurückgebliebenen Länder. Dies ist in gleicher Weise die Ursache für die Abhängigkeit der reformistischen Gewerkschaften vom Staate.

In Mexiko wurden die Gewerkschaften durch ein Gesetz in halbstaatliche Einrichtungen verwandelt und nahmen dadurch, der Natur der Dinge entsprechend, halb totalitären Charakter an. Die Verstaatlichung der Gewerkschaften wurde, nach dem Konzept der Gesetzgeber, im Interesse der Arbeiter durchgeführt und um den Einfluss des Proletariats auf Regierung und Wirtschaftslehen zu sichern. Aber soweit der Nationalstaat vom ausländischen Kapitalismus beherrscht wird und soweit, dieser mit Hilfe einheimischer reaktionärer Kräfte in der Lage ist, die unbeständige Demokratie zu stürzen und durch eine offene faschistische Diktatur zu ersetzen, können die Gewerkschaftsgesetze leicht zu einer Waffe in der Hand der imperialistischen Diktatur werden.

Die Losungen für die Befreiung der Gewerkschaften

Auf den ersten Blick könnte man versucht sein, aus dem eben ausgeführten den Schluss zu ziehen, dass die Gewerkschaften in der imperialistischen Epoche aufhörten, Gewerkschaften zu sein. Sie lassen kaum Raum für Arbeiterdemokratie, welche in den guten, alten Tagen, als in der Wirtschaft der freie Handel herrschte, den Inhalt des inneren Lebens der Arbeiterorganisationen darstellte. Wo keine Arbeiterdemokratie vorhanden ist, kann von einem freien Kampf um die Beeinflussung der Mitglieder keine Rede sein. Daher verschwindet das Hauptarbeitsgebiet für Revolutionäre innerhalb der Gewerkschaften. – Eine solche Stellungnahme wäre jedoch grundfalsch. Wir können weder das Feld noch die Bedingungen für unsere Arbeit nach unseren Wünschen wählen. In einem totalitären oder halb totalitären Staate ist es unendlich schwerer, um den Einfluss über die Arbeitermassen zu kämpfen als in einer Demokratie. Dasselbe gilt für die Gewerkschaften deren Entwicklung den Wechsel im Schicksal der kapitalistischen Staaten widerspiegelt. Wir können den Kampf um die Beeinflussung der Arbeiter in Deutschland nicht aufgeben, bloß weil das totalitäre Regime eine solche Arbeit ungeheuer erschwert. Wir können in genau der gleichen Weise nicht auf den Kampf innerhalb der vom Faschismus geschaffenen Zwangsorganisationen verzichten. Umso weniger können wir die systematische Arbeit innerhalb der Gewerkschaften totalitären oder halb totalitären Charakters aufgeben, bloß weil sie direkt oder indirekt vom Staate abhängen oder weil die Bürokratie die Revolutionäre der Möglichkeit freier Arbeit innerhalb der Gewerkschaften beraubt. Es ist notwendig, den Kampf unter all den konkreten Bedingungen zu führen, die durch die vorhergehende Entwicklung geschaffen wurden, in sie eingeschlossen die Fehler der Arbeiter und die Verbrechen ihrer Führer. In den faschistischen und halb faschistischen Ländern ist es unmöglich, revolutionäre Arbeit zu leisten, die nicht unterirdisch ist. In den totalitären oder halb totalitären Gewerkschaften ist es unmöglich, andere als konspirative Arbeit zu leisten. Wir müssen uns den konkreten Bedingungen innerhalb der Gewerkschaften eines jeden gegebenen Landes anpassen, um die Massen nicht nur gegen die Bourgeoisie zu mobilisieren, sondern auch gegen das totalitäre Regime innerhalb der Gewerkschaften selbst und gegen die Führer, welche dieses Regime aufrecht erhalten. Die Hauptlosung für diesen Kampf lautet: Vollständige und bedingungslose Unabhängigkeit der kapitalistischen Gewerkschaften vom kapitalistischen Staate. Dies bedeutet einen Kampf für die Umwandlung der Gewerkschaften von einem Organ der Arbeiteraristokratie in ein Organ der breiten, ausgebeuteten Massen.

Die zweite Losung lautet: Gewerkschaftsdemokratie. Diese zweite Losung entspringt unmittelbar aus der ersten und setzt für ihre Verwirklichung die vollkommene Freiheit der Gewerkschaften vom imperialistischen oder kolonialen Staate voraus.

Mit andern Worten: die Gewerkschaften der gegenwärtigen Epoche können nicht einfach Organe der Demokratie sein, wie sie es im Zeitalter des freien Kapitalismus waren; sie können nicht weiterhin politisch neutral bleiben, das heißt, sich darauf beschränken, den Tagesbedürfnissen der Arbeiterklasse zu dienen. Sie können nicht mehr anarchistisch sein, das heißt, den entscheidenden Einfluss des Staates auf das Leben von Völkern und Klassen ignorieren. Sie können nicht mehr reformistisch sein, da die objektiven Bedingungen keinen Raum mehr für ernsthafte und dauernde Reformen lassen. Die Gewerkschaften unserer Zeit können entweder als Hilfsinstrumente des imperialistischen Kapitalismus dienen, um die Arbeiter unterzuordnen, sie zu disziplinieren und die Revolution zu verhindern, oder sie können im Gegenteil die Instrumente der revolutionären Bewegung des Proletariats werden.

Die Neutralität der Gewerkschaften gehört ebenso vollständig der Vergangenheit an wie die freie bürgerliche Demokratie. Aus dem Vorhergehenden folgert ganz klar, dass trotz fortschreitender Degeneration der Gewerkschaften und trotz ihres Verwachsens mit dem imperialistischen Staat die Arbeit innerhalb der Gewerkschaften nicht nur nichts an ihrer Wichtigkeit einbüßt, sondern als eine Notwendigkeit nach wie vor bestehen bleibt und in gewissem Sinne für jede revolutionäre Partei sogar noch wichtiger denn je wird. Die Sache, um die es geht, ist hauptsächlich der Kampf um den Einfluss auf die Arbeiterklasse. Jede Organisation, Partei oder Fraktion, die sich den Gewerkschaften gegenüber eine ultimatistische Stellungnahme erlaubt, das heißt, der Arbeiterklasse im Wesen den Rücken zuwendet, bloß weil ihr deren Organisationen nicht gefallen, ist zum Untergang bestimmt. Und es muss gesagt werden, sie verdient den Untergang.

Insofern die Hauptrolle in zurückgebliebenen Ländern nicht von einheimischen, sondern vom ausländischem Kapital gespielt wird, nimmt die nationale Bourgeoisie, vom Standpunkt ihrer gesellschaftlichen Lage gesehen, eine weit unbedeutendere Stellung ein, als ihr auf Grund der industriellen Entwicklung entsprechen würde. Insofern das ausländische Kapital nicht Arbeiter einführt, sondern die eingeborene Bevölkerung proletarisiert, beginnt das nationale Proletariat bald die wichtigste Rolle im Leben des Landes zu spielen. Unter diesen Umständen ist die Regierung, soweit sie dem ausländischen Kapitalismus Widerstand zu leisten versucht, gezwungen, sich mehr oder weniger auf das Proletariat zu stürzen. Auf der anderen Seite werden von den Regierungen jener zurückgebliebenen Länder, die es für unvermeidlich oder gewinnbringender halten, Schulter an Schulter mit dem ausländischen Kapital zu marschieren, die Arbeiterorganisationen vernichtet und ein mehr oder weniger totalitäres Regime gebildet. So entziehen die Schwäche der einheimischen Bourgeoisie, das Fehlen einer Tradition von Selbstverwaltung in den Gemeinden, der Druck des ausländischen Kapitalismus und das relativ schnelle Anwachsen des Proletariats einem beständigen demokratischen Regime jede Grundlage. Die Regierungen zurückgebliebener, das heißt. kolonialer und halb kolonialer Länder nehmen früher oder später einen bonapartistischen oder halb-bonapartistischen Charakter an; sie unterscheiden sich voneinander dadurch, dass die einen versuchen, sich in demokratischer Richtung zu orientieren und ihre Stütze unter den Arbeitern und Bauern finden, während die anderen der Militär- und Polizeidiktatur sehr ähnliche Regime errichten. Dies bestimmt gleicherweise das Schicksal der Gewerkschaften. Sie stehen entweder unter dem besonderen Schutz des Staates oder sie sind grausamen Verfolgungen ausgesetzt. Der Schutz von Seiten des Staates wird durch zwei Aufgaben bestimmt, die ihm gestellt sind: die erste ist, die Arbeiter näher an sich heranzuziehen und so eine Unterstützung für den Widerstand gegen übermäßige Anmaßungen von Seiten des Imperialismus zu gewinnen; zu gleicher Zeit sollen die Arbeiter selbst dadurch diszipliniert werden, dass sie unter die Kontrolle einer Bürokratie gestellt werden.

Der Monopolkapitalismus und die Gewerkschaften

Der Monopolkapitalismus ist immer weniger und weniger gewillt, sich mit der Unabhängigkeit der Gewerkschaften abzufinden. Er verlangt von der reformistischen Bürokratie und der Arbeiteraristokratie, welche die Brosamen von seiner Festtafel auflesen, dass sie sich vor den Augen der Arbeiterklasse in seine politische Polizei verwandeln. Kann das nicht erreicht werden, so wird die Arbeiterbürokratie vertrieben und durch die Faschisten ersetzt. Aber alle Anstrengungen der Arbeiteraristokratie im Dienst des Imperialismus können sie auf die Dauer nicht vor der Vernichtung retten.

Die Verschärfung der Klassengegensätze innerhalb eines jeden Landes und die Verschärfung der Feindschaft zwischen den verschiedenen Ländern schaffen eine Situation, in welcher der imperialistische Kapitalismus eine reformistische Bürokratie nur dulden kann (d. h. bis zu einer bestimmten Zeit), wenn diese direkt als kleiner, aber aktiver Aktionär seiner imperialistischen Unternehmung dient: als Teilhaber seiner Pläne und Programme sowohl innerhalb des Landes als auch in der Weltarena. Der Sozialreformismus muss sich, um sein Dasein zu verlängern - aber auch nur, um es zu verlängern, und nichts mehr - in Sozialimperialismus verwandeln. Denn auf diesem Wege gibt es im Allgemeinen keinen Ausweg.

Soll dies heißen, dass unabhängige Gewerkschaften in der imperialistischen Epoche im Allgemeinen unmöglich sind? Es würde grundsätzlich falsch sein, die Frage so zu stellen. Unmöglich sind die unabhängigen oder halb unabhängigen reformistischen Gewerkschaften. Voll und ganz möglich sind aber revolutionäre Gewerkschaften, welche nicht nur Aktionäre der imperialistischen Politik sind, sondern welche sich den direkten Sturz der kapitalistischen Herrschaft zur Aufgabe stellen. Im Zeitalter des imperialistischen Verfalls können die Gewerkschaften nur dann wirklich unabhängig sein, wenn sie sich bewusst werden, dass sie in ihrer Tätigkeit die Organe der proletarischen Revolution sind. In diesem Sinne ist das vom letzten Kongress der Vierten Internationale angenommene Übergangsprogramm nicht nur das Programm für die Tätigkeit der Partei, sondern in seinen Grundzügen auch das Programm für die Tätigkeit der Gewerkschaften.

Für die Entwicklung der rückständigen Länder ist ihr kombinierter Charakter eigentümlich. Mit andern Worten: die letzten Errungenschaften imperialistischer Technik, Ökonomie und Politik werden in diesen Ländern mit traditioneller Rückständigkeit und Primitivheit kombiniert. Diese Regel kann auf den verschiedensten Entwicklungsgebieten kolonialer und halb kolonialer Länder beobachtet werden, einschließlich des Gebietes der Gewerkschaftsbewegung. Der imperialistische Kapitalismus arbeitet hier in seiner zynischsten und unverhülltesten Form. Er bringt die vollendetsten Methoden seiner tyrannischen Herrschaft auf jungfräulichen Boden.

In der Gewerkschaftsbewegung der ganzen Welt ist in der letzten Periode ein Ruck nach rechts und die Unterdrückung der inneren Demokratie zu beobachten. In England wurde die Minoritätsbewegung innerhalb der Gewerkschaften (nicht ohne die Hilfe Moskaus) unschädlich gemacht; die Gewerkschaftsführer sind heute, besonders auf dem Gebiete der auswärtigen Politik, die gehorsamen Agenten der konservativen Partei. In Frankreich war kein Platz für die unabhängige Existenz stalinistischer Gewerkschaften; sie vereinigten sich mit den sogenannten anarchosyndikalistischen Gewerkschaften unter der Führung von Jouhaux und als Ergebnis dieser Vereinigung fand ein allgemeiner Ruck der Gewerkschaftsbewegung nicht nach links, sondern nach rechts statt. Die Führerschaft der C. G. T. ist die direkteste und offenste Agentur des französischen Imperialismus.

In den Vereinigten Staaten hat die Gewerkschaftsbewegung in den letzten Jahren eine äußerst stürmische Entwicklung durchgemacht. Die Gründung der CIO ist der unwiderlegliche Beweis für die revolutionären Tendenzen innerhalb der arbeitenden Massen. Im höchsten Grade bezeichnend und bemerkenswert ist jedoch die Tatsache, dass die neue »linke« Gewerkschaftsorganisation, kaum gegründet, auch schon in die eiserne Umarmung durch den imperialistischen Staat fiel. Der Kampf zwischen den Leitungen der alten und der neuen Federation kann weitgehend auf den Kampf um Roosevelts und seines Kabinetts Sympathie und Unterstützung reduziert werden.

Nicht weniger bezeichnend, wenn auch in anderem Sinne, ist das Bild der Entwicklung oder Degeneration der Gewerkschaftsbewegung in Spanien. In den sozialistischen Gewerkschaften wurden alle diejenigen führenden Elemente ausgeschlossen, die in irgend einem Ausmaße die Unabhängigkeit der Gewerkschaftsbewegung verkörperten. Was die anarchosyndikalistischen Gewerkschaften anbetrifft, so wurden sie in Instrumente der bürgerlichen Republikaner umgewandelt; die anarchosyndikalistischen Führer wurden konservative bürgerliche Minister. Die Tatsache, dass sich diese Verwandlung unter den Bedingungen des Bürgerkriegs vollzog, schwächt ihre Bedeutung nicht. Der Krieg ist die Fortsetzung der sich selbst gleichen Politik.

Er beschleunigt Entwicklungen, legt ihre .Grundzüge frei, zerstört alles, was morsch, falsch oder zweideutig ist und bringt alles Beständige ans Tageslicht. Der Ruck der Gewerkschaften nach rechts wurde durch die Verschärfung der internationalen und der Klassengegensätze bedingt. Die Führer der Gewerkschaften fühlten, verstanden, oder man gab es ihnen zu verstehen, dass heute nicht die Zeit war, Opposition zu spielen. Jede oppositionelle Bewegung innerhalb der Gewerkschaften, besonders innerhalb ihrer Spitzen droht, eine stürmische Bewegung der Massen zu veranlassen und dem nationalen Imperialismus Schwierigkeiten zu bereiten. Hieraus entspringt der Ruck nach rechts und die Unterdrückung der Arbeiterdemokratie innerhalb der Gewerkschaften. Der Grundzug, die Annäherung an das totalitäre Regime, geht durch die Arbeiterbewegung der ganzen Welt.

Man sollte sich auch an Holland erinnern, wo die reformistische und die Gewerkschaftsbewegung nicht nur bedeutende Stützen des imperialistischen Kapitalismus waren, sondern wo die sogenannte, anarchosyndikalistische Organisation ebenfalls unter der Kontrolle der imperialistischen Regierung stand.

Der Sekretär dieser Organisation. Sneevliet, war trotz seiner platonischen Sympathien für die Vierte Internationale als Abgeordneter im holländischen Parlament äußerst daran interessiert, nur nicht den Zorn der Regierung auf seine Gewerkschaft fallen zu lassen.

***

In den Vereinigten Staaten hat das Arbeitsministerium mit seiner linksgerichteten Bürokratie die Aufgabe, die Gewerkschaftsbewegung dem demokratischen Staate unterzuordnen, und es muss gesagt werden, dass bis heute diese Aufgabe mit einigem Erfolg bewältigt wurde.

Die Nationalisierung der Eisenbahnen und Ölfelder in Mexiko hat natürlich nichts mit Sozialismus zu tun. Sie ist eine staatskapitalistische Maßnahme in einem rückständigen Lande, das sich auf diese Weise einerseits gegen den ausländischen Imperialismus, anderseits gegen das eigene Proletariat zu verteidigen sucht. Die Verwaltung von Eisenbahnen, Ölfeldern usw. durch Arbeiterorganisationen hat nichts gemein mit der Kontrolle der Arbeiter über die Industrie, denn, im Wesentlichen liegt die Verwaltung in den Händen der Arbeiterbürokratie, welche unabhängig von den Arbeitern, dagegen aber vollständig abhängig vom bürgerlichen Staate ist. Diese Maßnahme seitens der herrschenden Klasse verfolgt das Ziel, die Arbeiterklasse zu disziplinieren, sie im Dienste der allgemeinen Staatsinteressen, welche sich bei oberflächlicher Betrachtung mit den Interessen der Arbeiterklasse selbst zu vermischen scheinen, zu mehr Fleiß anzuspornen. Tatsächlich besteht die ganze Aufgabe der Bourgeoisie darin, die Gewerkschaften als Organe des Klassenkampfes zu liquidieren und durch eine Gewerkschaftsbürokratie als dem Organ des bürgerlichen Staates zur Führung der Arbeiterklasse zu ersetzen. Unter diesen Umständen besteht die Aufgabe der revolutionären Vorhut darin, den Kampf für die vollständige Unabhängigkeit der Gewerkschaften und die Kontrolle der Arbeiter über die augenblickliche Gewerkschaftsbürokratie zu führen, welche in eine Verwaltungsbehörde der Eisenbahnen, Ölfelder usw. umgewandelt worden ist.

Die Ereignisse der letzten Periode (vor dem Kriege) haben mit besonderer Klarheit gezeigt, dass der Anarchismus, welcher in der Theorie stets nur ins Extrem gesteigerter Liberalismus ist, in der Praxis nichts weiter als friedliche Propaganda innerhalb der demokratischen Republik darstellte, deren Schutz er benötigte. Wenn wir die individuellen terroristischen Anschläge usw. beiseite lassen, bot der Anarchismus als System der Massenbewegung und der Politik lediglich Propagandamaterial unter dem friedlichen Schutz der Gesetze. In Krisenzeiten haben die Anarchisten stets genau das Gegenteil dessen getan, was sie in Friedenszeiten gelehrt hatten. Darauf verwies schon Marx in Bezug auf die Pariser Kommune. Und das wiederholte sich in ungeheuerlich größerem Maßstabe bei den Erfahrungen der spanischen Revolution.

Demokratische Gewerkschaften im alten Sinne des Wortes, das heißt, Körperschaften, wo im Rahmen ein und derselben Massenorganisationen verschiedene Tendenzen mehr oder weniger frei kämpften, können nicht mehr länger bestehen. Es ist ebenso unmöglich, die alte Arbeiterdemokratie zurückzubringen, wie es unmöglich ist, den bürgerlich-demokratischen Staat wieder herzustellen; ihr Schicksal widerspiegelt das seine. Es ist eine Tatsache, dass die Unabhängigkeit der Gewerkschaften hinsichtlich des bürgerlichen Staates, im Klassensinne. unter den gegenwärtigen Bedingungen, nur durch eine vollkommene revolutionäre Führung, das heißt, nur durch die der Vierten Internationalen, gesichert werden kann. Diese Führung kann und muss natürlich den Gewerkschaften das Höchstmaß der unter den augenblicklichen konkreten Bedingungen vorstellbaren Demokratie sichern. Aber ohne die politische Leitung der Vierten Internationale ist die Unabhängigkeit der Gewerkschaften unmöglich.

Die Gewerkschaften und das CWI[86]

1. Das CWI hat stets die Bedeutung der Arbeit in den Gewerkschaften unterstrichen. Marx, Engels, Lenin, Trotzki und alle großen maxistischen Führer*innen haben die Gewerkschaften als eine elementare Form des Kampfes der Arbeiter*innen gegen die kapitalistische Ausbeutung beschrieben.

2. Eine Bedingung für die Mitgliedschaft in der Dritten Internationale unter Lenin und Trotzki war, dass Parteien und Gruppen eine konsequente Arbeit in den Gewerkschaften leisten mussten. 1938 stellte Trotzki klar, dass *»die kapitulierende Selbstisolierung außerhalb der Massengewerkschaften, gleichbedeutend mit dem Verrat der Revolution, ist unvereinbar mit der Zugehörigkeit zur IV. Internationale.«* Die Gründungsresolution des CWI von 1974 bekräftigte *»unser Vertrauen in das Industrieproletariat als die entscheidende Kraft im Kampf für den Sozialismus in jedem Land.«*

3. Doch während der Fraktionsauseinandersetzung 2018/2019 im CWI erwies es sich als notwendig, die grundlegenden Aspekte der Bedeutung der Gewerkschaftsarbeit erneut zu betonen. In einer Reihe unserer früheren Sektionen hatte die Opposition mit den Methoden und Traditionen des CWI gebrochen und zugelassen, dass die Gewerkschaftsarbeit verkümmerte, opportunistisch wurde oder fast nicht mehr existierte. In einigen wurde die oft mühsame Arbeit in den Gewerkschaften aufgegeben oder kaum beachtet oder gefördert. Aber wie Trotzki betonte: *»Wir können uns den Schauplatz und die Bedingungen unserer Tätigkeit nicht nach unseren eigenen Vorlieben und Abneigungen aussuchen.«* Ohne die realen bürokratischen Schwierigkeiten, mit denen die in den Gewerkschaften arbeitenden Genoss*innen konfrontiert sind, herunterzuspielen, wandte sich die Führung des CWI entschieden gegen diese Abkehr von der historischen Herangehensweise der Marxist*innen zu den Massenorganisationen der Arbeiter*innenklasse und beim Aufbau von Unterstützung für den Marxismus in den Betrieben.

86 Beschluss des 13. Weltkongresses des Committee for a Workers' International (Komitee für eine Arbeiter*inneninternationale, dem in Deutschland die Sozialistische Organisation Solidarität angehört, im Januar 2022)

4. Trotz aller bedeutenden Veränderungen in der Struktur und den Bedingungen der Arbeit, der Auferlegung gewerkschaftsfeindlicher Gesetze und des Rückgangs von Streiks und anderen Arbeitskämpfen in den letzten Jahrzehnten usw., die alle die »traditionelle« Macht der Gewerkschaften geschwächt haben, existieren neue Möglichkeiten für Klasseneinheit und -aktionen. Der Prozess der »De-Qualifizierung« in verschiedenen Wirtschaftszweigen hat beispielsweise dazu geführt, dass ehemalige Handwerksberufe und Angehörige traditionell eher kleinbürgerlicher Berufe wie Lehrer*innen jetzt viel mehr mit der Masse der Arbeiter*innen gemein haben und ein viel stärkeres gewerkschaftliches Bewusstsein entwickelt haben. Ein riesiges Online-Treffen, das von der größten britischen Lehrer*innen- und Erzieher*innengewerkschaft NEU organisiert wurde und an dem bis zu 400.000 Mitglieder teilnahmen, um Probleme im Zusammenhang mit der Corona-Pandemie zu erörtern, ist ein Beleg für diesen Prozess.

5. Gleichzeitig hat das CWI Veränderungen in der Klassenzusammensetzung festgestellt und analysiert. In den fortgeschrittenen kapitalistischen Volkswirtschaften ist ein Rückgang der »traditionellen« Sektoren der Industriearbeiter*innenklasse zu verzeichnen, der mit technologischen und weiteren Veränderungen an den Arbeitsplätzen einhergeht. Dennoch sind das verarbeitende Gewerbe und der Industrie- und Transportsektor in vielen dieser Volkswirtschaften nach wie vor ein wichtiger Bestandteil mit einem enormen kollektiven Machtpotenzial, neben »neuen« Industriezweigen in der Logistik und der elektronischen Kommunikation. Und die Größe und potenzielle Stärke der Arbeiter*innenklasse in Asien, insbesondere in China und anderswo, hat infolge der Globalisierung und der Verlagerung der Produktion in Niedriglohnländer massiv zugenommen.

6. Die Arbeiter*innenklasse ist größer als je zuvor und bleibt die wichtigste Akteurin sozialen Wandels. Weltweit sind etwa drei Milliarden Menschen in der einen oder anderen Form beschäftigt. Etwa zwei Milliarden von ihnen sind in den »informellen Sektoren« beschäftigt (z. B. prekäre und »irreguläre« Arbeiter*innen, nicht registrierte Unternehmen, Selbständige). Eine wichtige Aufgabe der Arbeiter*innenbewegung besteht darin, diese große Zahl von Arbeiter*innen zu organisieren und einzubeziehen.

7. Insgesamt ist die Zahl der Gewerkschaftsmitglieder in den fortgeschrittenen kapitalistischen Ländern und anderen Teilen der Welt zurückgegangen, was auf die oben genannten Faktoren und das Versagen der trägen Gewerkschaftsführungen bei der Verteidigung ihrer Mitglieder zurückzuführen ist. Zusam-

menfassend lässt sich der Rückgang der Gewerkschaftsmitgliedschaft einerseits durch die jahrzehntelange Offensive der Bourgeoisie und andererseits durch die Unfähigkeit der reformistischen/rechten Gewerkschaftsführungen erklären, dem kapitalistischen Angriff ernsthaft Widerstand zu leisten und die grundlegenden Interessen der Arbeiter*innen zu verteidigen. Die pro-kapitalistische Politik vieler Gewerkschaftsführer*innen bedeutet, dass sie die Kämpfe der Arbeiter*innen bewusst zurückhalten oder verraten – was ein wichtiger Faktor dabei ist, die Attraktivität und Stärke der Gewerkschaften zu schwächen. Die Tatsache, dass es in den meisten Ländern nicht gelungen ist, die Gewerkschaften zu koordinieren, um ernsthafte und anhaltende Streiks, einschließlich Generalstreiks, während der Welle der brutalen Sparangriffe vor zehn Jahren durchzuführen, ist ein typisches Beispiel dafür. Es überrascht nicht, dass sich dies auf die Mitgliederzahlen der Gewerkschaften ausgewirkt hat. Selbst im hochindustrialisierten Deutschland ist die Zahl der DGB-Mitglieder von mehr als sechs Millionen im Jahr 2016 auf heute 5,85 Millionen gesunken (1991, kurz nach der deutschen Wiedervereinigung, lag die Zahl der Mitglieder bei 11,8 Millionen). In einem Forbes-Artikel aus dem Jahr 2019 heißt es: *»Im Jahr 1985 lag die durchschnittliche Gewerkschaftsmitgliedschaft in den OECD-Ländern bei dreißig Prozent, heute sind es nur noch 16 Prozent.«* Der Rückgang des gewerkschaftlichen Organisationsgrads ist in den meisten OECD-Ländern üblich, und *»die einzigen, die seit 1985 zugelegt haben, sind Island, Belgien, Spanien und Italien.«* Die Zeitschrift fügt jedoch hinzu: *»Angesichts der wirtschaftlichen Unzufriedenheit, des langsamen Lohnwachstums und der weit verbreiteten Ungleichheit gibt es ein erneutes Interesse an Gewerkschaften zur Stärkung der kollektiven Stimme und der Verhandlungsmacht der Arbeiter*innen«* (und dies wurde vor der Corona-Krise geschrieben, seither ist die Zahl der Gewerkschaftsmitglieder in einigen Sektoren gestiegen, wie weiter unten erläutert wird).

8. Ferner verhindert ein geringerer gewerkschaftlicher »Organisationsgrad« keine mächtigen Klassenkämpfe, wie wir in Frankreich gesehen haben, wo der Prozentsatz der Arbeiter*innen in Gewerkschaften historisch niedrig ist. Kleinere kämpferische Gewerkschaften können in einem verschärften Klassenkampf breitere Schichten von zuvor nicht organisierten Arbeiter*innen anziehen. Wie Trotzki in den 1930er Jahren betonte – als die Gewerkschaftsmitgliedschaft im Allgemeinen nicht mehr als 20 bis 25 Prozent der Arbeiter*innenschaft ausmachte (und hauptsächlich qualifizierte und besser bezahlte) – können kämpferische Arbeiter*innen in Zeiten eines verschärften Klassenkampfes Streikkomitees bilden, die alle Arbeiter*innen umfassen, nicht nur Gewerkschaftsmitglieder.

9. Während die meisten Arbeiter*innen in der neokolonialen Welt nicht gewerkschaftlich organisiert sind, hat sich in vielen Ländern bereits eine potenziell mächtige Arbeiter*innenklasse herausgebildet. Im Januar 2020 und Januar 2021 wurden wir Zeuge der kolossalen Bewegung von 250 Millionen Arbeiter*innen in Indien, die sich an den von zehn großen Gewerkschaftsorganisationen organisierten Generalstreiks beteiligten.

10. Es ist die Pflicht von Marxist*innen, wo immer es möglich ist, einer Gewerkschaft beizutreten und eine aktive Rolle zu spielen, andernfalls sind die Arbeiter*innen in den Gewerkschaften den Rechten und Reformist*innen schutzlos ausgeliefert. Engels bezeichnete die Gewerkschaften als »Schulen des Krieges« für die Arbeiter*innenklasse. Unsere Genoss*innen können sich in Gewerkschaftsgliederungen und -gremien politisch profilieren und den Rechten und Reformist*innen mit unseren Ideen und Methoden entgegentreten. Dies bedeutet nun in vielen Fällen auch, dass wir uns der spaltenden Identitätspolitik annehmen, deren Terminologie und Praxis leider in vielen Ländern in die Arbeiter*innenbewegung eingesickert ist. (Wir müssen die historische Tatsache unterstreichen, dass Arbeiter*innen zwar verschiedene »Identitäten« haben – wie Hautfarbe, ethnische Zugehörigkeit, Geschlecht, sexuelle Orientierung oder Religion -, die Gewerkschaften aber eine Rolle dabei spielen können, sie als Arbeiter*innen an ihrem Arbeitsplatz gegen ihre Ausbeutungsquelle, den Kapitalismus, zu vereinen.) Trotz des schwachen Organisationsgrades vieler Gewerkschaften werden unsere Genoss*innen von der Auseinandersetzung über Ideen und Methoden stark profitieren, indem sie die Überlegenheit des Marxismus demonstrieren. Mit unserem Aktionsprogramm und der Forderung nach Demokratisierung der Gewerkschaften heben wir uns von allen anderen Strömungen ab. Genoss*innen in Schottland, die an den Vorbereitungen für [die Proteste beim] COP26-Gipfel Ende 2021 beteiligt waren, sprachen sich für die Organisation eines Gewerkschaftsforums aus, in dem es darum ging, wie Arbeiter*innen und Gewerkschaften für Verstaatlichungen und die Notwendigkeit eines »sozialistischen Wandels« zur Bewältigung der Umweltkrise kämpfen sollten. Aktivitäten in den Jugendorganisationen der Gewerkschaften können dazu führen, junge Arbeiter*innen zu gewinnen. Internationale Solidaritätsarbeit in den Gewerkschaften wird uns auch helfen, Unterstützung für das CWI in anderen Ländern aufzubauen.

11. Es ist wichtig, dass unsere alltägliche Arbeit in den Gewerkschaften und an den Arbeitsplätzen – die Kämpfe, Siege und Niederlagen – regelmäßig in unserer Parteiliteratur, auf unseren Websites und in den sozialen Medien ver-

öffentlicht werden. Dadurch werden die Sektionen in der Arbeiter*innenklasse verankert und sind attraktiv für kämpferische Kontakte unter den Arbeiter*innen. Aber wir beschreiben nicht nur, was in den Betrieben passiert; wir müssen auch das notwendige Kampfprogramm und Taktiken vorlegen, um es mit den Bossen aufzunehmen und die Gewerkschaften zu verändern.

12. Obwohl unsere Gewerkschaftsarbeit vielfältig ist und oft von der Größe und den Ressourcen der einzelnen Sektionen abhängt, konnte das CWI kontinuierlich Aktivitäten durchführen und einige beeindruckende Erfolge erzielen. Die Bandbreite unserer Gewerkschaftsarbeit und unsere strategische Ausrichtung auf die organisierte Arbeiter*innenklasse wird in den folgenden Beispielen deutlich.

13. Die Wahl der Genossin Carmel Gates zur Generalsekretärin der NIPSA, der größten Gewerkschaft in Nordirland, zu Beginn dieses Jahres ist ein großer Erfolg für die Genoss*innen in Irland und für das gesamte CWI. Dieser Sieg war das Ergebnis der jahrzehntelangen hervorragenden Arbeit der Genoss*innen in einer der schwierigsten objektiven Lagen in Westeuropa, in einer entlang konfessioneller Linien geteilten Gesellschaft.

14. In England und Wales haben wir Genoss*innen in den nationalen Führungsgremien mehrerer Gewerkschaften, darunter Unison, RMT, Napo (Bewährungshelfer*innen), NEU (Lehrer*innengewerkschaft). Wir sind in rund 35 »trades councils« (lokale Gremien des Gewerkschaftsdachverbands TUC) in Großbritannien aktiv und haben in rund zwanzig dieser Gremien größere Bedeutung/führende Positionen.

15. In Schottland haben wir Genoss*innen in Führungspositionen großer Unison-Zweige (10.000 in der Region Glasgow und 2.000 in Dundee Unison) und in der CWU (2.500 Mitglieder).

16. In Frankreich sind unsere Genoss*innen hauptsächlich in der CGT tätig. Zum Beispiel haben die Genoss*innen drei lokale CGT-Sekretärsposten inne, mehrere Genoss*innen haben lokale Verantwortung, und ein Genosse ist neu gewählter Nationaler Sekrtär einer kleinen CGT-Interimsgewerkschaft.

17. In der neokolonialen Welt sind unsere Genoss*innen häufig an der Unterstützung des Aufbaus neuer Gewerkschaften beteiligt. In Malaysia zum Beispiel arbeiten die Genoss*innen eng mit den Führern der neuen Gewerkschaft der Eisarbeiter*innen zusammen. Die Genoss*innen in Pune helfen den Bauarbeiter*innen, sich zu organisieren. In Nigeria verfolgen die Genoss*innen je nach den Umständen einen flexiblen Ansatz: Sie arbeiten innerhalb der Gewerkschaften, intervenieren über den CDWR und arbeiten als DSM im Rahmen verschiedener Bündnisse zwischen Arbeiter*innen und Teilen der »Zivilgesellschaft«

18. Die Corona-Krise hat die Schlüsselrolle der »systemrelevanten« Beschäftigten in den öffentlichen Diensten und im Verkehrswesen (Gesundheit, Bildung, Soziales) ins Rampenlicht gerückt und deutlich gemacht, dass es die Arbeiter*innenklasse ist, die die Gesellschaft am Laufen hält. Die Situation nach dem Lockdown hat in vielen Ländern zu einer Intensivierung der Arbeitskämpfe geführt, da die Arbeiter*innen bereit sind, sich entschlossener gegen die neuen Angriffe der Bosse zu wehren. Der sechswöchige Streik der Beschäftigten in den beiden großen Berliner Krankenhäusern – der für einige Beschäftigte um die Löhne in den ausgegliederten Dienstleistungsunternehmen und für Pflegekräfte und andere Beschäftigte um eine bessere Personalausstattung geführt wurde – zeigt erneut, dass eine kämpferische Ausrichtung Unterstützung und Mitglieder gewinnen. In diesem Kampf konnten zweieinhalbtausend neue Mitglieder für die Gewerkschaft des öffentlichen Dienstes gewonnen werden, und es hat sich eine neue Schicht von Aktivist*innen entwickelt, von denen viele zum ersten Mal Verantwortung im Kampf übernommen haben. Diese Auseinandersetzung zeigt aber auch die Grenzen einiger linker Kräfte auf, die keine klare Strategie vorgelegt haben, die den Apparat voll herausfordern kann. Die deutschen Genoss*innen konnten Beziehungen zu einigen der Streikaktivist*innen aufbauen und haben durch ihre Intervention bisher zwei Pflegekräfte für die Organisation gewonnen.

19. Die post-pandemische Situation führt in einigen Wirtschaftssektoren zu einem Mangel an Arbeitskräften und Materialien, wie z. B. dem gravierenden Mangel an LKW-Fahrer*innen in Großbritannien (der Brexit ist in diesem Fall auch ein Faktor). Dies kann Arbeiter*innen in einigen Sektoren dazu ermutigen, ihre relative Verhandlungsmacht zu nutzen, um für höhere Löhne und bessere Arbeitsbedingungen zu kämpfen. Weltweit werden steigende Energiepreise und Versorgungsengpässe zu Forderungen nach höheren Löhnen führen. In der neokolonialen Welt ist die Krise noch tiefer. Die nach wie vor hohen Corona-Infektionszahlen und die geringe Impfquote machen diese Länder anfällig für eine schwache wirtschaftliche Erholung und eine hohe Inflation. Den Arbeiter*innen wird nichts anderes übrig bleiben, als für bessere Löhne zu kämpfen, um zu überleben.

20. In anderen Wirtschaftssektoren hat die Pandemie die Schließungen und den Abbau von Arbeitsplätzen beschleunigt. In den meisten Fällen bleiben die konservativen Gewerkschaftsführungen weit hinter den Bedürfnissen der Arbeiter*innen zurück. Die IG Metall in Deutschland hat in der Auto-, Zulieferer- und Maschinenbauindustrie Kompromisse geschlossen, bei denen Zehntau-

sende von Arbeitsplätzen gestrichen und kleine Fabriken geschlossen wurden. Unter den Beschäftigten wächst die Verärgerung darüber, dass der Stellenabbau im Zusammenhang mit der Umstellung der Industrie, z.B. auf E-Motoren, dargestellt wurde, während in Wirklichkeit Produktionslinien in Länder verlagert werden, in denen die Arbeiter*innen niedrigere Löhne erhalten. Es gab lokale Proteste, aber keine ernsthaften koordinierten Streiks, um sich gegen den Kahlschlag zu wehren. Die Gewerkschaftsführung wollte wie so oft ein Sicherheitsventil für die Wut der Arbeiter*innen öffnen und zeigen, dass sie etwas tun.

21. Gewerkschaftsfeindliche Gesetzgebungen haben vielerorts noch immer eine blockierende Wirkung. Allerdings kommen immer mehr Arbeiter*innen zu dem Schluss, dass sie nichts zu verlieren haben, wenn sie die Gesetze missachten.

22. Es ist bemerkenswert, dass die Kämpfe am Arbeitsplatz zunehmen (z. B. in den USA) und die Zahl der Gewerkschaftsmitglieder in einigen Ländern steigt, da die Lockdown-Krise den Bedarf an kollektiver Organisation und kollektiven Maßnahmen verschärft hat. In Großbritannien beispielsweise ist die Zahl der Gewerkschaftsmitglieder seit vier Jahren in Folge gestiegen, wenn auch – wie in anderen Ländern – hauptsächlich im öffentlichen Sektor. In Schottland stieg die Zahl der Gewerkschaftsmitglieder im Bildungswesen (Kindergärten und Schulen) und im Sozialwesen, wo auch die Zahl der neuen Vertrauensleute in den Kommunalverwaltungen und Schulen (tendenziell weiblich und jünger) stark zunahm. Dies sind alles Sektoren, die von der Krisensituation stark betroffen sind, und es zeigt, dass Arbeiter*innen eher bereit sind, einer Gewerkschaft beizutreten, wenn sie einen konkreten Grund dafür sehen.

23. Bei unserer Arbeit in den Gewerkschaften müssen wir stets das richtige Gleichgewicht finden. Wir müssen die Fallstricke des Sektierertums, der ultralinken Politik und des Opportunismus vermeiden. Es muss auch sichergestellt werden, dass die im Gewerkschaftsbereich tätigen Genoss*innen nicht in engen betrieblichen Fragen gefangen werden und dass unsere Genoss*innen umfassendere politische Fragen aufwerfen. Die NIPSA-Genoss*innen haben in den Jahren des Konflikts im Norden Irlands die Gewerkschaft zumindest formal zu einer Klassenposition gegenüber staatlicher Repression und sogar zum Eintreten für eine »sozialistische Wirtschaft« gebracht. Marx und Engels begrüßten jeden konkreten Schritt nach vorn für die Arbeiter*innenklasse durch gewerkschaftliche Kämpfe, aber sie gingen noch weiter. Indem sie ihre Autorität in der Ersten Internationale nutzten, versuchten sie, die Gewerkschaften auf einen allgemeinen Kampf gegen den Kapitalismus auszurichten, während sie gleichzeitig

alle ihre Tageskämpfe unterstützten. Obwohl sie mit einigen Gewerkschaftsführungen zusammenarbeiteten, wiesen Marx und Engels auch auf deren Grenzen und die der Gewerkschaften insgesamt hin: »*… die Gewerkschaften haben ihre Macht, gegen das System der Lohnsklaverei selbst vorzugehen, noch nicht oll begriffen. Sie haben sich daher zu sehr von den allgemeinen sozialen und politischen Bewegungen ferngehalten*«, kommentierte Marx.

24. Dies ist im Großen und Ganzen der Ansatz vieler Gewerkschaftsführungen heute. Sie ergreifen keine Initiativen zum Aufbau neuer Massen-Arbeiter*innenparteien und stehen solchen Entwicklungen in vielen Fällen bewusst im Wege. Einige distanzieren sich von der rechten Sozialdemokratie, nehmen aber eine »überparteiliche« Haltung ein, die letztlich die Gewerkschaften und die Interessen ihrer Mitglieder untergräbt. Nach der Niederlage des Corbynismus in der britischen Labour-Partei hat sich unter einer Schicht von Aktivist*innen eine »unpolitische« Gewerkschaftsbewegung entwickelt. In einigen Ländern sind halb-syndikalistische Ideen gewachsen. Doch wie Engels bemerkte, wird sich diese Stimmung ändern, denn auch wenn die Gewerkschaften »den Widerstand der Arbeiter gegen die… Allmacht der Bourgeoisie lebendig hielten«, gab es ein »Eingeständnis, dass etwas mehr nötig ist, als Gewerkschaften und Streikende, um die Macht der herrschenden Klasse zu brechen.« Es ist unsere Pflicht, mutig auf die Notwendigkeit des Aufbaus einer neuen Massenpartei der Arbeiter*innenklasse hinzuweisen. Wir müssen uns über die verschiedenen Möglichkeiten im Klaren sein, wie neue Massenparteien der Arbeiter*innenklasse gebildet werden können, wobei wir stets die Einbeziehung der besten kämpferischen Arbeiteraktivist*innen, sozialen und Jugendbewegungen usw. fordern.

25. Der südafrikanische Gewerkschaftsbund kündigte Pläne für den Aufbau einer neuen Partei an, aber der Prozess ist schmerzhaft langsam, während er sich auf den Weg macht, eine neue Arbeiter*innenpartei zu »katalysieren.« Unter Druck wurde ein zweiter »Working Class Summit« für den 27. Oktober 2021 einberufen – dieser fand jedoch nicht statt. Unsere Genoss*innen haben sich richtigerweise an diesem Prozess beteiligt und ein Dokument für die Debatte über den Weg zu einer solchen Partei vorgelegt, das die Argumente der Stalinist*innen, die versucht haben, den Fortschritt durch die Gründung einer eigenen Partei zu kappen, und anderer, die zögern, aufgreift.

26. Wir haben gesehen, dass viele Gewerkschaftsführungen während der Corona-Krise im Namen der »nationalen Einheit« und des »sozialen Friedens« mit den kapitalistischen Regierungen kollaboriert haben. Dies spiegelt die »doppelte Rolle« wider, die Gewerkschaften zu verschiedenen Zeiten spielen können: nicht

nur als Mittel, um die Kämpfe der Arbeiter*innen voranzubringen, sondern auch, um die Arbeiter*innen zurückzuhalten. Gewerkschaftsführungen können zwar nach jedem Vorwand suchen, um Aktionen abzusagen, aber manchmal ist ihr Verrat offenkundig. Im September 2020 kündigten nigerianische Gewerkschaftsführer*innen einen Generalstreik gegen die Erhöhung der Kraftstoff- und Strompreise an, um ihn dann kurz vor Beginn abzubrechen, nachdem sie einen faulen Kompromiss vereinbart hatten, der die Argumente der Regierung akzeptierte. Gewerkschaftskampagnen und -forderungen, im Grunde der Klassenkampf, wurden von kompromissbereiten Gewerkschaftsführungen während der Lockdown-Krise »auf Eis gelegt.« Trotzki wies in einem unvollendeten Artikel »Gewerkschaften in der Epoche des imperialistischen Niedergangs« darauf hin, dass die Gewerkschaften unter dem immensen Druck der bürgerlichen Gesellschaftsordnung zu Hindernissen werden können, die dazu genutzt werden, die Arbeiter*innenklasse in die Enge zu treiben und zu hindern, frühere Errungenschaften wirksam zu verteidigen. Von März bis Juli 2020 gab es in Großbritannien fast keine Arbeitskämpfe und viele Gewerkschaftsstrukturen wurden stillgelegt – ein düsteres Bild, das sich in vielen Ländern wiederholte.

27. Im Gegensatz dazu betonte das CWI die Notwendigkeit unabhängiger Klassenaktionen und entwickelte ein umfassendes Programm zur Bewältigung der Corona-Katastrophe, einschließlich der Forderung nach Arbeiterkontrolle und Entscheidungsgewalt von Arbeiter*innen über Gesundheit und Sicherheit am Arbeitsplatz. Mit unserer Übergangsmethode verknüpften wir geschickt die Bedürfnisse der Arbeiter*innenklasse während der Corona-Krise mit der Notwendigkeit, die Gesellschaft nach sozialistischen Grundsätzen zu verändern.

28. Nach den Lockdowns sind neue Angriffe auf Arbeiter*innenrechte, wie z.B. die »fire and rehire«-Politik vieler Bosse (Entlassung von Arbeiter*innen und anschließende Wiedereinstellung zu schlechteren Lohn- und Arbeitsbedingungen), ein zentrales Thema für die Gewerkschaften. Viele unserer Sektionen werden ihre Forderungen und Programme anpassen müssen, um den neuen Entwicklungen Rechnung zu tragen, wie z.B. »Homeoffice« und Büroarbeit, was die Forderung nach einer demokratischen Kontrolle der Arbeitsbedingungen (zu Hause oder am traditionellen Arbeitsplatz) durch die Gewerkschaften sowie nach Gesundheit und Sicherheit usw. mit sich bringt.

29. Die Pandemie offenbarte die Schwäche nicht nur der rechten Gewerkschaftsführer*innen, sondern auch des Programms der linken Gewerkschaftsführer*innen. Der Südafrikanische Gewerkschaftsbund legte im Grunde ein »Minimal- und Maximalprogramm« vor – reformistische Forderungen mit

dem Zusatz »Sozialismus« am Ende. Vor der Pandemie forderte Saftu ein Konjunkturpaket und eine Senkung der Zinssätze – Maßnahmen, die die ANC-Regierung nach dem Ausbruch des Corona-Virus umgehend als Notmaßnahmen ergriff. Erst in den letzten Monaten hat Saftu die Verstaatlichung der Banken gefordert, und selbst dann nur in Form von öffentlichem Eigentum an »oligopolistischen Banken.«

30. Die Warnstreiks der Gewerkschaften des öffentlichen Dienstes in Deutschland bezüglich der Löhne, an denen sich eine beträchtliche Anzahl von Arbeiter*innen beteiligten, zeigten, dass die Möglichkeit besteht, Bewegungen zu entwickeln. Die Gewerkschaftsführung wollte jedoch nicht weiter gehen. Selbst einige linke Gewerkschaftsführer*innen und -aktive bezeichneten den Abschluss als «unter den gegebenen Umständen gut". Vor allem unter den Pflegekräften herrschte jedoch die Meinung vor, dass die Erhöhung angesichts der Arbeitsbelastung und des Personalmangels viel zu gering sei. Ende des Jahres wurde in einem anderen Teil des öffentlichen Sektors ein noch schlechterer Abschluss vereinbart, der auf Kritik stieß. In Ermangelung einer organisierten linken Opposition findet diese jedoch bisher keinen klaren Ausdruck.

31. Junge Menschen wurden von den Auswirkungen der Corona-Krise am stärksten getroffen, viele verloren ihren Arbeitsplatz oder sahen sich mit noch schlechteren prekären Arbeitsbedingungen konfrontiert. Es ist von entscheidender Bedeutung, dass wir unsere Klassenforderungen für junge Arbeiter*innen in den Gewerkschaften vorbringen. In England und Wales haben die Genoss*innen die Kampagne »Youth Fight for Jobs« wieder ins Leben gerufen, die bereits einen bedeutenden Rückhalt in den Gewerkschaften hat und eine wichtige Rolle bei der Entwicklung unserer Basis unter jungen Arbeiter*innen spielen kann.

32. Das Versagen der Gewerkschaftsbürokratie bei der wirksamen Organisierung von prekär Beschäftigten, insbesondere von jungen Arbeiter*innen, hat in einigen Ländern zur Entstehung neuer, kleinerer »aktivistischer« Gewerkschaften geführt. Die Gewerkschaften IWGB und United Voices in Großbritannien beispielsweise, die jeweils etwa 3-4.000 Mitglieder haben, konnten einige Siege für junge Beschäftigte (oft Migrant*innen) in prekären Arbeitsverhältnissen, z. B. bei Deliveroo, erringen. In Deutschland kommt es in Amazon-Zentren seit Jahren immer wieder zu Streiks. Kürzlich fanden wilde Streiks von Gorillas-Fahrer*innen (hauptsächlich junge Migrant*innen) in Berlin statt. Solche Aktionen, an denen überwiegend junge prekär beschäftigte Arbeiter*innen beteiligt waren, wurden nicht nur von neuen kleineren Gewerkschaften, sondern auch

von etablierten Gewerkschaften organisiert. Der Eintritt dieser jungen Arbeiter*innen in den Arbeitskampf ist eine wichtige Entwicklung, die in anderen Ländern Nachahmung finden wird.

33. Marxist*innen haben keinen Fetisch für Organisationsformen, auch nicht für die der Gewerkschaften. Wo sich neue Gewerkschaften etablieren können, können wir uns an ihnen orientieren. Es ist jedoch notwendig, die anarchistischen und syndikalistischen oder semi-syndikalistischen Ideen, die oft in diesen kleineren Gewerkschaften vorherrschen, gekonnt zu bekämpfen. Aufgrund organisatorischer und ideologischer Schwächen können sich einige der neuen kleineren Gewerkschaften nur bis zu einem gewissen Grad entwickeln. Und wenn diese neuen Gewerkschaften wachsen und nicht dem Konservatismus und der Bürokratisierung zum Opfer fallen sollen, muss die Auseinandersetzung um die gewerkschaftliche Demokratie gewonnen werden, mit der Wahl von Funktionär*innen zu einem Arbeiter*innenlohn usw.

34. Zweifellos hat sich in einigen Gewerkschaften ein fortgeschrittener Grad der bürokratischen Degeneration vollzogen, und die hochbezahlten, privilegierten Gewerkschaftsfunktionär*innen sind zunehmend vom Lebens- und Arbeitsbedingungen ihrer Mitglieder entfernt. Viele Gewerkschaften haben eine »Dienstleistungsrolle" eingenommen. Die Beteiligung der Basis ist zunehmend zurückgegangen, die Wahlbeteiligung bei Gewerkschaftswahlen ist sehr niedrig, und das Durchschnittsalter der aktiven Mitglieder ist höher geworden. In den USA und anderen Ländern sind viele Gewerkschaftsführungen notorisch korrupt (siehe z.B. der jüngste Skandal um die United Autoworkers' Union). Viele Gewerkschaftsmitglieder sind angewidert von der korrupten Bürokratie, die ihre Mitglieder im Austausch für relativen Reichtum und die Bequemlichkeit ihrer Positionen verrät. Viele Gewerkschaften in den ehemaligen stalinistischen Staaten sind nichts anderes als »gelbe Gewerkschaften«, die Hand in Hand mit reaktionären Verbrecherregimen arbeiten. Es ist jedoch richtig, auf diese Gewerkschaften zu orientieren, wenn sie eine bedeutende Anzahl von Arbeiter*innen organisieren oder mobilisieren können. Lenin forderte die Bolschewiki auf, in den vom Zarismus geführten Gewerkschaften zu arbeiten, weil dort eine beträchtliche Zahl von Arbeiter*innen zu finden war, und Trotzki befürwortete sogar die Arbeit in Gewerkschaften unter faschistischen Regimen, in denen es keine unabhängigen Gewerkschaften gab. In der neo-kolonialen Welt stehen viele Gewerkschaften unter der Schirmherrschaft des Staates und der Unternehmen, während sich die schwache Bourgeoisie in diesen Ländern auf die Gewerkschaften stützt, um ihre Herrschaft zu erhalten. In Ausnahmesituationen,

in denen die Gewerkschaftsführung konsequent darauf hinwirkt, die Basis für kämpferische Aktivitäten zu zerstören, kann der Austritt von Mitgliedern in eine andere Gewerkschaft oder die Gründung einer neuen Gewerkschaft gerechtfertigt sein.

35. Dennoch sind die meisten Gewerkschaften nach wie vor ein Ausdruck der organisierten Arbeiter*innenklasse. Grundsätzlich zielen wir darauf ab, bestehende Gewerkschaften aufzubauen und zu stärken, indem wir die Mitglieder mit einem Kampfprogramm zum Handeln und für gewerkschaftliche Demokratie mobilisieren. Selbst die rechtesten und degeneriertesten Führungen können durch Druck von unten zum Handeln gezwungen oder zur Seite gedrängt werden. Der Sieg der Linken bei den Wahlen zum nationalen Führungsgremium von Unison in Großbritannien zu Beginn dieses Jahres zeigt, dass selbst das, was wie ein eiserner Griff der Rechten aussah, gebrochen werden kann. Dies geschah nicht spontan, sondern erforderte jahrelange Aktivitäten linker Aktivist*innen und auch den wachsenden Widerstand der Unison-Mitglieder gegen die faulen Deals der rechten Führung mit dem Management, die durch die Corona-Krise noch verstärkt wurden.

36. Wie die mächtige Bewegung des »Arabischen Frühlings« in Ägypten und Tunesien vor zehn Jahren gezeigt hat, können selbst Gewerkschaften, die an reaktionäre, bonapartistische Regime gebunden sind, als Ventil für Streikwellen und andere Massenaktionen der Arbeiter*innenklasse zum Sturz von Diktatoren dienen. Gewerkschaften können zu einem Zeitpunkt eine konservative Rolle und zu einem anderen Zeitpunkt eine aufständische Rolle spielen. Anstatt die Gewerkschaften sektiererisch abzutun, fordern wir die vollständige Demokratisierung der Strukturen, die Kontrolle durch die Basis und die Rechenschaftspflicht aller Funktionär*innen sowie die Umwandlung der Gewerkschaften in kampagnenfähige, klassenkämpferische Organisationen. In dem Maße, wie sich das Tempo der Klassenkämpfe beschleunigt, werden auch die Gewerkschaften, selbst einige der am weitesten rechts stehenden, nicht vor der Radikalisierung großer Teile der Arbeiter*innenklasse und der Jugend gefeit sein, und dies wird sich in einem Anstieg neuer kämpferischer Gewerkschaftsmitglieder und einem scharfen Konflikt mit der konservativen Bürokratie niederschlagen.

37. Während Arbeitskämpfen können sich Formen der Selbstorganisation der Arbeiter*innen außerhalb der bestehenden Gewerkschaftsstrukturen entwickeln. Zunehmend können sich Aktionskomitees und Solidaritätskomitees/-netzwerke bilden, in denen streikende Arbeiter*innen versuchen, ihren Arbeitskampf zu kontrollieren und Sabotage und Ausverkauf durch die Bürokratie zu

verhindern. Im jahrelangen Konflikt der Debenham-Arbeiter*innen in Südirland, in den unsere Genoss*innen immer wieder eingriffen, gab es Elemente lokaler Organisierung durch Arbeiter*innen, die versuchten, die konservative Führung ihrer Gewerkschaft zu umgehen.

38. Viele soziale Kämpfe und Klassenkämpfe (Gemeinwesen, Wohnungsbau usw.) finden außerhalb der Gewerkschaftsstrukturen statt. Einige der Aktivist*innen in diesen Kampagnen betrachten die Gewerkschaften mit Misstrauen, da sie eine bürokratische, entmachtende Rolle spielen könnten. Dennoch sollten wir versuchen, die organisierte Arbeiter*innenbewegung mit diesen anderen Kämpfen zu verbinden, indem wir die besten Gewerkschaftsaktiven und die potenzielle Macht der Gewerkschaften mit den Kampagnen verbinden. Während des Anti-Poll-Tax-Kampfes in Großbritannien Anfang der 1990er Jahre haben unsere Genoss*innen trotz der Weigerung der Gewerkschaftsbürokratie, »illegal« zu handeln, immer wieder versucht, die Kampagne zu Gewerkschaftsaktivist*innen und lokalen Gliederungen usw. zu tragen, um Unterstützung zu gewinnen und Kämpfe zu vernetzen.

39. Viele »linke« Gewerkschaftsführer*innen, die nach rechts gerückt sind, wenn auch nicht in Worten, sondern in Taten, können auch von Mitgliedern weggefegt werden, die durch ihre eigenen schmerzlichen Erfahrungen mit Arbeitsbedingungen, Löhnen und Renten, »fire and rehire« usw. lernen, dass eine kämpferische Führung erforderlich ist. Auch »linke« Gewerkschaftsführer*innen können unter dem Druck der Mitglieder einen Zickzackkurs fahren und sich manchmal sogar auf ein ultralinkes Element einlassen.

40. Ungeachtet dieser allgemeinen Entwicklungen kann es jedoch auch zu Spaltungen in den Gewerkschaften und Gewerkschaftsverbänden kommen, wenn die Arbeiter*innen mit den erdrückenden, konservativen Führungen ungeduldig werden, insbesondere in der neokolonialen Welt, wo sich die Massen in einer verzweifelten Lage befinden und die Probleme sehr scharf aufgeworfen werden. *»Gewerkschaften sind kein Selbstzweck, sie sind nur Mittel auf dem Weg zur proletarischen Revolution«*, schrieb Trotzki in den 1930er Jahren, und er stellte fest, dass es unter bestimmten Umständen notwendig ist, *»einen direkten Bruch mit dem konservativen Apparat der Gewerkschaften zu vollziehen.«* In bestimmten Situationen würden Marxist*innen helfen, neue Gewerkschaften zu gründen, um hoffnungslos undemokratische und bürokratische Gewerkschaften zu ersetzen. In Südafrika haben wir uns vor allem an der South African Federation of Trade Unions orientiert, einer 2017 erfolgten Abspaltung von Cosatu (die immer noch an die ANC-Regierung gebunden ist). Saftu ist hauptsäch-

lich unter Industriearbeiter*innen organisiert, wird aber auch zunehmend von Beschäftigten des öffentlichen Sektors unterstützt. Durch unsere EPWP-Kampagne haben wir eine Beziehung zu Saftu-Aktivist*innen aufgebaut.

41. Generell fordern wir jedoch die Arbeiter*innen auf, die Gewerkschaften zurückzuerobern. Vor allem in den fortgeschrittenen kapitalistischen Ländern geben die Arbeiter*innen ihre Gewerkschaften nicht einfach auf und gründen neue Gewerkschaften. Sie werden zunächst versuchen, diese Organisationen zu demokratisieren und neu aufzubauen.

42. In anderen Teilen der Welt, insbesondere in den ehemaligen stalinistischen Staaten, helfen wir beim Aufbau unabhängiger Gewerkschaften, wo es sie noch nicht gibt. Wir sind im Gespräch mit eine Gruppe in Kasachstan, die diese Arbeit leistet.

43. In einigen Ländern scheint die Idee der »reinen Basisarbeit (rank and filism)« wieder auf die Tagesordnung zu kommen. Dieser Begriff kann in den verschiedenen Ländern sehr unterschiedlich besetzt sein und in einigen Fällen steht er für den richtigen Versuch, die Arbeiter*innen in den Betrieben in Opposition zu den Bossen und der Gewerkschaftsbürokratie zu organisieren. In der Vergangenheit beinhaltete ein plumper Basis-Ansatz sektiererischer Gruppen die Entsendung junger Aktivist*innen an Industriearbeitsplätze und die Forderung, dass Gewerkschaftsaktivist*innen niemals hauptamtliche Gewerkschaftsämter, ob gewählt oder anderweitig, übernehmen sollten. Die DSA in den USA debattiert über die Vorzüge des »rank and file«-Ansatzes. Einerseits deutet dies darauf hin, dass die hauptsächlich kleinbürgerlichen Kräfte der DSA zunehmend anerkennen, dass in den Gewerkschaften eine kämpferischere Stimmung aufkeimt. Andererseits besteht die Gefahr, dass dieselben Fehler wiederholt werden, die die Sektierer*innen früher begangen haben, als Einzelpersonen aus der Mittelklasse in die Gewerkschaften eintraten und den Arbeiter*innen Vorträge über den Weg nach vorne hielten, während sie von den Arbeiter*innen trotz ihrer Bemühungen oft wenig Beachtung erhielten.

44. Das CWI ist zwar offen für mutige Initiativen in den Betrieben und die Annahme von Arbeitsplätzen in der Industrie und in Unternehmen, die Aufnahme von Ausbildungen usw. durch junge Genossen ist sehr wichtig für die Entwicklung unserer Arbeit in den Betrieben und sollte gefördert werden. Aber das CWI lehnte stets die plumpe Methode von Ultra-Linken ab, Kräfte von außen in die Gewerkschaften zu schicken, um die Arbeiter*innen aus ihrem Schlummer vermeintlich zu wecken. Wir haben zurecht für die Art von geduldiger Arbeit plädiert, die notwendig ist, um die besten Arbeiter*innen für unsere Ideen zu gewinnen und eine

starke linke Opposition in den Gewerkschaften aufzubauen, die die reformistische und prokapitalistische Führung beseitigt. Dies kann zuweilen die Kandidatur von Genoss*innen für hauptamtliche Gewerkschaftspositionen beinhalten (wo es Wahlen für solche Positionen gibt), mit der Verpflichtung, nicht mehr als den Durchschnittslohn der von ihnen vertretenen Arbeiter*innen zu nehmen und sich für ein kämpferisches linkes Programm in der Gewerkschaft einzusetzen. Es gibt keinen Ersatz für den geduldigen Aufbau einer starken Basis in den Betrieben für die Durchsetzung unserer Ideen in den Gewerkschaften. Aber wir können hochrangige wählbare Positionen nutzen, um unsere Ideen mutig zu präsentieren und Gewerkschaftsaktivist*innen für unser Banner zu gewinnen, auch dort, wo wir derzeit relativ wenige Gewerkschaftsmitglieder haben.

45. Der Aufbau einer echten linken Opposition in der Gewerkschaftsbewegung ist eine zentrale Aufgabe für unsere Genoss*innen in vielen Gewerkschaften. Die Entwicklung von oppositionellen »Broad Lefts«, »Netzwerken« und »Bündnissen« usw. ist von Land zu Land unterschiedlich, aber in den meisten Fällen sind sie in den Gewerkschaften noch nicht weit verbreitet oder stark. Wir verbinden diese Arbeit mit der gleichzeitigen Stärkung unserer eigenen Kräfte. Dies ist ein Ansatz nach dem Vorbild der »Einheitsfront«, den das CWI seit Jahrzehnten erfolgreich verfolgt, bei dem wir mit anderen linken Kräften zusammenarbeiten, aber immer unser Recht ausgeübt, unsere eigenen Forderungen, unser Programm und unsere revolutionären Ideen zu vertreten. In vielen Gewerkschaften, wie z. B. in der britischen Bildungsgewerkschaft NEU, sind die traditionellen linken Blöcke jedoch nach rechts gerückt. Frühere breite linke Organisationen haben sich abgespalten und/oder in ihr Gegenteil verkehrt und spielen keine konstruktive Rolle mehr. Darin spiegeln sich oft die Ansichten und Interessen einer Schicht verbrauchter und zynischer ehemaliger Linker oder selbsternannter Linker nach wider, die jetzt ein Hindernis für echte linke Aktivitäten der Basis darstellen. Es besteht auch die Tendenz, dass linke Aktivist*innen in den Gewerkschaftsapparat integriert werden, wie dies in Deutschland und vielen anderen Ländern zu beobachten ist.

46. Wir dürfen uns nicht von solchen »Broad Left«-Strukturen binden lassen, die keine konstruktive Rolle mehr spielen. In der PCS in Großbritannien haben die Genoss*innen den wichtigen Schritt unternommen, ein neues »breites linkes Netzwerk« zu gründen, auch wenn es noch klein ist und sich in einem frühen Stadium der Entwicklung befindet. Wie die Wahl des Generalsekretärs in Unite gezeigt hat, ist es erforderlich, einen wirkungsvollen breiten linken Flügel in dieser Gewerkschaft aufzubauen.

47. Unser Programm und unsere Forderungen für die Gewerkschaften sind von entscheidender Bedeutung für den Aufbau breiter linker Organisationen mit anderen. Gleichzeitig sind unsere Gewerkschaftsausschüsse wichtiger denn je, ebenso wie die konsequente Stärkung unseres Profils und unseres marxistischen Programms in den Gewerkschaften.

48. Wo es möglich ist, sollten wir versuchen, gewerkschaftsübergreifende, breite linken Organisationen zu gründen. Das NSSN in Großbritannien ist ein gutes Beispiel für den Erfolg dieses Ansatzes, der seit 15 Jahren verfolgt wird. An der Online-Vernetzung des NSSN auf der TUC-Konferenz im September 2021, auf der eine beeindruckende Anzahl von vier Gewerkschafts-Generalsekretären das Wort ergriff, nahmen 300 Gewerkschafter*innen teil. Unsere Genoss*innen, die sich zu Wort meldeten, nutzten die Gelegenheit, um zu koordinierten Gewerkschaftsaktionen aufzurufen, um die jüngsten Tory-Angriffe abzuwehren und die Lohnforderungen im öffentlichen Sektor durchzusetzen. Die deutschen Genoss*innen setzen den Aufbau der VKG (Vernetzung für kämpferische Gewerkschaften) fort, allerdings muss sie eine breitere Anziehungskraft auf junge Arbeiter*innen entwickeln, da sie tendenziell von älteren Linken dominiert wird.

49. Der Kampf um Gehaltserhöhungen im öffentlichen Sektor nach Jahren der Austeritätspolitik ist ein gemeinsames Merkmal auf internationaler Ebene und eine echte Bewährungsprobe für die Gewerkschaftsführungen. Die Genoss*innen in Südafrika haben ihn zu einem wichtigen Teil ihrer Gewerkschaftsarbeit gemacht – als konkretes Thema, das sie ansprechen und zu Aktionen auffordern, und das sie zur Analyse des Zustands der südafrikanischen Gewerkschaften nutzen. Im Juli 2020 unterzeichnete eine Mehrheit der südafrikanischen Gewerkschaftsführer*innen einen faulen Deal zu diesem Thema. Während wir zu koordinierten Gewerkschaftsaktionen für die Löhne im öffentlichen Sektor aufrufen, ruft der Rest der Linken abstrakt zu »Generalstreiks« auf, die nichts mit der Situation vor Ort zu tun haben.

50. Das CWI hat die Frage eines Generalstreiks immer mit Bedacht gestellt, da viel auf dem Spiel steht, insbesondere in Ländern, in denen es keine Tradition gibt, zu solchen Aktionen aufzurufen. Wir sprechen uns gegen einen Generalstreik als symbolischen Akt und gegen den Versuch aus, ihn zu ein »Sicherheitsventil« für die Wut der Arbeiter*innen zu machen, wie es beispielsweise in verschiedenen Ländern regelmäßig geschehen ist. Wenn zu einem begrenzten Generalstreik aufgerufen wird, dann muss er Teil eines Mobilisierungsplans sein und darf kein Selbstzweck sein. Kurze Generalstreiks mit konkreten For-

derungen können erfolgreich sein, um Siege oder Zugeständnisse von Regierungen oder Unternehmen zu erreichen, wenn sie gut vorbereitet sind. Ein längerer oder unbefristeter Generalstreik kann die Machtfrage in der Gesellschaft und die nach Arbeiter*innenmacht aufwerfen. Dies erfordert eine besonders ernsthafte Vorbereitung durch die Gewerkschaften, einschließlich Massenaktionsausschüssen auf lokaler, regionaler und nationaler Ebene, die den Streik aufrechterhalten und die Verteilung von Lebensmitteln, Medikamenten und anderen dringenden Gütern usw. organisieren, um erfolgreich zu sein. Dies ist vor allem notwendig, um nicht organisierte Arbeiter*innen, Jugendliche, die Armen und, vor allem in neokolonialen Ländern, Kleinhändler*innen, Landarbeiter*innen und Kleinbäuer*innen usw. zu erreichen und einzubeziehen. Ein sorgfältig ausgerufener Generalstreik wird das Vertrauen und die Macht der Arbeiter*innenklasse erheblich stärken und sogar die Frage nach einer Regierung der Arbeiter*innenklasse aufwerfen. Dennoch kann ein Generalstreik nur die Frage der Macht stellen; er allein kann der Kapitalist*innenklasse nicht erfolgreich die Macht entreißen. Die heldenhafte Bewegung der Massen in Myanmar gegen die Militärdiktatur beinhaltete Generalstreiks, aber es gab keine revolutionäre Partei der Arbeiter*innenklasse, die einen Kampf zur Machtergreifung anführen konnte. Von der Gewerkschaftsführung schlecht ausgerufene Generalstreiks können das Vertrauen der Arbeiter*innenklasse schwächen und die Position der Kapitalist*innenklasse stärken. Seit der Pandemie hat es in Südafrika zwei »Generalstreiks« gegeben, die sich als Flops erwiesen haben.

51. Die Einheit der Arbeiter*innenbewegung auf der Grundlage eines kämpferischen, sozialistischen Programms ist das A und O im Kampf. Die Bosse und die reaktionären Kräfte werden versuchen, die Arbeiter*innenbewegung zu teilen und zu spalten, wogegen wir uns an vorderster Front zur Wehr setzen müssen.

52. Unsere Aufgabe in den Betrieben und Gewerkschaften besteht vor allem darin, die Kräfte des revolutionären Sozialismus, des Trotzkismus aufzubauen. Eine zentrale Aufgabe ist es, unsere Kräfte in den Gewerkschaften mit jungen Mitgliedern aufzufrischen. Es ist die Aufgabe der langjährigen Gewerkschaftsgenoss*innen und der Sektionen insgesamt, dafür zu sorgen, dass in den Gewerkschaften eine neue Generation für unsere Ideen und Methoden gewonnen wird, als Vorbereitung auf die bevorstehenden großen Klassenkämpfe. Diese neuen Gewerkschaftsgenoss*innen müssen von Anfang an mit den Methoden und Ideen des CWI gestählt und vollständig in die Sektionen integriert werden. Während ein gewisses Maß an »Spezialisierung« innerhalb der Organisation

unvermeidlich ist, ist es wichtig, sicherzustellen, dass alle neuen Mitglieder mit gewerkschaftlichem Hintergrund in der Lage sind und dazu ermutigt werden, eine umfassende Rolle in den Ortsgruppen und anderen Parteistrukturen zu spielen und als Parteimitglieder aktiv zu sein (Verkauf der Zeitung/ Zeitschrift, Teilnahme an den Straßenaktivitäten, Einleitungen auf Ortsgruppen zu halten usw.). Ebenso müssen die Sektionen in ihrer Gesamtheit erörtern, wie sie die Arbeit der Gewerkschaftsgenoss*innen unterstützen können. Die Ortsgruppen müssen ihre Ausrichtung auf wichtige Arbeitsplätze diskutieren und schnell auf Arbeitskämpfe reagieren. Die Einzelheiten, wie die örtlichen Genoss*innen die betriebliche Arbeit entwickeln – wie die Genoss*innen in Streikposten eingreifen, Solidaritätsaktionen durchführen, Kontakte für die Organisation unter den Arbeiter*innen herstellen usw. – müssen auf allen Ebenen der Sektionen sorgfältig diskutiert werden. Die Identifikation der Gewerkschaftsgenoss*innen mit ihrer Sektion und dem CWI ist wichtig, um unser Profil zu schärfen und ein revolutionäres Bewusstsein zu fördern, das sich in der Arbeit der Genoss*innen in den Gewerkschaften fortsetzt. Die Entwicklung einer starken marxistisch-trotzkistischen Strömung in den Gewerkschaften ist der beste Weg, um sich auf die stürmischen Klassenkämpfe vorzubereiten, die vor uns liegen.

Ausgewählte Titel des Manifest Verlags

Marxismus und Anarchismus
ISBN 978-3-96156-109-4, 12,90 Euro

Marxismus und Religion
ISBN 978-3-96156-079-0, 9,90 Euro

Marxismus und die nationale Frage
ISBN 978-3-96156-042-4, 9,90 Euro

Karl Liebknecht: Der Hauptfeind steht im eigenen Land! Reden und Schriften gegen Militarismus und Krieg.
ISBN 978-3-96156-005-9, 14,90 Euro

Rosa Luxemburg: Die sozialistische Krise in Frankreich
ISBN 978-3-96156-040-0, 6,90 Euro

Rosa Luxemburg: Sozialreform oder Revolution?
ISBN 978-3-96156-053-0, 10,50 Euro

Leo Trotzki: Revolution in Deutschland
ISBN 978-3-96156-060-8, 11,90 Euro

Wolfram Klein: Rosa Luxemburg - Ihre politischen Ideen.
ISBN 978-3-96156-089-9, 14,90 Euro

Fritz Rück: Der Weg der deutschen Sozialdemokratie
ISBN 978-3-96156-063-9, 9,90 Euro

Rosa Luxemburg: Massenstreik, Partei und Gewerkschaften
ISBN 978-3-96156-065-3, 8,90 Euro

Karl Liebknecht: Militarismus und Antimilitarismus
ISBN 978-3-96156-067-7, 10,50 Euro

Karl Radek: Luxemburg, Liebknecht, Jogiches
ISBN 978-3-96156-068-4, 4,00 Euro

Oskar Hippe: ...und unsere Fahn‹ ist rot
ISBN 978-3-96156-061-5, 12,90 Euro